GRANDES JURISTAS BRASILEIROS

GRANDES JURISTAS BRASILEIROS

Organizadores
ALMIR GASQUEZ RUFINO
JAQUES DE CAMARGO PENTEADO

Martins Fontes
São Paulo 2003

1ª edição
julho de 2003

Acompanhamento editorial
Helena Guimarães Bittencourt
Preparação do original
Lilian Jenkino
Revisão gráfica
Ana Luiza Couto
Maria Regina Ribeiro Machado
Produção gráfica
Geraldo Alves
Paginação/Fotolitos
Studio 3 Desenvolvimento Editorial

Dados Internacionais de Catalogação na Publicação (CIP)
(Câmara Brasileira do Livro, SP, Brasil)

Grandes juristas brasileiros / organizadores Almir Gasquez Rufino, Jaques de Camargo Penteado. – São Paulo : Martins Fontes, 2003. – (Coleção justiça e direito)

Vários autores.
Bibliografia.
ISBN 85-336-1802-6

1. Advogados – Brasil 2. Direito – Brasil I. Rufino, Almir Gasquez. II. Penteado, Jaques de Camargo. III. Série.

03-3308 CDU-347.965 (81) (092.1)

Índices para catálogo sistemático:
1. Brasil : Juristas : Biografia 347.965 (81) (092.1)
2. Juristas brasileiros : Biografia 347.965 (81) (092.1)

Rua Conselheiro Ramalho, 330/340 01325-000 São Paulo SP Brasil
Tel. (11) 3241.3677 Fax (11) 3105.6867
e-mail: info@martinsfontes.com.br http://www.martinsfontes.com.br

Índice

Apresentação

A racionalidade impõe ônus. Por instinto, os animais desempenham naturalmente o papel que lhes cabe na ordem do ser. Os homens, ao contrário dos animais, precisam de modelos para a realização de suas potencialidades e, sem eles, parecem não saber o que querem. Sem paradigmas, não se aperfeiçoam.

A falta de aperfeiçoamento de cada homem implica prejuízo de toda a sociedade. Cresce o dano, na medida da maior importância que assumem certas ciências em face do bem comum. No terreno normativo, é sabido que a injustiça revolta o homem. A atribuição do devido a cada um é imprescindível à paz social que enseja a realização da felicidade inerente a cada pessoa.

Instala-se na atualidade um processo de acelerada globalização sem a mínima preocupação com a fraternidade e que vulnera a dignidade humana. A esfera econômico-financeira dilata-se desordenadamente, o trabalho perde a natureza de possibilitar a realização do homem e prover às suas necessidades básicas, concentram-se as riquezas com uma intensidade inédita, surgem controvérsias praticamente incólumes à função legiferante do Estado e impermeáveis à função judiciária, enquanto a função executiva, por sua vez, dispõe de poder incontrolado que afeta o sentimento de segurança dos cidadãos.

Deixamos de ser uma "República de Bacharéis" e nos tornamos uma "República de Economistas". Precisamos, não há dúvida, crescer no plano econômico-financeiro, sem, no entanto, nos tornarmos presas fáceis do *ter* em detrimento do *ser*. A consolidação do processo evolutivo nacional não pode prescindir do tratamento justo das relações sociais.

Diante desse quadro, a valorização de nossos juristas seguramente contribui para a evolução de nosso País. Alguns deles voaram como águias que impressionaram o mundo. Outros passaram a vida como pequenas formigas que operosamente transformaram a realidade nacional com discrição e perseverança. Outros ainda conceberam códigos monumentais que atravessaram os séculos. Descobriram novos caminhos da ciência jurídica. Escreveram obras que continuam a encantar os pesquisadores. Iluminaram incontáveis decisões concretas.

Força é convir que inúmeros bens da vida, essenciais ao homem, somente podem ser obtidos porque algum dia um jurista formulou uma teoria que possibilita a alguém gozar do que lhe é devido. Com pesar, porém, se constata não ser incomum que se olvide a sua obra. Pior, com freqüência relegamos ao mais completo esquecimento o exemplo de suas vidas e até os seus nomes; vidas de cientistas que desvendam tesouros maravilhosos e, sobretudo, vidas que nos inspiram à contínua melhora da própria existência, erigindo-se como exemplos marcantes para a plena realização pessoal.

É nessa perspectiva que se busca, quanto aos nossos juristas, restaurar o vigor do gênero biográfico, de resto bastante antigo na literatura em geral, mas que se vê renovado nestes tempos; sem deixar de lado seu tradicional cunho apologético, caracteriza-o agora a preocupação de também dar a conhecer as linhas gerais da obra do biografado, ao mesmo tempo que exterioriza o feito de sua personalidade no contexto histórico em que viveu. Integra o homem e sua obra, pondo à luz a sua história, o seu tempo e o seu legado para o mundo que o circunda. Recorda e documenta para vincar a perpetuidade que nos angustia.

Quantos brasileiros contribuíram para a ciência do justo... Discretos e abnegados... Quantos deles revelaram uma independência serena e corajosa... Forjaram nossa cidadania... Quantos deles apreenderam a natureza do homem... Fixaram os fundamentos para que o homem encontrasse a si mesmo e, consciente de sua pessoalidade, se abrisse para Deus... Quantos foram flexíveis para salvar a essência de nossas tradições em momentos de autoritarismo e obscurantismo... Sofreram para não perder o ideal democrático que nos conforma... Quantos foram retos a ponto de sacrificarem-se pela verdade e pelo justo... São os precursores do Brasil-Ético que nos elevará no concerto das nações!

Aqui estão retratados alguns deles, com as suas obras e as suas vidas, para que, a seu exemplo, você e nós sejamos melhores.

ALMIR GASQUEZ RUFINO
JAQUES DE CAMARGO PENTEADO

José de Alcântara Machado de Oliveira

*Jaques de Camargo Penteado**

Introdução

Muitos escreveram sobre Alcântara Machado. Todos fizeram-no com especial admiração. Parece que estavam magnetizados por sua personalidade grandiosa. Alguns conheceram-no pessoalmente. Outros estavam muito próximos de seu tempo, de sua obra e de sua vida.

Distanciado no tempo, aproximei-me de sua obra e me encantei por sua vida. Ocupo a sua cadeira na Academia Paulista de Direito. Reconheço que me falta o talento para traçar um breve resumo desse magnífico jurista. Não posso olvidar o dever de o retratar. Faço-o constrangido pela inépcia. Vencido em tudo, salvo na profunda admiração por sua figura maior no concerto dos gigantes.

Tendo trabalhado com o Código Penal de 1940 durante a maior parte de minha vida – Código Penal que é uma das obras-primas de Alcântara Machado –, somente tomei contato mais próximo com a sua pessoa quando li o primoroso elogio que Guido Fonseca lhe dirigiu na Academia Paulista de Direito.

---

* Procurador de Justiça aposentado do Ministério Público de São Paulo. Advogado.

Destacou-o como uma das "mais completas e brilhantes inteligências de São Paulo. Poeta, biógrafo, historiador, advogado, orador, professor, jurista, parlamentar, marcou profundamente todos os segmentos da sociedade onde teve oportunidade de atuar, alcançando situações culminantes na maioria delas"[1].

Apontou seu nascimento em 1875, na progressista Piracicaba, onde fez os estudos fundamentais. Cursou a Faculdade de Direito da Universidade de São Paulo e regeu a cadeira de Medicina Legal da Velha Academia. Foi seu diretor. Vereador, deputado e senador. Constituinte. Integrou a Sociedade Capistrano de Abreu e a Sociedade de Medicina Legal e Criminologia de São Paulo. Fundou o Conselho Penitenciário do Estado. Dirigiu a Faculdade Paulista de Letras e Filosofia. Foi membro da Academia Brasileira de Letras[2], da Academia Paulista de Letras e da Academia Paulista de Direito. Faleceu em 1941.

Tímido e reservado, refletia nos olhos as alegrias familiares. Agigantava-se na cátedra[3]. Sempre "solícito, cor-

---

1. Guido Fonseca, *Elogio do patrono*, São Paulo, Academia Paulista de Direito, Resenha.

2 Na sua posse proferiu um discurso impressionante. "Não há quem, ainda hoje, relendo êsse discurso, deixe de sentir frêmitos e arrepios de encantamento; vibra nêles a terra de Piratininga e se espelha o caráter da sua gente, 'menos sobranceira do que retraída; ávida dos bens materiais porque tem horror à dependência, mas igualmente ambiciosa das riquezas imperecíveis – e por isso mesmo tão ufana de suas fábricas e lavouras, como de suas escolas e de seus poetas'. Ao atingir os 58 anos, Alcântara Machado confirmava, numa explêndida exuberância, as grandes promessas dos dezessete anos e já trazia para o patrimônio intelectual dos Machado de Oliveira um incremento opulentíssimo, sem dúvida maior do que o que lhe adviera por herança do grande Brasílio." (Pelágio Lôbo, *Recordações das Arcadas*, São Paulo, Reitoria da Universidade de São Paulo, 1953, p. 181).

3. Tinha profunda consciência da importância vital da formação e no seu coração de poeta batia a mesma dedicação à causa do ensino que,

dial e encantador pelas suas palavras e conceitos"[4]. Brasílio Machado, seu pai, desvendara-lhe a Faculdade de Direito do Largo de São Francisco. Amou-a como poucos. Deu-se-lhe por inteiro. Buscava a perfeição. Quis ser enterrado com a toga de professor.

Harmonizando ciência e vida, foi político preocupado com a arquitetura de nossa cidade[5]. Com serenidade, soube evitar que a corrupção lesasse os cofres públicos. Defendeu o liberalismo e o federalismo. Participou do Movimento Constitucionalista e recebeu comunicado de que seria exilado. Preparou-se para o desterro e, avisado por telefone de que não mais se efetivaria a coação, elegantemente respondeu que não ficassem constrangidos os detentores do poder, pois o maior trabalho – arrumar as malas –, já o havia feito...

---

anos depois, outro jovem da Faculdade de Direito do Largo de São Francisco – um dos meus filhos –, consolidaria em versos inesquecíveis:

> Parece simples o edificar... / Papéis sustentam planos mentais. / As pedras sobem; / as pás, descendo tanto! / – Olhe a mão pondo o silhar com calma! / Como colocar uma pedra, / é diferente de colocar uma pedra... / Moldar o rosto de outra vida / requer delicada sutileza, / certo aproximar distanciado: / tocar o quase-sagrado. / Olhar sem comer, / colheita do ser. / Respigar um colorido do amigo. / Repartimos, sem nada possuir, / presentes passados prá frente, / qual aquedutos da sede de ser mais. /
>
> – Mamãe, me ajuda a também ser capaz! (Luciano de Camargo Penteado, 1999)

4. Guido Fonseca, *op. cit.*, p. 7.

5. "Sua passagem pela Câmara Municipal de S. Paulo, ao lado de estudos valiosos que produziu, sôbre assuntos de interêsse do munícipio e dos serviços que a êste eram afetos, deu ensejo para a elaboração de um livro – *Problemas Municipais,* que revela, em cada página, não o vereador de bairro, de visão acanhada e pobre, espécie de galináceo que só conhece o seu poleiro –, mas o político e estudioso, de visão larga e distante, que apanha os problemas urbanos de um ponto alto e superior, cotejando-o com o que havia de aconselhável e adequado em certos centros, de outras terras, tudo iluminado por uma sadia compreensão do tráfego urbano, concessões de linhas de tramways, limpeza pública e assistência de pronto socorro, agitou a questão de reversão do impôsto predial para o município, a fim de poder êste acudir a encargos crescentes que só podiam ser realizados com aquêle tributo." (Pelágio Lôbo, *op. cit.*, p. 179.)

Na Assembléia Nacional Constituinte que aprovou a Constituição Federal de 1934 disse que: "Foi para isto que São Paulo deu o seu sangue. Foi para isso que nos deu o seu voto. E é para isso que aqui estamos e daqui não sairemos enquanto não tivermos dado ao Brasil uma constituição digna de seu liberalismo, de sua cultura, de seu espírito cívico e de todas as qualidades que fizeram a grandeza de nosso povo."[6]

Como poucos, soube captar a importância das pequenas coisas, investigando a vida dos paulistas e escrevendo a notável *Vida e morte do bandeirante*, em que traduz o profundo amor por nosso São Paulo[7]. Sabia harmonizar "erudição, ciência e beleza formal"[8]. Publicou versos parnasianos de rara inspiração.

---

6. Guido Fonseca, *op. cit.*, p. 12.

7. "Paulista sou, há quatrocentos anos. Prendem-me ao chão de Piratininga todas as fibras do coração, todos os imperativos raciais... Só em minha terra, de minha terra, para minha terra tenho vivido; e incapaz de servi-la como devo, prezo-me de amá-la quanto posso." (Guido Fonseca, *op. cit.*, p. 15.) Ama São Paulo e não se esquece de nossas origens, hispânicas, na concepção de José Pedro Galvão de Souza e Clóvis Lema Garcia ("Elogio do primeiro pelo segundo", *Revista da Academia Paulista de Direito*, São Paulo, agosto/2001, ano XXVII, vol. 7, p. 41), lusitanas, segundo Manoel Octaviano Junqueira Filho ("Brasil; formação jurídica e social", *in Enciclopédia Saraiva do Direito*, R. Limongi França (org.), São Paulo, Saraiva, 1977, vol. 12, p. 177).

8. Guido Fonseca, *op. cit.*, p. 18 ("Da combinação desses três elementos conseguiu criar páginas de rara formosura como este trecho inserto em *A deformidade das lesões corporais*, um dos seus mais importantes trabalhos: Para os atenienses o belo não constituía apenas o deleite dos olhos e o encanto dos sentidos: a dignidade e a harmonia das linhas eram a manifestação palpável da pureza espiritual. É por isso que, no teatro de Eurípedes, o coro das Bacantes proclama: 'O que é belo é sempre bom'. A beleza de teu corpo, diz Ion, de Eurípedes, a Creusa, revela a 'nobreza de teus costumes'. Ao feio ligava-se a idéia de perversidade e da fraqueza: inspirava em uns – o ódio, em outros – o desprezo. No mundo heleno, a beleza física sobreleva à lei e à moral, ao pudor e à Justiça. Frinéia vence o direito positivo, porque desnuda o corpo de linhas impecáveis, diante

O caráter de Alcântara Machado

Alcântara Machado envergou no nome a tradição dos paulistas e soube honrar Brasílio Augusto Machado d'Oliveira (barão de Brasílio Machado) e D. Maria Leopoldina de Souza Machado d'Oliveira, seus pais. "Em suas veias – já o disse – não se diluiu o sangue de Brasílio, sangue azul de fidalga aristocracia intelectual, e em suas mãos se redoirou o brazão dos méritos paternos", proclamaria César Salgado[9].

Talvez por essa especial dedicação filial, sentia um carinho especial pela Academia Paulista de Letras. Nesta, ocupava a cadeira n.º 1, sucedendo seu honrado pai[10].

Trazia nos olhos suas alegrias e suas tristezas. "As alegrias proporcionadas pela família refletiam-se no brilho dos seus olhos e apenas isso."[11] Viram-nos César Salgado, assim que encerrada sua oração em homenagem póstuma a Brasílio Machado. A agudeza de espírito desse notável promotor de justiça registrou o momento: "Finda a cerimônia, Alcântara Machado veio a mim e abraçou-me longamente, sem nada dizer. E eu percebi, nos seus olhos úmidos, que a palavra era supérflua para traduzir o reconhecimento do filho ante a glorificação do pai."[12] São olhos que falam.

---

de magistrados que, antes de serem juízes, eram gregos. O Areópago ordena que Aspásia aborte, para que não se quebre a beleza de seu corpo. Que diriam de um tribunal contemporâneo que sacrificasse a vida do nascituro à formosura materna?").

9. "*In Memoriam* de Alcântara Machado", *Arquivos da Polícia Civil de São Paulo*, São Paulo, Tip. do Gabinete de Investigações, julho de 1942, vol. III, p. 481.

10. Guido Fonseca, *op. cit.*, p. 19.

11. *Idem, ibidem*, p. 6.

12. César Salgado, *op. cit.*, p. 481.

> A sua última, grande obra, que bastaria, por si só, a imortalizar-lhe o nome, é o projeto do Código Criminal Brasileiro. Há tarefas de tamanha magnitude que raramente são confiadas a um único homem. Há certos vôos tão altos e tão largos, que só as águias ousam empreendê-los. É preciso que se reivindique, para o mestre paulista, uma glória, que inexplicavelmente lhe tem sido sonegada: a de *primus inter pares* nos trabalhos de elaboração do nosso novo Código. Aí está a lei, súmula dos trabalhos de ilustre comissão. Cotejai-a, senhores, com o projeto Alcântara e verificareis que a obra do nosso mestre não serviu apenas de padrão àquele Estatuto, mas cedeu-lhe além da própria estrutura científica, o espírito e a forma de muitos dispositivos.[13]

E a humildade dos grandes emerge escrita em letras de fogo quando justifica o seu projeto. Deixemos falar Alcântara Machado para que esta releitura ao menos sirva de eco remoçado e leal à sua imortal obra:

> Proponho-me a dar uma impressão da maneira por que vem sendo recebido o projeto de minha autoria. Poucos os que dele se ocuparam e relativamente diminutos os reparos que suscitou. Se me desvairasse a vaidade, sentir-me-ia satisfeito. Tudo, porém, demonstra que a parcimônia das críticas dignas desse nome não é índice da perfeição da obra, e sim testemunho de desinteresse. Haverá que atribuir essa indiferença à preguiça mental? Ou será o caso de imputá-la à convicção reinante de que não existe sincero empenho em levar a cabo a reforma completa e orgânica da legislação vigente?
>
> ...a experiência destes últimos quarenta anos tem ensinado, com efeito, que não há pressa em pôr abaixo o edifício arruinado a que serve de arcabouço o código de

13. *Idem, ibidem*, p. 484.

> 1890. Prefere-se remendá-lo e retocá-lo constantemente, escorando aqui uma parede, tomando ali uma goteira, acrescentando acolá uma dependência. Daí, a proliferação de dispositivos extravagantes, para desespero de alguns e gáudio de outros. Não era sem razão que no banquete anual dos advogados ingleses se bebia antigamente "à gloriosa incerteza da lei...". Seja como for, julgo-me no dever de resumir os debates escassos, que se hão travado em torno do projeto, cuja responsabilidade me incumbe.[14]

Discute todas as objeções levantadas, uma por uma. Começa pela linguagem empregada pelo anteprojeto – tão elogiada pelos críticos[15] –, avança para a originalidade desse trabalho e reconhece a influência exercida pela legislação italiana, ressaltando "os laços espirituais, que advêm do caráter acentuadamente latino de nossa cultura e que tendem a aumentar com a transfusão crescente de sangue itálico em veias brasileiras", mas nega com veemência e apoio nos doutrinadores da época que a sua obra seja uma cópia ou adaptação da norma criminal peninsular[16].

Atinge a estrutura do anteprojeto, supera a discussão do mérito da sua colaboração, discute principalmente com penalistas do porte de Costa e Silva, Hungria e Altavilla e sintetiza essa justificação com a maestria que lhe é comum:

> Em resumo: dentre os reparos que vieram à luz,
>
> – sete despertou a redação do projeto, dos quais dois (n.os 6 e 8) são atendíveis;

---

14. Alcântara Machado, "O Projeto do Código Criminal perante a crítica", *Revista da Faculdade de Direito da Universidade de São Paulo*, São Paulo, Revista dos Tribunais, jan./abr. de 1939, vol. XXXV, fasc. 1, p. 39.

15. "Primeiro foi a linguagem, depois, o direito... (Ricardo Dip, *Direito penal: linguagem e crise*, Campinas, Millenium, 2001, p. 61.

16. Alcântara Machado, *op. cit.*, p. 47.

– treze suscitou a estrutura, sendo que um deles (n.º 1) não mais prevalece e outro (n.º 13) tem procedência;

– trinta e quatro provocou o merecimento dos dispositivos. Dessas objeções uma (n.º 23) é aceitável; cinco (1, 3, 7, 8, 34) perderam a razão de ser, diante do texto do projeto definitivo. Subsistem, portanto, vinte e oito, o que em verdade não é muito, sabido que o projeto encerra cerca de quatrocentas disposições, e atentas, sobretudo, a dificuldade e a transcendência da matéria.[17]

Permitam-me que ainda uma vez releia as palavras de Alcântara Machado, expressão candente de sua humildade intelectual, prova maior de que se trata de uma personalidade muito bem esculpida, pois reconhece algumas das imperfeições do anteprojeto e o reescreve:

> Indigno seria do encargo, que tomei sobre os ombros, se não reconhecesse, como lizamente reconheci para logo, as lacunas e imperfeições do trabalho, e não procurasse remediá-las, reexaminando toda a matéria e levando na devida consideração os reparos formulados...[18]

Também atendeu a algumas ponderações da comissão revisora...

Tinha razão César Salgado. Alcântara Machado foi uma águia. Solitariamente fez um grande anteprojeto de Código Penal. Fitou o sol em altos vôos, mas soube descer às fontes comuns para retemperar as forças e produzir um monumento legislativo que dura algumas décadas e o Poder Executivo ainda não conseguiu fornecer os instrumentos necessários para o seu pleno funcionamento.

---

17. *Idem, ibidem*, p. 96.

18. Alcântara Machado, *Nova redação do projeto de Código Criminal do Brasil*, Introdução, São Paulo, Revista dos Tribunais, 1940.

Talvez seja substituído sem que ao menos as prisões atendam à dignidade do ser humano!

É tão grande o fascínio que Alcântara Machado exerce sobre as diversas gerações, certamente por sua grandeza de professor, que, ainda outro dia, vi um jovem mestrando da Faculdade de Direito do Largo de São Francisco e um não tão jovem livreiro, com o Anteprojeto Alcântara Machado à frente de ambos, enaltecendo essa obra notável. Ambos reconheciam a raridade da edição. O jovem mestrando – atento aos seus bolsos de estudante – talvez pechinchasse. O velho livreiro hesitava. Quando me aproximei e ambos voltaram os seus olhos para mim – sabiam eles que eu estava procurando essa obra –, também puseram-se de acordo sobre o valor do livro. Luciano, meu filho, e "seu Brandão", nosso amigo sebista, presentearam-me com o Anteprojeto Alcântara Machado[19].

Esses dois deixaram-me com os olhos úmidos. Como terão ficado os olhos de Alcântara Machado nesse dia?

Pelo dedo se conhece o gigante

O notável professor Cândido Mota Filho, perpetuando a grande missão de Alcântara Machado, transcreve as suas palavras quando recebeu a incumbência de elaborar o anteprojeto de Código Penal: "Se assumi o compromisso de entregar o projeto no prazo de quatro meses é que

19. "Seu Messias", outro livreiro de nosso tempo, vendo-me procurar uma antiga revista que trazia um trabalho de Alcântara Machado, também passou-me à frente e, gentilmente, extraiu umas cópias xerográficas que não me deixou pagar...

não tenho feito outra cousa senão estudar direito penal em quarenta anos!"[20]

Fê-lo sob o seu lema: "unidade e clareza" de um lado e do outro "humanidade e justiça". "Essa clareza porém não seria meramente literária, porque, por mais perfeita que fosse a linguagem do anteprojeto, por mais concisa e elegante que fosse, ela não seria clara, se não proviesse de um pensamento claro, de uma concepção de vida, de uma filosofia bem disposta. A sobriedade luminosa, a singeleza do estilo, a transparência das definições resultaram de uma cultura firme e resoluta, de um pensamento trabalhado em longa e severa meditação, de um espírito dotado de convicções inabaláveis, que jamais se deixava ficar no comodismo das verdades conquistadas e se levar pelas seduções das doutrinas improvisadas com sucesso..."[21]

Percebendo o grande drama de leis boas que não se podem aplicar por absoluta falta de aplicação de recursos orçamentários de responsabilidade do Poder Executivo, com a sua visão de sábio, na esteira de Ferri, Eusébio Gomes e outros, consignou que: "A eficácia plena da aplicação da nova lei dependerá de duas condições que estão nas mãos do governo realizar: – a preparação especializada da magistratura e a criação de estabelecimentos destinados à readaptação de certos delinqüentes, à reeducação de outros, ao tratamento de muitos"[22].

Os valores cultivados por esse paulista, bandeirante e professor, político e cientista, construído de uma só peça

---

20. Cândido Mota Filho, "Alcântara Machado e o novo Código Penal", *in O novo Código Penal*, São Paulo, Imprensa Oficial do Estado, 1942, vol. II, p. 53.

21. *Idem, ibidem*, p. 57.

22. *Idem, ibidem*, p. 64.

e transparente, humanista e justo, emergem de sua justificação ao anteprojeto de Código Penal, do Código Penal do Brasil.

Encampa as críticas feitas ao trabalho anteriormente encomendado a outros juristas, mas preserva estes: "Verifiquei, porém, desde logo, serem de irrecusável procedência as críticas que êsse trabalho vinha despertando e continua a provocar em o nosso meio jurídico, unânime em proclamar a competência inexcedível dos operários, mas acórde em reconhecer as imperfeições da obra."[23]

Demonstrando um profundo amor à família, não desculpa os estudos precedentes por omitir o tipo do "abandono de família"[24]. Em tempos em que não se cogitava de globalização, é capaz de atestar a universalidade do direito e que, acima das normas positivas e do próprio Estado, está o ser humano, cuja necessidade imanente de justiça mergulha na consecução do bem comum, noção compreensiva da dignidade humana, do provimento das

---

23. Alcântara Machado, *Projeto do Código Criminal brasileiro,* São Paulo, Revista dos Tribunais, 1938, p. 11. A sua preocupação com o próximo não é novidade. Considerando a técnica forense de certa época, assevera: "Quanto ao merecimento dos arrazoados, manda a caridade que silenciemos." (Alcântara Machado, *Vida e morte do bandeirante,* São Paulo, Itatiaia e Universidade de São Paulo, 1980, p. 131.)

24. Alcântara Machado, *Projeto do Código Criminal brasileiro,* p. 13. Estará presente a sua compreensão da importância da família, conforme revelara em sua obra-prima literária acima referida: "Através dos inventários divulgados a velha família paulista se nos revela em toda a sua coesão e robustez. Então, mais do que em nenhum outro momento de nossa história, os fatos se incumbem de demonstrar que a verdadeira unidade social é a família. Que vale, sózinho, o indivíduo, num ambiente em que a força desabusada constitui a lei suprema?" (*Vida e morte do bandeirante,* p. 153.) Ter-se-ia uma estimulante recomendação para que os dramáticos problemas que afetam o nosso tempo, esse tempo em que tantos estão tão sós, encontrem a vivificante esperança de solução no seio da família segundo o modelo clássico?

necessidades básicas do homem e da fixação de uma ordem jurídica justa e estável[25].

Protege a vida a partir de sua concepção. Considera antijurídico todo ataque à vida, *intra* ou *extra* uterina. Revela especial conhecimento científico e mantém a proteção à vida mesmo quando o ser humano esteja privado do acidente saúde. Para hipóteses excepcionais, prevê a não-punição da conduta criminosa que atenta contra a vida[26]. É contrário à pena de morte. Modelo de coerência, estipula a punição de importação, fabricação, anúncio ou exposição à venda de substância ou objeto destinado à provocação de aborto[27]. Lição para alguns cultores dos direitos humanos que não respeitam o homem e não respeitam a vida...

Conclusão

Como custa reconhecer que a minha inaptidão deixa de revelar a grandiosidade de Alcântara Machado! Desse Alcântara Machado que é pai de Antonio Castilho de Alcântara Machado D'Oliveira – notável escritor de *Brás, Bexiga e Barra Funda*! Desse Alcântara Machado que dedica a sua principal obra literária de forma ímpar: "Para

25. "Assim, admite em certos casos e para determinados efeitos, a autoridade da sentença estrangeira, o que representa mais um passo em favor da tese universalista, defendida desde muito por Francisco Carrara e inspirada no pensamento de que, ao reprimir o crime, o Estado funciona como órgão, seja de um princípio de justiça, que lhe é anterior e superior, seja de um interesse vital da humanidade inteira." (*Projeto do código criminal brasileiro*, p. 16.)

26. Alcântara Machado, *op. cit.*, p. 245.

27. Alcântara Machado, *op. et loc. cit.* Hoje, muitos estudantes passam fome nas escolas, mas a juventude pode abortar com apoio de centros oficiais de saúde, até mesmo sem a participação dos pais...

minha mulher, meus filhos, minha nora, meus netos, paulistas como eu e os meus antepassados desde Antônio de Oliveira, chegado a S. Vicente em 1532."[28]

Esse homem silencioso... Justo e bom... Homem que ri e homem que chora... Faz ciência... Edifica monumentos legislativos... Ama... Ama a sua Família.... Ama a sua Pátria... Ama São Paulo como ninguém... Encanta-se com a alma bandeirante e reza:

> Mas nenhuma súplica se compara em humildade e confiança à de Gaspar Fernandes: *peço a N. Sr. Jesus Cristo me perdoe meus pecados e tome posse desta alma e a limpe com o preciosíssimo sangue que por ela derramou.* Parece impossível que o Crucificado não tenha ouvido esse grito de esperança e de amor, e não se tenha apossado desse coração largado em suas mãos como coisa sua, e não o tenha lavado de todas as nódoas e impurezas terrenas.[29]

Que Alcântara Machado também reze por ti e por mim, para que cumpramos nossos deveres...

Bibliografia

ALCÂNTARA MACHADO. "O Projeto do Código Criminal perante a crítica", *Revista da Faculdade de Direito da Universidade de São Paulo*. São Paulo, Revista dos Tribunais, jan./abr. 1939, vol. XXXV, fasc. 1, p. 39.

______. *Nova redação do projeto de Código Criminal do Brasil*. São Paulo, Revista dos Tribunais, 1940.

______. *Projeto do Código Criminal brasileiro*. São Paulo, Revista dos Tribunais, 1938.

28. *Vida e morte do bandeirante,* dedicatória.
29. Alcântara Machado, *op. cit.*, p. 216.

______. *Vida e morte do bandeirante*. São Paulo, Itatiaia Universidade de São Paulo, 1980.

CHOZA ARMENTA. *A supressão do pudor, sinal do nosso tempo*. Lisboa, Rei dos Livros, 1997.

DIP, Ricardo. *Direito penal: linguagem e crise*. Campinas, Millennium, 2001.

FERNÁNDEZ DE CÓRDOVA, Pilar. *Treinta temas de iniciación filosofica*, 2.ª ed. Bogotá, Universidad de La Sabana, 1991.

FONSECA, Guido. *Elogio do patrono*. São Paulo, Resenha (impr.), Academia Paulista de Direito, s/d.

GARCIA, Clóvis Lema. "Elogio ao patrono José Pedro Galvão de Sousa", *Revista da Academia Paulista de Direito*, São Paulo, ago./2001, ano XXVII, vol. 7, p. 37.

JUNQUEIRA FILHO, Manoel Octaviano. "Brasil; formação jurídica e social". *In Enciclopédia Saraiva do Direito*, R. Limongi França (org.). São Paulo, Saraiva, 1977, vol. 12, p. 177.

MOTA FILHO, Cândido. "Alcântara Machado e o novo Código Penal." *In O novo código penal*. São Paulo, Imprensa Oficial do Estado, 1942, vol. II, p. 53.

PENTEADO, Luciano de Camargo. *Formação*, 1999.

SALGADO, César. "*In Memoriam* de Alcântara Machado". *Arquivos da Polícia Civil de São Paulo*, São Paulo, Tip. do Gabinete de Investigações, jul. de 1942, vol. III, p. 481.

Alfredo Buzaid
Uma vida dedicada ao direito

*José Carlos Moreira Alves**

Nasceu Alfredo Buzaid em Jaboticabal, no Estado de São Paulo, aos 19 de julho de 1914.

Foi no Ginásio de São Luiz de Jaboticabal, reputado educandário do interior paulista dirigido pelo professor Aurélio Arrobas Martins, que cursou o primário e o secundário, concluindo este em 1930.

Desde cedo, manifestou-se sua decidida vocação pelas letras, o que o levou, quando ainda cursava o quarto ano ginasial, a participar do corpo de redação do jornal que era publicado pelo Centro Joaquim Nabuco.

No ano seguinte, ao concluir o quinto ano ginasial, foi o orador do ginásio.

Em 1931, ingressa nas Arcadas, a Faculdade de Direito de São Paulo. Durante o curso jurídico, continua a dedicar-se ao jornalismo, escrevendo para, dentre outros, o jornal *O Combate* de sua cidade natal e, posteriormente, para *A Gazeta Comercial*, de que chegou a ser diretor.

Da seriedade de seus estudos nos tempos da Academia, há o depoimento do professor Miguel Reale, ao saudá-lo, muitos anos depois, quando conquistou, nela, a cátedra de Direito Processual Civil:

---

* Ministro do Supremo Tribunal Federal.

> O ingresso de V. Exª, laureado, como catedrático, não constitui surpresa para ninguém.
>
> Já se podia mesmo antever tal resultado no jovem que freqüentava os bancos acadêmicos por volta de 1933 e 1935. Posso, pessoalmente, dar testemunho da seriedade de seu propósito desde o início de seus estudos. Lembro-me bem quando, juntos, íamos ao longo da Avenida Brigadeiro Luís Antônio trocando idéias sobre os problemas fundamentais da cultura e formulando observações e críticas sobre as questões basilares da nossa Pátria. Desde logo impressionou-me o caráter severo de sua personalidade.

Já nesse tempo, tinha Alfredo Buzaid sólidos conhecimentos de filosofia, de sociologia e de política. Habituara-se, também, ao trato dos clássicos da língua, a revelar-lhe o pendor pelos estudos históricos, característica marcante nos trabalhos jurídicos que viria a escrever.

Bacharela-se em direito em 1935. Volta a Jaboticabal onde inicia sua atividade de advogado. No final de 1938, está de novo em São Paulo, onde se dedica à advocacia. Já nessa época, interessa-se pelo estudo do direito processual civil, publicando, em 1939, artigo sobre o despacho saneador na *Revista Judiciária*. Essa inclinação o leva a freqüentar, na Faculdade de Direito de São Paulo, o curso de extensão universitária dado por Enrico Tullio Liebman, que, em virtude da guerra, se transferira para o Brasil. Em pouco tempo, torna-se amigo pessoal do mestre italiano, que, seguindo as tradições do Velho Mundo, não se limitou a lecionar, mas formou discípulos, propiciando as bases do que veio a denominar-se "Escola Paulista de Direito Processual".

Seu primeiro livro – *Da ação declaratória no direito brasileiro* – é publicado em 1943. Inaugura ele a coleção de estudos de direito processual civil dirigida pelos professores Soares de Faria e Enrique Tullio Liebman. No prefácio, esses mestres, depois de salientarem que sua intenção é "promover a formação de uma coleção de monografias de direito processual civil, que reúnam à rigorosa seriedade científica o senso fecundo das necessidades da prática", assim concluem:

> Inaugura a coleção este livro sobre a "ação declaratória", que pensamos tenha as qualidades indicadas e possa utilmente contribuir para a difusão do conhecimento desta figura de ação, que o tempo mostrará quanto pode favorecer o desenvolvimento da vida civil.

Nesse livro, não há a insegurança do neófito. As qualidades do autor são evidentes. A clareza do estilo, o rigor do método, o brilho da exposição, a segurança do argumento, a familiaridade com as literaturas jurídicas estrangeiras, especialmente alemã e italiana. Não foge o autor das dificuldades do tema. É de destacar-se o capítulo sobre a ação declaratória incidental, cuja riqueza de conteúdo excede, em muito, o objetivo declarado de "antes suscitar o problema à discussão do que propriamente tentar resolvê-lo".

Pouco mais tarde, em 1945, inscreve-se no concurso à livre-docência de direito judiciário civil a realizar-se nas tradicionais Arcadas. "O agravo de petição no sistema do Código de Processo Civil" é a tese que apresenta. Nela, após analisar amplamente a evolução histórica desse recurso, estuda-o em face do Código de 1939, não sem antes observar que, nas leis então em vigor, o agravo de petição traduzia quatro recursos diversos, por serem diferentes suas condições de admissibilidade. Aprovado, é nomeado livre-docente em 17 de agosto de 1946.

Nos anos seguintes, publica *Da apelação* ex officio, *Paula Batista (atualidades de um velho processualista)*, *A escola de direito de Beirute*.

Em 1957, concorre à cátedra de Direito Judiciário Civil na Faculdade Paulista de Direito da Pontifícia Universidade Católica com a tese "Do concurso de credores no processo de execução", obra que veio a tornar-se clássica. Vitorioso nesse concurso, onde obtém a excepcional média 9,9, é nomeado catedrático e nesse cargo se empossa em 23 de maio de 1958.

Até 1957, desenvolve intensa atividade como advogado, jurista e professor, publicando em várias revistas jurídicas pareceres e artigos principalmente no ramo de sua especialidade.

Vagando-se na Faculdade de Direito da Universidade de São Paulo a cátedra de Direito Judiciário Civil em virtude do falecimento do professor Benedito de Siqueira Ferreira, inscreve-se no concurso para seu preenchimento com a tese "Da ação renovatória de contrato de locação de prédio a fins comerciais ou industriais". É aprovado com a nota máxima atribuída por todos os cinco examinadores. No dia 8 de maio de 1958, depois de nomeado, empossa-se como catedrático. Chegava, assim, à culminância de sua carreira no magistério.

Não é, porém, de seu temperamento dar-se por satisfeito com os lauréis obtidos. Como homem de ciência que é, aspira a aperfeiçoar-se incessantemente. O degrau vencido é o desafio do degrau que se lhe segue. Por isso, ao ser empossado na faculdade em que se formara, profere discurso repassado de emoção, finalizando-o com estas palavras de esperança:

> Egrégia Congregação! Vós me abristes definitivamente as portas desta augusta Academia. Eu vos abri o meu coração, para confidenciar os amores de um docente livre que esperou doze anos esta hora culminante. Não vos trago um programa. Mas um passado de trabalho intenso já é uma promessa; e só peço a Deus que me dê saúde para

não interromper minha dedicação às letras jurídicas, porque nada me humilharia tanto como vir a ser o fundo de uma noite, onde brilha uma constelação de estrelas.

Ainda em 1958, com os processualistas professores Luiz Eulálio de Bueno Vidigal, José Frederico Marques e Galeno Lacerda, funda o Instituto Brasileiro de Direito Processual Civil, que é incorporado à cátedra de Direito Judiciário Civil da Faculdade de Direito da Universidade de São Paulo como instituto a ela anexo, cabendo-lhe ser seu secretário-geral.

É nesse mesmo ano de 1958 que publica a monografia *Da ação direita de inconstitucionalidade no direito brasileiro,* onde examinou esse instituto à luz, principalmente, da processualística. Se se pode discutir essa ou aquela posição que adotou pelo enfoque primordial que lhe deu, não se lhe pode negar o mérito, pouco freqüente em nossa literatura jurídica, de não furtar-se às dificuldades do tema proposto. Prefaciando essa obra, disse Miguel Reale:

> Nem sempre estaria de acordo com as conclusões do meu ilustre colega, divergindo mesmo num ou noutro ponto essencial, talvez por considerar excessiva a sua preocupação de amoldar às claves da processualística civil uma técnica de cunho eminentemente político, como é a "ação direta de inconstitucionalidade", mas julgo incomparavelmente maior a messe de ensinamentos que nos proporciona, provocando questões que o teórico geral do Direito não pode ignorar. Ignorá-las seria tão pernicioso como a atitude do jurista encasulado no exame estrito de um conflito particular de interesses, de costas displicentemente voltadas para os conflitos amargurados que agitam o mundo.

Dois anos depois, funda a *Revista de Direito Processual Civil,* de que vieram à luz seis volumes.

Já era então um dos mais destacados processualistas do país, o que levou o Governo Federal a encarregá-lo, no início da década de 1960, da elaboração do Anteprojeto de Código de Processo Civil, que ele veio a apresentar em 1964.

Em 1967, foi nomeado coordenador da revisão dos códigos brasileiros pelo então ministro da Justiça, professor Gama e Silva. Pouco antes, em agosto de 1966, foi investido no cargo de diretor da Faculdade de Direito da Universidade de São Paulo.

No ano seguinte, é eleito presidente da Academia Nacional de Direito, sediada na cidade do Rio de Janeiro.

Em maio de 1969, é nomeado vice-reitor da Universidade de São Paulo.

Apesar de seus múltiplos encargos, não diminui sua produção científica, quer no tocante a pareceres, quer no que diz respeito a estudos publicados, dos quais, dentre outros, se destacam *Juicio de amparo e mandado de segurança, Do despacho saneador, Do ônus da prova, A crise do Supremo Tribunal Federal, A alienação fiduciária em garantia.*

Em outubro de 1969 é nomeado ministro da Justiça, cargo que desempenhou até 14 de março de 1974. Momentos difíceis, de tensões graves, de decisões delicadas, de incompreensões e de angústias. O tempo, que extingue as paixões e que pesa os fatos e as circunstâncias sem a parcialidade do envolvimento, lhe fará a justiça, quanto ao equilíbrio de julgamentos e de atitudes advenientes da formação ínsita do jurista, que lhe negaram os que não se compraziam com a inflexibilidade de convicções, sem quaisquer desvios, da juventude à velhice.

Retorna, então, às atividades do magistério e da advocacia, em São Paulo.

Pouco antes, em 1973, vira promulgado o Código de Processo Civil, cujo anteprojeto elaborara por incumbência do Governo Federal, no início da década de 1960. Na exposição de motivos, datada de 8 de janeiro de 1964, tomara como epígrafe o que escrevera Chiovenda sobre a reforma do processo, em 1911: "Convém decidir-se por uma reforma fundamental, ou renunciar à esperança de sério progresso." Foi fiel ao lema adotado.

Nesse mesmo ano de 1973 ingressara na Academia Paulista de Letras. Era o reconhecimento pelos trabalhos literários e jurídicos com que enriquecera as letras pátrias. Nele, o intelectual jamais ficara em segundo plano. A intensa atividade como ministro da Justiça não lhe impedira de redigir pessoalmente todos os discursos e conferências que pronunciou nos quatro anos e meses em que esteve à frente do Ministério. Chegara até a publicar, em 1972 – em horas, como diz no prefácio, que devia dedicar ao legítimo convívio com seus familiares –, o livro *Estudos de direito*, volume I, onde se reuniram, revisados e atualizados, vários ensaios escritos ao longo de um quarto de século, tais como "Do despacho saneador", "Do ônus da prova", "Ensaio para uma revisão do Sistema de Recursos no Código de Processo Civil", "A crise do Supremo Tribunal Federal", "Da apelação *ex-officio* no sistema do Código do Processo Civil" e "Deverá instituir-se no Brasil a oposição de terceiro?".

De 1974 a 1982, foi intensa sua atividade profissional. Raras as causas intrincadas no foro paulista que não contaram com parecer seu. Por vezes, freqüentou a tribuna do Supremo Tribunal Federal, demonstrando, sempre, magistrais qualidades de expositor. No fundo, o professor nato.

A 22 de março de 1982, é nomeado ministro do Supremo Tribunal Federal. Era, então, incontestavelmente, um dos maiores juristas brasileiros. Seu renome extravasara as fronteiras do país, membro que era da Associação Italiana de Processo Civil, do Instituto Ibero-Luso-Filipino e Americano de Processo Civil, e do Conselho Editorial da *Revista de Derecho Procesal Civil*, editada em Madri. Nesse mesmo ano, receberia o título de Doutor Honoris Causa da Universidade de Coimbra.

Trazia para essa Corte a experiência do professor, do advogado, do jurista.

A maioria de seus livros constituía-se de obras clássicas de nossa literatura jurídica.

De há muito, poucos mereceriam, como ele, o acesso à mais alta Corte de Justiça do País. A ela chegava, porém, com pouco menos de sessenta e oito anos. Sua nomeação decorrera exclusivamente do reconhecimento de seu valor, e representava, assim, a homenagem que se lhe fazia, como consagração de toda uma vida dedicada ao estudo e à aplicação do direito. O grande advogado e parecerista não necessitava, obviamente, da caridade de um emprego, com aposentadoria próxima.

A vaga que ocupou foi a do ministro Cunha Peixoto, que atingira o limite de idade.

Nos dois anos e alguns meses que permaneceu no Supremo Tribunal Federal, desenvolveu intensa atividade, sendo relator de mais de oitocentos acórdãos, afora o sem-número de decisões singulares que proferiu. Quem se detiver no exame dos seus arestos estampados na *Revista Trimestral de Jurisprudência*, e que representam o que melhor nela produziu por terem sido selecionados por ele mesmo, verificará o cuidado com que examinava as questões em julgamento, a limpidez e o cartesianismo de seu pensamento, a exatidão técnica de suas formulações jurídicas, a profundidade de sua cultura sem a ostentação da erudição fácil e desnecessária, o perfeito conhecimento da jurisprudência do tribunal só possível a quem tinha antigo trato com ela. Em estilo ático, e com a síntese e a objetividade que o caracterizavam, versou, com mão de mestre, todos os problemas de direito público e de direito privado que afluíam à Corte nos terrenos legal e constitucional, antes do advento da Constituição de 1988.

Quem reunir os votos que, no terreno processual, produziu, terá uma antologia de lições esplêndidas, no fundo e na forma. Modelo de síntese, elegância, precisão e lógica, é esta passagem do voto que proferiu, em embargos de divergência (ERE 92.064), no qual refuta a tese dos que sustentam que a ação de divisão é condenatória:

> Qual o caráter da sentença condenatória?
>
> A esta indagação responde Liebman que a sentença condenatória: "Não se consuma em si mesma; ela é proferida em vista da possibilidade de que, perdurando o impedimento do devedor, deva o credor pedir a execução; a condição necessária e suficiente do pedido correspondente. A sentença condenatória é, assim, o ato que une, um ao outro, o processo de cognição e o processo de execução; ato último e conclusivo do primeiro, base e fundamento do segundo" (Liebman, *Estudos sobre o processo civil brasileiro*, com nota de Ada Pellegrini Grinover, p. 37).
>
> Na ação divisória, nada disto ocorre. A sentença, que lhe acolhe o pedido, não é causa e fundamento da execução que, na previsão do legislador, pode tornar-se necessária se houver o inadimplemento do devedor. Na ação divisória profere o juiz sentença definitiva para acolher o pedido do promovente. Os atos processuais, que se seguem ao trânsito em julgado da sentença, não são atos de execução do credor contra o devedor. São operações naturais da própria divisão. O processo de divisão contém uma unidade tendente a extinguir o condomínio, mas se diversifica em várias fases. Podem surgir em seu curso impugnações sobre os títulos de propriedade, sobre a planta do imóvel e sobre o plano de divisão. Mas a vontade real de cada comunheiro é a de receber o seu quinhão. Não há, pois, vencedor e vencido. Há promovente e promovido. Não há cre-

dor insatisfeito e devedor inadimplente. Há condôminos, que aspiram a um escopo comum. Portanto, não há sentença de condenação. Há sentença constitutiva que, extinguindo o estado de indivisão, vai proporcionar a cada condômino a adjudicação do quinhão que lhe cabe.

Ainda no campo de sua predileção – o processo civil –, encontra-se nos embargos de declaração no Recurso Extraordinário 94.530 (*RTJ*, vol. 103, pp. 759 ss.) esta límpida e sintética explicação da razão pela qual o artigo 469 do Código de Processo Civil preceitua que não fazem coisa julgada os motivos, ainda que importantes para determinar o alcance da parte dispositiva da sentença: "Não há dúvida que as razões de decidir, que constituem alvo da inteligência do Juiz, preparam em operações lógicas a conclusão a que vai chegar no ato de declarar a vontade da lei, mas, como pondera Chiovenda, o Juiz, enquanto razoa, não representa o Estado; representa-o enquanto lhe afirma a vontade (Chiovenda, Instituições, I, n.º 115.)" Para refutar a alegação de que a súmula 282 desta Corte, relativa ao prequestionamento, era inconstitucional, produziu Buzaid no agravo regimental nos embargos de divergência 96.802 (*RTJ*, vol. 109, pp. 299 ss.) magnífico estudo sobre a origem dessa exigência no direito norte-americano, sua acolhida no nosso direito constitucional, a razão de ser da solução dada pela súmula 356, e, finalmente, a existência do mesmo requisito no Código de Processo Civil da República Federal da Alemanha nos recursos dirigidos à Corte de revisão. Destacam-se, ainda, os votos que proferiu no Recurso Extraordinário 96.696 (*RTJ*, vol. 104, pp. 826 ss.) e na Reclamação 147 (*RTJ*, vol. 109, pp. 459 ss.). No primeiro, aprofunda, com larga citação doutrinária (inclusive dos praxistas portugueses), a questão da nulidade do processo, e conseqüentemente da inexistência da sentença nela proferida, por falta de citação, e conclui, no caso concreto: "Para quem não foi réu na ação de usucapião, é lícito propor ação reivindicatória, se preenche as condições de admissibilidade desta. (...) O uso desta ação é o meio legítimo para fazer valer o direito do autor. Não se lhe pode impor a propositura de ação rescisória, porque contra eles não há sentença nem coisa julgada." No segundo, examina a natureza jurídica da argüição de relevância da questão federal, que, por não ser ato de prestação jurisdicional, não dá margem a que se use da reclamação contra acórdão local que se pretende haja desrespeitado decisão do Supremo Tribunal que rejeitara, no mesmo processo, argüição dessa espécie. Nesse voto, observa: "Quando o juiz decide acerca do *ius litigatoris*, pode ofender o direito subjetivo do indivíduo, que é sacrificado por um erro de direito; mas quando o juiz decide questão que, por sua relevância, repercute sobre toda a sociedade, o que entra em linha de conta é o que os romanos chamavam de *ius constitucionis* (D. 49, 8, 1, 2), gerando perigo mais grave na ordem jurídica, porque o erro de direito em que incide tem, como observa Carnelutti, nocividade específica: é um erro contagioso."

Na esfera do direito civil ou na a ela adjacente – e, note-se, Alfredo Buzaid, em tempos distantes, lecionara essa matéria na Faculdade de Direito da Pontifícia Universidade Católica de São Paulo –, deixou ele, também, votos luminosos. Dois significativos exemplos bastam. No Recurso Extraordinário 98.430 (*RTJ*, vol. 108, pp. 1221 ss.) estuda a razão da exigência de prova feita pelo artigo 1.277 do Código Civil ("O depositário não responde pelos casos fortuitos, nem de força maior; mas, para que lhe valha a escusa, terá de prová-lo"), e, depois de recordar o ensinamento de Saleilles de que o caso fortuito começa onde termina a culpa, conclui, na esteira da exposição de Fuzier Herman, que, segundo o direito comum, o depositário tem o ônus de provar o caso fortuito que ele invoca, porque ele suporta uma presunção de culpa. E, em pedido de vista no Recurso Extraordinário 99.041 (*RTJ*, 107, pp. 833 ss.) – em que se sustentava a legitimidade da penhora do interveniente-garante sem prévia citação para pagar em vinte e quatro horas, porque seria ele responsável sem ser devedor –, examina Buzaid, longa e aprofundadamente, a evolução da teoria que distingue o débito da responsabilidade (*Schuld und Haftung*) formulada por Brinz, e conclui por adotar a posição sustentada por Carnelutti, que trouxe a responsabilidade *Haftung*) para o plano processual: "A responsabilidade consiste em não poder subtrair-se a ela (à sanção), quando surge a ameaça e esta atua. Portanto, a responsabilidade é um estado estranho à vontade do obrigado; a obrigação a supõe. A responsabilidade pela execução, do mesmo modo que a responsabilidade penal e diferentemente da responsabilidade pela indenização, resolve-se na sujeição a um poder. Não se cumpre a execução; submete-se a ela."

Ao afastar-se do Supremo Tribunal Federal pela aposentadoria compulsória, deve ter sentido dentro de si a verdade cruel do que dissera, muitos anos antes, sobre a jubilação:

> Só por caprichosa ironia de uma antífrase é que esta palavra pode significar, a um tempo, alegria e tristeza, recompensa e castigo, esperança e decepção. Em uma síntese: jubilação sem júbilo.

Afastado da judicatura e da cátedra, seu temperamento de trabalhador infatigável o faria retornar às outras atividades que intensamente exercera: a advocacia, os pareceres, os livros.

Nos quase sete anos que vão da aposentadoria à data de seu falecimento, exercitou intensamente a advocacia contenciosa e consultiva, não descurando da produção científica. Em 1986, publicou a segunda edição revista e aumentada de seu primeiro livro, *A ação declaratória no direito brasileiro*. Embora haja mantido a estrutura original da obra, fez-lhe alentadas inserções, além de atualizá-la e retificá-la em diversos pontos. Dois anos mais tarde, em 1988, além de *Rui Barbosa processualista civil e outros estudos*, veio à luz o primeiro volume do livro *Do mandado de segurança*, dedicado ao estudo desse instrumento processual quando utilizado individualmente.

A 9 de julho de 1991, dias antes de completar setenta e sete anos, falecia, em sua residência em São Paulo.

* * *

Em 1992, postumamente, sob o título *Considerações sobre o mandado de segurança coletivo*, foi publicado o que Alfredo Buzaid já havia escrito para o segundo volume do livro sobre o mandado de segurança.

Ada Pellegrini Grinover, a quem se deve essa publicação, assim a justificou em seu prefácio:

> Apesar de tratar-se de obra incompleta, tenho a plena convicção de que sua publicação, além de configurar homenagem a um Homem tão injustiçado por seus contemporâneos, prestará grande serviço às letras jurídicas nacionais. O especialista saberá retirar dos fundamentos doutrinários colocados pelo Autor as conclusões ainda faltantes. E todos os operadores do direito encontrarão no livro elementos preciosos para o enriquecimento dos estudos em torno de tema momentoso e polêmico, como o do mandado de segurança coletivo. Sem falar de outros institutos processuais – como a substituição processual – e constitucionais – os partidos políticos –, exaustivamente versados pelo Autor.

Trata-se, enfim, de "obra aberta", no sentido estimulante de um Umberto Eco, em que o leitor encontrará a análise de uma criação do processo moderno, feita à luz da melhor técnica conceitual utilizada pelo direito processual científico.

Infelizmente, não chegou Alfredo Buzaid a compor a obra que todos dele esperavam e que era seu desejo realizá-la: o "Tratado de Processo Civil" em face do código cujo anteprojeto fora de sua autoria. Antes de aposentar-se, indagado por mim da razão por que não havia escrito obra dessa natureza, disse-me que ainda não se sentia à vontade para redigi-la, pois, de início, logo após a promulgação do Código, fora mister dar tempo ao tempo para aprofundar o estudo da nova legislação, e, depois, afastado da leitura das mais recentes publicações sobre o direito processual em virtude da massa de trabalho no Supremo Tribunal Federal, necessitaria, após aposentar-se, de examiná-las, para só então dedicar-se à sua composição. Edificante exemplo de probidade científica.

* * *

Ao fazer o elogio de Estevão de Almeida na Academia Paulista de Letras, relembrou Buzaid uma passagem na vida de Disraeli em que o futuro estadista inglês, diante da proposta de trabalhar num escritório de advocacia, teria feito estas considerações: "O Tribunal! Que horror! Textos de lei e gracejos de mau gosto até os quarenta anos e, no fim, se tudo corresse bem, a gota e o título de baronete. Demais disso, para triunfar-se nessa profissão cumpria ser um grande jurisconsulto, e, para tornar-se um grande jurisconsulto, dever-se-ia renunciar a ser um grande homem." Rebatendo-as, fez Buzaid a apologia do jurisconsulto, em páginas lapidares, das quais é de destacar-se este trecho:

> Qual teria sido o destino da humanidade sem os Gaios, os Ulpianos, os Papinianos e os Cíceros, que modelaram o direito na antigüidade clássica em substância e forma tão perfeitas que, atravessando os séculos são tesouros do mais importante legado da civilização romana? Que teria sido da Média Idade sem os Acúrsios, os Búlgaros, os Durentes e os outros que reviveram, depois do ano mil, o direito do povo-rei, obscurecidos pela invasão dos bárbaros? Que teria havido em época posterior sem Bártolo, Baldo, Cujácio, Donelo e Strickio, que compendiaram, a bem da humanidade, toda a ciência jurídica, transmitindo, em trados sistemáticos, jóias de cultura humana? Quanto deve o mundo à obra monumental de Jhering, Planiol, Verdross, Carnelutti e outros gênios, que traçaram os rumos do pensamento jurídico universal?
>
> Ser jurisconsulto é, portanto, ser um grande homem, ainda que não participando diretamente dos negócios da República, dos graves problemas da administração, dos altos cargos da representação popular.

Não apenas por ter sido jurisconsulto – e dos maiores –, mas também por tê-lo sido, foi Buzaid um grande homem, cuja estatura intelectual e moral o coloca entre os mais notáveis vultos que honraram as letras jurídicas do país.

Antonio Joaquim Ribas

*José Rogério Cruz e Tucci**

> Quando eu quero falar do Conselheiro Lafayette, eu digo Conselheiro Lafayette, porque quando eu disser "o Conselheiro" é o Conselheiro Ribas.
>
> VICENTE MAMEDE
> Professor do Largo de São Francisco

Antonio Joaquim Ribas, o Conselheiro Ribas, nasceu na cidade do Rio de Janeiro, em 28 de abril de 1819, filho de Antonio Joaquim de Macedo e Maria Prudência Ribas.

Faleceu em Petrópolis, prestes a completar 71 anos, no dia 22 de fevereiro de 1890.

Ribas muda-se para São Paulo provavelmente com 15 anos de idade.

Consoante a pioneira e minudente investigação biográfica escrita por Jorge Americano, "a primeira notícia que há sobre Antonio Joaquim Ribas, em São Paulo, é o seu pedido de certidão de aprovação em preparatórios, em 6 de março de 1835, pelo qual se comprova que ele fez aqui, anteriormente, o Curso Anexo. Requer à Faculdade de Direito que se lhe dê certidão de ter sido aprovado em Gramática Latina e Francesa, em Retórica, em Geografia e Filosofia"[1].

---

* Professor livre-docente e associado da Faculdade de Direito da USP. Ex-presidente da comissão de pós-graduação da Faculdade de Direito da USP. Assessor *ad hoc* da Fapesp. Ex-presidente da AASP. Advogado em São Paulo.

1. Cf. conferência proferida por Jorge Americano, em 10/4/1943, publicada como *nota biográfica* no importante livro de Irineu Strenger, *Da dogmática jurídica* – contribuição do Conselheiro Ribas à dogmática do direito civil brasileiro, 2.ª ed., São Paulo, LTr, 2000, p. 39.

Em 1835, matriculou-se no primeiro ano do Curso Jurídico, em São Paulo, demonstrando amplo conhecimento em filosofia, história e literatura estrangeira. Era versado em latim, inglês e alemão. Ribas fora discípulo de Julius Frank.

Anota Carlos S. de Barros Júnior, que se registra, como acontecimento marcante da vida do Conselheiro, "o seu encontro com esse personagem. Sob sua influência, teria formado a sua cultura humanista, aprendendo, segundo refere Vampré, 'filosofia, história universal, literatura, latim, grego, francês, inglês e alemão', o que lhe dava, ao tempo de seu ingresso na Academia de Direito de São Paulo, preparo superior ao da maioria dos estudantes de sua idade"[2].

Ribas teria ainda colaborado com Julius Frank na redação da obra, hoje rara, sobre História Universal.

Bacharelou-se em 1839.

Continuando a manter estreitas relações com o Curso Anexo ao Curso Jurídico, com a morte de seu preceptor, ofereceu-se a reger a cadeira de História Universal, a partir de julho de 1841, sendo nomeado oficialmente pelo governo por decreto datado de 18 de março de 1842.

Fez ele da história um estudo verdadeiramente científico, a auxiliá-lo, a partir da contemplação diuturna dos acontecimentos sociais e das transformações culturais, a melhor compreender o privado e o público na esfera do direito.

Nessa época, no início da década de 1840, também defende tese de doutor, não comparecendo, na respectiva sessão pública, "dois dos lentes sorteados para o argüirem – Crispiniano e Ramalho, que se deram por enfermos". Essas ausências – segundo Almeida Nogueira –

---

2. Carlos S. de Barros Júnior, "Antonio Joaquim Ribas (O Conselheiro Ribas)", *Revista da Faculdade de Direito da USP*, 69(2):1974, p. 240.

"soem ser interpretadas, qualquer que seja a escusa oferecida, como ato hostil ao candidato. E o doutorando, efetivamente, assim considerou o caso e dele conservou memória. Crispiniano e Ramalho, aquele principalmente, nunca foram, de então em diante, santos da devoção do Ribas. Essa indisposição recrudesceu alguns anos depois, por ter o Crispiniano deitado um R num filho dele [provavelmente Júlio A. Ribas], que, por isso, foi terminar o curso na Faculdade do Recife, para, no espírito paterno, livrar-se da garras do Ramalho"[3].

Anos depois, pelo decreto de 1º de julho de 1854, foi nomeado lente substituto da Faculdade de Direito de São Paulo. A sua posse solene ocorreu no dia 28 do mesmo mês de julho.

Como professor de Direito da Faculdade do Largo de São Francisco, Ribas regeu inúmeras disciplinas: economia política, direito eclesiástico, direito público, direito administrativo e direito civil.

Reporta-se Carlos S. de Barros Júnior às palavras com as quais Almeida Nogueira descreveu as virtudes que conotavam a exitosa carreira acadêmica de Ribas: "Ninguém sobre ele se avantajou no exercício do alto magistério. Era um lente completo. Metódico e claro na exposição, profundo nas investigações, criterioso nos conceitos, lógico e agudo na crítica, invencível na argumentação. E todas estas vantagens realçadas, quanto à forma, por palavra fluente e elegante, dicção nítida e voz de agradável timbre."[4]

---

3. Cf. J. L. de Almeida Nogueira, *A academia de São Paulo* – tradições e reminiscências: estudantes, estudantões e estudantadas, 3ª ed., comemorativa do sesquicentenário dos cursos jurídicos no Brasil, São Paulo, Saraiva, 1977, vol. 2, p. 140.

4. *Op. cit.*, p. 241. Cf. Almeida Nogueira, *op. cit.*, p. 141; também citado por Spencer Vampré, *Memórias para a história da academia de São Paulo*, São Paulo, Saraiva, 1924, vol. 2, p. 451.

Tornou-se responsável pela cadeira de direito administrativo nos anos de 1855 e 1856, primeiro professor da matéria. Consta que das anotações para as aulas Ribas escreveu o manual intitulado Direito Administrativo, "obra premiada e aprovada pela Revolução Imperial de 9 de fevereiro de 1861, adotada para servir como compêndio nas Faculdades de Direito do Recife e São Paulo. Foi editada no Rio de Janeiro, em 1866"[5].

Com a nomeação de Francisco Maria de Souza Furtado, em meados de 1856, para a cadeira de Direito Administrativo, Ribas passa a reger, ainda como lente substituto, mas já com reconhecido prestígio, as disciplinas de Direito Público, de Economia Política e, finalmente, de Direito Civil, investindo-se na função de professor catedrático em 2 de abril (ou de outubro) de 1860.

Enfatiza Almeida Nogueira: "... o novo mestre cresceu como um gigante no espírito entusiástico e sempre generoso da mocidade"[6].

---

5. Cf. Barros Júnior, *op. cit.*, p. 243.

6. *Op. cit.*, pp. 143-4, em que são relatados dois episódios da saborosa tradição das Arcadas, atinentes a respostas vagas dadas a Ribas, a saber: "... De uma feita, perguntava ele a um examinando: – Que se entende por pessoa? – Pessoa é todo ente capaz de direitos e obrigações, respondeu-lhe o estudante. – Que é ente? – prossegue o dr. Ribas. – Ente é tudo que existe, mas entro em dúvida... – Que é dúvida? Aí o estudante hesitou, e, instintivamente, pôs-se a fazer movimento oscilatório com o indicador e o dedo maior da mão direita, dizendo: – Dúvida, sr. dr., dúvida... E continuava com a mímica dos dois dedos estendidos e em movimento oscilatório: – Dúvida... dúvida... – Não diga nada! – acudiu o examinador. – O senhor não poderá encontrar definição oral tão expressiva como esse gesto que está fazendo. Dúvida é isto mesmo: é a vacilação entre dois juízos. O outro caso ocorreu na aula de Direito Civil e deu-se com um estudante distintíssimo, o Carlos de Carvalho, formado em 1871. Suscetível em extremo, o *Carvalhinho*, como lhe chamavam, não levou a bem a inquirição, quase em tom debicativo, a que o lente o sujeitava, e, depois da terceira pergunta impertinente, deixou escapar um *ora*!... –

O *Curso de direito civil brasileiro*, escrito pelo Conselheiro Ribas e publicado em 1866, constitui obra que revela profunda erudição.

Imaginou Ribas, no prefácio da 2.ª edição que veio a lume em 1880, "julgar haver completado a teoria fundamental e geral do Direito Civil pátrio, teoria que contém em si a chave da solução de todos os problemas jurídicos, que na prática se oferecem, por mais intrincados e árduos que sejam".

Cândido de Oliveira, que prefaciou a 3.ª edição (de 1905) do curso de Ribas, patenteou que a obra preencheu importante lacuna na metodologia do ensino jurídico, porque dotada de espírito crítico e indutivo, "a cujos eflúvios o texto se ilumina para, dominando a exegese fria e muitas vezes terra a terra da lei, remontar às causas determinantes da regra positiva do Direito, o que constituía o mérito incomparável do processo da escola alemã"[7].

Esclarece também Cândido de Oliveira que "poucos eram nas Congregações os conhecedores da língua alemã", e que "em 1863, nem Rudolph von Ihering, nem Windscheid, os dois formidáveis êmulos de Savigny, eram no Brasil conhecidos ou estudados", de sorte que "se compreende o alcance da nova orientação que ao movimento jurídico imprimiram os dois catedráticos de Direito Romano (Cons. Crispiniano) e Civil (Ribas), na agremiação acadêmica de São Paulo"[8].

Ora, não! – retorquiu-lhe agastado o dr. Ribas. – O senhor tem obrigação de responder-me e não deve dizer: *ora*! – Mas, sr. dr... – começou o Carlos de Carvalho, já todo inflamado. Felizmente, o Rubião, seu amigo íntimo, deu-lhe um beliscão e fê-lo calar-se, evitando assim algum incidente desagradável..."

7. Cf. p. V do referido *Prefácio, apud* Irineu Strenger, *op. cit.*, p. 127.

8. *Idem, ibidem*, pp. V-VI.

Analisando então o significado intrínseco do festejado *Curso de direito civil brasileiro*, Irineu Strenger salienta que, já no ano de 1866 (1.ª edição), afirmava Ribas: "que a Alemanha estava destinada a exceder todas as nações modernas na cultura do Direito, reconhecendo que o século XIX veio dar-lhe o cetro da literatura jurídica e especialmente à Universidade de Goettingen. Citava entre os cultores do Direito, além de Hugo e Savigny, chefes da Escola Histórica e Thibaut, chefe da filosófica, 'cuja luta renhida tanta luz derramou sobre a ciência do Direito', os jurisconsultos alemães, Arndts, Buchardi, Cramer, Diskesen, Glück, Joener, Puchta" e muitos outros...[9]

Refere Irineu Strenger que, "adotando orientação essencialmente normativista da mesma forma que os pandectistas – com utilização de algumas premissas da Escola da Exegese – Ribas mostra-se, também, um seguidor da Escola Histórica, no que, aliás, coincide novamente com aquela corrente jurídica alemã, que procurou 'adaptar o historicismo às exigências de uma tarefa estritamente sistemático-dogmática'", sobretudo quando Ribas escreve que: "O jurisconsulto só pode ter consciência que possui a inteligência completa de uma instituição jurídica, que a assimilou verdadeiramente, quando, remontando-se à sua primitiva origem, a houver acompanhado através de todas as formas históricas, de que ela se revestiu, até chegar ao estado atual, penetrando ao mesmo tempo nas razões de suas sucessivas modificações."[10]

Assevera ainda Irineu Strenger que, "analisando e criticando a cada passo de sua obra o pensamento de Savigny, evidencia Ribas quanto se infiltraram na Faculdade de Direito de São Paulo as teorias da Escola Histórica, devendo-se-lhe prestar as honras de pioneiro ao lado do

---

9. *Idem, ibidem*, pp. 131-2.
10. *Idem, ibidem*, p. 133.

Conselheiro Crispiniano não só pela divulgação daquelas idéias, como, e principalmente, pela assimilação de alguns importantes princípios que soube glosar com rara inteligência. Ao discutir o problema da codificação, fez penetrante e arguta apreciação das mais modernas teorias de seu tempo, inclusive, contrariando a posição savignista, admitiu que a codificação da legislação civil no Brasil era um imperativo técnico, histórico e social, defendendo a tese favorável à codificação mesmo em circunstâncias adversas, entre as quais, considerou 'os períodos de elaboração das nacionalidades' que podem retardar o livre e natural desenvolvimento do Direito. Salientou, igualmente, ser demonstração da história que sempre que nas supremas regiões do poder reside um pensamento criador, sente ele a necessidade de fundar sólida e duradouramente o estado de coisas para que poderosamente contribuiu e a que liga o seu nome e glória, concluindo: 'O meio é a decretação de códigos'".

Acrescenta, ainda, Irineu Strenger que, "justificando sua posição conciliadora entre os postulados da Escola Histórica e as exigências racionalistas dos exegetas, escreveu Ribas: 'Cumpre-nos observar, que há sistemas filosóficos, que por considerações estranhas aos fenômenos morais negam implicitamente a possibilidade do Direito racional; tais são os que se fundam no princípio de necessidade, no panteísmo, no misticismo e no ceticismo. Outros, partindo de princípios, donde não pode logicamente emanar uma teoria do Direito, levam indiretamente o espírito à sua negação; tais são – o sistema egoísta de Hobbes e Helvetius; o utilitário de Bentham; o sentimentalismo de Smith e Hutcheson; o convencionalista de Rousseau; e finalmente o histórico de Hugo e Savigny' "[11].

---

11. *Idem, ibidem*, pp. 134, 136-7.

Em suma: o Conselheiro Ribas, no seu curso, demonstrava conhecer as primordiais linhas de pensamento jurídico-filosófico de seu tempo...

Além desse reputado manual e da precedente obra intitulada *Direito administrativo*, Ribas também foi o responsável pela Consolidação das leis do processo civil, que levou a cabo por incumbência do Governo Imperial, em atendimento ao § 14 do art. 29 da Lei 2.033, de 20 de setembro de 1871 (chamada lei da reforma judiciária[12]), publicada no Rio de Janeiro, em 1878, e dividida em duas partes, trazendo ainda, em apêndice, o decreto de 25 de outubro de 1875, que deu força de lei, no Império, aos assentos da Casa da Suplicação de Lisboa e competência ao Supremo Tribunal de Justiça para editar assentos.

A primeira parte da Consolidação traça as diretrizes da organização judiciária. A segunda parte, como bem sintetizou José da Silva Pacheco, "trata do processo em geral, do processo das ações ordinárias, do processo das ações especiais, da execução das sentenças e dos recursos. No título do processo em geral, abrange a jurisdição e competência, a conciliação, a citação e contumácia, a instância, a contestação da lide, a autoria, a oposição, a assistência, as dilações e férias, as provas, a conclusão e a sentença, e as custas. No título do processo das ações especiais, compreende o processo sumário (em geral, das causas de valor reduzido, das causas de liberdade, da assinação de 10 dias[13], das possessórias, de preceito comi-

12. Cf. Moacyr Lobo da Costa, *Breve notícia histórica do direito processual civil e de sua literatura*, São Paulo, Revista dos Tribunais – USP, 1970, p. 54.

13. A *ação de assinação de dez dias* ou *decendiária*, na tradição do direito luso-brasileiro, é o ancestral da denominada "ação monitória". Almeida Oliveira, na monografia específica sobre o tema, conclui que a *ação decendiária* é criação genuína do foro português, sendo que, em momento posterior, a experiência da praxe brasileira a conservou em seu sistema

natório ou embargos à primeira, do despejo de casas, de depósito convencional, de alimentos, de soldadas, juramento d'alma, reforma de autos, inventário, partilha e divisão, demarcação, arbitral, preparatória, incidente e administrativa), o processo sumaríssimo (em geral, de valor ínfimo, de locação de serviço) e o processo executivo (ações executivas em geral, fiscais, desapropriação, de custas, honorários, aluguéis, foros, depósito judicial, de penhor convencional). No título da execução de sentença abrange a carta de sentença e citação do executado, os juízes e partes competentes, da liquidação, penhora, avaliação, editais e pregões, arrematação, adjudicação, embargos do executado, de terceiro e das preferências. No título dos recursos, alinha os agravos, os embargos, a apelação e a revista"[14].

Na edição comentada de 1880, auxiliado pelo filho Júlio A. Ribas, o Conselheiro Ribas esclareceu na "Prefação" da 3.ª edição (de 1915), que a Consolidação foi entendida necessária para preencher "o fim que teve em vista o legislador: regularizar e uniformizar a nossa praxe judi-

---

processual (*A assignação de dez dias no foro commercial e civil,* 2.ª ed., Rio de Janeiro, Garnier, 1883, pp. 16-7). Com efeito, o Regulamento 737, de 25/11/1850, que disciplinava o processo das causas de natureza comercial e que mais tarde teve também aplicação às causas cíveis, previa, dentre as *ações especiais*, a *assinação de dez dias,* dispondo, no art. 246, que: "Consiste esta ação na assinação judicial de dez dias para o réu pagar, ou dentro deles alegar e provar os embargos que tiver." Escrevendo sob a égide desse Diploma processual, assevera Moraes Carvalho que a *assinação de dez dias* "é ação sumária, mas, se os embargos se recebem, torna-se ordinária" (*Praxe forense ou directorio prático do processo civil brasileiro,* 3.ª ed., Rio de Janeiro, J. Ribeiro dos Santos, 1910, p. 229). Do Regulamento 737 a *ação decendiária* passou para a *Consolidação Ribas.*

14. *Evolução do processo civil brasileiro,* 2.ª ed., Rio de Janeiro, Renovar, 1999, pp. 132-3; e, com ele, mais recentemente, Jônatas Luiz Moreira de Paula, *História do direito processual brasileiro* – das origens lusas à escola crítica do processo, Barueri, Manole, 2002, p. 239.

ciária, e banir do foro as numerosas corruptelas que n'elle se tem introduzido".

Cumpre aduzir que, na Consolidação, Ribas expendeu sua opinião, teórica e, muitas vezes, prática, sobre todos aqueles institutos acima referidos. Lastreou-se, dentre outras, nas doutrinas de Valasco, Mello Freire, Gama, Paula Baptista e Pereira e Sousa.

Apenas para registrar a segurança demonstrada por Ribas no trato de questões de natureza processual, verifica-se que no comentário ao art. 261 da Consolidação, referente à oposição de exceção peremptória pelo demandado, escreveu o Conselheiro que: "A grave questão tão debatida por Strick e outros praxistas, se a oposição de exceção de solução, prescrição ou qualquer outra peremptória, importa, ou não, a confissão da ação, acha-se resolvida pela Ordenação 3.50.1, que diz: 'Porém, se o réu na exceção peremptória confessar a ação do autor, haverá o dito julgador por provada pela confissão, e receberá a exceção, se for posta em forma que seja de receber, e dará lugar à prova d'ella.' Portanto, se o réu confessar que contraiu a obrigação, mas com certa condição, que a solveu, ou que prescreveu ou articular qualquer outra exceção peremptória, deverá provar a sua exceção; e se o não fizer deverá ser condenado pela sua confissão."[15]

Sobre a motivação das decisões judiciais, ao comentar o art. 487 da Consolidação, asseverava Ribas: "Os juízes quer da primeira, quer da segunda instância ou do Supremo Tribunal de Justiça, são obrigados a expor especificamente os fundamentos das sentenças que proferem..."[16]

Enfocando a proibição de apelar imposta, pelo art. 1.529, § 5.º, ao revel verdadeiro, Ribas tece aguda críti-

---

15. *Consolidação das leis do processo civil,* 3.ª ed., Rio de Janeiro, J. Ribeiro dos Santos, 1915, p. 164.

16. *Idem,* p. 270.

ca, observando que tal regra encerra "um arbítrio indiscreto, e é injusta porque ataca o direito de defesa"[17].

O Conselheiro Ribas escreveu ainda o livro intitulado *Da posse e das ações possessórias segundo o direito pátrio comparado com o direito romano e canônico,* estampado em duas edições, a primeira saiu no Rio de Janeiro, em 1883; e a segunda foi editada em São Paulo, em 1901, por Miguel Melillo e Cia.

Foi também autor de alguns ensaios históricos, literários e poéticos[18].

Ribas militou na política, tendo sido deputado provincial. Integrou a Assembléia Provincial de São Paulo no biênio de 1850-51 e, sucessivamente, até o de 1860-61.

Sobre esse tema, Almeida Nogueira imaginava o Conselheiro transitando na ala liberal. "Verificamos, porém, que não. O seu nome fez parte muitas vezes da chapa conservadora para deputados provinciais. Eleito, não deixava de manter, nas questões acentuadamente partidárias, a devida solidariedade com a orientação daquele partido..."[19]

Comendador da Ordem da Rosa, Ribas obteve o título de Conselho, e daí, Conselheiro.

Como membro do Instituto Histórico e Geográfico, foi homenageado ao ensejo de seu passamento, registrando-se, na respectiva ata da sessão, que Ribas ocupou na Faculdade de Direito de São Paulo uma cadeira de lente, "na qual distinguiu-se de tal forma que seus discípulos lhe ofereceram o seu retrato tirado a óleo e o fizeram litografar em Paris..."[20]

---

17. *Idem,* pp. 713-4.

18. Consulte-se, a propósito, Augusto Victorino Alves Sacramento Blake, *Diccionário bibliographico brazileiro,* verbete "Antonio Joaquim Ribas", Rio de Janeiro, Tipografia Nacional, 1883, vol. 1, pp. 204-5.

19. *Op. cit.,* p. 145.

20. *Revista trimestral do Instituto Histórico e Geográfico Brasileiro,* Rio de Janeiro, 1890, t. 53, p. 401.

Ribas lecionou até 1870, quando então, aposentado por decreto, passou a advogar na cidade do Rio de Janeiro.

Em seguida, pelo decreto de 27 de março de 1870, o Conselheiro é substituído na cadeira de Direito Civil por Falcão Filho. Somava Ribas 28 anos dedicados ao magistério, "12 nas aulas menores, como professor de história universal, e 16 na Faculdade, onde emparelhara com os docentes mais famosos"[21]!

Bibliografia

ALMEIDA NOGUEIRA, J. L. *A academia de São Paulo* – tradições e reminiscências: estudantes, estudantões e estudantadas, 3.ª ed., comemorativa do sesquicentenário dos cursos jurídicos no Brasil. São Paulo, Saraiva, 1977, vol. 2.

BARROS JÚNIOR, Carlos S. "Antonio Joaquim Ribas (O Conselheiro Ribas)", *Revista da Faculdade de Direito da USP*, 69(2):1974.

BLAKE, Augusto Victorino Alves Sacramento. *Diccionário bibliographico brazileiro*, verbete "Antonio Joaquim Ribas". Rio de Janeiro, Tipografia Nacional, 1883, vol. 1.

CARVALHO, Alberto Antonio de Moraes. *Praxe forense ou directorio prático do processo civil brasileiro*. 3.ª ed. Rio de Janeiro, J. Ribeiro dos Santos, 1910.

COSTA, Moacyr Lobo. *Breve notícia histórica do direito processual civil e de sua literatura*. São Paulo, RT/USP, 1970.

FERREIRA, Waldemar. "A Congregação da Faculdade de Direito de S. Paulo na centúria de 1827 a 1927", separata da *Revista da Fadusp*, 1928.

MOREIRA DE PAULA, Jônatas Luiz. *História do direito processual brasileiro* – das origens lusas à escola crítica do processo. Barueri, Manole, 2002.

OLIVEIRA, A. de Almeida. *A assignação de dez dias no foro commercial e civil*. 2.ª ed. Rio de Janeiro, Garnier, 1883.

---

21. Cf. Waldemar Ferreira, "A Congregação da Faculdade de Direito de S. Paulo na centúria de 1827 a 1927", separata da *Revista da Fadusp*, 1928, p. 317.

PACHECO, José da Silva. *Evolução do processo civil brasileiro*. 2.ª ed. Rio de Janeiro, Renovar, 1999.

RIBAS, Antonio Joaquim. *Consolidação das leis do processo civil*. 3.ª ed. Rio de Janeiro, J. Ribeiro dos Santos, 1915.

STRENGER, Irineu. *Da dogmática jurídica* – contribuição do Conselheiro Ribas à dogmática do direito civil brasileiro. 2.ª ed. São Paulo, LTr, 2000.

VAMPRÉ, Spencer. *Memórias para a história da academia de São Paulo*. São Paulo, Saraiva, 1924, vol. 2.

Carvalho de Mendonça

*Cesar Mecchi Morales**

Os primeiros anos. Os estudos jurídicos

José Xavier Carvalho de Mendonça nasceu em 24 de setembro de 1861, em Recife, filho do coronel Trajano Alípio de Carvalho Mendonça e de Maria Temporal de Carvalho Mendonça[1]. Seu pai foi comandante da ilha de Fernando de Noronha, onde funcionava o célebre presídio. Um de seus irmãos, Trajano, foi professor de matemática e diretor do Ginásio Pernambucano. Um primo distante, Manoel Ignácio, nascido em 1859 em Minas Gerais, também abraçou a carreira jurídica, tornando-se magistrado federal e emérito civilista.

Passou toda a infância na cidade natal. Pretendia ser médico, e ao concluir seus estudos fundamentais preparava-se para ingressar na Faculdade de Medicina do Rio

---

* Promotor de justiça em São Paulo. Ex-promotor de justiça em Santa Catarina.

1. José Xavier passou a assinar posteriormente "Carvalho de Mendonça" para deixar o sobrenome igual ao de sua madrinha. Essa preciosa e inédita informação, assim como diversas outras que serão mencionadas ao longo deste artigo, foi gentilmente fornecida pelo filho do biografado, doutor Roberto Carvalho de Mendonça, a quem o autor deseja expressar seus mais sinceros agradecimentos.

de Janeiro. Ficou doente[2], porém, e os prolongados cuidados médicos a que teve de se submeter impediram-no de viajar à antiga capital, fazendo-o perder o prazo para matrícula. Teria, assim, de esperar pelo ano seguinte para atender àquela que imaginava ser sua vocação.

Para quem tem apenas dezessete anos de idade, um ano parece tempo demais. Assim, o jovem optou por bater às portas da Faculdade de Direito de Recife. Nesta já estava igualmente esgotado o prazo para matrícula, que no entanto foi concedida, por "eqüidade", pelo seu diretor interino, conselheiro Paula Baptista.

Assim, a mão do destino fez José Xavier ingressar, em 1.º de abril de 1878, naquela tradicional faculdade, fundada por nosso primeiro Imperador em 1827.

Voltado à vida intelectual, metódico e estudioso, não teve dificuldades no curso universitário, em todos os anos obtendo aprovação "plena" ou "com distinção". Vários de seus colegas de turma notabilizaram-se mais tarde, tanto na área jurídica como na política, mas dois costumam ser destacados: Urbano Santos, senador e vice-presidente da República[3], e o grande Clóvis Beviláqua (que fez parte dos seus estudos em São Paulo). Digno de nota, pois, que se formaram na mesma turma nosso maior civilista e também nosso mais notável comercialista. E esses dois luminares não foram apenas colegas: fizeram-se grandes amigos, e assim permaneceram por toda a vida.

O promotor e o juiz. As primeiras publicações

Antes mesmo de obter o grau de bacharel, Carvalho de Mendonça foi nomeado promotor público de Aracati,

2. Foi acometido – não se sabe ao certo – de tifo ou febre amarela.

3. De 1914 a 1918 (governo Wenceslau Braz), assumindo interinamente a presidência da República entre setembro e outubro de 1917.

no Ceará. Desse cargo tomou posse em agosto de 1882, exercendo-o concomitantemente com a advocacia. Ubirajara Carneiro, promotor na mesma cidade décadas depois, descreveu-o como "moço de agigantado tamanho, de andar cadenciado e tardo", "que de tão alto oscilava a cabeça ao caminhar"[4]. Por conta disso, ganhou o apelido de "Dr. Vara-Mole"[5]. A irreverente alcunha era utilizada, no entanto, com carinho e respeito.

A essa altura já havia falecido seu pai. De Aracati costumava enviar uma mesada em dinheiro para sua mãe e suas irmãs, que levavam uma vida bastante pobre. Mandou-lhes certa vez algumas rendas cearenses, percebendo-se então que essas peças eram muito valorizadas em Recife. A partir daí, em vez de dinheiro, passou a enviar as rendas, que eram revendidas para ajudar no sustento da família.

Vale mencionar, pela importância histórica, que seu primeiro parecer como promotor foi proferido num rumoroso processo criminal, em que o escrivão do cartório cível era acusado de extraviar autos para favorecer uma das partes. Carvalho de Mendonça recebeu o feito em andamento, e demonstrou grande serenidade, mesmo diante do tumulto causado pelos interesses políticos locais e das exaltadas críticas dirigidas tanto ao juízo como à promotoria. Suas alegações, datadas de 3 de fevereiro de 1883, assim se iniciavam:

> ANTES DE TUDO: fazendo próprias as palavras de SAINT-ALBIN – *posons comme principe que pour le ministre*

---

4. "Curiosidade histórico-jurídica", *Revista Direito*, 1945, vol. XXXII, pp. 306-12.

5. Anos mais tarde, já em Santos, Carvalho de Mendonça veio a receber outro apelido por conta daquelas mesmas características físicas: *"i de fraque"*.

> *public comme pour toutes les autres fonctions judiciaires, la moderation, la probité de as conscience seront as plus forte logique* – deixaremos de parte as calúnias, injúrias e insólitas provocações atiradas sobre o Ministério Público pelo réu e seu advogado no correr deste processado, para somente com a eloqüência da Verdade, e com a força da Justiça extrair destes autos o que deles constar.
>
> Quem de ânimo calmo e desinteressado estudar bem todas as peças dos presentes autos, verá que nenhum propósito teve a Promotoria Pública de perseguir o sumariado (...).[6]

Em outra manifestação, desta feita lançada em inquérito policial, o jovem promotor mostra-se igualmente aguerrido e intransigente na defesa da sociedade:

> Não acho nome com que qualificar estas sete folhas de papel sem nexo, sem ordem, sem autenticidade, que foram remetidas a esta promotoria pelo subdelegado de Areias (...) Tudo isto denota uma ignorância crassa por parte da autoridade policial e seu escrivão, com grande prejuízo para a causa da Justiça Pública, que não tem quem a represente na povoação, justamente um dos lugares que mais necessita a atividade, diligência e boa vontade da autoridade policial, atentos os fatos criminosos que quotidianamente ali se dão, muitos dos quais passam despercebidos.[7]

---

6. A íntegra dessas alegações encontra-se transcrita no artigo de Ubirajara Carneiro, referido na nota 4. O réu foi pronunciado pela Relação de Fortaleza (antecessor, no sistema constitucional do Império, ao atual Tribunal de Justiça do Ceará), nos termos da manifestação ministerial.

7. Mencionado por Otto de Andrade Gil, "Comemoração do centenário de nascimento de José Xavier Carvalho de Mendonça", discurso proferido em 21 de setembro de 1961 no Instituto dos Advogados Brasileiros e publicado na *Revista da Faculdade de Direito de São Paulo*, vol. LVI, pp. 26-94.

Carvalho de Mendonça permaneceu em Aracati pouco tempo, deixando-a no início de 1885; por toda a vida, porém, guardou laços afetivos com aquela cidade, mantendo correspondência com amigos que lá ficaram.

Ainda em 1885 foi-lhe oferecido o cargo de juiz de órfãos de Itati, no Rio Grande do Sul, que no entanto recusou. Aceitou a nomeação como juiz de órfãos de Campo Largo, no Paraná, e depois a de juiz municipal na mesma cidade, onde exerceu a judicatura de 1885 a 1888. Foi em Campo Largo que escreveu seu primeiro livro, *Anotações às leis e regulamentos da província do Paraná sobre a taxa de heranças e legados*, publicado no Rio de Janeiro em 1887.

O êxito dessa primeira obra parece tê-lo animado, pois já no ano seguinte publicava outra, o *Novo guia eleitoral*[8]. Esses dois livros, nas palavras de Waldemar Ferreira, já prenunciavam "a alta visão e competência jurídica", "a capacidade de trabalho e o sistema" de Carvalho de Mendonça[9].

Ainda em 1888, removeu-se para a província de São Paulo, como juiz da comarca de Santos. Em 1889, veio a lume o *Tratado teórico-prático das justiças de paz*. Nas palavras do próprio autor, fora "escrito nas horas vagas de afanoso e difícil desempenho do cargo de juiz de uma das mais importantes comarcas do Império", tendo a expectativa de ser "o primeiro livro, que tratando demoradamente do assunto, ia figurar em nossa bibliografia jurídica"[10].

Nesse *Tratado*, Carvalho de Mendonça demonstrava, em textos que mais de um século depois ainda guardam

---

8. Nesta, como na obra anterior, seguimos os títulos mencionados no *Diccionário bibliographico brazileiro*, de Augusto Sacramento Blake, vol. 5, publicado em 1899. Otto Gil observa que na Faculdade de Direito do Recife os registros falam em *"Novíssimo" guia eleitoral* (*op. cit.*).

9. "José Xavier Carvalho de Mendonça", artigo publicado na *Revista da Faculdade de Direito da Universidade de São Paulo*, 1961, vol. LVI, pp. 9-25.

10. Citado por Waldemar Ferreira (v. nota anterior).

atualidade, grande preocupação com a efetividade e a presteza da prestação jurisdicional. Afirmava ser necessário "diminuir o aparato das fórmulas dos atos que se passam em juízo" e "levar à consciência do povo a certeza de que a distribuição da justiça é uma cousa séria e que o Estado cumpre com o seu dever, garantindo o direito de todos". Fazia advertências sobre o ofício de julgar que até hoje merecem leitura e reflexão:

> A prontidão na administração da justiça é um poderoso elemento, que não deve ser esquecido.
>
> A Justiça de Paz é por sua própria natureza breve, despida de quantas formalidades a chicana e a alicantina têm inventado para vencer, pelo cansaço, quem tem razão.
>
> A ciência das leis nem sempre fornece meios para a solução das questões, e estas, quanto menos importantes, mais difíceis se tornam de serem decididas.
>
> Deve pois o juiz de paz achar em sua experiência o que não encontra na ciência das leis, e na sua consciência os preceitos de mais rigorosa justiça e moral.
>
> Tinha razão Pascal quando afirmava que a consciência é o melhor livro de moral que conhecemos, e a que devemos freqüentemente consultar.
>
> O juiz procure esclarecer-se consultando constantemente os ditames de sua consciência e na experiência da vida achará lições proveitosíssimas que guiarão o seu procedimento[11].

A opção definitiva pela advocacia. Outros cargos que exerceu

A proclamação da República, segundo Waldemar Ferreira, levou Carvalho de Mendonça a dar novo rumo à sua

11. *Apud* Otto Gil (artigo citado).

vida profissional. Percebendo que a federação, introduzida pelo novo regime, levaria a profundas reformas legislativas, considerou que estaria mais bem preparado para estudá-las como advogado, sem as amarras impostas pela neutralidade e passividade exigidas de um juiz. Naquele mesmo ano de 1889 deixou a magistratura e montou banca de advocacia em Santos, em sociedade com João Freire Júnior. Não tardou a formar seleta clientela, sendo contratado pela Companhia Docas de Santos, da qual mais tarde veio a tornar-se diretor.

Em 1890, nomeado pelo então presidente do Estado, Prudente de Moraes, assumiu a presidência do Conselho de Intendência do Município de Santos (função equivalente hoje à de prefeito), cumprindo o mandato de um ano – de 19 de fevereiro de 1890 a 18 de fevereiro de 1891. Afastou-se então da seara política, da qual não guardou boas impressões[12].

Foi ainda fundador e presidente da Associação Protetora da Infância Desvalida (também conhecida como Asilo de Órfãos) e provedor da Santa Casa de Santos[13].

Toda essa atividade como magistrado, administrador, líder comunitário, advogado e jurisconsulto granjeou-lhe imenso prestígio na cidade, que lhe prestou inúmeras homenagens. Dentre elas, a Lei n.º 647, de 16 de fevereiro de 1921, deu o nome "Dr. Carvalho de Mendonça" a uma rua que atravessa os bairros da Encruzilhada, Vila Belmiro e Marapé. Atualmente, o Palácio da Justiça e uma avenida da faixa portuária, em Santos, igualmente levam o nome do ilustre jurista[14].

12. "Nunca te metas em política", aconselhou várias vezes a seu filho Roberto, muitos anos depois.

13. Na Santa Casa de Santos pode-se ver um grande quadro retratando Carvalho de Mendonça.

14. Também em Recife, São Paulo e Rio de Janeiro há ruas que levam seu nome.

Professor das Arcadas

Ainda nos albores da República, Carvalho de Mendonça exerceu durante curto período o cargo de "lente substituto" nas Arcadas do Largo de São Francisco. Desde sua fundação, em 1827, a "velha e sempre nova Academia" ostentou em seus quadros nomes da mais alta expressão do cenário jurídico nacional, e seria até natural que Carvalho de Mendonça fizesse parte desse seleto grupo. No entanto, sua passagem pelas Arcadas marcou-se por inusitada e até hoje lamentada brevidade, uma vez que durou menos de três meses: iniciada em 16 de janeiro de 1891, encerrou-se abruptamente a 31 de março do ano seguinte, por renúncia.

O novo governo preocupou-se com a renovação do ensino em todos os níveis, confiando essa tarefa a Benjamin Constant, ministro da Instrução Pública. A reforma, de marcada influência positivista, dividiu os estudos das faculdades de Direito em três cursos: o de ciências jurídicas, o de ciências sociais e o de notariado, os primeiros com duração de quatro anos, e o último de apenas dois[15].

A criação de novos cursos e de novas cadeiras, aliada à pressa na sua implementação, levou à nomeação vários professores sem a exigência de concurso, mas atendendo ao renome e alto conceito de que eram merecedores no meio jurídico e na esfera política.

Por decreto de 30 de dezembro de 1890, foram nomeados quatorze novos professores para a Faculdade de São Paulo[16].

---

15. Regulamento n.º 1.232-F, de 2 de janeiro de 1891.

16. Foram os seguintes os professores nomeados sem concurso, além de Carvalho de Mendonça: os bacharéis Uladislau Herculano de Freitas (que viria a ser ministro do STF em 1926), Jesuíno Ubaldo Cardoso de Melo, Antonio Januário Pinto Ferraz, Aureliano de Sousa e Olivei-

Carvalho de Mendonça tomou posse como "lente substituto" na manhã de 19 de janeiro de 1890, perante a Congregação da Faculdade, presidida interinamente pelo Dr. Joaquim José Vieira de Carvalho; nos dias que se seguiram, chegou a participar de duas reuniões daquele colegiado (em 22 e 26 de janeiro)[17].

A nomeação de professores sem concurso despertou vivos protestos, especialmente por parte dos estudantes, que por vários dias recusarem-se a assistir às aulas dos professores "que entraram pelas janelas", como na época foram chamados. Alguns dos nomeados tiveram até o constrangimento de serem vaiados nos corredores da faculdade. A celeuma assumiu graves proporções e fez o governo recuar parcialmente: pelo Decreto n.º 54, de 21 de março de 1891[18], o presidente da República, embora mantivesse as nomeações, sujeitou-as ao crivo da congregação da faculdade, que no prazo de um ano poderia declarar "inábeis para o magistério" os nomeados, que seriam nessa hipótese excluídos, sendo "seus lugares postos em concurso". Fato merecedor de menção é o de esse decreto ter sido referendado por João Barbalho, então mi-

---

ra Coutinho, José Luiz de Almeida Nogueira, José Machado de Oliveira, Alfredo de Barros Oliveira Lima, Manoel Pedro Vilaboim e Antonio de Campos Toledo, e os médicos Antonio Amâncio Pereira de Carvalho, Augusto Nogueira da Rocha Miranda (para a cadeira de Medicina Legal). Rodrigo Lobato e João Araújo, também incluídos na nomeação, dela declinaram (v. Spencer Vampré, *Memórias para a história da academia de São Paulo,* 2.ª ed., *Instituto Nacional do Livro,* 1977, pp. 357-8, e Waldemar Ferreira, "José Xavier Carvalho de Mendonça", discurso publicado na *Revista da Faculdade de Direito da Universidade de São Paulo,* vol. LVI, pp. 15-6).

17. Consultamos as *Actas da Congregação dos Lentes da Academia de Direito de São Paulo* na biblioteca da Procuradoria Geral de Justiça de São Paulo.

18. A essa altura, já havia falecido Benjamin Constant (em 22 de janeiro de 1891).

nistro da Justiça e posteriormente integrante do Supremo Tribunal Federal, considerado, ainda, como o mais autorizado comentarista da primeira Constituição republicana.

Carvalho de Mendonça não aceitou o rebaixamento de sua situação acadêmica, que vinha deslustrar a honra da anterior nomeação, e por isso a ela renunciou. Foi o único a fazê-lo, e prontamente: em carta de 31 de março daquele ano, dirigida ao diretor da faculdade, qualificou o novo decreto de "medida vexatória para o lente", que o colocava "em posição esquerda e de dependência, à qual de modo algum me sujeitarei". Afirmou que a situação do professor nomeado ficava desse modo insustentável, pois além de "fiscalizado vexatoriamente pelos colegas", passaria a submeter-se, também, "ao julgamento de seus próprios discípulos"; queixou-se, com elegância, do professor Leôncio de Carvalho, membro da congregação da faculdade, que defendera o decreto e ainda aconselhara os estudantes a abandonar "o lente sem concurso que considerassem inepto!". Encerrou a carta pedindo que se comunicasse ao governo *que* "nesta data, tenho resignado o cargo para que fui nomeado por decreto de 30 de Dezembro do anno passado. Saúde e Fraternidade"[19].

Na sessão seguinte, tensa e demorada, foi apenas registrada formalmente a renúncia de Carvalho de Mendonça e longamente debatida a questão dos nomeados sem concurso. Da leitura da respectiva ata, percebe-se que os integrantes da congregação, embora reconhecessem a competência e o saber jurídico dos novos professores, demonstravam-se ofendidos pelo fato de não terem sido previamente consultados. Muito mais agressiva foi a atitude dos estudantes, que enviaram uma manifestação for-

---

19. O original desta histórica carta, com elegante e sóbria caligrafia, acha-se estampado na *Revista da Faculdade de Direito da Universidade de São Paulo*, 1951, vol. XLVI, pp. 52 ss.

mal – lida na reunião – na qual se afirmava que a muitos dos professores nomeados "falecem aptidões" para aquele alto magistério. O professor catedrático João Monteiro propôs que todos fossem considerados habilitados, pois eram "conhecidos, uns por haverem ocupado com brilho elevados cargos públicos, e outros por já haverem sustentado teses para doutoramento e para concurso", tendo sido admitidos sem ressalvas pelos antigos professores. O também catedrático Brasílio dos Santos opôs-se firmemente, dizendo tratar-se de "questão de princípio", e que houvera "ofensa à dignidade da Congregação, tão menosprezada pelo governo". Ao fim de intensos debates (a sessão durou mais de quatro horas), a maioria dos conselheiros aprovou a proposição deste último, no sentido de declarar que aquele colegiado, "se fora ouvido pelo Governo, teria indicado os professores nomeados", mas que considerava "essencial para a boa organização e progresso do ensino que todos os lugares do corpo docente sejam providos, ou mediante indicação prévia das Congregações, ou por meio de concurso". Outra decisão da maioria, não muito coerente com a anterior, foi a de "apoiar" a representação dos estudantes.

Haviam se cerrado definitivamente as portas da nossa mais tradicional faculdade de Direito àquele que, anos mais tarde, veio a consagrar-se unanimemente como o maior comercialista brasileiro. O episódio, se de um lado impressiona pela insensibilidade ou pelo radicalismo de alguns de seus protagonistas, de outro novamente ressalta a nobreza de caráter e a inflexibilidade de princípios de Carvalho de Mendonça. Segundo Otto Gil, ele "nunca mais pisou os pés na Faculdade de Direito do Largo de São Francisco!..."[20]

---

20. Revista citada, p. 39.

Escrevendo suas *Memórias da Faculdade de Direito de São Paulo,* Spencer Vampré mencionou sua passagem pelas Arcadas, chamando-o de "o maior dos comercialistas brasileiros" e lamentando "que tão aprimorada inteligência e tão sólida cultura jurídica, se não deixassem enfeitiçar pelo magistério jurídico, de que seria uma das mais proeminentes figuras. Mas, Carvalho de Mendonça é sempre mestre"[21].

Muitos anos mais tarde, por ocasião do centenário de seu nascimento, a congregação da Faculdade de Direito de São Paulo tentou reparar a injustiça, inscrevendo o nome de Carvalho de Mendonça no quadro de professores honorários. Naquele mesmo ano de 1961 um volume da *Revista da Faculdade,* ao qual já se fez menção, foi dedicado à sua memória, contendo o magnífico artigo de Otto de Andrade Gil e a transcrição da aula magna de encerramento do ano letivo, pronunciada pelo professor Waldemar Ferreira, igualmente reverenciando o grande jurista.

O casamento e a família. Mudança para São Paulo e Rio de Janeiro

Nos primeiros anos do novo século[22] casou-se com D. Alice Souza, "excelsa Senhora" que foi "a sua mais inteligente e eficaz colaboradora", nas palavras de Waldemar Ferreira[23]. Formada na Escola Normal de São Paulo, abdicou da carreira de professora para dedicar-se ao lar e

21. *Op. cit.,* p. 364. Na página 365 encontra-se uma foto de Carvalho de Mendonça.

22. Não foi possível obter a data exata.

23. Prefácio aos *Pareceres* de Carvalho de Mendonça, Freitas Bastos, vol. I, 1933.

assumir as funções de secretária do marido, ajudando-o na pesquisa de dados, organização de arquivos e datilografia de pareceres[24].

Fixaram residência na capital do Estado, mantendo-se porém o escritório em Santos. Em São Paulo nasceu a primeira filha do casal, Maria Virgínia, em 1908.

Por volta de 1913, a família mudou-se para o Rio de Janeiro, onde nasceram outros dois filhos: Roberto, em 1913, e Maria José, seis anos depois. Foram residir inicialmente na rua Honório de Barros, em Botafogo. Não demorou muito e Carvalho de Mendonça comprou um terreno na rua Real Grandeza, n.º 87, no mesmo bairro. Lá construiu a casa que viria a ser seu endereço definitivo até o final da vida[25].

No Rio de Janeiro, a convite do presidente do Banco do Brasil, José Maria Whitaker, passou a advogar para aquela instituição, especialmente perante o Supremo Tribunal Federal[26].

As primeiras obras de direito comercial

A atuação no foro de Santos, especialmente como advogado da Companhia Docas, encaminharam-no para o estudo sistemático do direito comercial, ensejando-lhe a publicação de seus primeiros trabalhos nessa área. Vários de seus trabalhos forenses vieram a ser publicados

---

24. Carvalho de Mendonça gostava de escrever a mão. Aliás, todas as manhãs fazia exercícios de caligrafia, hábito que conservou por toda a vida.

25. Essa casa ainda existe, abrigando hoje um colégio.

26. José Maria Whitaker é autor de *Letra de câmbio*, até hoje o melhor estudo nacional sobre a matéria. A título de prefácio, o livro traz cópia de algumas linhas manuscritas por Carvalho de Mendonça, com encorajadoras palavras ao autor, datadas de 12 de outubro de 1927.

na forma de opúsculos ou separatas: *Depósito de gênero – mora – ação ordinária* (1892); *As companhias de estrada de ferro de S. Paulo e as docas de Santos* (1896); *A Companhia Docas de Santos e a Alfândega de S. Paulo* (dois trabalhos com mais de cem páginas cada um, criticando decisões do Ministério da Fazenda, 1896); *Armazéns gerais* (1901); *Ação possessória – constituto possessório – cláusula constituti* (1905), para citar apenas alguns.

Também as reformas legislativas prenunciadas pela adoção do regime republicano não tardaram a surgir, e ensejaram a Carvalho de Mendonça o aprofundamento cada vez maior em seus estudos. Em 24 de outubro de 1890, o futuro presidente Campos Salles, então ministro da Justiça do Governo Provisório, promulgou os decretos 916 e 917; o primeiro instituía o registro de firmas ou razões comerciais, o segundo modificava profundamente o instituto da falência, alterando a parte terceira do Código Comercial de 1850.

O Decreto n.º 917, que nas palavras do próprio biografado era um "monumento legislativo", dele mereceu paciente e sistemático estudo: *Das falências e dos meios preventivos de sua declaração*, em dois volumes, publicados em São Paulo em 1899. Nas palavras do mestre Waldemar Ferreira, "não há elogios que bastem para destacar os méritos excepcionais desse livro admirável, que constitui o marco inicial do Direito Comercial brasileiro e que repercutiu intensamente para a renovação da cultura jurídica do país"[27].

O jurista havia atingido um novo e elevado patamar de produção científica. Em 1903 e 1904, tiveram grande acolhida seus comentários sobre a lei americana de fa-

27. Artigo citado, p. 18.

lências (o *Bankrupticy Act* de 1898), publicados na revista *São Paulo Judiciário*. Tão grande foi a repercussão desse trabalho que o senador Urbano Santos – seu colega de turma na faculdade, como mencionado anteriormente – encomendou a Carvalho de Mendonça a redação de um substitutivo para o projeto de reforma da lei de falências, então em discussão no parlamento. A aprovação das emendas redigidas por Carvalho de Mendonça deu origem à Lei n.º 2.024, de 1908, que vigorou por vinte e um anos. Para Sampaio de Lacerda, essa lei "representava uma síntese bem formulada dos princípios que nortearam o Decreto 917"[28]; Waldemar Ferreira qualificou-a de "lei notabilíssima, no fundo e na forma", que "marcou época na legislação mercantil brasileira"[29].

Esse trabalho exigiu grande estudo de toda a confusa legislação comercial da época, e fez Carvalho de Mendonça convencer-se da necessidade de recorrer ao direito comparado como "subsídio indispensável ao estudo científico e consciencioso do Direito Comercial". Já estava então plenamente moldado o método que viria a ter sua marca registrada, fruto de exaustiva pesquisa, rigorosa sistematização e completa exposição das matérias.

Em 1906, publicou *Dos livros dos comerciantes*, e em 1909 veio a público a análise do Decreto n.º 916: *Das firmas ou razões comerciais*.

A obra magna: o *Tratado de direito comercial*

Em 1910 teve início a publicação da obra que marcaria o apogeu de Carvalho de Mendonça e sua definitiva con-

---

28. *Manual de direito falimentar*, 12.ª ed., Freitas Bastos, p. 32.
29. *Instituições*, n.º 1.445 (v. nota a seguir).

sagração: o *Tratado de direito comercial brasileiro*. Os primeiros três volumes foram editados em São Paulo; do quarto ao décimo primeiro, a obra passou a ser publicada no Rio de Janeiro.

Sobre o *Tratado*, assim escreveu Clóvis Beviláqua:

> Adjetivei esse livro de monumental, porque o epíteto lhe cabe, com absoluta justeza. O exame das questões e a apreciação das doutrinas são conduzidas com o critério superior de um mestre, que meditou e aprofundou o direito comercial na sua literatura e nas discussões perante os tribunais. Nada fica a dever aos melhores tratados dos jurisconsultos estrangeiros sobre o assunto.[30]

A elaboração do *Tratado* consumiu duas décadas de intenso labor. Ao término de sua publicação, em 1928, o nome de seu autor alcançou as maiores alturas a que um jurista brasileiro poderia aspirar. Recebeu cumprimentos e felicitações do Supremo Tribunal Federal, de Tribunais de Justiça, da Câmara dos Deputados, de faculdades de Direito, associações comerciais e de advogados de vários estados. O Instituto da Ordem dos Advogados de São Paulo, acolhendo proposta de Spencer Vampré e Waldemar Ferreira, realizou, em outubro daquele ano, sessão solene em louvor a Carvalho de Mendonça, com a presença do homenageado e a participação de inúmeras personalidades e associações representativas dos meios jurídico, empresarial e cultural. Com todo esse respaldo, foi ainda instituído o prêmio Carvalho de Mendonça, destinado "ao melhor aluno do curso de direito comercial na Faculdade de Direito de São Paulo", assim "ligando o nome do homenageado a cada uma das turmas de bacha-

30. *História da Faculdade de Direito do Recife*, vol. I, pp. 244-5.

réis formados pela Faculdade de Direito de que ele fez parte, como um de seus professores"[31].

As grandes teses. Sua contribuição para o desenvolvimento do direito comercial

Carvalho de Mendonça foi chamado a atuar em grandes causas. Seus pareceres e peças forenses traziam, evidentemente, o peso de seu enorme prestígio como doutrinador e toda a força de notável cabedal jurídico, o que lhe permitiu digladiar com outras notáveis figuras de seu tempo, como Rui Barbosa, Lacerda de Almeida, Eduardo Espínola.

Seu estilo era claro e, às vezes, bastante incisivo. Em uma das últimas causas em que atuou – portanto já em idade avançada – sua combatividade lembrava a daqueles primeiros anos como promotor. O Banco do Brasil havia sido condenado a pagar a um antigo conde, a título de indenização por um arresto de bens, quantia extremamente vultosa, equivalente à metade do capital do banco. Carvalho de Mendonça, impugnando a sentença em grau de recurso, comparou o juiz a um personagem de Molière, médico, que afirmara que o fígado ficava à esquerda e o coração à direita, justificando, diante da estupefação do

---

31. A escritura de criação e os estatutos da Fundação "Prêmio Carvalho de Mendonça" estão transcritos no prefácio do primeiro volume do *Tratado de direito comercial brasileiro*. Registre-se que o primeiro aluno a receber o prêmio (turma de 1928-1929) foi José Horácio Meirelles Teixeira, que viria a ser emérito publicista e professor de Direito Constitucional da PUC-SP. Na mesma turma foram aprovados, com distinção, Washington de Barros Monteiro, Carlos Alberto de Carvalho Pinto e Miguel de Campos Júnior entre outros. A comissão julgadora foi formada por Waldemar Ferreira e Otávio Mendes (*Revista da Faculdade de Direito de São Paulo*, 1930, vol. XXVI, pp. 270-1).

paciente, que antigamente podia ter sido de outro modo, mas "nós mudamos tudo, e praticamos agora a medicina de um modo inteiramente novo". O juiz, "duplamente incompetente", nas palavras de Carvalho de Mendonça, também estava a julgar por método inteiramente novo...

A causa foi ganha no tribunal, mas diante de embargos opostos pela parte vencida, assim contra-arrazoou Carvalho de Mendonça:

> O Embargante é um formidável teimoso. Aturdido pelo fulgurante Acórdão da Veneranda 2.ª Câmara, ele delira nos embargos, narrando, por método confuso, as mesmas fábulas remoídas nas anteriores reclamações, ações rescisórias e ações de indenização, às quais a sua mania o tem levado.

A vitória do Banco do Brasil foi confirmada no Supremo Tribunal Federal. Aliás, um dos advogados adversários foi Eduardo Espínola, que em maio de 1931 viria a ser nomeado ministro do STF, presidindo a Corte de 1940 a 1945[32]. Carvalho de Mendonça enfrentou-o na sustentação oral em segunda instância, superando-o não só no brilho da argumentação, como também no estilo calmo e confiante[33].

Seja atuando no foro, seja como doutrinador ou consultor jurídico, Carvalho de Mendonça deixou marca indelével na evolução do direito comercial brasileiro. Colaborou ativamente para a edição de importantes diplomas

---

32. Nos termos do Decreto-Lei n.º 2770, de 11 de novembro de 1940, caberia ao presidente da República escolher o presidente do STF dentre seus integrantes, que permaneceria no cargo por prazo indefinido – vale dizer, enquanto assim desejasse o chefe do Poder Executivo.

33. Assim atestaram Otto Gil, presente à sessão de julgamento (*op. cit.*, p. 42), e o jornal *O Estado de S. Paulo*, que a noticiou.

legislativos. Com sua vocação enciclopédica, sistematizou todo o nosso direito mercantil e examinou a fundo todos os seus institutos, formulando pensamentos originais e definições que resistiram ao tempo. Ainda hoje, mais de setenta anos após a sua morte, os cursos e manuais mais recentes da disciplina trazem, invariavelmente, numerosas citações de suas obras e teses.

Logo que abrira sua banca, ainda em Santos, foi procurado pela recém-criada Companhia Docas, concessionária do serviço portuário que viria a ter importante papel no desenvolvimento nacional. A pedido desta, preparou projeto destinado a regulamentar a emissão de *warrants* por armazéns gerais, desse trabalho resultando o Decreto Legislativo n.º 1.102, de 1903, bem como o Decreto n.º 6.644, de 1907.

Em outra causa célebre (Cia. Paulista de Armazéns *vs.* Fábrica Sant'Ana), em que se defrontou com Rui Barbosa (inclusive em sustentação perante o Supremo Tribunal Federal), Carvalho de Mendonça elaborou em de seus mais eruditos trabalhos forenses, versando sobre a questão do *fundo de comércio* e *a cessão de clientela*, assunto então inteiramente novo na jurisprudência pátria. O Supremo deu inicialmente razão à tese de Carvalho de Mendonça, mas em novo julgamento terminou por acolher os argumentos de Rui Barbosa, no sentido de que "a freguesia de uma fábrica não pode ser objeto de contrato" e "a renúncia do direito ao exercício de determinado ramo de comércio e indústria não se presume", devendo constar expressamente do contrato de cessão do estabelecimento comercial[34]. Para sair-se vencedor, Rui teve de recorrer a pareceres solicitados a grandes juristas estrangeiros, como Lyon-

34. *Revista do Supremo Tribunal Federal*, vol. II, p. 474, e vol. III, n.º 2, p. 187 (*apud* Otto Gil, *op. cit.*, p. 45). Esse julgamento é de 1914.

Caen, Thaller, Planiol e Vivante. Mas este último, quando elaborou seu monumental tratado, acabou por dar razão a Carvalho de Mendonça, admitindo que a clientela integra o fundo de comércio e pode ser objeto de contrato.

De Rui Barbosa mereceu fartos elogios uma sentença que Carvalho de Mendonça proferiu como juiz arbitral, em questão envolvendo o Estado de Minas Gerais, em 1916. Recorrendo – sem sucesso – ao Supremo Tribunal Federal, em nome daquele Estado, ressalvou Rui:

> Se a auréola do nome, o brilho da inteligência, a exuberância do saber, a prática das questões e o calor dos argumentos constituíssem garantias absolutas da justiça no arbitramento, nada faleceria à decisão de que aqui se recorre, para ser acolhida sem protesto e obedecida com presteza.[35]

Na infindável polêmica sobre a unidade ou dicotomia do direito privado, Carvalho de Mendonça adotou posição moderada, procurando mostrar que a unificação legal – por ele defendida – não significaria abdicar da diferenciação histórica, metodológica e principiológica entre o direito civil e o direito comercial[36].

No primeiro volume do *Tratado*[37], embora reconhecesse que a solução constitucional fosse outra, elogiou os argumentos de Teixeira de Freitas e Inglês de Souza em favor da unidade do direito privado, concluindo que

---

35. *Apud* Otto Gil, *op. cit.*, p. 111; a sentença de Carvalho de Mendonça está publicada na *Revista Forense*, vol. 25, pp. 307-47.

36. Vê-se aqui grande similaridade com o pensamento exposto pelo maior jurista brasileiro da atualidade, Miguel Reale: "O direito comercial não pode, nem deve desaparecer, embora as suas normas fundamentais passem a integrar o Código Civil. Foi esta a solução adotada pela Comissão Revisora do Código Civil, por nós presidida." (V. *Lições preliminares de direito*, 24.ª ed., pp. 366-9.)

37. Introdução, n.ºs 2-4, 2.ª ed.

> As diferenças que subsistem entre o direito civil e o comercial nada têm de essencial. Bem podíamos fundir as matérias que lhes são comuns, isto é, os contratos e as obrigações e ainda a falência, estendendo-a, oportunamente (não hoje), aos não-comerciantes.[38]

Não obstante tivesse dedicado várias páginas ao tema, quando redigiu o prefácio para essa edição revisada do primeiro volume entendeu necessário esclarecer ainda melhor sua posição. Reiterou que a questão estava resolvida no campo normativo, uma vez que a Constituição de 1891, ao enumerar as matérias de competência do Congresso, nelas incluiu a de legislar sobre direito civil e comercial (art. 34, n.º 22), desse modo "reconhecendo a vida autônoma de cada um". No entanto, ponderou:

> Se na coordenação legislativa, o direito privado se divide nos dois ramos, direito civil e direito comercial, assinalando-se para cada um deles determinada ordem de fatos econômicos, se se reconhece que o direito comercial tem fontes diretas e indiretas especiais, institutos peculiares e até, na expressão de alguns, qualidades excepcionais, não sabemos como, depois de tudo isso, se negue a autonomia, a existência *per se* daquele direito, que, além do mais, possui método científico próprio e literatura copiosa e notável, onde se ventilam os mais altos problemas jurídicos, não inferiores aos do direito civil.
>
> É certo que estreitíssimas são as relações entre o direito civil e o direito comercial, e que na discriminação entre os atos civis e os atos comerciais podem surgir dificuldades sérias e até invencíveis; mas parece ilógico daí concluir que o direito comercial seja um direito de exceção ou um direito complementar do direito civil, um direito sem autonomia. Adotando-se este expediente, suprimem-se os embaraços a que aludimos?

---

38. Introdução ao vol. I, n.º 4.

> A tendência doutrinal, que se observa para a unificação dos dois direitos, em virtude da generalização dos muitos princípios e das regras que neles dominam, não parte da negação absoluta do direito comercial, que, como produto social, nasceu, se desenvolveu e criou fortes raízes a ponto de perturbar a vida calma do direito civil, visa para maior simplicidade, à fusão dos dois direitos, adote-se o código único das obrigações ou o código de direito privado.
>
> Eis a razão por que não nos achamos incompatibilizados em aceitar a tese constitucional, ainda que manifestemos simpatia pela unidade do direito privado.

Tais pensamentos em nada perderam a atualidade, sendo uma efetiva contribuição ao debate do tema, especialmente agora, com a promulgação do Novo Código Civil – que, como se sabe, adotou a tese da unificação do direito privado e revogou a primeira parte do Código Comercial, não obstante a Constituição Federal de 1988 também tenha se referido separadamente ao direito civil e ao direito comercial, ao tratar da competência da União (art. 22, I), tal como a primeira Carta republicana.

Importante, original e duradoura contribuição teórica de Carvalho de Mendonça foi a sua classificação dos atos de comércio[39]. Na tentativa de resolver esse dificílimo tema, propôs a divisão daqueles em três categorias:

a) os atos de comércio por natureza ou profissionais, tais como a compra e venda ou troca para posterior revenda, as operações de câmbio, bancárias e de corretagem;

b) os atos de comércio por dependência ou conexão, como a compra de bens móveis para a instalação do estabelecimento comercial, o mandato para a gestão de negócios mercantis e outros, destinados a facilitar ou promover o exercício do comércio; e

---

39. Essa classificação foi aceita por Spencer Vampré e Waldemar Ferreira (entre outros).

c) os atos de comércio por força de lei, independentemente da pessoa que os pratica, tais como as operações sobre títulos da dívida pública, os atos relativos à existência de sociedades comerciais, seguros marítimos, letras de câmbio, etc.

A essa teoria dos atos de comércio Carvalho de Mendonça dedicou uma centena de páginas do primeiro volume do *Tratado*, expondo-a com sua conhecida minúcia e o propósito de ser o mais completo quanto possível.

Muitas outras teses e contribuições de Carvalho de Mendonça mereceriam ser destacadas. Basta dizer que, postumamente, centenas de seus trabalhos foram ainda publicados[40].

O final da vida

Em 1928, ano da publicação do último volume do *Tratado*, Carvalho de Mendonça começou a experimentar sintomas de problemas cardíacos. Atendendo a conselho do médico Dr. Miguel Couto, seu amigo, viajou para a França, a fim de consultar um cardiologista tido como o melhor do mundo.

Mesmo diante dessa adversidade, lançou-se à tarefa de revisar e atualizar o *Tratado*. Muito evoluíra o direito brasileiro nas duas décadas transcorridas durante sua elaboração: basta mencionar a promulgação do Código Civil, em 1916, e a criação de um novo tipo de sociedade comercial – a de quotas de responsabilidade limitada – pelo Decreto n.º 3.708, em 1919. Estavam ainda em pleno

---

40. Como exemplo, a coletânea de *Pareceres* coligida por Achilles Bevilaqua e Roberto Carvalho de Mendonça, publicada pela Editora Freitas Bastos em 1933-1934.

andamento os debates para a edição de nova lei de falências (o que veio a ocorrer em 1929). E os planos de Carvalho de Mendonça incluíam o comércio aeronáutico, que então começava a ganhar importância.

Dedicou-se com grande empenho àquela empreitada, que seria a última. Praticamente reescreveu o primeiro volume, duplicando seu conteúdo. Faltaram-lhe forças, porém, para concluir o trabalho.

Em correspondência de fevereiro de 1930, afirmava: "O meu estado de saúde continua precário, não obstante o prolongado tratamento a que me tenho submetido. Felizmente ainda não me inutilizou para o trabalho; obrigou-me a reduzi-lo a um terço ... pelo menos enquanto não vier o equilíbrio."[41]

A debilitação de seu estado de saúde não lhe permitiu comparecer à derradeira homenagem prestada em vida, o Prêmio Teixeira de Freitas, conferido pelo Instituto dos Advogados Brasileiros. Na sessão solene de outorga do prêmio, realizada em 13 de setembro de 1930, foi representado por seu filho, então com apenas dezessete anos de idade, o futuro advogado Dr. Roberto Carvalho de Mendonça.

A morte veio encontrá-lo em sua casa poucas semanas depois, no dia 20 de outubro. Estava deitado, lendo o primeiro volume de uma obra que recebera havia poucos dias de um livreiro francês: *Vida e doutrina dos grandes filósofos através dos tempos*, de F. Palhoriès[42]. Bem próximo

---

41. *Revista da Faculdade de Direito de São Paulo*, 1930, vol. XXVI, p. 257. Note-se o sugestivo emprego do termo "equilíbrio" para referir-se à morte, cuja proximidade parecia pressentir.

42. Não é correta a informação de que se trataria de um livro de Ripert, conforme constou do trabalho de Otto Gil (*op. cit.*, p. 49). A cena foi-nos descrita pelo Dr. Roberto Carvalho de Mendonça, que estava ao lado do pai na hora final, e até hoje conserva consigo a obra citada.

estava seu filho Roberto, que também estudava. Sua esposa Alice fora atender à porta, pois naquele momento chegava o Dr. Miguel Couto para uma visita. Carvalho de Mendonça lia sobre a vida de Sócrates, quando levantou subitamente a cabeça e, sem dizer palavra, expirou. Nada foi possível fazer, pois o ataque fora fulminante. Quando entrou no quarto, a esposa e o Dr. Miguel Couto encontraram-no já sem vida. Morreu assim, como vivera, estudando até o último momento, aquele que fazia muitos anos "ocupava o lugar, que jamais alguém lhe disputou, de primeiro dos comercialistas brasileiros"[43].

---

43. Waldemar Ferreira, *Instituições de direito comercial*, 3.ª ed., Freitas Bastos, 1951, vol. 5, n.º 1.445, p. 39.

Hely Lopes Meirelles

*Eurico de Andrade Azevedo**

Hely Lopes Meirelles nasceu em Ribeirão Preto, em 5 de setembro de 1917, e, quando tinha pouco mais de um ano, ficou órfão de mãe, que faleceu em decorrência da terrível gripe espanhola que grassou em quase todos os países, no último ano da Primeira Guerra Mundial. Foi educado pelos avós paternos em uma fazenda no município de Fartura, no sul do estado, e veio depois para São Paulo, realizando o curso secundário no Colégio Rio Branco, onde fez várias amizades duradouras, entre as quais Roberto de Abreu Sodré, futuro governador do Estado. Passou, então, a cursar a Faculdade de Direito da Universidade de São Paulo, tendo se formado em 1942. Iniciou-se na advocacia com alguns amigos e pouco depois casou-se com D. Consuelo Celidônio Meirelles. Após alguns anos, fez concurso para a magistratura, assumindo a sua primeira comarca em dezembro de 1949 – Ituverava.

---

* Advogado em São Paulo. Procurador de Justiça aposentado do Ministério Público de São Paulo.

O magistrado

Como magistrado, Hely Lopes Meirelles revela-se logo estudioso, austero, enérgico e extremamente corajoso. Na sua primeira comarca, Ituverava, aconteceu um episódio que merece ser contado: um rico fazendeiro, militar reformado, conhecido por sua valentia e truculência, é processado por seqüestro de uma anciã, de cujos bens desejava extrair vantagens. Ao final de seu interrogatório, Hely, que tinha apenas trinta e dois anos de idade, se convence da necessidade de decretação da prisão preventiva do acusado e o faz, determinando que fosse ele imediatamente recolhido à prisão. Surpreendido pela coragem do juiz, o réu solicita permissão para falar com sua mulher, que se encontrava na sala e dela recebe uma arma, escondendo-a sob o paletó. Voltando ao seu lugar e dirigindo-se ao juiz, como que desejando parlamentar, saca do revólver e dispara três tiros no peito do magistrado. Ferido gravemente, foi socorrido pelo então promotor público da comarca, Dr. Nereu César de Moraes, futuro desembargador e presidente do Tribunal de Justiça de São Paulo. Esse mesmo réu, alguns anos depois, atirou também contra os três desembargadores que estavam julgando o seu caso no Tribunal[1].

Vindo de Ituverava para São Paulo, como juiz auxiliar das varas cíveis, logo se destacou ao proferir sentença em um caso pioneiro contra a Companhia Telefônica Brasileira, nos idos de 1950. Havia uma enorme dificuldade na obtenção de telefone e um dos inscritos na fila propôs ação cominatória contra a Companhia para a obten-

---

1. Jurandir Scarcela Portela, *apud* Arnoldo Wald (coord.), *O direito na década de 80, estudos jurídicos em homenagem a Hely Lopes Meirelles*, São Paulo, Revista dos Tribunais, 1985, p. 11.

ção do serviço. Com base na doutrina e na jurisprudência estrangeiras – pois até então não se admitia entre nós a ação do usuário contra o concessionário – Hely julgou procedente a ação, firmando o princípio de que o usuário de serviço público concedido tem ação direta contra o concessionário, para constrangê-lo a prestar o serviço, sob pena de lhe pagar perdas e danos ou a multa correspondente, cominada na sentença. Tal decisão, posteriormente confirmada pelos tribunais superiores, foi o *leading case* de reconhecimento dos direitos dos usuários nos contratos de concessão, o que posteriormente veio a ser sacramentado pela Lei n.º 8.987, de 13/2/1995, que dispõe sobre o regime de concessão dos serviços públicos no Brasil, quarenta e cinco anos depois!

Mais tarde, foi para a comarca de São Carlos, onde permaneceu vários anos até ser promovido para São Paulo. Foi naquela cidade que vim a conhecê-lo pessoalmente, quando para lá fui como Promotor de Justiça. Hely tinha uma capacidade de trabalho e uma aptidão organizacional fora do comum. A única vara da comarca acumulava todos os serviços cíveis, criminais, de júri, de menores, eleitoral e trabalhista. No entanto, a pauta de audiências era de apenas trinta dias! Porque ele sabia distribuir o serviço: jamais designava uma audiência sem verificar, antes, a complexidade do tema e o número de testemunhas a serem ouvidas. E não se atrasava nas sentenças, porque acompanhava de perto os processos e se utilizava com mestria do despacho saneador.

Nas eleições, era um dos primeiros juízes a terminar a apuração, pois convidava para as mesas apuradoras os bancários da cidade, sob o argumento de que sabiam contar cédulas...

Na área de menores e incapazes, alertava sempre o curador para verificar *in loco* o imóvel que se pretendia vender e qual o seu valor de mercado. No campo dos menores abandonados, aplicava e acompanhava com rigor a dotação então destinada às comarcas, para auxiliar as famílias que pudessem "adotar" menores de rua, em lugar de interná-los na Febem da época. Chegou a apresentar um trabalho, na Semana dos Menores – seminário que o Tribunal de Justiça realizava anualmente para estudo do tema –, demonstrando que o custo de um menor internado nos órgãos estaduais era três vezes mais elevado do que se pagava por uma aluna interna nos colégios mais caros de São Paulo na época, o Sion e o Des Oiseaux.

Não titubeou em condenar o prefeito local por desvio de verba, sustentando com vigor a tese da independência das responsabilidades penal e político-administrativa, aquela de competência da justiça comum e esta da câmara municipal, o que hoje é pacífico em nossa jurisprudência. Foi então que começou a escrever o *Direito municipal brasileiro,* ao perceber que poucos estudos existiam a respeito dos problemas enfrentados pelos nossos municípios. E passou a ministrar cursos de direito e administração municipal, patrocinados pela Associação Paulista dos Municípios, sempre preocupado em aprimorar a administração local, como condição básica para a melhoria da administração pública brasileira.

Criada a Escola de Engenharia de São Carlos, como um braço da Universidade de São Paulo, foi convidado para lecionar as matérias jurídicas de interesse para os engenheiros. Deu-se conta, então, da defasagem de nosso direito em relação aos progressos da construção civil e aos problemas do desenvolvimento urbano. Resolveu escrever seu segundo livro: *Direito de construir,* fruto de suas aulas naquela escola. No prefácio da primeira edição, comentou:

É inegável o entrosamento do direito de construir com os processos da construção. À medida que a técnica aprova uma regra de construção, o direito a encampa, transformando-a em norma legal. É o fenômeno da *legalização da técnica,* que se vai generalizando naquelas atividades que afetam mais de perto o bem-estar social e, por isso mesmo, não podem ficar exclusivamente ao sabor da liberdade individual. Exigem limites e condicionamentos legais.

A legislação pátria, lamentavelmente, não tem acompanhado o aperfeiçoamento da construção civil, achandose em sensível atraso com os progressos da Engenharia, da Arquitetura e do Urbanismo. Por outro lado, a doutrina e a jurisprudência se mantêm apegadas a conceitos superados do clássico direito de construir, que desconhece os novos materiais e os modernos processos da construção contemporânea. Urge, pois, u'a mudança de atitude no estudo e interpretação desse esgalho do direito privado, para adaptá-lo à realidade e pô-lo em condições de solucionar os problemas atuais da construção civil e da planificação urbanística.

Nesse afã aproximamos textos. Interpretamos normas. Enunciamos conceitos. Sistematizamos princípios. Ordenamos idéias. Provavelmente nada inovamos. Nem avançamos no campo do direito de construir. Apenas apresentamos rumos novos para um direito velho.

Ainda em São Carlos, vale recordar episódio ocorrido com os estudantes da Escola de Engenharia, que mostra bem a personalidade do nosso homenageado. O centro acadêmico promoveu pesquisa entre os alunos para avaliar o desempenho dos professores e depois a remeteu, por ofício, à diretoria da escola, a título de colaboração. Foi uma revolução. A congregação se reuniu para apreciar o pedido – feito por professores indignados – de expulsão do presidente do grêmio e suspensão de outros líderes estudantis. Mas o Dr. Hely, a quem os estudantes haviam recorrido, com toda a calma e segurança, assegurou na reunião da congregação que eles haviam apenas exercido o seu direito de representação, garantido na Constituição Federal, pois o ofício estava dirigido de forma respeitosa e nada havia de ofensivo na avaliação feita. Podia dizer isso com tranqüilidade, pois a avaliação por ele obtida era inferior à de seu assistente, mas o mérito era seu, pois fora ele quem escolhera o assistente...

Em 1961 foi promovido para São Paulo, assumindo a 1.ª Vara da Fazenda Federal, uma vez que as questões federais eram então decididas pela justiça estadual, em Varas especializadas. Eram Varas difíceis, com problemas complexos ligados à importação e exportação, concessão de serviços públicos, exploração de minérios, acordos internacionais, enfim, temas a que não estavam familiarizados os juízes, nem por sua formação na faculdade, nem por sua experiência adquirida nos anos de judicatura no interior. Bastaram poucos meses para que Hely começasse a se destacar, quer no campo jurídico propriamente dito, quer no campo de sua energia contra os contrabandistas e funcionários inescrupulosos da alfândega. Era comum a importação ilegal de mercadorias, inclusive automóveis, para depois abandoná-las na alfândega e arrematá-las nos leilões preparados com o escopo de legalizá-las. A respeito do tema, ele anotou em seu livro *Direito administrativo brasileiro*:

> Quando juiz da 1.ª Vara da Fazenda Nacional em São Paulo, tivemos oportunidade de anular leilões alfandegários realizados com tais formalismos e exigências burocráticas que evidenciavam o intuito de afastar licitantes. Além disso, as mercadorias só eram apresentadas globalmente ou em lotes tão grandes que desestimulavam os pequenos arrematantes e criavam um espécie de exclusi-

> vidade para grandes firmas do ramo e até mesmo para os próprios contrabandistas, que deixavam apreender e leiloar seus contrabandos para que eles mesmos os arrematassem, legalizando, assim, a mercadoria contrabandeada. Essa experiência leva-nos a sugerir simplificação dos leilões, com a dispensa de exigências inúteis que afugentam os interessados e com a venda individual dos objetos em reduzidos lotes ou quantidades, que possibilitem a aquisição tanto pelos grandes quanto pelos pequenos arrematantes.[2]

Essa nota evidencia uma das características marcantes da personalidade de Hely Lopes Meirelles: o horror à improbidade administrativa e ao formalismo inútil. Perpassam por todos os seus ensinamentos de direito administrativo estes três aspectos: atendimento ao interesse público, exigência de moralidade administrativa e repúdio ao formalismo inútil.

Poucos anos depois foi conduzido ao Tribunal de Alçada Civil, onde se aposentou ao completar trinta anos de serviço, não aguardando sua promoção ao Tribunal de Justiça, por ter sido convidado a participar da administração superior do estado de São Paulo pelo seu ex-colega Roberto Costa de Abreu Sodré. Hely viu, naquela ocasião, a oportunidade de pôr em prática seus ensinamentos de direito municipal. Por isso, em vez de assumir a Secretaria da Justiça, que seria seu destino natural, escolheu a Pasta do Interior, com a condição de efetuar uma administração eminentemente técnica. E assim passamos para uma outra fase de sua atuação, a do administrador.

---

2. Hely Lopes Meirelles, *Direito administrativo brasileiro*, 20.ª ed., São Paulo, Malheiros Editores, 1995, p. 292.

O administrador

A Secretaria de Estado do Interior, que havia sido desmembrada da Secretaria da Justiça pouco antes, ao final do governo Ademar de Barros, não se encontrava ainda estruturada, funcionando precariamente em uma antiga garagem, na avenida Duque de Caxias, 61. Tudo estava por fazer. Hely convidou para compor sua equipe um grupo de jovens, que iriam depois se destacar na administração e no direito: para a chefia de gabinete, José Afonso da Silva; para oficiais, Adilson Abreu Dallari e Hélio Quaglia Barbosa; e para auxiliares, Dalmo do Valle Nogueira Filho e José Augusto Meirelles. Com mais alguns assessores de confiança, entre os quais eu me encontrava, compôs o quadro que iria prestar assistência aos municípios.

Logo em seguida à posse, ocorreu a catástrofe de Caraguatatuba, quando chuvas torrenciais fizeram deslizar vários trechos da estrada que ligava o alto da Serra do Mar ao litoral norte do estado, deixando as cidades de Caraguatatuba, São Sebastião e Ubatuba completamente isoladas, sem comunicação com o restante do estado, a não ser por via marítima. Incumbido de socorrer aquelas populações, Hely se revelou de uma agilidade sem par, criando um escritório especial para atendimento às vítimas, escritório dirigido pessoalmente por Adilson Abreu Dallari, que se desincumbiu da tarefa com grande competência e coragem, de maneira que possibilitasse a volta à normalidade alguns meses depois.

Naquela época, a Secretaria do Interior se limitava a responder às consultas formuladas pelos municípios, principalmente na área jurídica, mas Hely queria mais; ele não se contentava em fornecer o peixe, queria ensinar o administrador municipal a pescar. E rápida pesquisa efetuada demonstrou que os municípios pequenos eram extremamente carentes nas áreas de contabilidade, orçamento, organização administrativa e tributos. Por isso, em convênio com o Serviço Nacional dos Municípios, Senam, e com a Prefeitura do Município de Valinhos, que acabara de construir um prédio novo para seu funcionamento, resolveu montar ali uma "prefeitura-modelo", que serviria de escola para todos os funcionários municipais. Promoveu um concurso e selecionou professores para as áreas de direito, tributos, orçamento, contabilidade e planejamento urbano, núcleo que propiciou a disseminação de uma série de cursos pelo interior do Estado e que mais tarde se transformaram na Escola de Administração Municipal, cujo curso foi aprovado pelo Conselho Estadual de Educação, com diploma de grau médio, e mantido até hoje pelo Centro de Estudos e Pesquisas de Administração Municipal, Cepam, em várias cidades do interior do Estado.

Desejando transformar a experiência em algo permanente, em dezembro de 1967, Hely Lopes Meirelles preparou decreto para a criação do Cepam, órgão dotado de autonomia técnica e administrativa, inspirado no Centro de Estudios de Administración Local de Madrid, Espanha, onde os estudos de administração municipal estavam muito adiantados, a despeito do regime unitário do país.

O Cepam, que inicialmente foi dirigido por mim, serviu de modelo a órgãos similares de vários outros estados brasileiros e, desde aquela época, vem prestando relevantes serviços aos municípios de São Paulo e do Brasil. Mais tarde, foi transformado em fundação, recebendo o nome do grande prefeito Faria Lima, passando por sua direção eminentes juristas, como Adilson Abreu Dallari, Vicente Greco Filho e Cláudio Ferraz de Alvarenga.

Entrementes, Hely trabalhou no projeto da nova Lei Orgânica dos Municípios, em face da Carta Constitucional de 1967, pois, àquela época, cabia aos estados organizar os municípios. A Lei n.º 9.842/67, então aprovada pela Assembléia Legislativa de São Paulo, é uma perfeição em matéria organizacional dos municípios, tanto assim que foi praticamente copiada por todos os estados e até hoje é o padrão comumente seguido, com as alterações decorrentes da nova ordem constitucional. Nela passaram a ter os administradores locais o seu código de trabalho, estando previstos desde os aspectos de criação e instalação de novos municípios, até disposições especiais sobre o município de São Paulo, passando pelas matérias de competência local; as atribuições do prefeito e da Câmara; o processo legislativo; os casos de extinção e cassação de mandato; a forma de administração dos bens e serviços, com exigência de licitação; a organização das finanças e a elaboração dos orçamentos; a fiscalização orçamentária e as normas para o desenvolvimento urbano.

Ainda naquele ano, Hely promoveu uma primeira reunião de juristas, para discutir assuntos de interesse dos municípios, entre os quais o problema do *impeachment* dos prefeitos e a cobrança da contribuição de melhoria, para cuja reunião convidou alguns dos nossos maiores especialistas, como Paulo Brossard de Souza Pinto, então advogado no Rio Grande do Sul, e o jovem e saudoso Geraldo Ataliba, ambos com teses recentes sobre aqueles temas.

Lamentavelmente, porém, Hely não pôde continuar seu profícuo trabalho na Secretaria do Interior, por ter sido convocado pelo governador Sodré para assumir a Secretaria de Segurança Pública, em face de crise naquele setor. Hely, na época, era o único secretário de segurança civil em todo o país. Era uma função indesejada por ele, mas da qual não pôde se eximir em razão das circunstâncias do momento. Seu principal assessor era o professor José Afonso da Silva. Ali permaneceu enquanto possível, procurando conciliar o inconciliável: o respeito às liberdades civis num regime autoritário federal. Certa ocasião, recebeu um mandado de prisão contra um líder da oposição, que sabia não ser subversivo e, por isso, ficou tentando sua revogação. Nesse entretempo, Franco Montoro, pois esse era o seu nome, lhe telefonava constantemente e Hely se negava a atendê-lo, pois, caso contrário, teria de ordenar sua prisão. Mandou chamar-me e disse: "Avise o Montoro para desaparecer por algum tempo, enquanto eu consigo a revogação do seu mandado de prisão...", o que realmente foi obtido pouco depois.

A sua saída da Secretaria de Segurança se deu em virtude de um episódio que precisa ser contado para lhe fazer justiça. Numa manifestação estudantil na praça da República, Hely havia recomendado ao comandante da Polícia Militar, então um coronel do Exército, que não utilizasse os cães pastores na operação. Foi desobedecido e exigiu do governador a demissão do comandante. A saída do militar foi condicionada à saída do civil, indo Hely para a Secretaria da Educação, também para resolver uma situação emergencial. Pouco depois, contudo, tornou-se secretário da Justiça, onde pôde realizar uma obra mais duradoura.

Com a experiência de magistrado, preocupou-se com a construção de edifícios adequados, para o funcionamento dos fóruns do interior, cujos projetos eram elaborados por arquitetos sem conhecimento do exercício efetivo da justiça, como por exemplo a necessidade de salas de espera para testemunhas. Mas seu objetivo principal era a elaboração de um projeto de lei de licitações e contratos administrativos, já que, durante os anos anteriores havia encontrado muita dificuldade para a execução de obras, serviços e compras por parte do estado, em que se pudesse obter a melhor proposta, em procedimento rápido e transparente. Com autorização do governador do estado, instituiu uma comissão com representantes dos principais órgãos e entidades da administração, que realizassem obras, efetuassem compras ou contratassem serviços. E assim surgiu a Lei estadual n.º 10.395, de 17/12/1970, que se transformou no modelo de todas leis posteriores sobre a matéria, inclusive federais. Nessa lei havia uma norma programática que bem refletia o espírito público de Hely Meirelles:

> Art. 8.º Nos projetos de obras e serviços, serão considerados principalmente os seguintes requisitos:
> I – segurança;
> II – funcionalidade e adequação ao interesse público;
> III – economia na execução, conservação e operação;
> IV – possibilidade de emprego de mão-de-obra, materiais e matérias-primas existentes no local para execução, conservação e operação;
> V – facilidade na execução, conservação e operação, sem prejuízo da durabilidade da obra ou serviço;
> VI – adoção das normas técnicas adequadas.

Em 1986, quando foi editado o Decreto-Lei n.º 2.300, de 21/11/1986, regulando as licitações no âmbito federal, assim se manifestou o consultor geral da República, Saulo Ramos, em sua Exposição de Motivos ao presidente da República:

> O texto ora submetido à elevada consideração de V. Ex.ª inspirou-se, basicamente, no ordenamento jurídico do Estado de São Paulo...

para depois finalizar:

> Não posso concluir a presente Exposição de Motivos sem proclamar a decisiva e fundamental importância de

que se revestiu, na elaboração deste decreto-lei, a participação do eminente jurista e mestre consumado de Direito Público, Professor Hely Lopes Meirelles, a cuja orientação segura e superior muito deve a Consultoria Geral da República.

Ainda como secretário da Justiça, trabalhou arduamente na elaboração da primeira lei que estabeleceu a paridade de vencimentos e vantagens entre os funcionários civis dos três Poderes do Estado, em cumprimento ao antigo art. 92, V, da Constituição do Estado (Decreto-Lei Complementar n.º 11, de 2/3/1970). E elaborou, com uma comissão de procuradores da Justiça, a primeira Lei Orgânica do Ministério Público de São Paulo (Decreto-Lei Complementar n.º 12, de 9/3/1970), em que procurou dar à instituição a estrutura compatível com suas relevantes funções, repartindo-a em órgãos de administração superior, órgãos de execução e órgãos auxiliares, cada qual com sua conceituação, constituição e atribuições corretamente definidas.

Ao término do governo Abreu Sodré, em março de 1970, Hely passou a advogar intensamente, como consultor e parecerista, ao mesmo tempo que procurou atualizar os livros já publicados.

O jurista

Hely Lopes Meirelles já se destacara sobremaneira como magistrado e como homem público, mas o que o marcou definitivamente, o que o distinguiu de forma extraordinária de seus contemporâneos foi a sua figura de *jurista*. Trazia no sangue o amor ao direito e a convicção de que o direito existia para resolver os conflitos humanos. Não compreendia o direito como um conjunto de concepções teóricas que servissem a elucubrações científicas; para ele o direito estava a serviço do homem, como instrumento da paz social e da realização da justiça. Daí por que suas obras tiveram o êxito que todos conhecemos. Sem esquecer os princípios básicos e os ensinamentos doutrinários, seus livros visaram sempre apresentar solução para os problemas existentes.

Já nos referimos ao aparecimento do *Direito municipal brasileiro*, fruto de um decênio de judicatura pelo interior do Estado e de professor em cursos destinados a prefeitos, vereadores e funcionários municipais. Percebeu ali que inexistia em nossa literatura jurídica uma obra que pudesse guiar os administradores locais na difícil tarefa de governar suas comunas e essa falta era angustiante, pois estávamos numa fase de agudo crescimento urbano, com problemas graves a solucionar e sem diretrizes correspondentes. Àquela época, discutia-se mesmo se os municípios brasileiros eram entidades político-administrativas e tinham competência para aprovar leis, ou se não passavam de meras corporações administrativas que só podiam expedir posturas locais. Hely começou seu trabalho de doutrinação, ministrando cursos, escrevendo artigos, mobilizando outros estudiosos em seminários, até poder lançar, em 1957, em dois volumes, o *Direito municipal brasileiro*, "a luz oportuna e necessária, cujo brilho iria resplandecer sempre com maior intensidade, dotando o País de moderno e operativo Direito Municipal, um dos mais avançados do mundo", como bem se expressou Ovídio Bernardi[3], um dos especialistas nessa área. Com ele, passaram as prefeituras e câmaras municipais a ter um

3. Ovídio Bernardi, *apud* Arnoldo Wald (coord.), *op. cit.*, p. 10.

roteiro seguro, no campo jurídico, para suas atividades. E os tribunais já tinham em quem amparar-se, doutrinariamente, para a solução das questões locais. O *Direito municipal brasileiro*, agora na sua 11.ª edição (2000), sob os cuidados de Célia Marisa Prendes e Márcio Schneider Reis, já incorporou todas as inovações trazidas pelas leis mais recentes que afetam os municípios brasileiros.

Para se ter idéia do pioneirismo de Hely Meirelles, foi esse o primeiro livro jurídico do país a ter um capítulo especial sobre "Urbanismo e Plano Diretor". Estava ele impressionado com o crescimento desordenado das cidades: loteamentos campeavam por toda parte, sem nenhum tipo de restrição de caráter urbanístico. Costumava dizer que as cidades brasileiras eram verdadeiras ilhas, constituídas por casas cercadas de loteamentos por todos os lados. Vigorava entre nós o velho Decreto-Lei n.º 58, de 1937, que regulava apenas os aspectos de natureza civil da compra e venda de lotes em prestações e do registro imobiliário do loteamento. Nenhuma referência fazia aos aspectos urbanísticos, que eram relegados a segundo plano pelo loteador, ávido do lucro imediato, e pelo município, por desconhecimento de suas atribuições. O autor passa a defender a competência do município para impor as limitações convenientes e necessárias ao bem-estar da população local. Veja-se o que diz a respeito:

> O urbanismo, no entender atual, tem em mira a ordenação espacial e racional do desenvolvimento das comunidades urbanas, em sentido integral e extensivo à cidade e ao campo. (...) interessa a todos, porque a todos intenta beneficiar com a melhoria do ambiente, da função e do organismo urbano, de modo a deter os impulsos egoísticos dos afortunados e a estender as vantagens do progresso e os recursos da civilização a todos os membros da coletividade humana. Para a consecução de tais objeti-

vos, impõe-se o planejamento físico das áreas de habitação e trabalho – cidade e campo – ou seja o Plano Diretor do Município.[4]

E, como Hely era um homem prático, termina o capítulo apresentando um modelo de projeto de lei, com a devida justificativa, instituindo a Comissão do Plano Diretor do Município... Curitiba, a capital do Paraná, é hoje considerada uma cidade-modelo. Pois bem, a lei do primeiro Plano Diretor de Curitiba foi elaborada por ele, mediante solicitação do então arquiteto Jaime Lerner, presidente do (Ipuc), Instituto de Pesquisas Urbanísticas de Curitiba e futuro governador daquele Estado.

Em 1961, edita o seu segundo livro, *Direito de construir*, fruto de suas aulas na Escola de Engenharia de São Carlos, ao qual já nos referimos anteriormente. No prefácio da primeira edição, dizia o eminente professor Vicente Ráo:

> São escassas, em nossa literatura jurídica, as monografias sobre esta matéria versada, as mais das vezes, como simples capítulo de cursos ou manuais de direito civil. O maior mérito do autor é, como em seu Direito Municipal, o de haver sistematizado, neste seu novo trabalho, os princípios doutrinários, a legislação e a jurisprudência. Mas, para alcançar esse resultado, coube-lhe a tarefa de adaptar nossa legislação antiquada e tumultuária seja à mais moderna doutrina, seja às normas científicas e técnicas, contemporâneas, da construção.

E prossegue:

> ... o Autor nos oferece, assim, um estudo completo, como não há similar em nossa bibliografia jurídica.

4. Hely Lopes Meirelles, *Direito municipal brasileiro*, 1.ª ed., Revista dos Tribunais, 1957, vol. I, p. 380.

Depois desse elogio do professor Ráo, pouca coisa precisa ser dita, mas, nesse livro, o autor aprofundou o estudo das limitações urbanísticas; distinguiu-as das restrições legais e convencionais de vizinhança; examinou com proficiência os problemas do zoneamento urbano e os decorrentes da pré-ocupação do bairro; defendeu a possibilidade de preservação da estética urbana, e tudo isso tendo como base a função social da propriedade. Fecha o seu capítulo primeiro com esta frase lapidar: "Evoluímos, assim, da *propriedade-direito* para a *propriedade-função.*" Também sob minha responsabilidade – e com a colaboração de duas jovens juristas da nova geração, Beatriz di Giorgio e Flávia Piovesan e o concurso do ilustre engenheiro Joaquim da Rocha Medeiros, que se responsabilizou por toda a parte referente às avaliações e perícias judiciais –, essa obra deverá ter sua 13.ª edição publicada no ano de 2003, com os estudos correspondentes ao Estatuto da Cidade, que renovou toda a matéria urbanística.

Alguns anos mais tarde, por sugestão de Álvaro Malheiros, então editor da *Revista dos Tribunais,* resolve retirar do *Direito municipal brasileiro* toda a matéria de Direito Administrativo, que constituía o primeiro volume daquela obra, a fim de desenvolvê-la e aprofundá-la, vindo a concretizar-se no seu *Direito administrativo brasileiro,* cuja primeira edição veio a lume em 1964 e que, por ironia do destino, como ele mesmo se expressou, passou a ser considerado o "carro-chefe" de todos os seus livros. Basta dizer que novas edições e reimpressões dessa obra clássica foram se sucedendo ao longo dos anos, achando-se agora na sua 27.ª edição (2002), anualmente atualizada por mim com a colaboração de Délcio Balestero Aleixo e José Emmanuel Burle Filho. Segundo os livreiros especializados, com exceção dos códigos, é a obra jurídica de maior circulação no país, com uma tiragem média de 20 a 30 mil exemplares por ano. Qual é o seu segredo, em tema que a maioria dos estudantes de direito considera bastante árido? Responde o próprio Hely:

> O Direito – para nós – é instrumento de trabalho e não tertúlia acadêmica. É, simultaneamente, teoria, realidade e vivência. Daí por que colocamos ao lado da doutrina a legislação e a jurisprudência. Não compreendemos o Direito divorciado da lei e da orientação dos tribunais.
>
> A exposição doutrinária e o Direito Comparado só são utilizados, por nós, até o limite necessário à compreensão e solução dos problemas da nossa Administração Pública. O que nos preocupa é o estudo do ordenamento jurídico-administrativo nacional.
>
> Procuramos não ser prolixos no óbvio e no inútil. Evitamos o superado e o inaplicável ao Brasil. Não discutimos teorias obsoletas, nem polemizamos questões bizantinas. Fomos ao que ocorre cotidianamente na nossa Administração, na nossa legislação e na nossa Justiça.
>
> Pode não ser o melhor método para o estudo do Direito Administrativo. É, porém, o mais útil e o mais consentâneo com a realidade.
>
> Não é livro para mestres, nem para teóricos do Direito. É um modesto compêndio para estudantes e para os que se defrontam, na prática, com problemas jurídicos de Administração Pública.[5]

Na verdade, o sucesso do livro está na sua clareza; na sua sistematização; na coragem de enfrentar temas polêmicos; no empenho de apresentar soluções novas para problemas novos; no esforço de deslindar as questões concretas da administração pública brasileira; na sua permanente atualização, que o levou a dizer, na 14.ª edição, que o livro havia sido praticamente reescrito, para acrescentar:

---

5. Hely Lopes Meirelles, *Direito administrativo brasileiro,* Nota ao Leitor, 1.ª ed., São Paulo, Revista dos Tribunais, 1964.

"E é possível que ainda tenha que reescrevê-lo de novo, de acordo, aliás, com o meu sistema de trabalho." Vale transcrever, a propósito, o testemunho de um antigo chefe da assessoria jurídica de uma autarquia do estado de São Paulo, o Dr. Carlos Ferreira Neto:

> E foi então que encontrei na obra do Prof. Hely, literalmente, tudo o que precisava. Após participar de um curso de pós-graduação de Direito Público, essa conclusão se cristalizou em minha mente. O que eu precisava mesmo era me aprofundar no estudo das obras do Prof. Hely Lopes Meirelles se quisesse bem desempenhar a minha função de Assessor Jurídico. O que se esperava de mim eram soluções práticas e não longos e inconclusivos pareceres jurídicos.[6]

A despeito dessa sua preocupação de ser simples, direto e prático, Hely Lopes Meirelles, porém, não deixava de ser um grande doutrinador. A sua contribuição para o direito administrativo brasileiro – e para o direito público em geral – é inestimável. Basta lembrar a ênfase por ele dada aos princípios básicos da administração pública: legalidade, moralidade, finalidade e publicidade. Não que o tema fosse original, mas a sistematização por ele empregada e a sua invocação constante para o deslinde dos mais variados problemas da administração fizeram com que acabassem por se incorporar ao próprio texto constitucional (art. 37, *caput*). O Tribunal de Justiça de São Paulo já reconheceu que a só infringência do princípio da moralidade administrativa acarreta a nulidade do ato administrativo (RJTJSP 135/31), o que era impensável até algum tempo atrás.

---

6. Carlos Ferreira Neto, artigo sobre "Hely Lopes Meirelles", *in Suplemento jurídico do DER*, n.º 140, jul./set. 1990, p. 2.

Outro tema abordado com grande proficiência por Hely foi a questão da invalidação dos atos administrativos. Os tribunais confundiam, à época, revogação com anulação. Demonstrou ele que a revogação repousa sobre motivos de conveniência e oportunidade, e só pode ser determinada pela administração pública, operando *ex nunc*; a anulação, de seu lado, assenta-se em motivos de ilegalidade, podendo ser decretada pela própria administração ou pelo Poder Judiciário, atuando *ex tunc*. Esse ensinamento consolidou-se ao longo dos anos, cristalizando-se na Súmula 473 do E. Supremo Tribunal Federal: "A Administração pode anular seus próprios atos, quando eivados de vícios que os tornam ilegais, porque deles não se originam direitos; ou revogá-los por motivo de conveniência e oportunidade, respeitados os direitos adquiridos e ressalvada, em todos os casos, a apreciação judicial."

Esses e outros exemplos podem ser recolhidos com abundância na obra de Hely Lopes Meirelles. Daí por que o eminente professor Arnoldo Wald anotou com toda a sua autoridade:

> Sem cometer injustiça, é possível afirmar que o Direito Administrativo do nosso País no século XX se divide em dois períodos: o anterior e o posterior à obra de Hely Lopes Meirelles. O seu livro marcou uma época na evolução da doutrina por sua sistemática, clareza de exposição, riqueza de informação e constante atualização, que se tornou, para o autor, uma verdadeira obrigação, perante a comunidade. O espírito de síntese, o exame das questões mais polêmicas e a vontade de apresentar soluções práticas e eqüitativas fizeram com que o autor pudesse oferecer, às várias gerações de magistrados, advogados, estudantes e estudiosos do Direito, critérios seguros para o julgamento das questões, a defesa dos interesses coleti-

vos e individuais e a compreensão global do Direito e de sua função social.[7]

Em 1967, apresentava a monografia *Mandado de segurança e ação popular*, resultado de sua experiência na 1.ª Vara da Fazenda Federal, onde tivera de julgar centenas de impetrações. Divergiam autores e tribunais sobre o conceito de direito líquido e certo. Hely foi claro e incisivo: "Direito líquido e certo é o que se apresenta manifesto na sua existência, delimitado na sua extensão e apto a ser exercido no momento da impetração." O seu conceito foi tão bem acolhido que é difícil, hoje em dia, encontrar-se qualquer parecer, acórdão ou decisão relacionada ao tema em que não se invoque a lição do mestre. A monografia já se encontra na sua 24.ª edição (2002), atualizada e agora pelo eminente Arnoldo Wald e Gilmar Ferreira Mendes, ministro do Supremo Tribunal Federal.

Numa fase crítica da nossa economia, quando fórmulas clássicas se tornaram obsoletas em virtude da inflação, Hely aprofundou os estudos sobre o contrato administrativo, acabando por publicar novo livro em 1973 – *Licitação e contrato administrativo* – em que faz a distinção importantíssima entre a teoria da imprevisão e o reajustamento de preços no contrato administrativo. Aquela decorrente de fatos imprevisíveis, este, ao contrário, da previsibilidade da inflação. Defendeu, ainda, o pagamento de correção monetária pelos atrasos de parcelas devidas pela administração, o que acabou consagrado pela Lei de Licitações e Contratos. Esse livro já se encontra na 13.ª edição (2002), com atualização efetuada por mim e Maria Lúcia Mazzei de Alencar.

---

7. Arnoldo Wald (coord.), *op. cit.*, Prefácio, p. VII.

No exercício de sua atividade intensa de parecerista emérito, passou a publicar os volumes dos *Estudos e pareceres de direito público*, reunindo os artigos dispersos pelas revistas especializadas, as conferências proferidas em congressos e seminários e os pareceres expedidos em casos concretos. São onze volumes – de 1971 a 1991 (este último *post mortem*) – que constituem um repositório riquíssimo de soluções jurídicas para os mais variados problemas de direito público, nos ramos de direito municipal, direito urbanístico e direito administrativo. Conversando com ele, às vezes, a respeito desses casos e comentando como eram complicados, respondia-me: "Sem dúvida, os casos simples eles não me trazem..." Num desses pareceres, defendeu a possibilidade da desapropriação para fins urbanísticos, por solicitação do Metrô, que então programava a renovação urbana dos bairros de Santana e Jabaquara. A sua tese, depois de prolongada demanda, acabou aprovada pelo Supremo Tribunal Federal e é hoje pacificamente aceita.

Doze anos após a morte de Hely Lopes Meirelles, deve-se reconhecer que os seus ensinamentos continuam perenes e freqüentemente citados nas decisões de nossos tribunais. Isso não só graças a vários conceitos por ele expendidos e que se tornaram clássicos em nossa jurisprudência, mas também à atualização perene de seus livros, conforme promessa de sua filha Veralice Celidonio Lopes Meirelles, que entregou essa tarefa aos cuidados de Susana e Álvaro Malheiros. Assim é que, sob a responsabilidade dos Malheiros Editores, os principais livros de Hely Lopes Meirelles vêm sendo publicados regularmente, em primorosas edições, com índices remissivos de grande utilidade a todos os interessados (estudantes, profissionais do direito e administradores), em todo o território brasileiro.

A acolhida de todos esses livros pelo mundo jurídico brasileiro demonstra o quanto a obra de Hely Lopes Meirelles foi e é importante para o direito de nosso país. Bem por isso, foi ele incluído entre os vinte juristas e economistas mais destacados do século XX, em pesquisa efetuada pela revista *Isto É*, publicada em suplemento à edição n.º 1566, em fins de 1999. Ao lado de Rui Barbosa, Clovis Beviláqua, Pontes de Miranda, Sobral Pinto, Evandro Lins e Silva, Miguel Reale, Nélson Hungria, San Tiago Dantas e Aliomar Baleeiro, Hely Lopes Meirelles foi lembrado como o grande sistematizador do direito administrativo brasileiro.

O construtor do Direito

"San Tiago Dantas fez a adequada distinção entre os juristas que se mantêm na retaguarda do Direito, dedicando-se a meras manipulações técnicas, e aqueles que estão no *front*, na frente de batalha da renovação jurídica[8]." Hely Lopes Meirelles insere-se entre os últimos; toda a sua obra é marcada pelo sentido de renovação, de mudança, de modificação para melhor. Dele não se poderia dizer o que escreveu Machado de Assis em uma de suas obras: "se não tens força, nem originalidade para renovar um assunto gasto, melhor é que te cales e te retires[9]".

Foi o introdutor entre nós da concessão de uso do espaço aéreo (Decreto-Lei n.º 271, de 27/2/1967), que agora passou a ser utilizada para a construção de obras e prestação de serviços sobre vias e logradouros públicos.

Foi o primeiro a insistir, em artigo na *Folha de S. Paulo*, em 1964, sobre a necessidade do planejamento integrado

8. *Apud* Arnoldo Wald (coord.), *op. cit.*, p. VII.
9. Machado de Assis, *Histórias sem data*, pp. 4-5.

da megacidade de São Paulo e municípios vizinhos, defendendo a criação da respectiva região metropolitana. Para isso, encaminhou proposta ao então ministro da Justiça Milton Campos, cuja redação era superior à que acabou prevalecendo na Carta Constitucional de 1967:

> A União ou o Estado poderá estabelecer regiões metropolitanas, constituídas por Municípios que integrem a mesma comunidade sócio-econômica, cujas obras e serviços de interesse regional serão planificados e realizados em conjunto, por uma administração unificada, de caráter intermunicipal. As regiões metropolitanas deverão receber subvenções federal e estadual que lhes permitam a realização das obras e serviços essenciais à comunidade, na forma que a lei estabelecer.

Já nos referimos ao seu empenho na introdução do plano diretor nas administrações municipais. Pois bem, hoje, o plano diretor é exigência constitucional para todas as cidades brasileiras com mais de vinte mil habitantes, como instrumento básico da política de desenvolvimento e de expansão urbana (art. 182, § 1.º).

O chamado solo criado, ou seja, a construção acima do coeficiente de aproveitamento do lote previsto pela legislação urbanística, mediante retribuição do particular interessado ao poder público municipal, foi por ele defendido como o mais eficiente instrumento de controle do uso do solo urbano e de justiça distributiva dos encargos públicos da urbanização[10]. E é exatamente essa figura jurídica que permitiu à prefeitura de São Paulo realizar as chamadas "operações urbanas", entre as quais a da avenida Brigadeiro Faria Lima.

10. Hely Lopes Meirelles, *Direito de construir*, 6.ª ed., 1994, p. 106.

No campo administrativo, introduziu a nova modalidade contratual do gerenciamento, visando a propiciar à administração pública uma condução técnica especializada dos grandes e complexos empreendimentos de engenharia, que exigem tecnologia especial e diversificada para sua realização, nem sempre disponíveis nos órgãos e empresas governamentais.

No campo legislativo, foram incontáveis os projetos de que participou, já referidos ao longo desta exposição. Convém recordar a sua colaboração na Lei da Ação Popular (Lei n.º 4.717/65), com outro eminente publicista, o ínclito Seabra Fagundes; os projetos sobre loteamentos, de que resultaram o Decreto-Lei n.º 271/67 e a Lei n.º 6.766/79. O Decreto-Lei n.º 201/67, que estabelece a responsabilidade dos prefeitos municipais; e as Leis reguladoras das Licitações e Contratos Administrativos.

Por volta de 1977, Hely é chamado ao palácio do governo paulista, onde o governador Paulo Egydio Martins lhe transmite o convite do presidente da República para ocupar uma vaga no Supremo Tribunal Federal – vaga paulista, como se dizia, decorrente da aposentadoria do ministro Pedro Chaves. Hely agradece e recusa, tendo em vista os interesses familiares, mas toma a liberdade de indicar para o cargo o ilustre magistrado José Geraldo Rodrigues de Alckmin.

O homem

Uma última palavra sobre o homem Hely Lopes Meirelles: trabalhador incansável, nunca perdia a cordialidade com que tratava a todos, inclusive os subalternos; exercia grande autoridade, sem ser autoritário; fiel aos amigos, era um verdadeiro líder, sem temer a sombra dos auxiliares, os quais sempre foram por ele estimulados. Basta lembrar que, de sua equipe inicial, José Afonso da Silva é professor e foi secretário da Segurança Pública (SP); Adilson Abreu Dallari é professor e jurista de renome; Dalmo do Valle Nogueira Filho, também professor e secretário adjunto do governo (SP); Hélio Quaglia Barbosa é desembargador do nosso Tribunal de Justiça.

Dotado de inegável senso de humor, não perdia a oportunidade de utilizá-lo até mesmo em suas lides judiciais. Certa vez, em um processo criminal, em que o advogado de defesa insistia na audiência de uma testemunha já falecida, Hely simplesmente despachou: "Atenda-se ao nobre defensor: expeça-se precatória para o Juízo Final..."

No âmbito familiar, Hely sempre teve a seu lado D. Consuelo Celidônio Meirelles, a quem dedicou seu principal livro, de forma comovedora: "À minha dedicada esposa, Consuelo, pelas infindáveis horas de estudo roubadas ao seu convívio." Sempre discreta, prestativa, amorosa, companheira, Consuelo propiciou ao marido o clima necessário para que pudesse realizar o seu trabalho. Teve quatro filhos, um deles falecido em plena mocidade, o que muito o abalou. Mas os outros três lhe deram a alegria de ver a família crescer e multiplicar, com os netos povoando a casa.

Seu escritório era um reflexo de sua pessoa: simples, informal, aberto a todos, principalmente aos colegas mais jovens, que nele sempre encontraram o estímulo necessário para seus afazeres e que, posteriormente, lhe dedicaram os livros que escreveram, como Raul Armando Mendes, Antonio Marcello da Silva, Toshio Mukai.

Entre os vários prêmios e distinções recebidas, vale destacar o Colar do Mérito Judiciário conferido pelo Tribunal de Justiça de São Paulo, em 1982; o prêmio Pontes de Miranda outorgado pelo Instituto dos Advogados do Distrito Federal, em 1983; e a medalha João Mangabeira, conferida pelo Instituto dos Advogados Brasileiros, em 1984.

Em 1985, recebeu a honraria mais sensível a um homem do direito: vinte e dois dos mais eminentes juristas do país, sob a coordenação do professor Arnoldo Wald, resolveram publicar uma coletânea de estudos em sua homenagem: *O Direito na década de 80*, fato que o deixou extremamente comovido, pois ali estavam Alberto Xavier, Antonio Chaves, Caio Tácito, o ministro Carlos Mário da Silva Velloso, Celso Antonio Bandeira de Mello, José Afonso da Silva, José Cretella Junior, Seabra Fagundes e vários outros.

Depois do primeiro derrame, que o deixou semiparalisado do lado direito, sua maior queixa era de não poder datilografar em sua tradicional máquina portátil, por ter perdido o tato nos dedos da mão direita...

Assim era Hely Lopes Meirelles, silencioso na dor, operário do direito até os últimos instantes de sua vida, vindo ele a morrer nesta cidade de São Paulo em 29 de julho de 1990, aos 72 anos de idade.

Por tudo isso, pelo exemplo que nos deixou como homem e pela obra jurídica que legou a este país, a inclusão do seu nome nesta obra dedicada aos grandes juristas brasileiros representa o justo coroamento de sua existência, pois "os homens que são catalisadores do progresso jurídico merecem toda a nossa homenagem"[11].

---

11. Arnoldo Wald (coord.), *op. cit.*, p. VII.

José Frederico Marques
O homem continente

*José Renato Nalini**

De Jean Paul Sartre se afirmou ser o *homem oceano*, tamanha a imensidão de seus saberes.

De José Frederico Marques se pode dizer: é o *homem continente*.

No paralelismo inspirado pela vastidão deste Brasil continental, explorou inúmeras áreas do direito, percorreu terrenos ignotos e produziu obras clássicas. Profundas e de extrema atualidade, sem transigir com a clareza. Tanto que seus escritos são igualmente acessíveis a jejunos, a neófitos e a luminares.

Retratá-lo é missão instigante, porque necessariamente incompleta. Sempre haverá algo a redescobrir na vasta obra e na rica existência de José Frederico Marques.

Fragmentos biográficos

Nasceu junto ao mar, na heráldica cidade de Santos, terra natal de sua mãe e de sua avó materna, prima-irmã de Vicente de Carvalho, em 14/2/1912. Seus pais foram D. Nanci Novaes Marques e o ministro Frederico José Mar-

* Presidente do Tribunal de Alçada Criminal de São Paulo.

ques, este natural de Guaratinguetá, e pertencente, pelo lado materno, à tradicional família Marcondes.

A infância, passou-a em Batatais, onde o pai advogava e ali residiu até 1937. Foi aluno interno do Colégio Arquidiocesano de São Paulo, de 1922 a 1928, ano em que terminou o ginásio. Já em 1929 ingressou como primeiro classificado nos vestibulares na velha e sempre nova Academia do Largo de São Francisco. Em 5 de janeiro de 1933 colou grau de bacharel em Ciências Jurídicas e Sociais.

Demonstrava pendor para as letras e, já como acadêmico, foi diretor do jornal universitário *A Balança*. No ano mesmo da colação de grau, em 1933, passou a advogar em Batatais. Ali também exerceu as funções de inspetor federal do Ensino Secundário no Ginásio São José, de junho de 1933 a abril de 1936. Continuou na seara da escrita e foi diretor do jornal *A Folha de Batatais* entre 1935 e 1936.

O casamento e a magistratura

O *curriculum vitae* elaborado pelo próprio Dr. José Frederico Marques menciona juntos o matrimônio e o ingresso à magistratura. Não é por acaso! Os dois casamentos foram duradouros.

Assim, casou-se em Ribeirão Preto com D. Maria do Carmo Ribeiro Meirelles, em 16 de dezembro de 1936. No ano seguinte submeteu-se a três concursos para ingresso à magistratura do estado de São Paulo. Obteve o primeiro lugar nos dois últimos concursos.

Finalmente, em março de 1938, após um quarto concurso – os tempos eram outros –, também com aprovação em primeiro lugar, foi nomeado juiz substituto de Penápolis.

A sistemática de concursos públicos àquela época era diversa. O concurso era aberto para cada vaga existente no quadro. Se uma ou mais vaga sobreviesse, já no curso do certame, era destinada ao seguinte. Não se recrutava para as vagas existentes e para as que sobreviessem no curso das provas seletivas. Por isso o candidato, embora aprovado no concurso anterior, era obrigado a se submeter a novos exames.

Em abril de 1938 foi removido para o cargo de juiz substituto em São José do Rio Pardo e, em janeiro de 1939, removeu-se para a circunscrição judiciária de Campinas. Em agosto de 1939, foi nomeado juiz substituto auxiliar da 6.ª Vara Criminal da Comarca da Capital.

Toda a sua carreira na magistratura bandeirante se fez mediante promoções por merecimento. Em maio de 1940 foi promovido para a primeira entrância, para exercer as funções de juiz adjunto de Ribeirão Preto. O cargo foi extinto em outubro de 1944, de maneira a colocar em disponibilidade seu titular por dois meses. Pois em dezembro de 1944 foi promovido para a segunda entrância em Avaré, de onde sai removido mediante permuta, em março de 1945, para a comarca de Jacareí.

Em fevereiro de 1948 removeu-se, também por permuta, para o cargo de juiz auxiliar da Vara da Fazenda Estadual. Em dezembro do mesmo ano de 1948, foi promovido a terceira entrância, como juiz substituto da Capital, com exercício nas 7.ª e 16.ª Varas Cíveis. Em agosto de 1951 é nomeado juiz da 2.ª Zona Eleitoral e em outubro desse ano é promovido à quarta entrância, no cargo de juiz da Vara dos Feitos da Fazenda Nacional.

Ascende à segunda instância em junho de 1953, quando o Tribunal de Justiça o convoca para substituir no Tribunal de Alçada e, logo em setembro, para substituir no próprio Tribunal de Justiça.

Promovido em maio de 1954 a juiz substituto de Segunda Instância e em dezembro ao cargo de juiz do Tribunal de Alçada – então único no estado de São Paulo – com assento na 1.ª Câmara Civil, da qual foi presidente em 1955.

Em fevereiro de 1956 é indicado, por merecimento, para promoção ao cargo de desembargador do Tribunal de Justiça e em 3 de dezembro de 1957, após a segunda indicação, é promovido. Teve assento, até final de 1958, na 3.ª Câmara Criminal e, em seguida, na 6.ª Câmara Civil, da qual foi presidente em 1959 e 1962. Em outubro de 1962, aposentou-se como desembargador do Tribunal de Justiça do Estado de São Paulo.

O jornal *O Estado de S. Paulo* noticiou a sua promoção com toda a ênfase:

> Magistrado que lidera as novas gerações de juízes, dos que amam e lutam pela grandeza do Poder Judiciário, sem concessões, com ímpeto, às vezes até com certa agressividade, José Frederico Marques conquistou justo renome em todo o País, sem precisar do cargo para se tornar respeitado. Por isso, hoje, quando se tornou a figura principal da jovem Escola Processual Paulista, decantada por Alcalá-Zamora, todos os caminhos se abrem ao ilustre cultor de nossas letras jurídicas.
>
> Ainda jovem – foi o magistrado mais moço que já se viu no Tribunal de Alçada, como, igualmente, no Tribunal de Justiça será o mais novo de quantos ali chegaram através da carreira – conseguiu realizar num só ano proeza que não encontra similar: obteve distinção em dois concursos sobre matérias diferentes, assim na Pontifícia Universidade Católica, como na Universidade de São Paulo, para livre-docente de Direito Judiciário Penal de uma e catedrático de Direito Judiciário Civil de outra.[1]

1. *RT*, vol. 269, p. 829.

Uma página comovedora é aquela a retratar seu sentimento quando seus ex-colegas, ainda desembargadores, o deixaram só e ingressaram no Salão Nobre "Manuel da Costa Manso" para uma sessão secreta: "Senti aí, o mesmo desespero e saudade pungente de quem se despede para sempre, diante de um túmulo que se abre, de um ser querido que a morte arrebatou. Nunca mais envergaria a toga de desembargador, nunca mais tomaria parte nas assentadas do Tribunal de Justiça de São Paulo, nunca mais entraria numa sessão secreta. Findara-se a minha vida de juiz paulista. Morrera a minha carreira judiciária. E nunca mais iria conviver com ela, como juiz de seu mais alto e augusto cenáculo. As portas do *sanctus sanctorum* se fechavam inexoravelmente para mim. E nunca mais se abririam para que, como desembargador, pudesse penetrar nas suas sessões secretas e discutir lá dentro os problemas da corporação e da magistratura paulista em geral."[2]

A melhor resposta a tais emoções, outro grande Mestre – o jusfilósofo Miguel Reale a oferece: "O que podemos todos declarar, todavia, é que jamais se fecharam, nem se fecharão as portas dos pretórios e das universidades à lembrança de um mestre e jurisconsulto do porte de José Frederico Marques."[3]

Não quis ser ministro do STF

Em 1956 figurou, ao lado dos professores Vicente Ráo, Mário Mazagão, Mota Filho e Washington de Barros Mon-

---

2. Miguel Reale, Prefácio a *Pareceres de José Frederico Marques*, publicação especial da AASP em 1993.

3. *Idem, ibidem.*

teiro, em lista apresentada ao presidente da República, pelo então governador de São Paulo, Jânio da Silva Quadros, para o preenchimento da vaga aberta no Supremo Tribunal Federal, com a aposentadoria do ministro Mário Guimarães.

Em 1972, quando já estava aposentado, não aceitou o convite feito pelo ministro da Justiça, professor Alfredo Buzaid, para ocupar a vaga aberta no Supremo Tribunal, com a aposentadoria do ministro Moacyr Amaral Santos.

O magistério

Ingressou no magistério universitário em março de de 1950, quando foi contratado como professor de Direito Penal da Faculdade Paulista de Direito, da Pontifícia Universidade Católica de São Paulo.

Em maio de 1953 é aprovado, com distinção – nota 9,75 – em concurso para catedrático de Direito Judiciário Civil daquela faculdade e, em novembro do mesmo ano, também com distinção – nota 9,75 – para livre-docente de Direito Judiciário Penal da Faculdade de Direito da Universidade de São Paulo.

Na Faculdade de Direito da PUC, além de sua cátedra de Direito Judiciário Civil, regeu, em substituição, as cadeiras de Direito Penal, Direito Civil, Direito Comercial, Direito Judiciário Penal, História do Direito Brasileiro e Ciência das Finanças.

Na condição de docente universitário, integrou inúmeras bancas examinadoras em concursos para obtenção de cátedra em todo o país. Em agosto de 1954, examinou candidatos à livre-docência de Direito Judiciário Penal na Faculdade de Direito da Universidade de Minas Gerais em Belo Horizonte. Em novembro do mesmo ano, participou do exame de candidatos à cátedra de Direito Judiciário Penal na Faculdade de Direito do Recife. Volta em agosto de 1955 ao Recife para examinar os concorrentes à cátedra da mesma disciplina. Em 1957, examinou concurso para catedrático de Direito Processual Penal na Faculdade de Direito de Goiânia.

Em 1958 é examinador para a cátedra de Direito Penal de Recife e em 1959, na Faculdade de Direito da Universidade da Bahia, em Salvador, examina os candidatos a livre-docente em Direito Judiciário Civil e a catedrático em Direito Judiciário Penal.

Em novembro de 1960, integra banca examinadora, na Faculdade de Direito de Florianópolis, para concurso de catedrático de Direito Judiciário Civil, cadeira que torna a examinar em maio de 1961, na Faculdade de Direito da Universidade de Minas Gerais, em Belo Horizonte. Em setembro de 1964 integra banca examinadora para concurso da cadeira de Economia e Legislação, na Faculdade de Arquitetura da Universidade de Minas Gerais. Em novembro desse ano, participa da banca examinadora do concurso para catedrático de Direito Judiciário Civil na Faculdade de Direito da Universidade do Estado da Guanabara.

Em 1979 compôs banca examinadora em concurso para professor titular de Direito Judiciário Civil na Faculdade de Direito da Universidade do Rio de Janeiro. Em 1981, na mesma Faculdade integrou banca em concurso para professor titular de Direito Judiciário Penal.

Essa intensa atividade no aprimoramento do magistério jurídico se fez sem interrupção nas suas atividades docentes. Tudo isso sem deixar de participar da vida acadêmica da sua Faculdade Paulista de Direito da PUC-SP, na qual examinou diversos concursos: dois para titular de Direito Judiciário Civil, um para titular de Ciência das Finanças, um para titular de Direito Penal e um para a livre-docência em Direito Administrativo.

Na Faculdade de Direito do Largo de São Francisco integrou a banca examinadora do concurso para titular de Direito Penal, oportunidade em que logrou aprovação o professor Paulo José da Costa Júnior.

Nutria enorme respeito pelas atividades docentes e se orgulhava de haver participado da argüição de ilustres juristas brasileiros, todos renomados professores de Direito, como Ruy Antunes, da Faculdade de Direito de Recife, Calmon dos Passos, da Faculdade de Direito da Bahia, Romeu Pires de Campos Barros, da Faculdade de Direito de Goiânia, Celso Agrícola Barbi, da Faculdade de Direito de Belo Horizonte, José Carlos Barbosa Moreira, Hamilton de Moraes Barros, Pedro Palmeiras e Weber Batista Martins, da Faculdade de Direito do Rio de Janeiro, Egas Moniz de Aragão, da Faculdade de Direito do Estado do Paraná, Celso Antonio Bandeira de Mello, José Arruda Alvim, Geraldo Ataliba Nogueira e Waldemar Mariz de Oliveira Júnior, da Faculdade Paulista de Direito, além do já citado penalista Paulo José da Costa Júnior, da Faculdade de Direito da USP.

Chegou a honrar a Escola Paulista da Magistratura, órgão oficial do Tribunal de Justiça do Estado de São Paulo, criado para atender a preceito constitucional ordenador de um projeto de educação permanente para juízes. Ali proferiu conferência denominada "Panorama das Garantias Constitucionais do Processo Penal Brasileiro segundo a Constituição de 1988", em 20 de abril de 1990.

O jornalismo jurídico

Após a experiência de diretor do jornal dos acadêmicos de São Francisco, *A Balança*, José Frederico nunca mais abandonou a imprensa. E o fez de forma que disseminasse o interesse do jejuno pela realidade hermética do Direito.

Desde 1953, passou a exercer as funções de redator forense do jornal *O Estado de S. Paulo*, com a publicação de inúmeros artigos. Uma coletânea deles foi reunida e editada no livro *Elementos de direito processual penal*, em cuja apresentação o professor José Frederico Marques assinalou: "Precisando testemunhar ao ilustre homem público e eminente jornalista – Dr. Júlio de Mesquita Filho – a profunda gratidão por tudo que nos tem feito, notadamente pelo fato de ter aberto as colunas de seu prestigioso jornal para os nossos modestos escritos jurídicos, a ele dedicamos os Estudos que agora reunimos."[4]

Destacam-se os seus escritos pela clareza e objetividade. O leigo, o estudante de primeiro ano do curso jurídico, o catedrático, todos conseguirão se abeberar dessa fonte límpida. Por sinal que a linguagem de José Frederico Marques é um estímulo a quem procure a comunicação eficiente sem perda da substância científica do Direito. Nele se encontra a singeleza da transmissão, a provar que o difícil mesmo é ser simples. Parece que o escritor se inspirou em Ortega y Gasset, para quem *a clareza é a gentileza do filósofo.* Esse ideal foi também perseguido por Costa Manso, cujas decisões não continham uma palavra a mais do que o necessário à compreensão, mas também não poderiam ver suprimida nenhuma delas, sob pena de comprometimento do sentido.

---

4. José Frederico Marques, *Elementos de direito processual penal*, 2.ª ed., Millenium, 2001, atualizada por José Renato Nalini e Ricardo Henry Marques Dip, apresentação do autor.

Participação em eventos jurídicos

Muitos foram os congressos nacionais e internacionais de que participou. Foi um dos organizadores do Congresso Internacional de Direito Processual Civil, realizado em São Paulo em 1962. Em 1954 participou ativamente do Congresso Jurídico Internacional em comemoração ao IV Centenário de São Paulo, ocasião em que proferiu a conferência sobre revogação dos atos administrativos[5].

Em março de 1972 representou o Brasil no V Congresso Internacional de Derecho Procesal, na Cidade do México, onde foi relator nacional da tese sobre aplicação de medidas de segurança aos não delinqüentes. Em maio desse ano, figurou como convidado de honra do 2.º Congresso Interamericano do Ministério Público realizado em Brasília.

Repercussão internacional

Sua obra repercutiu não apenas no Brasil, mas internacionalmente. Tanto assim, que foi convidado a participar de coletâneas em homenagem a juristas como Eduardo Couture, Piero Calamandrei, Niceto Alcalá-Zamora e Enrico Tullio Liebman.

Em artigo de larga repercussão internacional, assinado pelo professor Niceto Alcalá-Zamora e denominado "A Escola Processual de São Paulo"[6], o nome de José

5. "Da Revogação dos Atos Administrativos", *RT*, vol. 273, p. 37.

6. O artigo "A Escola Processual de São Paulo" foi publicado em Washington e depois em Roma, na *Rivista Trimestrale di Diritto e Procedura Civile*, em 1956.

Frederico Marques foi mencionado ao lado de Alfredo Buzaid e Luiz Eulálio de Bueno Vidigal, como um dos mais destacados processualistas desse movimento que, por sua consistência, se denominou "Escola".

Sobre o livro *Ensaio sobre a jurisdição voluntária*, escreveu Niceto Alcalá-Zamora y Castillo ser o trabalho mais notável surgido na América em torno a um conceito tão difícil, no mesmo artigo sobre a Escola Processual de São Paulo[7].

Ainda está a merecer adequada pesquisa a menção a José Frederico Marques em tratados estrangeiros. Tarefa recomendável às novas gerações, hoje guarnecidas de possibilidade tecnológica – *v.g.* a informação eletrônica, a informática, as infovias, as crescentes redes da internet e da intranet –, tudo inexistente à época em que a máquina de escrever constituía grande progresso.

Prêmios e homenagens

Recebeu em março de 1963 o prêmio Jabuti, da Câmara Brasileira do Livro de São Paulo, por seu livro *Elementos de direito processual penal* ter sido considerado a melhor obra jurídica publicada no ano de 1962.

Foi um dos primeiros desembargadores paulistas a merecer o "Colar do Mérito Judiciário", instituído e conferido pelo Poder Judiciário de São Paulo. Foi-lhe entregue em sessão plenária extraordinária realizada em 3/2/1975, ocasião em que foi instalado o Ano Judiciário de 1975.

O Instituto dos Advogados Brasileiros conferiu-lhe em 1979 a medalha "Teixeira de Freitas", grande honraria

7. "La Scuola Processuale di San Paolo", *Rivista Trimestrale di Diritto e Procedura Civile*, Roma, 1956, p. 869.

anualmente concedida a jurista brasileiro, por excelência de seu trabalho e relevante contribuição à ciência jurídica[8]. Até o momento, em São Paulo, só haviam recebido a medalha os juristas Waldemar Martins Ferreira, Antonio de Sampaio Dória e Miguel Reale.

A Câmara do Município de Santos, sua cidade natal, outorgou-lhe em 1974 o título de Cidadão Emérito e a de Batatais, em 1954, o título de Cidadão Honorário.

Ao completar setenta anos, em 1982, foi alvo de significativa homenagem da Ordem dos Advogados do Brasil, seção de São Paulo, oportunidade em que também se publicou o livro *Estudos de Direito em homenagem a José Frederico Marques*.

Foi fundador e titular da Academia Paulista de Direito e foi eleito para a cadeira 34 da Academia Paulista de Letras, em 4 de agosto de 1989, tomando posse em 24 de agosto do mesmo ano. Sucedeu a Orlando Gomes na Cadeira n.º 1 da Academia Brasileira de Letras Jurídicas.

Aprimoramento legislativo

Não descuidou de contribuir para o aperfeiçoamento da lei e foi designado relator do anteprojeto do Código de Processo Penal em 1970. Posteriormente foi designado relator do projeto revisto, aprovado na Câmara dos Deputados e depois submetido a trâmite no Senado, sem ter sido convertido em novo Codex.

Integrou a comissão revisora do anteprojeto do Código de Processo Civil, de que resultou o chamado Código

---

8. O discurso feito na oportunidade por Silvio Meira acabou por ser publicado na *Revista de Direito Civil* (Ed. Revista dos Tribunais, n.º 46, ano 12, out./dez. 1988, pp. 160-74).

Buzaid, de 1973. Também foi convidado a integrar a comissão elaboradora do projeto da parte especial do Código Penal, também não inteiramente aproveitado pelo Congresso.

O autor

José Frederico Marques subsiste e atravessará o túnel dos tempos, através da magnífica edificação do pensamento que foi sua obra escrita.

Consta da biografia por ele mesmo elaborada, que até então escrevera e publicara, os livros que seguem:

1. *O júri e sua nova regulamentação legal,* Saraiva, 1948.
2. *O júri no direito brasileiro,* Saraiva, 1956.
3. *Da competência penal,* Saraiva, 1953.
4. *Curso de direito penal,* 3 volumes, Saraiva, 1956/1958.
5. *Tratado de direito penal,* 4 volumes, Saraiva, 1961/1965.
6. *Anotações aos Apontamentos sobre o Processo Criminal Brasileiro de Pimenta Bueno,* Revista dos Tribunais, 1959.
7. *Instituições de direito processual civil,* 5 volumes, Forense, 1958/1971.
8. *Elementos de direito processual penal,* 4 volumes, Forense, 1961/1965;
9. *Ensaio sobre a jurisdição voluntária,* Saraiva, 1959.
10. *Estudos de direito processual penal,* Forense, 1960.
11. *Notas e apontamentos sobre a competência originária do Supremo Tribunal Federal,* Saraiva, 1961.
12. *A instituição do júri,* Saraiva, 1962, vol. I.
13. *O direito processual em São Paulo,* Saraiva, 1977.
14. *A reforma do Poder Judiciário,* Saraiva, 1979, vol. I.
15. *Tratado de direito processual penal,* 2 volumes, Saraiva, 1980.

16. *O artigo 141, § 4.º, da Constituição Federal,* Ed. Imprensa Universitária do Ceará, 1963.

O articulista

Durante toda a sua profícua existência de jurista, semeou lições doutrinárias em inúmeros artigos publicados nas melhores revistas jurídicas. A enumeração maior encontra-se na *Revista dos Tribunais*. O próprio professor José Frederico, no *curriculum vitae* que elaborou, salienta os principais:

1. "O problema da justiça penal nos grandes centros urbanos", *RT*, vol. 180, p. 12.
2. "Do Poder Judiciário nas Constituições européias de após-guerra", *RT*, vol. 183, p. 13.
3. "Da tipicidade penal", *RT*, vol. 189, p. 571.
4. "Ministro Costa Manso – O desaparecimento do grande juiz paulista – Traços de sua vida e sua obra", *RT*, vol. 261, p. 28.
5. "O direito fiscal nos tribunais", *RT*, vol. 278, p. 947.
6. "O Mandado de Segurança em Recurso de Revista – Aspectos processuais", *RT*, vol. 267, p. 791.
7. "Os vários problemas jurídicos que podem surgir da indústria e arte cinematográfica – Decisão do Tribunal de Justiça sobre a constitucionalidade do adicional criado através da lei municipal n.º 4.854, destinada a estimular o cinema nacional", *RT*, vol. 256, p. 625.
8. "Prestação de contas – O artigo 308 do Código de Processo Civil – Do recurso cabível contra a decisão proferida na primeira fase da ação de prestação de contas", *RT*, vol. 242, p. 648.
9. "Reconvenção e despejo – A opinião póstuma do Professor Gabriel de Rezende Filho sobre o problema – O

entendimento de seu sucessor na cátedra de Direito Judiciário Civil", *RT*, vol. 284, p. 818.

10. "Os princípios constitucionais da Justiça Penal", *RT*, vol. 279, p. 7.

11. "A federalização da justiça", *RT*, vol. 247, p. 3.

12. "A conexão instrumental", *RT*, vol. 304, p. 879.

13. "A mudança da Capital nas Constituições republicanas", *RT*, vol. 297, p. 843.

14. "Cheque sem fundos", *RT*, vol. 319, p. 566.

15. "Desquite amigável e alimentos", *RT*, vol. 298, p. 777.

16. "Fontes normativas do direito processual comum em face da Constituição de 1946", *RT*, vol. 315, p. 237.

17. "Honorários de advogado", *RT*, vol. 313, p. 667.

18. "Justiça Militar do Exército", *RT*, vol. 300, p. 755.

19. "Márcio Munhós", *RT*, vol. 314, p. 647.

20. "O parlamentarismo", *RT*, vol. 314, p. 647.

21. "A Súmula na Justiça Federal", *RT*, vol. 374, p. 360.

22. "Exercício ilegal de profissão ou atividade – Corretor de imóveis sem registro no respectivo Conselho Regional – Parecer", *RT*, vol. 435, p. 29.

23. "Parecer sobre Associação Civil – Direitos especiais de determinado associado – Direito de nomear e destituir a diretoria – Contratação de diretores por órgão associativo", *RT*, vol. 445, p. 19.

24. "Parecer sobre sociedade civil – Deliberação aprovada por maioria, em assembléia geral extraordinária, no sentido da cobrança temporária, aos sócios, inclusive remidos, de uma contribuição para fazer face a despesas com requisição de equipamento – Legitimidade – Desnecessidade de reforma dos estatutos – Diferença entre contribuição e anuidade – Caso do Jockey Club de São Paulo – Inexistência de violação de direito adquirido", *RT*, vol. 424, p. 47.

Seus artigos são ainda encontrados em outras revistas e publicações. Dentre eles, podem ser lembrados os que seguem:

1. "O despacho saneador no projeto de Código de Processo Penal", *Revista da Procuradoria Geral do Estado de São Paulo*, 1983, n.º 20, p. 67.

2. "Processo tributário – Parecer relativo a imposto sobre produtos industrializados", *Revista de Direito Público*, São Paulo, 1968, vol. 4, p. 76.

3. "Confisco de bens por enriquecimento ilícito – Parecer", *Revista de Direito Público*, São Paulo, 1969, vol. 9, p. 93.

4. "As ações populares no direito brasileiro", *Revista Forense*, vol. 178, p. 47.

5. "Organização judiciária e processo", *Revista de Direito Processual Civil*, 1960, vol. 1.º, p. 18.

6. "Responsabilidade penal dos diretores de sociedade e denúncia em co-autoria", *Revista Brasileira de Criminologia e Direito Penal*, Rio de Janeiro, 1967, vol. 17, p. 21.

7. "A Chefia do Ministério Público e a Constituição Federal", *Ministério Público do Distrito Federal e Territórios – Boletim de serviço*, ano VIII, 1973, Suplemento n.º 97.

8. "O artigo 141, § 4.º, da Constituição Federal", *II Congresso Jurídico do Triângulo Mineiro*, 1969, p. 11.

9. "Competência para julgamento de membros do Ministério Público acusados de crimes contra a União", *Revista de Direito Penal*, 1972, n.ºs 7/8, p. 87.

10. "Perseguição penal, tipicidade e autoria", *Investigações*, 1949, vol. I, p. 36.

11. "Rui Barbosa e o direito processual", *Investigações*, 1949, vol. II, p. 7.

12. "Do processo penal das medidas de segurança", *Estudos de direito processual* in memoriam *do Ministro Costa Manso*, 1965, p. 167.

13. "Dos Regimentos Internos dos Tribunais", *Nove ensaios jurídicos em homenagem ao centenário do Tribunal de Justiça*, 1975, p. 77.

14. "O direito processual na Constituição de 1891", *Revista da OAB*, Seção do Rio de Janeiro, 1976, vol. 2, p. 253.

A atualidade de José Frederico Marques

Em apresentação à reedição dos *Estudos de direito processual penal*, o juiz Ricardo Henry Marques Dip traçou um original perfil de José Frederico Marques, intitulando-o "A canonização (processual-penal) e José Frederico Marques".

Afirma não parecer "demasia dizer que Frederico Marques se alçou à glória dos altares jurídicos do Brasil. Não só com sua autoridade no direito processual, civil e penal, senão que também, embora acaso com menos vigor, na qualidade de penalista... Muito adivinhavelmente a razão maior de sua canonicidade está ligada à estreita vinculação, na obra de Frederico Marques, entre progresso e tradição... Procedendo-se a uma pesquisa, restritamente por meios informáticos, tendo por objeto julgados do Tribunal de Alçada Criminal de São Paulo, correspondendo aos anos de 1996, 1997 e 1998, chega-se a uma expressiva referência ao pensamento de José Frederico Marques. Saliente-se que o Tribunal de Alçada Criminal de São Paulo é a maior Corte brasileira especializada em matéria penal"[9].

O erudito juiz paulista encontrou, na jurisprudência produzida em 1996 pelo Alçada Criminal, 1.039 referên-

---

9. Ricardo Henry Marques Dip, "José Frederico Marques e o cânon processual penal brasileiro", *apud* José Frederico Marques, *Estudos de direito processual penal*, 2.ª ed., Campinas, Millenium, 2001, p. XLVI.

cias explícitas a José Frederico Marques. Nesse mesmo período, Manzini foi referido 195 vezes, Carrara, 57, Leone, 16, Carnelutti, 75 e Levene, 42 vezes.

Em 1997, foram 647 as menções expressas à obra de José Frederico Marques. Em 1998 anotou-se a existência de 504 citações.

É apenas uma amostragem, mas significativa, se considerada a importância do Tacrim-SP, como produtor de jurisprudência especializada no Brasil. O paciente levantamento a que procedeu Ricardo Dip evidencia que o lugar de José Frederico Marques nas letras jurídicas brasileiras está reservado, definitivamente conquistado por seu merecimento de notável pensador do direito pátrio.

Ele anteviu muitos dos problemas – e não apenas processuais – que a Justiça brasileira enfrentaria décadas depois. A leitura de seu legado contribui para o encaminhamento de questões recorrentes do mundo jurídico brasileiro.

José Frederico Marques visto pelos coetâneos

Bruno Afonso de André

O processualista que fez carreira na magistratura e presidiu o Tribunal de Justiça de São Paulo conheceu José Frederico Marques antes de 1945. "Frederico foi um dos estudiosos que se aproximaram de Liebman, dileto discípulo de Chiovenda, de cuja Escola deriva, em larga medida, o Código de Processo Civil de 39, inaugurado em 40, que revolucionou nosso sistema avoengo."[10] E continua: "A meu ver, a grande vocação de Frederico pelo direito pú-

---

10. Bruno Afonso de André, "Traço de um Mestre", *in Instituições de direito processual civil*, 1ª ed. atualizada, Campinas, Millenium, vol. I, p. XXVII.

blico em seu todo, é o traço marcante do seu legado, sem desdouro do domínio também do direito civil e comercial. Vale aqui lembrar sua forte influência de magistrado em nosso Tribunal de Justiça, em questões as mais relevantes, cujas soluções concorriam para a reconhecida qualidade da construção pretoriana estadual e nacional."[11]

Bruno Afonso de André enfatiza o gregarismo intelectual de Frederico, sempre a repartir seus êxitos com os companheiros e a estimulá-los em suas carreiras: "Devo a Alfredo Buzaid e a Frederico Marques minha ida para a Faculdade de Direito da Universidade Católica de São Paulo, a fim de lecionar Processo Civil, quando já promovido a uma das Varas da Capital, por haver integrado o grupo que, durante alguns anos, passava as tardes de sábado na residência de Liebman, ouvindo suas memoráveis lições... Frederico foi um homem desapegado de si próprio, sempre aberto a todos, dedicado ao progresso jurídico e com excepcional percepção do valor publicístico do Direito, para efetiva Justiça, necessária a um Estado Moderno."[12]

Domingos Franciulli Netto

O ministro do Superior Tribunal de Justiça foi aluno de José Frederico Marques. Afirma que "ninguém melhor que o Mestre escreveu sobre jurisdição voluntária... Poucos destrinçam com tão grande precisão o processo do procedimento, mormente se for lembrada a época em que a obra veio a lume."[13]

---

11. *Idem, ibidem.*

12. *Idem, ibidem*, p. XXX.

13. Domingos Franciulli Netto, "Instituições: uma grande obra, um grande atualizador", *in Instituições de direito processual civil, cit.*, p. XXXI.

Sobre a sua competência no magistério registra: "Suas cadeiras, na Católica de São Paulo de meu tempo, eram as de Processo Civil e Processo Penal. A despeito disso, naquela primeira metade do decênio de 1960, o Mestre, mercê de seu saber jurídico enciclopédico, oficiava como verdadeiro *coringa*. Não raro, substituía ocasionalmente os professores de Direito Penal, de Direito Financeiro e de Direito Comercial, afora outras matérias, sempre com desenvoltura e segurança ímpar". E recorda tempos heróicos em que a Cátedra era realmente respeitada: "Ao iniciar suas magistrais lições, retirava do bolsinho superior do paletó, um pequeno bilhete, no qual transcrevia apenas os tópicos do ponto, que dissertava, sem outras consultas e intervalos, do começo ao fim da aula. Ninguém ousava interrompê-lo, a não ser meu colega de turma e hoje de desembargadoria Marco César Müller Valente."[14]

A erudição e o brilho não o impediam de ser um companheiro e amigo dos alunos: "Naqueles agora quase longínquos tempos, havia aulas aos sábados, findas as quais, com certa habitualidade, ao Mestre juntava-se um grupo de alunos para as famosíssimas feijoadas do Bolinha, que contavam também com as agradáveis presenças dos professores Waldemar Mariz de Oliveira Júnior, que veio a ser paraninfo de nossa turma, e Sérgio Salles. Ofereciam essas confraternizações de pura amizade, oportunidade para o Mestre mostrar o lado profundamente humano de sua personalidade, a par de refinado humor, o que, ao invés de contrastar, se harmonizava, curiosamente, com sua personalidade de jurista rigoroso e professor exigente."[15]

---

14. *Idem, ibidem*, p. XXXII.
15. *Idem, ibidem*.

Fernando Euler Bueno

Foi o desembargador escolhido a interpretar o sentimento do Tribunal de Justiça, quando da aposentadoria do desembargador José Frederico Marques.

Depois de lamentar aquela e outras defecções precoces na magistratura bandeirante, salientou: "É agora a vez de José Frederico Marques, jovem como os que mais o são no Tribunal, espírito notável onde quer que seja, identificado com os problemas da Magistratura, que muito serviu, julgando aprimoradamente, aperfeiçoando-a com oportunas intervenções nos debates administrativos, plasmando conquistas na Comissão de Organização Judiciária e amenizando-a com o seu convívio amigo e generoso. Vai agora continuar brilhando nas cátedras que há alguns anos tem ilustrado, na imprensa em que soube manter um alto gabarito – sempre guarnecido – o que é particularmente difícil – por um interesse atual e palpitante; vai por certo persistir na publicação de trabalhos jurídicos, notáveis e variados como as 'Instituições de Direito Processual Civil' e como os 'Elementos de Direito Processual Penal', para não citar senão os mais recentes e de maior tomo; e vai advogar, vitoriosamente, como é fácil prever."[16]

Laerte Nordi

Testemunho valioso é o que oferece o desembargador Laerte Nordi, que resgata "sentimentos de mais de quaren-

---

16. Fernando Euler Bueno, discurso de homenagem na aposentadoria de José Frederico Marques, *RT*, vol. 327, pp. 713-4.

ta anos" ao "falar sobre um homem extraordinário, que marcou gerações de advogados, promotores e juízes"[17].

Essa influência está nítida na formação do grande magistrado Laerte Nordi: "sobre o Professor, poder-se-ia escrever um livro. Dono de um incrível carisma, disciplinador, exigia de seus alunos estudo constante. Em contrapartida, dava-lhes carinho e amizade, tratando-os como se fossem seus filhos. Sei disso porque fui um deles, como tantos outros"[18].

Ao estudo sério e apaixonado do Direito, José Frederico Marques direcionou todos os jovens que tiveram a bênção de receber seus ensinamentos. Ao comentar essa exortação, Laerte Nordi depõe: "Inspiração que levaria minha turma, a de 1961, sem qualquer divergência, a adotar seu nome, num gesto de simples reciprocidade pelo muito que recebemos nos cinco anos. Registrado definitivamente seu nome na história de nossas vidas, a turma de 1961, José Frederico Marques deu ao mundo jurídico um grupo preparado e entusiasmado de advogados, promotores e juízes, todos bem sucedidos e à altura da expectativa do paradigma. Alunos cujo caminho profissional foi por ele acompanhado, passo a passo, até o seu falecimento em 28 de janeiro de 1993, abrindo uma lacuna impreenchível no cenário jurídico do país."[19]

Laerte Nordi enriqueceu o seu relato coletando de amigos que também conviveram com José Frederico outras impressões: "Preocupado em transmitir a admiração e o respeito a um gigante do Direito, socorri-me de amigos que poderiam enriquecer a homenagem. Um de-

---

17. Laerte Nordi, "José Frederico Marques – Mestre inesquecível", *in Instituições de direito processual civil, cit.*, p. XXXV.

18. *Idem, ibidem.*

19. *Idem, ibidem*, p. XXXVI.

les, o ilustre advogado e jurista, Dr. José de Castro Bigi, disse do seu relacionamento com o mestre e de sua amizade com quem almoçava nas sextas-feiras ou sábados. Disse que, a par do privilégio de conviver com 'a melhor cabeça jurídica do Brasil', viveu uma época maravilhosa pelas lições de bem viver e de Direito. São dele, as palavras: 'Nos tempos em que a revista *Seleções Reader's Digest* estava no auge de sua popularidade, uma das matérias que sempre me impressionaram muito era aquela denominada *o meu tipo inesquecível*. Pois bem, o meu tipo inesquecível é o Professor José Frederico Marques, desde o dia em que, interessado em Processo Civil, iniciei a leitura da monumental obra *Instituições de direito processual civil*. Honra a literatura jurídica brasileira, como honraria a de qualquer outro País. O Professor José Frederico Marques foi um homem multiforme. Como estudioso do direito conhecia todos os ramos, nenhum lhe era estranho. Nunca se negou a compartilhar o seu saber. Dialogava com aqueles que com ele trabalhavam, sobre qualquer assunto, buscando o melhor caminho. Também ajudava todo e qualquer advogado que o procurasse. Enfim, um patriarca." Com sua morte, "desapareceu o grande jurista, empobreceu-se o direito e os seus amigos perderam o grande companheiro"[20].

Manuel Alceu Affonso Ferreira

O advogado, jurista e homem público Manuel Alceu Affonso Ferreira[21] foi genro de José Frederico Marques e,

---

20. *Idem, ibidem*, p. XXVIII.

21. Manuel Alceu Affonso Ferreira foi secretário da Justiça do Estado de São Paulo e recusou convite do presidente Fernando Henrique Cardoso para assumir o Ministério da Justiça.

portanto, conviveu familiarmente com o Mestre. Afirma em depoimento escrito: "Dele não fui somente estagiário, mas também aluno, na PUC de São Paulo. Severíssimo na disciplina, exigindo aos seus alunos o mínimo do paletó, o que, como dizia, já era um avanço em relação à sua São Francisco, onde o uso de gravata era pressuposto óbvio da freqüência às aulas – Dr. Frederico era professor a todos os títulos e com todas as credenciais, impressionando a seus alunos com conhecimentos que não se limitavam aos temas de Direito Penal e Processo Penal, mas que alcançavam, e profundamente, todos os ramos do Direito. Exceto, como insistia, o Direito do Trabalho, em relação ao qual proclamava, sob meu olhar cético e duvidoso, pela incompetência."[22]

A proximidade propicia conhecimento a poucos reservado: "Irritava-se com o plágio e horrorizava-se com a burrice. A todo instante afirmava que, para os juízes, advogados e promotores, o mandamento maior era o da combinação *texto e testa*, ou seja, conjugar o preceito da lei à sua prudente inteligência. Fã de Recasens Siches, nada o atraía mais do que a lógica do razoável, à qual para tudo recorria."[23]

A intimidade com José Frederico Marques deveria ser extremamente prazerosa, na descrição de Manuel Alceu: "Não conheci, até hoje, figura humana mais agradável. *Causeur* de primeira grandeza, adorava lembrar os grandes momentos da vida política, brasileira e paulista. Pouco se lhe dava ser chamado, por aqueles que insistem nas conclusões a partir das aparências, de *reacionário*. Não o era, e jamais o foi."[24] E oferece informações que em regra

---

22. Manuel Alceu Affonso Ferreira, "Carta sobre o Professor José Frederico Marques", *in Instituições de direito processual civil, cit.*, p. XXXIX.

23. *Idem, ibidem*, p. XL.

24. *Idem, ibidem*.

são omitidas nos panegíricos formais, preciosas, porém, à exata apreensão da *pessoa* José Frederico Marques: "Glutão, para ele os imperativos do estômago deviam ser prontamente atendidos, pouco importando o horário ou a ocasião. Quantas vezes, voltando de festas, encontrei-o na cozinha, em plena madrugada, fritando ovos na amarelada gordura da manteiga *Aviação*. Certa feita, no jato particular que nos trazia de um vitorioso julgamento no Supremo Tribunal Federal, para meu desespero obrigou o piloto a uma imprevista aterrissagem em Belo Horizonte, sendo motivo da escala a informação que Dr. Frederico recebera quanto a certo doce-de-leite, unicamente encontrável na capital mineira..."[25]

Luminar das letras jurídicas, cortejado pela elite do direito pátrio e estrangeiro, não esquecia suas origens e não se contaminava da arrogância. Embora freqüentasse ministros e doutrinadores, "com igual prazer freqüentava as rodas, não jurídicas, da sua velha Batatais, nos conciliábulos com Térsio Lellis e João Diniz. Um de seus constantes interlocutores, por exemplo, era o motorista Sebastião, que até hoje serve à família. Sem falar no '*Neca Rojão*', empreiteiro batataense a quem entregara a reforma de sua fazenda, contando no lanche do Supremo, a ministros maravilhados, a frase do carcomido veículo daquele exímio mestre-de-obras: '*Feliz foi Adão, que não teve sogra nem caminhão*'"[26].

A autenticidade desse caráter singular ressuma nítida na confissão de seu filho por empréstimo: "Era assim o Dr. Frederico, simples e sábio, com todas as virtudes humanísticas dos interioranos autênticos. Jurista emérito nacionalmente respeitado, dono de invejável cultura filo-

25. *Idem, ibidem.*
26. *Idem, ibidem.*

sófica e histórica, não se pejava em confessar ignorâncias. O autor das *Instituições de direito processual civil*, dos *Elementos de direito processual penal*, do *Curso de direito penal* e de tantas clássicas obras de necessária leitura, criador de tantos artigos, pareceres e colaborações que o tornavam imprescindível referência nos grandes debates forenses, era capaz de, ao mesmo tempo, com o mesmo vigor e generosidade, trombetear as delícias das lingüiças compradas na estação ferroviária de Franca, a sorte do seu amigo Rubens de Souza Barros Brisolla na loteria, as artes do boêmio *'Zé do Pé'*, além de sentir, como se hecatombes fossem, as eventuais derrotas do seu São Paulo Futebol Clube..."[27]

Além de muitas outras lições eruditas, de permanência comprovada e de evidente necessidade para preservar a linha orientadora do direito brasileiro, José Frederico Marques deixou uma lição de vida. De amor pela vida, como declara Manuel Alceu: "A inigualável paixão pela vida fazia interessante e atraente tudo quanto do Dr. Frederico brotasse. Não era um morno entediado, nem uma figura a quem as dores e as alegrias alheias não tocassem. Muito pelo contrário, era um espírito em permanente ebulição, um cavalheiro 'charmoso' que tinha, dos fatos, a permanente visão otimista que contagiava os seus próximos, jamais perturbada pelos tropeços e desventuras ocasionais. 'Virar a página' era o seu lema diante da adversidade."[28]

Miguel Reale

No Prefácio aos pareceres de José Frederico Marques, publicados em volume especial da AASP em 1993, esta

27. *Idem, ibidem*, pp. XL-XLI.
28. *Idem, ibidem*, p. XLI.

outra legenda brasileira que é o jusfilósofo Miguel Reale caracterizou José Frederico Marques como "jurisconsulto".

E o fez a criticar o vezo contemporâneo de se denominar "jurista" a qualquer bacharel: "Em nossos dias, quando se incluem na categoria de juristas muitos bacharéis em Direito tão somente em razão de seus êxitos profissionais, ou por alguma obra de mera compilação, é preferível recorrer à palavra 'jurisconsulto' para distinguir aqueles que efetivamente se tornam mestres na ciência que tem em Papiniano a sua figura símbolo."[29]

E então forneceu o conceito que entendeu adequado a esse cognome: "O jurisconsulto, ademais, tem a caracterizá-lo a universalidade de seu saber, por ter alcançado as raízes da experiência jurídica, adquirindo o senso daquela que foi chamada *divina proportio,* da qual dimana o senso de medida racional e concreta que o habilita a falar sobre todos os ramos da frondosa árvore do Direito. Ora, José Frederico Marques foi um de nossos últimos jurisconsultos, apesar da inclinação preferencial de seu espírito para os estudos processuais."[30]

Por haver convivido com José Frederico Marques na consultoria jurídica da Light Serviços de Eletricidade S/A, conheceu – e muito bem – o homem. Pôde destacar algumas das qualidades que o notabilizaram: "Eram sobretudo as questões sutis que desafiavam sua inteligência, levando-o a oferecer soluções que se firmavam pela aderência à realidade e aos preceitos legais, sempre com a *elegantia juris* que é própria dos jurisconsultos da linha de Lafayette Rodrigues Pereira, sem dúvida o nosso maior mestre no apuro da linguagem jurídica, hoje tão descuidada. Não será demais realçar os méritos da linguagem

29. Miguel Reale, *op. cit.*
30. *Idem, ibidem.*

empregada pelo saudoso amigo, nunca rebuscada, mas sempre precisa e límpida, sem recursos a palavras rebarbativas com que, às vezes, se pretende revelar arcaicos conhecimentos do idioma. A bem ver, a língua do Direito está a meio termo entre a da ciência e a da arte, representando antes uma sábia combinação do objetivamente certo com o elegantemente dito."[31]

Com a autoridade do maior jurista brasileiro vivo, Miguel Reale resgata dados históricos por muitos ignorados e da maior relevância para a vida jurídica brasileira. Assim, a idéia de José Frederico Marques de desmembrar o Supremo Tribunal Federal, com a criação do Superior Tribunal de Justiça. Sublinha ainda outro dos temas de preferência de José Frederico Marques: os direitos humanos. Textualmente: "A preocupação constante de José Frederico pela tutela dos direitos individuais, tanto contra os abusos do poder econômico, como contra as crescentes interferências do Estado, é a linha ética e liberal que inspira a maioria dos estudos que se vão ler, dando ênfase à idéia primordial de que o processo, na tela civil ou penal, não obstante tenha por escopo a realização objetiva da Lei, visa, acima de tudo, salvaguardar a esfera de interesses e direitos que a Constituição confere às pessoas que compõem a sociedade civil."[32]

Miguel Reale Júnior

Em "O direito de liberdade no processo penal", texto que apresenta a reedição atualizada dos *Elementos de direito processual penal*, o jurista Miguel Reale Júnior reco-

31. *Idem, ibidem.*
32. *Idem, ibidem.*

nhece na obra "o trabalho mais profundo na matéria escrito na segunda metade do século que se finda"[33]. E isso também porque "o direito de liberdade assume, na obra de Frederico Marques, o papel de ator principal, em oposição ao poder-dever de submissão do cidadão, cujos direitos consagrados são: fazer tudo aquilo que não é proibido, e o fundamental direito ao processo, *nulla poena sine judicio*. E mais, direito ao processo regular, segundo os exatos ditames legais"[34].

Para o mestre e ministro da Justiça Reale Júnior, foi Frederico Marques quem trouxe para o direito brasileiro a vigência do princípio do direito anglo-saxão do *due process of law*, explicitado na Constituição de 1988 e fundamento do Estado de Direito Democrático. "O devido processo legal encontra guarida na obra de Frederico Marques, principalmente na sistematização científica do Processo Penal, com alicerces fincados na exigência da existência das condições do direito de ação, para que se revista de justa causa a persecução penal, cujo desenrolar deve se dar de forma a garantir a difícil igualdade entre as partes, a ser obtida graças ao contraditório e à ampla defesa. A necessidade de vigência destes princípios permeia os Elementos de Direito Processual Penal."[35]

Ovídio Rocha Barros Sandoval

Alguém que privou com José Frederico Marques de convívio inesquecível, pode oferecer relato mais fidedigno sobre essa multifacetada personalidade.

---

33. Miguel Reale Júnior, "O direito de liberdade no processo penal", *apud* José Frederico Marques, *Elementos de direito processual penal, cit.*, p. XII.

34. *Idem, ibidem.*

35. *Idem, ibidem.*

Ovídio Rocha Barros Sandoval, exemplo de juiz e de pessoa, descreve algumas das facetas do homem completo que foi juiz, professor, jurista e amigo, dentre outras vocações.

Como foi que José Frederico se tornou esse monumento da cultura jurídica brasileira? Ouçamos quem o ouviu dizer, a viva voz: "Contava, de forma encantadora, como conseguiu estudar, na época em que era Juiz em Jacareí. Com os parcos vencimentos da Magistratura, não sobrava dinheiro para aquisição de livros, especialmente, de autores estrangeiros. Como o saudoso desembargador Theodomiro Dias possuía fazenda em Santa Branca, mensalmente, a visitava. O professor Frederico a ele passava a lista dos livros da Biblioteca do Tribunal de Justiça e, na visita próxima vinham os livros, no mês seguinte devolvidos e substituídos por nova lista. Estudava nos livros e transcrevia os trechos mais importantes, à mão, em seus diversos cadernos que, certa feita, na biblioteca de sua casa, tive a oportunidade de manuseá-los, vivenciando a sua obstinada vocação pelo saber."[36]

Esse estudo incessante levou-o à cultura enciclopédica de que era dotado. Sempre pronto a disseminá-la com os mais novos, aos quais ensinava na Faculdade de Direito da PUC-SP. "Num mesmo ano, chegou a lecionar cinco disciplinas, na Faculdade Paulista de Direito: Processo Civil, Processo Penal, Direito Penal, História do Direito Nacional e Ciência das Finanças. O inédito fato causava a admiração de seus alunos, a ponto de um destes, como ressalta o eminente Desembargador Mariz de Oliveira, ter exclamado: 'O mestre Frederico Marques não

---

36. Ovídio Rocha Barros Sandoval, "José Frederico Marques: o professor, o juiz, o jurista e o amigo", *in Instituições de direito processual civil, cit.*, p. XIX.

é só um professor, mas, isso sim, toda uma Faculdade de Direito."[37]

Ovídio teve o privilégio de ser amigo de José Frederico e mais, companheiro de escritório. Sobre a *pessoa* do Mestre, Ovídio fornece preciosos elementos: "Difícil realçar, em José Frederico Marques, as suas qualidades de amigo. No entanto, entre todas, destacava a sua total devoção aos amigos sinceros. Sabia cultivá-los, no cadinho de sua amizade. Há um fato interessantíssimo. Durante mais de cinqüenta anos, a cada dois anos, sempre no mês de dezembro, a partir de 1933, José Frederico Marques se reunia, em um jantar, com dois amigos e colegas de turma de Faculdade, Drs. Nério Batendieri e José Olinto de Andrade Junqueira. Cultivava, ainda, amizades da época do Colégio Arquidiocesano e da sua meninice e juventude em Batatais, como o Dr. José Arantes Junqueira."[38]

Boa prosa, melhor companhia, "sabia, como poucos, discorrer sobre momentos e passagens da história paulista e brasileira, com a extraordinária memória dos fatos e das pessoas envolvidas. Era delicioso, ainda, ouvi-lo a descrever fatos da sua experiência como juiz, advogado e professor, como também sobre as excentricidades pitorescas de Pontes de Miranda"[39].

Pedro Rodovalho Marcondes Chaves

O ministro paulista no STF, então desembargador no Tribunal de Justiça, foi encarregado de fazer a saudação de posse ao desembargador José Frederico Marques.

---

37. *Idem, ibidem.*
38. *Idem, ibidem*, p. XXV.
39. *Idem, ibidem*, p. XXVI.

Sobre ele declarou: "O Desembargador José Frederico Marques é na realidade um *expoente* da magistratura paulista e apresenta-se hoje a nossos olhos para assumir o posto que é seu, investido e armado dos títulos que lhe conferem o nascimento e a conquista."[40]

Recorda que a missão de julgar foi exercida "com realce tal, que logo projetou o seu nome nas altas esferas do mundo jurídico do país"[41]. Já era famoso ao atingir o Tribunal de Alçada e conferiu prestígio a essa Corte bandeirante "com sua colaboração inteligente, influindo nas diretrizes dos mais importantes julgados, com votos que se servem de apanágio do alto quilate de seu pensamento jurídico"[42].

Rubens Ferraz de Oliveira Lima

Ao aposentar-se, o ainda jovem desembargador do Tribunal de Justiça de São Paulo foi convidado a advogar junto com Manuel Alceu Affonso Ferreira e lá encontrou José Frederico Marques.

Descreve um convívio muito profícuo com o professor: "Passei a conhecer melhor o mestre e a privar da sua amizade. Diálogos ao meio da tarde e discussões sobre temas jurídicos tornaram-se comuns. A amizade tem sempre pontos-de-encontro. Talvez, o ponto que fez José Frederico Marques debruçar os seus olhos sobre os meus foi a visão comum que ambos tínhamos de divisar o Direito como um todo harmônico, mas sem interpretações rígidas, vendo a essência das coisas."[43]

---

40. *RT*, vol. 269, p. 829.
41. *Idem, ibidem.*
42. *Idem, ibidem.*
43. Rubens Ferraz de Oliveira Lima, "José Frederico Marques", *in Instituições de direito processual civil, cit.*, p. XLIV.

Menciona um dos atributos reconhecidos em Frederico Marques e aquilo que considera ser sua maior contribuição para a vivência do Direito no Brasil: "A síntese é a virtude dos doutos e de quem, como ele, chegou à maturidade plena. A meu ver, talvez a sua maior contribuição prática para o Direito tenha sido, como Desembargador do Tribunal de Justiça do Estado de São Paulo, assentar, em diversos julgados, que o Direito Processual Penal tem que ser uma garantia efetiva... Isso, agora, no final do milênio, talvez soe como o óbvio para os mais jovens, mas foi uma grande luta e uma das mais importantes contribuições de José Frederico Marques, da Justiça de São Paulo, e, em especial das Câmaras Criminais do nosso Tribunal de Justiça, para que o Direito Processual Penal, no Brasil, fosse, efetivamente, um instrumento de tranqüilidade social."[44]

Sálvio de Figueiredo Teixeira

O atual *Pai do Processo Brasileiro,* que vem propiciando todas as reformas processuais contemporâneas com rara competência, procede a uma confidência.

Ao ensejo da reedição das *Instituições,* rememora o seu primeiro contato com José Frederico Marques, num evento da Faculdade de Direito da Universidade Federal de Minas Gerais na década de setenta do século passado: "Docente jovem na Casa, com timidez, recordo-me, apresentei-me e o cumprimentei. Ali estava, à minha frente, cigarro à boca, estendendo-me a mão com a simpatia e a compreensão que só os mais sábios possuem, um dos ícones vivos daquela geração de juristas brasileiros, uma

---

44. *Idem, ibidem,* pp. XLV-XLVI.

das minhas admirações no campo da ciência do Direito, o autor no qual estudei pela vez primeira os mistérios do processo, o processualista das minhas primeiras consultas como advogado, estagiário, concorrente, pós-graduando, promotor de justiça, juiz em início de carreira e docente universitário."[45]

Deixa nítida a influência de José Frederico Marques em sua formação de processualista: "Fora ele, como doutrinador, que me introduzira no mundo encantado do pensamento de Couture, Chiovenda, Liebman, Carnelutti, Calamandrei e Recasens Siches, versando com a mesma maestria os praxistas de ontem e os arautos da vanguarda que já então pregavam a estreita vinculação entre o processo e o Direito Constitucional no plano superior dos princípios. Fora em sua obra que li ser o escopo do processo garantir o respeito à pessoa humana e a liberdade do cidadão, nela também colhendo a lição segundo a qual 'o processo, como forma de composição de litígios, tem por finalidade propiciar a resolução de conflitos de interesses, dando a cada um o que é seu e garantindo o triunfo da Justiça e da liberdade'."[46]

Este é mais um nítido elemento da permanência e atualidade de José Frederico Marques. O festejado ministro do Superior Tribunal de Justiça, criador da moderna teoria da educação judicial, confessa a inspiração da obra do Mestre paulista em sua formação. Com isso, inegável deixar de atribuir a José Frederico Marques a consistente influência no projeto de modernização e de aprimoramento do processo brasileiro, que ainda prossegue sob a batuta do primeiro diretor da Escola Nacional da Magistratura.

---

45. Sálvio de Figueiredo Teixeira, "Instituições de direito processual civil de José Frederico Marques", *in Instituições de direito processual civil, cit.*, p. XLVII.

46. *Idem, ibidem.*

Saulo Ramos

Outra reminiscência histórica importante é oferecida pelo ex-consultor geral da República e ex-ministro da Justiça Saulo Ramos. Relembra a comunicação feita por Vicente Ráo, de que José Frederico Marques iria trabalhar no mesmo escritório. E narra fatos não conhecidos por muitos: "Vicente Ráo costumava trabalhar até às cinco horas da madrugada e levantava tarde. Frederico Marques, ao contrário, começava a trabalhar às cinco horas da manhã e dormia cedo. Com a alegria que sempre prevaleceu em nosso longo convívio, não perdemos a oportunidade de uma brincadeira: nosso escritório, durante as vinte e quatro horas do dia, tinha um gênio de plantão."[47]

E ainda confessa: "Ao Professor Frederico Marques, ensinei a tomar vinho, afastando-o, intermitentemente, da cerveja e do uísque, pelo menos no inverno. Depois que aprendeu, transformou-se em grande conhecedor. Considerava-se da cidade de Batatais e, sempre de bom humor, dizia não se conformar diante do fato de que alguém da pequena e vizinha cidade de Brodowski, minha terra natal, tivesse ensinado um batataense a tomar vinho. E soltava sua característica e gostosa gargalhada. Outra influência que exerci sobre ele foi convencê-lo a viajar para a Europa, não apenas pelos vinhos, mas e também porque, amante da literatura jurídica italiana, poderia ele conviver com os autores peninsulares. Não gostava muito de avião e, neste particular, contava com a solidariedade de Ovídio Rocha Barros Sandoval. Mas superou a inibição e tornou-se um freqüentador da Itália e da França."[48]

---

47. Saulo Ramos, "José Frederico Marques", *in Instituições de direito processual civil, cit.*, p. XLIX.

48. *Idem, ibidem*, p. L.

Sérgio Augusto Nigro Conceição

O atual presidente do Tribunal de Justiça de São Paulo, gestão 2002/2003, foi o orador oficial na solenidade em homenagem póstuma a José Frederico Marques, realizada em 31 de março de 1993.

Era então o único ex-aluno do homenageado, pertencente à turma de bacharelandos de 1958 da PUC-SP, a integrar o plenário da corte. E iniciou sua saudação, afirmando ser "difícil dizer, sem correr o risco de omissões graves, tudo quanto representou e representa o Professor e Desembargador José Frederico Marques nas várias áreas em que militou, em razão de uma atividade intensa e extremamente profícua, desenvolvida, desde seu ingresso na Magistratura e que perdurou durante toda a sua existência"[49].

Depois de destacar suas múltiplas atividades, inclusive como tesoureiro e presidente do Conselho Deliberativo do São Paulo Futebol Clube, enfatizou a figura humana afável e disposta a receber a quantos o procurassem: "Cidadão exemplar e ser humano extraordinário, pacientemente ouvia a todos que o procuravam, notadamente seus ex-alunos, jamais deixando de lhes dar a atenção, a orientação e o conselho pretendidos. Quando concluí o Curso de Bacharelado, pretendendo ingressar na Magistratura de São Paulo, ao ler a notícia da abertura de um cursinho preparatório com essa finalidade, procurei-o neste Egrégio Tribunal, oportunidade em que fui desaconselhado a fazê-lo, recebendo, então, orientação segura e que me permitiu a aprovação e o ingresso na carreira."[50]

---

49. Sérgio Augusto Nigro Conceição, homenagem póstuma na sessão de 31/3/1993, Jurisprudência do Tribunal de Justiça, LEX, vol. 142, p. 403.

50. *Idem, ibidem*, pp. 406-7.

Tércio Sampaio Ferraz Júnior

Em seu discurso de posse na Academia Paulista de Letras, o professor Tércio Sampaio Ferraz Júnior elogiou os acadêmicos que o precederam e se deteve na figura de José Frederico Marques: "José Frederico Marques, um jurista. José Frederico Marques, um homem de letras. Para quem, como eu, que não o conheci pessoalmente, a figura do consagrado jurisconsulto parece condensar-se na palavra escrita, lavrada no silêncio do pensamento e recolhida nos textos que publicou. Em sua copiosa obra jurídica, que atravessa diferentes campos do direito, chama a atenção o estilo simples e direto, tão preciso e escorreito, que é difícil destacar-lhe um conceito, uma frase, um pensamento. A concisão e a precisão arrebatam o leitor. Não sem razão, num volume de seu Tratado de Direito Penal, que está à disposição de estudantes na Biblioteca Circulante da Faculdade de Direito do Largo de São Francisco, alguém, talvez um aluno, ferindo regras de utilização dos livros, deu um testemunho anônimo daquele arrebatamento. Na sua candura e no seu entusiasmo, ele sublinhou, a tinta, *todas* as frases do livro, da primeira à última página. Quis, provavelmente, no início, destacar o necessário, o relevante, e acabou fazendo uma opção total: não havia o que pôr, nem tirar. E assim, num gesto incontrolado, mostrou aos leitores seguintes a grandeza de uma obra acabada."[51]

E prossegue, ao analisar a importância de José Frederico no magistério: "Contam os seus alunos que ele tinha a peculiaridade de iniciar cada aula com a mesma frase com que encerrara a anterior. Como se estivesse a dizer-

51. Tércio Sampaio Ferraz Júnior, discurso de posse na Academia Paulista de Letras, 2/12/1993, p. 2, exemplar existente no arquivo da APL.

lhes que o fluxo do pensamento não conhece as limitações de um tempo fracionado."[52] E sobre o vigor de seu pensamento jurídico: "José Frederico Marques, guardião da liberdade, era também um pensador do direito. E o direito pensado é, nas suas obras, memória e organização conceitual. O recurso a uma formidável erudição jurídica não significava um render-se acrítico à grandeza do pensamento alheio, como se pensar e compilar fossem a mesma coisa."[53]

Finalmente, invoca-se a participação de José Frederico Marques na sua comunidade, na História e no seu tempo: "José Frederico Marques, jurista-homem de letras, não era um ensimesmado. Ao contrário, sabia por-se no mundo comum, ao qual não negava a exuberância de sua inteligência e personalidade. Tinha o senso crítico do acerto e do erro, ao que se aliava uma rara capacidade de reconhecer e proclamar o mérito alheio."[54]

Vicente Ráo

Em carta escrita a José Frederico Marques em 1959, o saudoso e sempre lembrado autor de *O direito e a vida dos direitos* asseverava: "Aconteceu comigo um fato curio-

52. *Idem, ibidem.*

53. *Idem, ibidem.*

54. *Idem, ibidem.* Ovídio Rocha Barros Sandoval oferece um testemunho desse talento de José Frederico Marques. Impressionado com a qualidade do desempenho de Sylvio do Amaral, jovem curador na comarca de Campinas, José Frederico Marques o indicou para integrar a lista do quinto constitucional do Ministério Público, antes mesmo que o então promotor alçasse a categoria de Procurador de Justiça. Anteviu que Sylvio do Amaral seria nomeado juiz, chegaria a desembargador do Tribunal de Justiça e inesquecível corregedor geral da Justiça do Estado de São Paulo, com atributos reconhecidos por toda a lucidez contemporânea.

síssimo, que preciso lhe contar. Enquanto lia sua por demais generosa apreciação de meu trabalho, recentemente publicado, fui-me esquecendo de que Você a mim se referia e em meu espírito surgiu a figura de jurista outro, que não eu, mas deveras eminente. E a vida e a carreira desse jurista outro passaram pela minha mente, numa sucessão de cenas e fatos a que eu, realmente, assistira. Comecei por vê-lo brilhar já nos bancos acadêmicos e, pouco após a sua formatura, o revi magistrado feito e perfeito, a prolatar sentenças fundamentadas, não com os secos e pragmáticos embora justos 'consideranda' do comum das decisões, mas com princípios científicos reveladores de um conhecimento consciente da sistemática do Direito, sentenças nas quais a arte de julgar se casava com a ciência do bom e do justo. A essa altura pensei: esse Juiz fará uma bela carreira e será, também, um Mestre de Direito."[55]

José Frederico Marques por ele mesmo

José Frederico não escreveu um livro de memórias. E teria muito o que contar. Sua concepção de vida e a idéia que nutria sobre si mesmo estão conservados em alguns discursos, esmiuçados em busca de garimpo. Não falava de si! Falava cientificamente e promovia os jovens talentos, esquecendo-se de sua própria pessoa.

Homem reconhecido às origens, lembra de sua formação de berço: "Foi em nosso modesto lar de Batatais que hauri a seiva criadora" e "no exemplo dignificante da vida honrada e laboriosa do meu pai, nos zelos incansáveis de minha mãe adorada – reside o mais relevante e transcendental fator do que tenho feito e produzido."[56]

55. Ovídio Rocha Barros Sandoval, *op. cit.*, p. XX.

56. *RT*, vol. 269, p. 829.

Sente-se vinculado à terra em que passou infância e juventude: "Batatais é a localidade que mora em meu espírito aureolada pela saudade de dias felizes vividos entre a sombra enternecedora da casa de meus pais e a convivência amiga de inesquecíveis companheiros de minha mocidade e meninice."[57]

A gratidão não era a menor de suas virtudes. Ao ser empossado desembargador do Tribunal de Justiça, recordou-se das influências recebidas em sua juventude: "Há quase vinte anos, deixava a pequena *urbs* da Mogiana, que foi a terra onde passei a minha infência e juventude, e onde iniciei as atividades profissionais, a querida cidade de Batatais, a fim de ingressar na magistratura. Fi-lo impelido por um ideal que alimentava desde os bancos acadêmicos, e que ali em Batatais recebeu o inestimável apoio e decisivo estímulo de dois ilustres juízes, já desaparecidos do rol dos vivos, e a cuja memória rendo o preito de minha imorredoura saudade e perene gratidão: João Francisco Cuba dos Santos e Virgílio Pascoal Argento."[58]

Nutria pelo ofício de julgar o respeito e a devoção dos verdadeiros juízes: "um Juiz não traça plataformas ou programas porque sua atuação funcional não tem outra diretriz que a de aplicar os mandamentos da ordem jurídica dando a cada um o que é seu. De como tenho cumprido essa obrigação, dão testemunho as sentenças, votos e acórdãos que venho proferindo há quase vinte anos de judicatura. Ali também se encontra estereotipada a orientação que abraço para fazer incidir o texto frio e inerte do *jus scriptum* na palpitante realidade dos fatos sociais e em confronto com os imperativos supremos do bem comum."[59]

---

57. *Idem, ibidem.*
58. *Idem*, p. 839.
59. *Idem, ibidem.*

A magistratura foi a mais sensível dentre as exteriorizações de seus dons. Enfatizava que "as funções judiciárias" eram, de todas as que exercia, aquelas que situava "como atividade nuclear e matriz" de sua "vida de estudioso do Direito" e a magistratura paulista se constituía no "ponto mais alto" dentre os seus "ideais de todos os tempos" e, "para poder engrandecê-la e ser digno" dos postos que nela ocupava, é que executava "outras tarefas paralelas no setor cultural e científico"[60]. Daí a veemente proclamação: "A toga de Juiz paulista quando me envolve nas assentadas dos julgamentos coletivos tem para mim um significado quase sobrenatural, por ser o símbolo vivo das funções augustas de que estou investido."[61]

Ao se aposentar, em 26 de outubro de 1962, dirigiu ao desembargador Joaquim de Sylos Cintra, então presidente do Tribunal de Justiça, uma carta de despedidas de que se extrai:

> Não foi sem profundo pesar que dei passo tão difícil, requerendo a minha aposentadoria. Quem passou a metade de sua existência no exercício da judicatura, não poderia, como é óbvio, desligar-se de tão nobre e elevada função, sem sentir de modo muito agudo e acentuado, indizível tristeza. Vi-me arrancado embora por ato voluntário do *habitat* espiritual sob cuja sombra augusta e benfazeja se desenvolveu a minha personalidade desde os tempos de moço até a idade madura a que agora atingi. Nesse doloroso momento de despedida, revejo com saudade intensa todos os passos que dei na carreira judiciária, desde o meu noviciado de juiz substituto até a ascensão proeminente ao cargo de desembargador, ocorrida há

60. *RT*, vol. 269, p. 829, relida por Ovídio Rocha Barros Sandoval, *op. cit.*, p. XVIII.

61. *RT*, vol. 269, p. 829.

cinco anos. E para atenuar toda a melancolia oriunda de meu definitivo afastamento dos quadros do Poder Judiciário paulista, sobra-me a suprema vaidade de poder dizer que integrei, por 25 anos, uma das mais excelsas e nobres instituições de nossa terra: a Magistratura do Estado de São Paulo."[62]

O continente divisado pelo náufrago

A incumbência de biografar José Frederico Marques não é tarefa para uma só pessoa. Múltiplas são as vertentes a serem exploradas. Corre-se o risco de se deter numa delas e de se olvidar das demais.

Sua personalidade é a de um verdadeiro homem-continente, povoado por inúmeros conteúdos – o juiz, o professor, o autor, o jurisconsulto, o advogado, o criador, o esportista, o *causeur*, o apreciador das coisas boas da vida. Exuberância inapreensível pelos canhestros dons de quem, desprovido de talentos, ademais não foi aquinhoado com o privilégio de conhecê-lo.

Recorri a alguns dos muitos testemunhos sobre sua pessoa. Apreendi muita coisa mais dessa personalidade tão vívida na memória de quem com ela privou. O colorido desses relatos pretende compensar a palidez da contribuição do compilador.

É essencial preservar a memória daqueles que construíram monumentos no passado. Principalmente os construtores de monumentos culturais, muitos dos quais – exatamente conforme ocorre com o patrimônio histórico – podem sofrer os efeitos do desleixo e do descaso das novas gerações. Assim como as cidades vão sofrendo a

62. *Idem*, vol. 327, p. 712.

perda da memória, a história também tende a vir a ser alterada pelo olvido.

A memória, se não vier a ser exercitada, se converte em fonte de erros. "A memória, não-regenerada pela rememoração, tende a degradar-se, mas cada rememoração pode embelezá-la ou desfigurá-la. Nossa mente, inconscientemente, tende a selecionar as lembranças que nos convêm e a recalcar, ou mesmo apagar, aquelas desfavoráveis, e cada qual pode atribuir-se um papel vantajoso... Assim, a memória, fonte insubstituível de verdade, pode ela própria estar sujeita aos erros e às ilusões."[63]

O legado maior de uma geração à outra é o acervo de exemplos. José Frederico Marques foi um exemplo de amor pela sabedoria. A vida toda estudou, refletiu, dissertou, transmitiu. Essa a verdadeira sabedoria do amor, que disseminou com alegria.

Um dos notáveis pensadores contemporâneos declarou que gostaria de ser lembrado não por suas aulas, mas pela transmissão de uma real *joie de vivre*, algo que José Frederico Marques sempre cultivou. Há inúmeras histórias e "causos" que provam isso. São coisas inesquecíveis. Seus discípulos serão bons profissionais, mas serão plenamente humanos, mesmo em suas profissões, se souberem "conservar este amor alegre pela vida e pelo seu sentido"[64].

Um notável criador de obras imorredouras não precisa ser alguém soturno. José Frederico Marques foi alguém de alma feliz. Mostrou que "a verdadeira História é uma história da alma. História da transposição de li-

---

63. Edgar Morin, *Os sete saberes necessários à educação do futuro*, Brasília, Cortez/Unesco, 2000, pp. 21-2.

64. Roger Garaudy, *Minha jornada solitária pelo século*, Rio de Janeiro, Nova Fronteira, 1996, p. 27.

miares novos na criação de formas novas da libertação do homem"[65]. E não se fala em libertação do ser humano sem um processo penal alicerçado na vontade constituinte e destinado à concretização dos direitos fundamentais.

Por isso garantiu ele o seu lugar de glória na eternidade. "A eternidade não é este vazio sob abóbadas negras onde repercutem em vão e sem fim o eco de nossos gritos."[66] A eternidade viva é presença, a cada instante, da centelha divina no fragmento humano. É a consciência de que cada ação se inscreve – e para sempre – no destino dos homens.

José Frederico Marques pode continuar feliz a vivenciar sua eternidade. Comunicou a esperança, pela fecundidade de sua obra e de sua alegria. Ajudou os contemporâneos e a posteridade a viverem melhor. Seus gestos ostentam conteúdo pleno de eternidade.

Essa a valia da presente compilação. "Dizemos: afinal, somos aquilo que pensamos, amamos, realizamos. E eu acrescentaria: somos aquilo que lembramos. Além dos afetos que alimentamos, a nossa riqueza são os pensamentos que pensamos, as ações que cumprimos, as lembranças que conservamos e não deixamos apagar e das quais somos o único guardião. Que nos seja permitido viver enquanto as lembranças não nos abandonarem e enquanto, de nossa parte, pudermos nos entregar a elas."[67]

Ninguém morre, a não ser quando é esquecido. Relembrar o paradigma que foi José Frederico Marques o mantém cada dia mais vivo e alimenta a esperança de que o mundo por ele sonhado – o mundo tangido pelo Direito – possa vir a ser a cada dia melhor.

---

65. *Idem*, p. 272.
66. *Idem*, p. 273.
67. Norberto Bobbio, *O tempo da memória*, Rio de Janeiro, Campus, 1997, p. 30.

Lafayette Rodrigues Pereira
O Conselheiro Lafayette

*Almir Gasquez Rufino**

Uma biografia. O reconhecimento

Em uma das passagens da aventura fantástica *Alice no país das maravilhas* (1862), do inglês Lewis Carroll, a menina protagonista certa vez encontrou um gato montês pelo caminho. A imagem do animal, encarapitado no galho de uma árvore, a pouco e pouco foi-se desvanecendo até que nada mais dele se podia ver com exceção de sua carantonha, esboçando um sorriso. Do mesmo modo, com o perpassar dos anos, é muito possível que um homem, cuja figura encheu de admiração e respeito uma época, sobreviva tão-somente na fraca transparência de um nome. E é assim porque, hoje, quando a roda da história acaba de dar mais uma volta inteira e já faz oitenta e cinco anos que o Conselheiro Lafayette se foi, seus livros e pareceres, escritos à luz da legislação civil pré-codificada e totalmente revogada, deixaram de ser reeditados, sendo apenas encontráveis em velhas bibliotecas e, com sorte, nos escaninhos deste ou daquele sebo.

Junta-se a isso que não tem havido espaço nos currículos de graduação para que se fale sobre a evolução, em

* Promotor de Justiça em São Paulo.

geral, de nossa cultura jurídica e dos seus mais representativos juristas. A braços com tantas coisas para estudar, além de seus outros normais afazeres, é compreensível que não sobre tempo e tampouco disposição ao graduando para, por conta própria, se inteirar da história do nosso direito. E dessa forma a imagem do Conselheiro Lafayette, como também a de outros juristas mais antigos, vem sendo tristemente apagada.

O desejo, diante dessa real constatação, é que este ensaio de cunho biográfico – pondo-se inteiramente de acordo com o propósito que inspirou a concepção desta obra coletiva – ao menos se preste à fácil recuperação, especialmente para o jovem estudante ou do novel bacharel, interessados pela história do direito brasileiro e pelos seus cultores, do nome do Conselheiro Lafayette, de quem foi ele e do que fez em sua prolífica existência.

Seria um erro, no entanto, supor que em poucas dezenas de páginas se pudesse analisar em profundidade a sua obra e contar toda a sua história. A vida de Lafayette Rodrigues Pereira é, como se verá, um tema de enorme abrangência, uma espécie de caleidoscópio de mil faces, repleta dos mais variados e interessantes episódios, de intensa e infatigável atividade por entre homens e assuntos da política e do direito, particularmente da segunda metade do século XIX. Advogado, parlamentar, jornalista, administrador público, escritor e crítico literário, diplomata e jurista, reunia em si um excesso de qualidades e atributos. Força é convir, por tudo isso, que muita coisa ainda se poderia falar sobre ele e muito mais se deveria efetivamente dizer se este trabalho tivesse a pretensão, que não tem, de ser uma exposição completa acerca de sua vida e obra. Cuida-se, tão-só, de um despretensioso ensaio.

Deve-se dizer que não são poucos os filhos dos quais Minas Gerais possa merecidamente se orgulhar, sendo suficiente lembrar, quanto aos mais expressivos, Antônio

Francisco Lisboa (o Aleijadinho), Joaquim José da Silva Xavier (Tiradentes), Santos Dumont, Teófilo Ottoni, Milton Campos, Afonso Arinos de Melo Franco, dom Lucas Moreira Neves e os escritores Bernardo Guimarães, Carlos Drummond de Andrade e Guimarães Rosa. Seguramente não é menor o número de juristas consagrados da gloriosa Terra da Inconfidência e, quanto a eles, basta recordar, ausente qualquer pretensão exaustiva, os nomes de João Luiz Alves, Cândido de Oliveira, Felício dos Santos[1], Pedro Lessa, Manoel Ignacio Carvalho de Mendonça, Tito Fulgêncio, Astolpho Rezende, Celso Agrícola Barbi, Amílcar de Castro, José de Aguiar Dias, Orosimbo Nonato, João Eunápio Borges, Nélson Hungria, Francisco Campos, Hamilton de Moraes e Barros, Victor Nunes Leal e, seria imperdoável deslembrar, Caio Mário da Silva Pereira. Lafayette Rodrigues Pereira, com certeza, é um dos seus maiores orgulhos, como o seria de qualquer país em que tivesse nascido. Com efeito, muito poucos, se os há, em nossos dias, e mesmo em sua própria época, negariam o alto valor da sua obra, quando não a marca da genialidade de Lafayette Rodrigues Pereira ou, simplesmente, do Conselheiro Lafayette, uma das personalidades mais dinâmicas do seu tempo, de quem já se afirmou ter sido "aquele vulto eminente entre os mais eminentes"[2].

---

1. Joaquim Felício dos Santos (1828-1895), autor de um dos projetos (de início modestamente denominado Apontamentos para o Código Civil brasileiro, contendo 2.692 artigos) de nosso Código Civil (1881), que acabou sendo rejeitado, mas que inspirou seu autor a escrever, no período de 1884 a 1887, cinco alentados volumes (num total de 2.040 páginas) em sua defesa, intitulando-os Comentários ao Projeto do Código Civil brasileiro. Sua maior fama, no entanto, vem da obra histórica *Memórias do distrito diamantino da comarca de Serro Frio* (Província de Minas Gerais), de 1868, traduzida para o inglês e o francês.

2. José Gomes B. Câmara, *Subsídios para a história do direito pátrio*, Rio de Janeiro, Livraria Brasiliana, t. IV, 1967, p. 204.

A par de civilista da maior expressão, escreveu seu conterrâneo Caio Mário Da Silva Pereira, "Lafayette Rodrigues Pereira teve participação marcada e marcante na vida institucional do Império e veio até a República"[3]. Mas o que verdadeiramente importa reter deste ensaio é o seu legado ao direito, é sublinhar a marca de um estilo que, "pela concisão, pela clareza, pela sanidade da linguagem, se elegera modelo para os doutos"[4] e que até hoje haveria de servir de exemplo a todo aquele que, iniciante ou não, se dispõe a produzir literatura jurídica em nosso país[5]. E passados tantos anos do seu falecimento, favorecidos ainda por um olhar retrospectivo – colocados, como estamos, no vantajoso ponto de vista do presente –, podemos apanhar em todo o seu sentido e extensão o real valor da sua obra para dela tentar formar um juízo seguro e registrar-lhe os traços característicos.

Por tudo aquilo, enfim, que o Conselheiro Lafayette representa na história do nosso direito, a ele não poderia faltar um lugar certo nesta série dedicada a alguns dos nossos *grandes juristas*.

---

3. "Lafayette e a implantação da República", *Revista do Instituto dos Advogados Brasileiros*, Rio de Janeiro, ano XXIII, 1989-1990, n.os 73 e 74, p. 120.

4. Octávio Mangabeira (1886-1960), segmento de discurso de posse na Academia Brasileira de Letras, sucedendo Alfredo Pujol na cadeira n.º 23 (*Revista da Academia Brasileira de Letras*, Rio de Janeiro, ano 26, out. 1934, vol. 46, n.º 154, p. 145).

5. Diz, a propósito, o festejado Miguel Reale que a *elegantia juris* "é própria dos jurisconsultos da linha de Lafayette Rodrigues Pereira, sem dúvida o maior mestre no apuro da linguagem jurídica, hoje tão descuidada" (excerto do prefácio da obra *Pareceres* do Prof. José Frederico Marques, editada pela Associação dos Advogados de São Paulo, 1993). Nessa linha de pensamento, Américo Jacobina Lacombe asseriu que Lafayette era "assombrosamente erudito e conhecedor profundo dos segredos da língua" (*História geral da civilização brasileira*, direção de Sérgio Buarque de Holanda, 5.ª ed., São Paulo, Difel, t. II, vol. 3, 1985, pp. 366-7).

Pelos caminhos de queluz. Os primeiros anos

Foi na fazenda dos Macacos, situada na antiga cidade de Queluz[6], a sudeste do estado de Minas Gerais, à época a mais populosa província do Império, que o honrado casal Antônio Rodrigues Pereira e Clara Ferreira de Azevedo teve seu segundo e último filho, nascido em 28 de março de 1834, a quem foi dado o nome de Lafayette Rodrigues Pereira. A escolha do prenome não foi ao acaso, antes resultando da admiração que seu pai sentia pelo marquês de La Fayette, aristocrata, político e militar francês[7]. Vale dizer que já ao filho primogênito, cerca de dois anos e três meses mais velho que Lafayette, fora dado o nome de Washington (Rodrigues Pereira), com o que o pai, militar que era, pretendia homenagear George Washington, o grande herói da independência e primeiro presidente dos Estados Unidos da América.

Dos pais de Lafayette, sabe-se que Antônio Rodrigues Pereira, o caçula de nove irmãos, descendia de portugueses, tendo atingido a patente de coronel em longa carrei-

---

6. Não seria destituído de algum interesse lembrar que, lá pelo ano de 1690, a essas terras atribuiu-se o nome de Aldeia (mais tarde Arraial) do Campo Alegre dos Carijós. No século seguinte, em 1709, criou-se a Freguesia de Nossa Senhora da Conceição, décadas depois transformada na Real Vila de Queluz (1790). Passados muitos anos, agora em 1866, elevou-se o local à categoria de cidade, então denominada Queluz de Minas, hoje, como mais à frente se verá, Conselheiro Lafaiete. Deveu-se à rainha Dona Maria I ("a louca") a escolha do topônimo "Queluz", certamente por ter sido no Palácio Real de Queluz, em Portugal, onde residia, que, em 1790, atendendo à motivada solicitação do visconde de Barbacena, governador da Capitania de Minas Gerais, foi assinado o ato de criação da Vila de Queluz.

7. Vigoroso entusiasta da Revolução Francesa, bem assim da Guerra da Independência dos Estados Unidos da América, onde combateu como voluntário, o marquês de La Fayette faleceu em Paris em 1834, no mesmo ano do nascimento do Conselheiro Lafayette.

ra militar; na administração municipal, foi também juiz de paz, vereador, presidente da Câmara, juiz municipal e de órfãos, chegando ainda a obter carta de advogado provisionado; na política, chefiou o Partido Liberal, de tudo lhe valendo o título honorífico de barão de Pouso Alegre. Da mãe de Lafayette, Clara Ferreira de Azevedo, igualmente de origem portuguesa, conta-se que fora "uma progenitora exemplaríssima, virtuosa e dedicada, tendo no lar e seus filhos o mundo de suas preocupações"[8].

Muito pouco se sabe da infância de Lafayette[9], sendo bastante provável que ele, tal qual o irmão, a tenha tranqüilamente passado na própria Queluz, divertindo-se nas terras da fazenda da família, ao mesmo tempo que recebia, em casa, os primeiros ensinamentos. Chegada a idade escolar, resolveram seus pais mandá-lo, e ao irmão Washington, para o colégio de Congonhas do Campo, iniciando-se os estudos em 2 de fevereiro de 1846. Em Congonhas os irmãos permaneceram pouco tempo, tendo sido transferidos em agosto de 1846, por decisão paterna, para a freguesia de Prados, ainda em Minas Gerais, onde à época era vigário o padre Felisberto Rodrigues Milagres, tio paterno de Lafayette. Foi, aliás, com esse seu tio que o jovem Lafayette aperfeiçoou o aprendizado da língua latina, de cujo profundo conhecimento sempre tirou proveito; é também nessa época que se presume ter nascido sua afeição pela literatura clássica.

---

8. J. Rodrigues de Almeida, "Esboço genealógico", inserido na obra *Cartas ao irmão* (vol. 342 da coleção Brasiliana), São Paulo, Companhia Editora Nacional, 1968, p. 168.

9. Não sem razão, Frei Betto costuma dizer que as figuras históricas são sempre conhecidas de trás para frente. Os primeiros cristãos, lembra, apenas se perguntaram a respeito da infância de Jesus depois que ele ressuscitou.

Na academia de Direito de São Paulo. O início profissional

Talvez impulsionado pela família ou, o que é mais certo, por inclinação pessoal, já que lhe faltava disposição para a carreira religiosa, o fato é que, uma vez concluído o ensino secundário, Lafayette chegava em São Paulo em 1853, contando com dezoito anos de idade, já trazendo consigo, para a grata satisfação dos pais, os traços indispensáveis do humanista e da vocação para o estudo que haveria de acompanhá-lo por toda a vida. No mês de março requereu a matrícula no 1.º ano do curso de direito da velha Academia de São Paulo; colou grau em 20 de novembro de 1857, presidindo o ato o professor Joaquim Ignacio Ramalho[10]. Consta ainda hoje dos arquivos dessa Faculdade de Direito (pasta n.º 1908, de 1853) não só uma certidão de batismo do acadêmico Lafayette, datada de 7 de janeiro de 1852, bem como outra certidão de ter sido ele aprovado plenamente nos exames preparatórios de latim, francês, inglês, retórica, história e filosofia.

À pena dos biógrafos de Lafayette não passou indiferente seu aspecto físico à época do curso de direito. Spencer Vampré (1888-1964), jurista também e um dos grandes historiadores da Academia, traçou fielmente seu perfil: "alto, magro, tez clara, rosto pálido, onde brotavam uns começos de barba negra, a contrastar com a palidez do rosto. Os olhos estrábicos, acentuadamente, lhe emprestavam pouca simpatia ao primeiro aspecto. Mas, conversassem com ele, vencessem-lhe a primeira reserva, atravessassem, por um movimento de simpatia, a primeira frieza, e encontrariam um conversador delicioso, capaz

10. Barão de Ramalho (1809-1902).

de encher horas inteiras!"[11 e 12]. Há um certo consenso no sentido de que, embora revelando, a princípio, um temperamento "reservado e sisudo, Lafayette Rodrigues Pereira foi um grande tímido. Não gostava de se exibir"[13]. Sabia, contudo, conquistar a "reverência, de quem dele se acercava, pelos modos modestos e afáveis, pela voz suave, algo cantante, mas, sobretudo, pela novidade, saber, agudeza, verve constante de elocução"[14].

No tempo vivido na Academia de São Paulo, a inteligência superior de Lafayette e sua acendrada dedicação aos estudos já se fizeram distinguir. Atesta-o o fato de, em ofício de 7 de dezembro de 1855, dirigido ao ministro do Império, o então diretor da Faculdade, Manuel Joaquim do Amaral Gurgel, ter destacado os nomes de Lafayette e de João Batista Pereira como os melhores alunos do terceiro ano[15]. Em 1856 foi eleito presidente do "Ensaio Fi-

---

11. *Memórias para a história da Academia de São Paulo*, 2.ª ed., Instituto Nacional do Livro, 1977, p. 267. O capítulo desse livro atinente a Lafayette praticamente corresponde àquele inserido, com pequeníssimas variações, na obra *Interpretação do Código Civil*, do mesmo Spencer Vampré, São Paulo, Livraria e Officinas Magalhães, 1919, pp. 209-49.

12. Não é muito diversa a descrição de Almeida Nogueira (1851-1914), um dos seus primeiros biógrafos: "Alto, magro, tez clara, fronte larga e inteligente, olhar estrábico, cabelos negros, bem negros, barba pouca e negra também, formando contraste com a palidez do rosto. Fisionomia inalteravelmente calma, fala pausada." ("A Academia de São Paulo – Tradições e reminiscências", *Arcadas*, 1955, vol. IV, p. 175). Noutra fase da vida, Lafayette foi descrito por Affonso Celso (de Assis Figueiredo Júnior – 1860-1938), que mais de perto o conheceu, como portador de original semblante: "grande cabeça, meio calvo, barbado, estrábico, de óculos, feio, francamento feio, mas dessa fealdade atraente, denunciadora de superioridade, a de Mirabeau e Danton!" ("Lafayette", *Revista da Academia Brasileira de Letras*, Rio de Janeiro, ano 26, agosto de 1934, vol. 45, n.º 152, p. 407).

13. Francisco de Assis Barbosa (1914-1991), *Retratos de família*, Rio de Janeiro, José Olympio 1954, p. 139.

14. Affonso Celso de Assis Figueiredo Júnior, artigo citado, p. 407.

15. Cf. Ernesto Leme (1896-1986), "Lafayette Rodrigues Pereira", *Revista da Faculdade de Direito* (USP), 1964, vol. LIX, p. 177.

losófico Paulistano" (centro de estudos filosóficos da juventude estudantil), vindo a colaborar freqüentemente na revista mensal dessa associação, com o que demonstrava fundo conhecimento também no terreno da filosofia. No ano seguinte, ainda na condição de estudante, teve um trabalho de sua autoria (sob o título "Quais os juízes que pelo Direito moderno têm jurisdição prorrogável? O juiz de órfãos tem jurisdição prorrogável?") publicado na *Revista da Faculdade de Direito* (USP), vol. XXXIV, fasc. II, pp. 31 ss., no qual já se nota o apuro de sua linguagem, a clareza e objetividade de idéias.

Tão logo formado advogado, Lafayette foi nomeado promotor público na comarca de Ouro Preto, Minas Gerais, permanecendo nesse cargo, porém, por pouco tempo, sendo esses os primeiros passos de sua vida profissional. Augusto Tavares de Lira (1872-1958), a propósito, sublinha que esse fato é "bem significativo, porque naquela época raramente se começava exercendo lugares de justiça ou de ministério público pelas capitais das províncias. Principiava-se pelas comarcas do interior, a não ser que se tratasse de alguém que saía da vulgaridade – era o seu caso – ou que pertencia a famílias poderosas e de acentuada preponderância política"[16].

Liberto, por opção, das amarras do Ministério Público, visto que lhe fascinava o direito civil e era nesse campo que, com a mais clara determinação, pretendia expandir seu talento e desenvolver aprofundados estudos, mudou-se em 1858 para o Rio de Janeiro, na época a capital do Império. Estando na Corte, de início – e não poderia ser mais promissora sua estréia na advocacia – integrou a

16. "Lafayette Rodrigues Pereira" (reprodução de conferência pronunciada no Instituto Histórico e Geográfico Brasileiro em 27 de março de 1934), *Revista da Academia Brasileira de Letras*, Rio de Janeiro, ano 26, ago. 1934, vol. 45, n.º 152, p. 413.

banca de Teixeira de Freitas (1816-1883), o já consagrado autor de a *Consolidação das leis civis* (1857) e mais tarde do *Esboço de Código Civil* (1860/1861 e 1865), onde também não se demorou. Seguiu-se seu ingresso no escritório de Andrade Figueira[17], jurisconsulto e dos mais respeitados advogados do Rio de Janeiro daquele tempo, de quem Lafayette se tornara amigo íntimo, apesar das divergências de opiniões políticas de um e de outro. Nessa grande banca de advocacia provavelmente permaneceu até ser nomeado presidente da província do Ceará, em 1864; decorridos poucos anos, depois de ter sido presidente da província do Maranhão (1865-1866), voltou a trabalhar nesse escritório, confessando ao irmão que nesse mister não lhe sobrava tempo para nada[18].

Vida pública

Presidente de província

Antes mesmo de completar 30 anos de idade, Lafayette foi nomeado presidente do Ceará – o que hoje equivaleria a governador de Estado – em 23 de janeiro de 1864, iniciando o exercício do cargo somente em 4 de abril, no qual se conservou até o dia 9 de junho do ano seguinte. Embora ainda bastante jovem, mas já conhecido advogado e jornalista, a condição de militante do Partido Liberal

---

17. Domingos de Andrade Figueira (1833-1910), que igualmente cursou a Academia de Direito de São Paulo, onde obteve a láurea do doutorado, foi ainda, como Lafayette, presidente de Província (Minas Gerais). Atuando como parlamentar na República, notabilizou-se na longa discussão do Projeto de Código Civil de Clóvis Beviláqua, sobretudo por suas posições francamente conservadoras.

18. *Cartas ao irmão, cit.*, p. 43.

(um dos dois grandes partidos da época, ao lado do Conservador), mais precisamente da Liga Progressista, associada ao seu merecimento intelectual, foi que lhe facilitou a indicação do nome pelo conselheiro Zacarias (de Goes e Vasconcelos), do Gabinete Liberal, para aquela presidência. Almeida Nogueira dá notícia de que o governo de Lafayette "conta-se entre os melhores que tem tido aquela província. Honesto, inteligente, patriótico"; lembra também que o presidente mostrava-se "assíduo às cerimônias religiosas, e, seguido do seu secretário e ajudante de ordens", ouvia "com devoção a missa conventual, acompanhando as procissões e observando respeitosamente todas as práticas do ritual católico"[19].

Mantendo-se no poder o conselheiro Zacarias, a Lafayette foi confiada logo em seguida a presidência do Maranhão, exercendo-a no período de 14 de junho de 1865 a 30 de setembro de 1866, após o que retornou ao profícuo exercício da advocacia, retomando também a atividade jornalística.

Fazendo um balanço dessas duas administrações, José Bonifácio de Andrada e Silva deu a saber que, no Ceará, Lafayette "foi administrador zeloso, inteligente, de orientação progressista. Procurou assegurar a ordem financeira e impulsionar, dentro dos recursos orçamentários, os vários serviços, notadamente a instrução pública e a polícia, no intuito de garantir os direitos individuais". Na presidência do Maranhão, "foi o mesmo administrador justo, clarividente, cuja preocupação era sobretudo a de metodizar as finanças, imprimindo a todos os seus atos um acentuado cunho de moralidade, de aplicação honesta das rendas públicas"[20].

---

19. *Idem*, pp. 177-8.

20. "Lafayette Rodrigues Pereira", *Revista Forense*, Rio de Janeiro, 1944, ano XLI, vol. 100, pp. 169-70.

Para completar, cabe, como curiosidade, dizer que foi no Nordeste do país, quando administrava o Ceará e o Maranhão, que Lafayette aprendeu a dormir em rede, como era de generalizado costume naquela região. Escrevendo ao irmão, dizia que a isso estava "perfeitamente habituado", duvidando de que a partir de então poderia voltar a dormir em cama[21].

Ministro de Estado

Nada obstante o nome de Lafayette Rodrigues Pereira tenha aparecido como um dos (mais ilustres) signatários do Manifesto Republicano de 1870[22], o fato é que, ao se organizar o 27.º Gabinete do II Império, fora ele, para surpresa geral, convidado a ocupar a pasta da Justiça[23]. Para esse gabinete, de 5 de janeiro de 1878, quando o Partido Liberal, depois de aproximadamente dez anos de ausência, voltou ao governo (diga-se de passagem que essa alternância de administração, entre os partidos Liberal e

---

21. *Cartas ao irmão, cit.*, p. 47.

22. Vale lembrar que foi nesse Manifesto (datado de 3 de dezembro de 1870 e cuja autoria tem sido atribuída a Quintino Bocaiúva, Salvador de Mendonça e Saldanha Marinho), publicado na primeira edição do jornal *A República*, que se estampou a ideologia do Partido Republicano. Na verdade, até hoje ainda persiste a controvérsia de se saber se Lafayette assinara-o ou não, apesar de certa sua presença na reunião em que se o redigiu.

23. Para a mais fácil compreensão do leitor, torna-se conveniente recordar que, na vigência da Constituição do Império (de 1824) e do Decreto n.º 523, de 20 de julho de 1847, assegurava-se ao Imperador (Dom Pedro II), no exercício do Poder Moderador, a discricionária escolha e nomeação do Presidente do Conselho de Ministros (parlamentarismo clássico), incumbido do Poder Executivo. A esse Presidente, por sua vez, cabia a designação dos demais ministros, respondendo ainda perante a Câmara dos Deputados e ao Imperador pelos atos do seu Ministério.

Conservador, fazia parte do jogo político da época), nomeou-se João Lins Vieira Cansansão de Sinimbu presidente do Conselho de Ministros, daí por que passou a se designar como "Gabinete Sinimbu".

O próprio Lafayette, no dia em que prestaria juramento ao Imperador, escreveu ao irmão, seu grande confidente, dizendo que hesitara muito em aceder ao convite, mostrando-se, porém, confiante em que dessa missão sairia com honra[24]. Por certo que estava a vaticinar os apodos e as muitas, gerais e severas críticas que por conta dessa decisão viria a receber, não só dos seus adversários políticos, mas também dos republicanos, inconformados com a perda de tão valioso correligionário[25]. Aos ataques de Silvio Romero, particularmente, apenas viria a retribuir muitos anos mais tarde com a publicação da obra literário-filosófica *Vindiciae*.

Em realidade, deveu-se a aceitação do convite ao fato de constar no programa do novel governo, como ponto essencial, a reforma eleitoral que, precedendo a revisão da Constituição, se pretendia levar adiante, com vistas a assegurar a eleição direta. Página imperecível de nossa história política foi a defesa que, em longo discurso proferido em sua casa legislativa, a Câmara dos Deputados, em 31 de janeiro de 1879, Lafayette fez de sua decisão. Os estreitos limites de espaço deste trabalho permitem compaginar tão-somente este significativo trecho:

---

24. *Cartas ao irmão, cit.*, p. 101.

25. O historiador literário Artur Mota (1879-1936) confirma que "não o poupavam deputados, senadores e jornalistas, em campanha renhida de injúrias e recriminações. Censuravam-no e insultavam-no, diariamente, no parlamento e na imprensa. Era incessante a hostilidade contra o 'trânsfuga, o desertor, o vira-casaca' " ("Perfis acadêmicos, cadeira n.º 23", *Revista da Academia Brasileira de Letras*, Rio de Janeiro, ano 25, vol. 44, abr. de 1934, n.º 148, p. 416).

Quando, senhores, o distinto estadista a quem a coroa confiou a árdua e gloriosa missão de iniciar a nova ordem de coisas, quando esse distinto estadista, a quem mesmo as paixões do dia não podem negar um grande vigor de caráter, um patriotismo puro e inteligente e grandes dotes de uma razão prática, fez-me a honra de convidar para tomar parte do seu ministério, eu recusei formalmente o convite. Repugnava antes de tudo à minha índole ser ministro de estado; eu preferia viver na sombra, entregue aos estudos de minha predileção a ter uma parte ativa na política do meu país; mas quando esse honrado estadista me declarou que a situação nascia para a eleição direta, que a eleição direta não só seria o pensamento capital do ministério, como era ainda a razão que determinava a sua existência, foram-se-me as hesitações, e eu aceitei uma pasta, na convicção de que não me negava a mim mesmo, mas ia pôr-me ao serviço de uma idéia, cuja realização importaria restituir à nação o governo de si mesma. Eis a razão por que tenho a honra de fazer parte do gabinete de 5 de janeiro de 1878.

Direi, pois, aos ralhadores do Senado que estou no ministério porque o pensamento capital do ministério é a eleição direta, porque a eleição direta é o governo do país pelo país, porque o governo do país pelo país é a plena democracia.

À frente do Ministério da Justiça por mais de dois anos, foi pouco expressiva a contribuição de Lafayette à causa pública, especialmente porque, jurisconsulto que era e conhecedor das lacunas e vícios da legislação, dele se esperava, conquanto integrante de um colegiado, empreender ampla reforma do sistema vigente, o que não logrou fazer. Dos projetos de lei votados e por ele referendados, nenhum deles se referia aos mais graves e importantes problemas da administração pública daquela época e mesmo aos serviços que nela haveriam de encontrar foros de aperfeiçoamento. Saindo em sua defesa,

Augusto Tavares de Lira cuidou de explicar que a "preocupação absorvente do ministério era a lei da eleição direta, que dividiu profundamente seus correligionários, entendendo uns que, para votá-la, se tornava indispensável a convocação de uma 'constituinte' e outros que não. Esta divergência esterilizou a ação do gabinete, que se demitiu, sendo substituído pelo de 28 de março de 1880, presidido por Saraiva, a quem coube efetuar a reforma por lei ordinária"[26].

Na esfera, porém, de sua exclusiva competência, não se furtou de editar decretos e decisões de reconhecido valor, entre os quais é possível destacar a regulamentação da competência dos tribunais e da forma do processo nos crimes cometidos em países estrangeiros contra o Brasil e os brasileiros (Decreto n.º 6.934, de 8 de junho de 1878), bem assim da execução, em nosso país, de sentenças estrangeiras, cíveis e comerciais (Decreto n.º 6.982, de 27 de julho do mesmo ano[27]). Não é menor o mérito que lhe

---

26. Trabalho citado, p. 425.

27. Sobre esse decreto, Rodrigo Octavio (1866-1944) observa que o Conselheiro Lafayette "deu regulamentação completa, científica e liberal a esta matéria, infelizmente subordinada aos princípios da reciprocidade diplomática, o que lhe restringiu a aplicabilidade. Todavia, esse decreto é o primeiro texto sistemático da Legislação Brasileira, referente à matéria subordinada ao Direito Internacional Privado, considerado pelo afamado jurisconsulto argentino, Stanislau Zeballos, como o primeiro passo dado no Brasil para a respectiva codificação. Acresce que a publicação desse decreto foi precedida de uma 'Exposição de Motivos', que é uma página admirável em que o preclaro jurisconsulto, depois de um rápida noção do direito internacional privado, em seu conceito moderno, desenvolveu a teoria da exeqüibilidade das sentenças estrangeiras" ("Evolução do estudo do direito internacional privado", *Livro do centenário dos cursos jurídicos* – 1827-1927 – Evolução histórica do direito brasileiro, Faculdade de Direito da Universidade do Rio de Janeiro, Imprensa Nacional, 1928, pp. 297-8). Cf. também Haroldo Valladão (1901-1987), *Paz, direito, técnica,* Rio de Janeiro, José Olympio, 1959, p. 353.

tem sido atribuído, com justiça, pela redação do Relatório do Ministro de Estado, em cujas muitas páginas passou em revista as mais variadas questões não só de direito privado, que era o da sua especialidade, mas também de direito público. O que dizer desse documento, escreveu Alfredo Valladão (1873-1959), "sem par no gênero, no qual o grande jurisconsulto, na variedade dos assuntos que explana, com mão de mestre, no fundo e na forma, transcende do consumado civilista e internacionalista que era, para derramar preciosas lições sobre direito administrativo, sobre direito penal, sobre direito comercial e sobre organização judiciária"[28].

Ainda como ministro da Justiça, respondendo "a interpelações na Câmara dos Deputados e no Senado, sempre se saiu com galhardia, conhecedor que era dos assuntos de seu ministério, revelando sólido preparo para as altas discussões dessas Assembléias"[29]. O próprio Lafayette, enfim, revela em carta ao irmão que, na Pasta da Justiça, sobre ser essencialmente jurídica, recebia "consultas de todo o Império" e era "preciso resolvê-las com clareza e acerto"[30].

Uma vez nomeado presidente do Conselho de Ministros, como a seguir se particularizará, Lafayette, em con-

---

28. "Conselheiro Lafaiete, sua vida e sua obra", *Revista Forense*, Rio de Janeiro, ano LXII, 1965, vol. 209, p. 404. Escrevendo em 1928, José Bonifácio de Andrada e Silva pontuou que o indigitado relatório "contém magníficas idéias, conforme à época e à civilização do país, e propõe medidas acertadas de real utilidade, muitas das quais foram adotadas e ainda hoje se apontam como alta expressão jurídica, sendo invocadas no foro e na administração pelos nosso homens públicos e pelos tribunais" ("Lafayette-jurisconsulto, estadista e diplomata, *Archivo Judiciário*, publicação quinzenal do *Jornal do Comércio*, Rio de Janeiro, vol. VI, 3.ª parte, 1928, pp. 49-50 do suplemento).

29. José Bonifácio de Andrada e Silva, "Lafayette-jurisconsulto", estadista e diplomata", citado, p. 49.

30. *Cartas ao irmão, cit.*, p. 102.

formidade com a praxe[31], acumulou o Ministério da Fazenda. Nessa pasta, pondo à luz todo o seu multifacetado saber, revelou-se também profundo conhecedor dos complexos assuntos da economia e finanças públicas, a ponto de ser considerado por especialistas como um dos maiores financistas do Brasil. Na Proposta de Orçamento e Relatório por ele apresentados à Assembléia Geral Legislativa em 6 de maio de 1884, sugeriu-se, já àquela época, a redução do déficit orçamentário, a restrição da emissão de papel-moeda circulante como forma de regularizar-se o câmbio e ainda a conversão dos juros da dívida interna fundada de 6 a 5%, como algumas das soluções para as graves dificuldades financeiras do Império.

Presidente do Conselho de Ministros

Com a queda do Gabinete Liberal (30.º) do marquês de Paranaguá (João Lustosa da Cunha Paranaguá), de 3 de julho de 1882, o Imperador D. Pedro II, não sem antes consultar Saraiva e Souza Dantas, resolveu escolher, em lista quíntupla, o nome de Lafayette – conselheiro de Estado e já senador desde 1880 – para a presidência e organização do Conselho de Ministros do 31.º Gabinete (Liberal), com o que, acumulando a pasta da Fazenda, sua trajetória política viria a atingir o ponto máximo. A preferência pelo seu nome deveu-se seguramente à sua operosidade, aos seus reconhecidos e múltiplos méritos e

31. Heitor Lyra (1893-1973) aclara que, no Império, a pasta da Fazenda foi sempre considerada a mais importante e, por conseguinte, a preferida pelos presidentes do Conselho de Ministros; desde 1847, por dezesseis vezes foi ocupada pelos chefes de Governo (*História de dom Pedro II*, Belo Horizonte, Edusp/Itatiaia, vol. II – Fastígio –, 1977, p. 86). Lafayette não foi exceção.

também porque, a essa altura, já desfrutava da admiração e amizade do Imperador, com quem costumava manter longas conversas sobre filosofia e literatura após as reuniões ministeriais.

Na presidência do Conselho de Ministros, que se constituiu em 24 de maio de 1883, no dia 26 desse mesmo mês Lafayette expôs à Câmara dos Deputados seu programa de governo. Na essência, propunha-se, em primeiro plano, o saneamento das contas públicas mediante várias medidas, dentre elas a redução do déficit orçamentário; a reorganização das províncias e municípios com vistas a garantir-lhes maior autonomia; a reestruturação do Poder Judiciário (neste ponto, reafirmava as idéias propugnadas quando Ministro da Justiça do 27.º Gabinete) em conformidade com os preceitos constitucionais, sobretudo objetivando seu fortalecimento para a melhor administração da Justiça e defesa dos direitos do cidadão; a redefinição da política de instrução pública em todos os níveis. No que se refere à questão do trabalho escravo, foram limitadas as propostas embutidas no programa de governo, dentre elas "a localização do elemento servil nas províncias" e o reforço do fundo de emancipação dos escravos, isso porque, argumentava o presidente do Conselho, a lei de 28 de setembro de 1871 – a chamada "Lei do Ventre Livre" – "organizou um mecanismo simples e eficaz, por meio de cuja ação, dentro de um prazo que não será longo, o elemento servil estará extinto em todo o império". Mas não foi só essa a razão da timidez do programa de governo nessa matéria: "as contingências políticas não lhe permitiam concessões amplas, que desagregariam a maioria parlamentar e trariam o sacrifício do gabinete. Atravessava-se o instante melindroso em que o emancipacionismo ia perdendo sua razão de ser para se transformar na avalanche abolicionista, que tudo levaria de vencida. Teve de ser sóbrio e modesto, contornando dificuldades e se limitando ..."[32] à propositura de medidas paliativas.

Foi tamanha a oposição[33], quer do Parlamento (Câmara e Senado), quer da opinião pública, paulatinamente experimentada por esse Ministério que a grave crise política desencadeada acabou levando à apresentação, pelo deputado baiano Cesar Zama, como resultado de orquestrada conjunção de forças oposicionistas, de "moção de desconfiança" em 3 de junho de 1884[34]. A despeito de sua rejeição por escassa maioria de votos (60 contra 54), o que até autorizaria a permanência do presidente no poder, "Lafayette, escrupuloso e desapegado às posições, levou ao Imperador o seu pedido de dispensa, em caráter irrevogável. Lafayette era, antes e acima de tudo, homem de estudo, de Gabinete, e não de agitação, de tribuna. Aos 6 de junho de 1884, deixou o Governo, com a mesma elegância moral que demonstrara quando a ele subiu"[35]. Sucedeu-o o ministro Souza Dantas, volvendo Lafayette à sua condição de senador e conselheiro de Estado.

---

32. Augusto Tavares de Lira, artigo citado, p. 428.

33. Não bastasse a defesa que o próprio Lafayette sistematicamente fazia dos ataques contra seu governo, Rui Barbosa, pelas páginas do *Jornal do Comércio* e sob o pseudônimo de *Salisbury*, também em sua defesa saíra a campo, publicando uma série de artigos intitulados "Féria Política".

34. De modo particular, dois incidentes, aliados à agitação abolicionista, culminaram com o voto de desconfiança contra o governo de Lafayette: o assassínio, em 25/10/1883, do jornalista Apulchro de Castro, diretor de *O Corsário*, em que estariam envolvidos militares do 1º Regimento de Cavalaria da Corte, e a exoneração, por carta, do ministro da Guerra, conselheiro Rodrigues Júnior, com o qual se solidarizam seus amigos deputados.

35. Paulino Jacques, "Lafayette Rodrigues Pereira", *Revista de Jurisprudência* – Arquivos do Tribunal de Alçada do Rio de Janeiro, ano 11, 1978, nº 17, p. 30.

Parlamentar

No Parlamento, Lafayette foi, primeiro, desde o início de 1879, deputado por sua província (Minas Gerais) para a 17.ª legislatura. Depois disso, mas ainda no exercício desse mandato, no mesmo ano de 1879 seu nome foi o escolhido pelo Imperador para o cargo de senador, apesar das constantes intrigas dos seus adversários políticos e do fato de ter sido o menos votado em lista tríplice apresentada pelo eleitorado mineiro. Acabou exercendo esse mandato (até então vitalício) por dez anos, até, portanto, o mês de novembro de 1889, quando foi implantada a República. A queda do 36.º Gabinete do II Império (Liberal), presidido por Afonso Celso de Assis Figueiredo, o visconde de Ouro Preto, marcou o fim da monarquia parlamentar e o início da República, resultando na extinção dos partidos políticos imperiais e cessação dos mandatos parlamentares em curso.

No governo, como ministro e presidente de Conselho, exposto às contingências políticas, Lafayette não teve, na mesma extensão, o brilho que lhe deu a atuação no Parlamento. E foi aí, no traço dos seus melhores biógrafos, que ele se revelou insigne orador[36]. A sua eloqüência, depõe Alfredo Pujol (1865-1930), "tinha dois aspectos opostos: a do orador doutrinário e a do orador combatente. Quando se erguia para expor e discutir uma tese constitucional ou um problema jurídico, a trama do seu discurso estava ordenada, a unidade do raciocínio estava traçada e o rigor das fórmulas delineado, por modo que a idéia sugeria repentinamente o termo exato e o rasgo

36. Nos seus tempos da Academia de São Paulo, anotou Almeida Nogueira, Lafayette não se apresentava como "imaginoso orador, mas falava bem, com erudição e muita verve" (*op. cit.*, p. 176).

flexível da locução. Repugnava a declamação e a ênfase; abominava os artifícios da retórica impetuosa e vazia. Imperavam nas suas orações o vigor persuasivo e a profundeza dos conceitos e das sentenças. Era então o mestre exímio do Direito quem falava, e todos o ouviam num silêncio enamorado e embevecido. Rompesse, porém, na tribuna o orador combatente, rebentava nos ares, instantaneamente, com estrondo, uma tempestade. Lafayette cruzava os braços, imperturbável e sereno, e esperava que o temporal amainasse. Transmudava-se em tais momentos o orador. Tomando agora o látego impiedoso de Juvenal, agora a flecha resplendente de Horácio, destroçava os seus competidores com os sarcasmos mais amargos e os epigramas mais agudos. Mas quase sempre ria, como Fígaro ou Gavroche, e os motejos esvoaçavam, como asas de abelhas doiradas"[37].

Com efeito, muito embora houvesse gigantes nesses tempos no campo da oratória, como, entre outros, José Bonifácio – o Moço (professor da Academia de Direito de São Paulo), Silveira Martins, Andrade Figueira e Joaquim Nabuco, nomes que ainda hoje conservam sedutor encanto –, Lafayette entre eles se destacou no Parlamento. De excepcional inteligência, erudito, com formação humanística, profundo conhecedor do vernáculo e do latim, jurisconsulto consumado e extremamente dialético, Lafayette praticamente não encontrava rival à sua altura quando assumia a tribuna, ainda quando falava em nome do Governo a que serviu. Pode-se dizer, sem exagero, que, no que diz respeito ao saber, foi um homem completo e num grau

---

37. *Discursos acadêmicos*, Ed. da Academia, 1919, vol. IV, pp. 863-4, cuidando-se de segmento de discurso proferido na Academia Brasileira de Letras em 23 de julho de 1919, tendo o autor sucedido Lafayette na cadeira n.º 23.

tal como é difícil de encontrar outro em nossos dias, caracterizados pela especialização do conhecimento.

Por ocasião do falecimento do Conselheiro Lafayette, o jornalista e também senador Assis Chateaubriand (1891-1968), com o estilo que lhe era próprio, chegou a dizer que ele "amava desfechar golpes, mas golpes certeiros. Dava na cabeça do prego. E batia forte e justo. Com uma pancada, duas no máximo, o rival estorcia-se, ciscando". Houve um momento, testemunhou, "em que Lafayette constituía o ponto de referência, não da política nacional, mas da vida parlamentar brasileira. Monopolizava toda curiosidade do espírito público, que o aplaudia sem restrições. Exceto as vítimas das suas malícias, chefes de partidos, senadores e deputados, o País inteiro sofria o encantamento desse guia providencial com um misto de estupor e de admiração. A assembléia enchia-se, e isso aguçava ainda mais a ferocidade do monstro. Dir-se-ia um tigre com unhas e manhas de gato; astucioso, oblíquo e sem entranhas ... Quando se anunciava que o Presidente do Conselho responderia a uma interpelação, as galerias recebiam uma inundação de gente. Um contemporâneo daquela época me dizia: – 'Lafayette orando, já se sabia: era um enxame de ironias, de indiretas, cada qual mais terrível e mais esfuziante. Tinha-se que ficar com o espírito pronto. Era um orador que obrigava o cérebro do auditório a uma atividade contínua, sempre alerta. Porque os epigramas saltavam imprevistamente como fagulhas. Enquanto isso, as vítimas tremiam da desumanidade do algoz' *(Lafayette, Jornal do Comércio, Rio, Revista do Brasil, v. IV, p. 332)*"[38].

38. "Conselheiro Lafayette", discurso pronunciado pelo deputado Paulo Brossard na Câmara dos Deputados em 24 de novembro de 1967, quando decorridos cinquenta anos da morte do retratado. Coincidência que, nessa data, presidia aquela casa legislativa o deputado José Bonifácio Lafayette de Andrada, neto do Conselheiro Lafayette.

Árbitro internacional

Com a queda do seu Ministério em junho de 1884, Lafayette reassumiu o cargo de senador e as funções de conselheiro de Estado, dos quais, no entanto, veio novamente a se afastar em 1885, aos cinqüenta e um anos de idade, quando o Imperador nomeou-o enviado extraordinário e ministro plenipotenciário no Chile, demorando-se por mais de um ano nesse país. Em carta ao irmão, de 19 de maio de 1885, afirmou que não pôde recusar o convite, confessando que se tratava de "missão muitíssimo honrosa" e concluindo que não procurava as honras, mas estas é que lhe entravam pela porta[39]. Qual o motivo de mais essa distinção? Explica Caio Mário da Silva Pereira: "Conhecedor da capacidade de Lafayette, que na Chefia do Gabinete se revelara grande parlamentar, notório economista e espírito independente, Pedro II, sem lhe desconhecer as convicções republicanas, recruta-o para novas atividades."[40]

Durante a guerra do Pacífico, envolvendo o Chile, o Peru e a Bolívia, as muitas reclamações de cidadãos estrangeiros residentes nesses dois últimos países, que se sentiam prejudicados pelas operações militares chilenas, levaram aquele primeiro a pactuar com a França, Inglaterra, Alemanha, Itália, Bélgica, Áustria-Hungria e Suíça a formação de três tribunais mistos internacionais, compostos por um juiz do Chile, outro do país reclamante e, como presidente, um terceiro árbitro para resolver eventual desempate, que seria nomeado, por solicitação expressa dos governos interessados, pelo Imperador do Brasil[41]. A prin-

39. *Cartas ao irmão, cit.*, p. 133.

40. "Lafayette e a implantação da República", citado, p. 123.

41. Essa distinção, explica A. G. de Araújo Jorge, "constituía honra insigne para o Brasil e seu soberano e, sobretudo, homenagem à cultura e

cípio, a escolha recaiu sobre o diplomata Lopes Neto; decidindo em função da eqüidade e sem muita habilidade, desagradou aos países litigantes, o que o conduziu à renúncia, para tanto pretextando problemas de saúde. Sucedeu-o, então, Lafayette nesse difícil e espinhoso encargo, o de servir de árbitro (ministro plenipotenciário) na questão da Guerra do Pacífico.

Como árbitro desempatador, certamente que Lafayette, desde o início da missão, não ignorava o peso de sua responsabilidade e as pressões que, nessa condição, haveria de receber. Estritamente técnico e insubmisso a quaisquer interesses que não aqueles ditados pela sua consciência, agia com firmeza e a mais absoluta isenção na defesa dos seus posicionamentos. Diferentemente do seu antecessor, considerava esses tribunais mistos como que "adstritos ao direito internacional positivo, e, em particular, à jurisprudência estabelecida pelos modernos tribunais do mesmo gênero", pelo que "foi mais rigoroso na apreciação das reclamações e o seu modo de decidir imprimiu outro aspecto à solução e outra atitude às partes"[42].

Não tardou para que também ele, à medida que rechaçava as pretensões dos reclamantes, sempre fortes no incondicional patrocínio dos seus cidadãos, se expusesse às críticas infundadas dos países vencidos. Compreensivelmente insatisfeitos com as decisões de Lafayette, os árbitros da Itália, França e Inglaterra chegaram ao ponto de, em setembro de 1885, suspender o exercício de suas funções e, para intimidá-lo, conta Tavares de Lira, "recorreram à intervenção dos representantes de seus países junto à chancelaria brasileira, para que ele mudasse de orien-

---

à idoneidade moral dos estadistas e homens públicos brasileiros daqueles tempos" (*Rio Branco e as fronteiras do Brasil* – Uma introdução às obras do Barão do Rio Branco, Brasília, Ed. do Senado Federal, 1999, p. 17).

42. Cf. Alfredo Valladão, artigo citado, p. 407.

tação. Cotegipe, presidente do Conselho e Ministro de Estrangeiros, recusou-se a intervir, limitando-se a comunicar-lhe o ocorrido. Fez então uma exposição detalhada da correção com que procedera no seio dos mesmos tribunais, e demonstrando exaustivamente a imparcialidade de suas sentenças, em que jamais se afastara das normas e regras gerais do direito, quanto às provas, e da letra das convenções, das práticas e jurisprudência dos tribunais internacionais, dos preceitos universalmente consagrados em doutrina e nos tratados de todos os povos cultos, relativamente aos princípios de eqüidade e justiça que presidiram às suas decisões"[43].

Frustrado seu intento, o certo é que os países europeus determinaram aos seus árbitros que retomassem as funções, resignando-se às decisões arbitrais de Lafayette, o qual, no entanto, agastado com tudo o que se passou, também veio a renunciar, sendo substituído por Aguiar de Andrade (Barão), que acabou encontrando a melhor fórmula para solução diplomática do litígio. De mais essa experiência, ficou a certeza de que lá fora soube honrar o nome do nosso país pela sua imparcialidade, justiça e apuro técnico de suas decisões. É preciso dizer também que foi sua atuação como árbitro internacional que fez vicejar em Lafayette o interesse e gosto pelo estudo do direito internacional, mais tarde traduzidos na alentada obra *Princípios de direito internacional* e ainda no *Projeto de código de direito internacional privado*.

De retorno ao Brasil, poucos anos depois, em 1889, estando no poder o Gabinete Ouro Preto[44], o nome do Conselheiro Lafayette voltou a ser honrosamente lembra-

43. *Idem*, p. 430.

44. De 7 de junho de 1889, sendo esse Gabinete (Liberal), presidido por Afonso Celso de Assis Figueiredo (o visconde Ouro Preto), o último do II Império.

do, agora para representar o País como enviado extraordinário à 1ª Conferência Pan-Americana, convocada por James G. Blaine, secretário de Estado norte-americano, que se realizaria em Washington, nos Estados Unidos da América. Embora relutante, Lafayette acedeu ao convite para chefiar a delegação brasileira, composta por Salvador de Mendonça (cônsul geral em Nova York) e também por Amaral Valente (ministro em Washington)[45]. Antes do embarque, em meados de julho de 1889, Lafayette e Salvador de Mendonça foram ao Palácio do Itamarati para se despedirem do Imperador, oportunidade em que dele receberam as seguintes instruções, de cujo parcial teor, que vale a pena ser lembrado, se pode estimar a grande visão de estadista de Pedro II: "Estudem com todo o cuidado a organização do Supremo Tribunal de Justiça de Washington. Creio que nas funções da Corte Suprema está o segredo do bom funcionamento da Constituição norte-americana. Quando voltarem, havemos de ter uma conferência a este respeito. Entre nós as coisas não vão bem, e parece-me que se pudéssemos criar aqui um tribunal igual ao norte-americano e transferir para ele as atribuições do Poder Moderador da nossa Constituição, ficaria esta melhor. Dêem toda atenção a este ponto"[46]. Com a derrocada da Monarquia, a conversa prometida acabou não acontecendo, mas – e isso é o que mais importa assinalar – a primeira Constituição da República (1891) veio a consagrar, como sugeria o Imperador, o controle da constitucionalidade das leis pelo Supremo Tribunal Federal.

Uma vez inaugurada, a 2 de outubro de 1889, a aludida conferência e decorridos apenas quarenta e três dias,

---

45. Cf. Hélio Lobo (1883-1960), "Lafayette, juiz internacional", *Revista da Academia Brasileira de Letras*, Rio de Janeiro, ano 26, vol. 45, ago. 1934, nº 152, p. 402.

46. Cf. Ernesto Leme, artigo citado, pp. 191-2.

aqui foi proclamada a República, do que, por intermédio do Departamento de Estado norte-americano, os membros da delegação brasileira tomaram conhecimento no próprio dia 19 de novembro. É certo que o Governo Provisório, por meio de Quintino Bocaiúva, então ministro das Relações Exteriores, renovou, por telegrama, os poderes de toda a delegação, o que foi aceito por Salvador de Mendonça e Amaral Valente. Lafayette, porém, guardando fidelidade à Monarquia e num gesto de solidariedade ao Imperador exilado, de quem se tornara amigo e admirador, recusou-se peremptoriamente a continuar na chefia da missão[47], seguindo para Paris.

Para concluir, não se poderia deixar de dizer que, mesmo na República, Lafayette continuou a ter seu talento reconhecido pelo governo. Em 1907, com ninguém menos do que Rui Barbosa, Joaquim Nabuco e Clóvis Beviláqua, integrou, a convite do barão do Rio Branco, o primeiro grupo de juízes com atuação perante a Corte Internacional de Arbitragem de Haia, na Holanda.

Lafayette e a codificação civil

Lamenta-se que ao Conselheiro Lafayette não tenha sido confiada a honrosa e, para ele, mais do que merecida tarefa de elaborar um projeto de Código Civil, pois certamente que não lhe faltariam predicados para tão grandiosa empresa. Não é por acaso que Rui Barbosa (1849-1923), em artigo sob o título "O Código Civil", publicado no jornal *Imprensa* em 15 de março de 1899[48], ao

---

47. Artur Mota refere que, ao recusar a renovação dos seus poderes, Lafayette teria dito que "regimes novos requerem a direção de homens novos" (artigo citado, p. 422).

48. Reproduzido na revista *Direito*, Rio de Janeiro, Freitas Bastos, vol. XX, mar./abr. 1943, pp. 131-5. Passados quinze anos, mais propriamente

mesmo tempo que tecia fortes críticas à escolha do cearense Clóvis Beviláqua (1859-1944) para aquela empreitada, ressaltava os nomes de Nabuco de Araújo, Teixeira de Freitas, Felício dos Santos e Coelho Rodrigues (todos eles autores de anteriores projetos inexitosos), aos quais se deveria acrescentar um nome: o de Lafayette Rodrigues Pereira, jurisconsulto que, afiançava, pela designação de superioridade, haveria de ser, àquela altura, o nosso codificador[49]. A esse louvor deve ser atribuída a mais absoluta isenção e redobrado valor não só porque partira do grande Rui Barbosa, mas também pelo fato de que com ele Lafayette tivera mais de um atrito em seus anos de vida pública. Mais tarde, em 1919, já morto Lafayette, o abalizado Pedro Lessa, em discurso proferido na Academia Brasileira de Letras, não hesitou em o colocar no mesmo nível que Teixeira de Freitas, reconhecendo em ambos a mais profunda instrução no direito civil. Nesse ramo do saber jurídico, afirmou, que foi o da predileção de Lafayette, "não teve ensejo de revelar o seu espírito criador, pois, não se lhe outorgou a incumbência, que mereceu mais do que ninguém, de elaborar o nosso Código Civil. A sua missão foi a de elucidar, metodizar e expor sinteticamente os dogmas do nosso Direito"[50].

Conquanto não tenha tido a incumbência de redigir um projeto de Código Civil, o Conselheiro Lafayette teve

---

em 1915, em certo trecho da petição inicial (atinente à ação de nulidade de arbitramento envolvendo questão de limites entre dois estados) endereçada ao Supremo Tribunal Federal, o velho Rui referiu-se, no item 104, ao Conselheiro Lafayette como a "maior sumidade entre os nossos jurisconsultos vivos" (*Obras completas de Rui Barbosa,* Rio de Janeiro, Ministério da Educação e Cultura, 1964, vol. XLII, 1915, t. I, p. 62).

49. Não é diversa a avaliação de José Gomes B. Câmara, em seus valiosos *Subsídios para a história do direito pátrio, cit.*, 1966, t. III, p. 173, bem assim t. IV, de 1967, p. 154.

50. *Discursos acadêmicos,* Ed. da Academia, 1919, vol. IV, p. 877.

ao menos a responsabilidade de, em meados de 1881 (a essa altura, já havia sido ministro da Justiça e era respeitado jurisconsulto, autor de duas festejadas obras de direito civil), por designação de Sousa Dantas, então ministro da Justiça, compor e presidir a comissão de jurisconsultos formada para analisar e oferecer parecer sobre os *Apontamentos para o projeto de código civil brasileiro*, de autoria do advogado mineiro Felício dos Santos. Além de Lafayette – que reservara para si a apreciação da Parte Geral, abrangendo o tratamento, desdobrado em três livros, das pessoas, das coisas e dos atos jurídicos –, integravam essa comissão Antônio Joaquim Ribas (o conselheiro Ribas) e Justino de Andrade (escolhido para ser o relator), ambos catedráticos da Academia de Direito de São Paulo, bem como Coelho Rodrigues (catedrático da Faculdade de Direito de Recife e autor, ele mesmo, tempos depois, de um projeto de Código Civil) e, enfim, Antônio Ferreira Viana. Examinado o texto com o esperado rigor, em 27 de setembro daquele mesmo ano apresentou-se o parecer final, conclusivo no sentido de que, em que pese ao seu elevado mérito, "como trabalho preparatório, pode o seu autor, retocando-o com arte, aparelhar um projeto em condições de franca revisão; no ponto em que param, não subministram base suficiente"[51]. Nada obstante essa clara rejeição, a comissão foi mantida em caráter permanente pelo governo imperial, que resolveu nela incluir o próprio Felício dos Santos para aperfeiçoamento do trabalho já esboçado e a final organização de um projeto de código civil, conti-

51. Cf. Lacerda de Almeida (1850-1943), "O direito civil e sua codificação", *Livro do centenário dos cursos jurídicos – 1827-1927* – Evolução histórica do direito brasileiro, Faculdade de Direito da Universidade do Rio de Janeiro, Imprensa Nacional, 1928, p. 175; Milton Fernandes, "História da codificação civil brasileira", *Revista da Amagis* (Associação dos Magistrados Mineiros), 1986, vol. 10, n.º 10, p. 55.

nuando Lafayette como seu presidente. Ocorre que, com a voluntária saída, primeiro, do conselheiro Ribas e Justino de Andrade e, em maio de 1883, do Conselheiro Lafayette, nomeado que foi presidente do Conselho de Ministros do 31.º Gabinete, essa comissão praticamente deixou de existir, malgrado só tenha sido formalmente dissolvida por aviso governamental de 27 de fevereiro de 1886[52].

Paulo Brossard tem absoluta razão ao afirmar que, apesar de não ter o Conselheiro Lafayette elaborado nenhum projeto de Código Civil, nem "por isso foi menor sua influência na codificação realizada com tanto engenho por Clóvis Bevilacqua. Mais do que ninguém, ele colaborou, no plano da doutrina, para que o Código Civil saísse como saiu"[53]. Deveras, a quem se der o paciente trabalho de cotejar o texto do Código Civil de 1916 com as duas obras clássicas de Lafayette – *Direitos de família* e *Direito das coisas* – verá, no que particularmente se refere a essas duas matérias, o quanto o autor do seu projeto original e o legislador teriam claramente se inspirado naqueles livros para que se concretizasse, com reconhecida qualidade técnica, nosso primeiro Código Civil. Não é por outra razão que Clóvis Beviláqua, em seu *Código Civil comentado* (em 6 volumes), editados pela primeira vez no período de 1916 a 1919, a cada passo invoca na bibliografia de cada artigo, ordinariamente em primeiro lugar, as obras do Conselheiro Lafayette. Com a humildade que o caracterizava, Clóvis chegou a confessar, nas palavras ini-

---

52. Veja-se Alfredo Valladão, *Vultos nacionais* (capítulo dedicado a Felício dos Santos), Rio de Janeiro, José Olympio, 1955, p. 339. "Simili modo": José Carlos Moreira Alves, O Projeto de Código Civil de Clóvis Beviláqua, *Revista Jurídica*, Porto Alegre, n.º 281, mar. 2001, p. 6; Paulo de Lacerda, *Código Civil brasileiro* – precedido de uma síntese histórica e crítica, Rio de Janeiro, Ribeiro dos Santos Editor, 10.ª ed., 1919, pp. X-XI.

53. Trabalho citado, p. 27.

ciais da 1.ª edição de sua obra *Direito de família*, em 1895, que a literatura jurídica brasileira já possuía "um livro clássico sobre o Direito de Família, devido à pena de preclaro jurista, o Conselheiro Lafayette Rodrigues Pereira, cuja segurança de doutrina e lucidez de exposição cativam a todos os que o lêem. A ele solicitei, continuamente, subsídios para a composição do meu Direito da Família, que não vem, absolutamente, pedir-lhe meças, porém, simplesmente, apresentar uma outra forma de pensamento".

Alguns poucos exemplos, recolhidos do Livro II da Parte Especial, dedicado ao Direito das Coisas, servirão para mostrar a importância de Lafayette para a codificação civil de 1916. Assim, o art. 522, em que se trata da perda da posse, seguramente teve seus dizeres tirados do § 15, n.º 1, p. 68, do vol. I do *Direito das coisas*[54]; não poderia passar sem registro que o Código Civil de 2002 (Lei n.º 10.406, de 10 de janeiro de 2002, com início de vigência a partir de 11 de janeiro de 2003), em seu art. 1.224, embora com redação parcialmente modificada, manteve a essência da norma. A redação dos arts. 504 e 505, a sua vez, guarda certa identidade com o que Lafayette escreveu no § 22 da mesma obra, pp. 90-91 (arts. 1.210, § 2.º, e 1.212 do Código Civil de 2002). A segunda parte do *caput* do art. 524, atinente à ação reivindicatória, visivelmente teve sua redação inspirada no § 25, n.º 7, "b", p. 108, do mesmo *Direito das coisas* (vol. 1); é interessante que o CC de 2002 restabeleceu, em seu art. 1.228, o verbo empregado por Lafayette ("detenha"), preservando aqueloutro do CC de 1916 ("possua"). O art. 537 ("Das ilhas"), do seu turno, preserva na substância a lição exposta pelo Conselheiro no § 39, pp. 150-1, idem (*vide* art. 1.249 do CC de

---

54. Rio de Janeiro, Ed. Rio, 1977, edição histórica (dois volumes em encadernação única), adaptada ao Código Civil de 1916 por José Bonifácio de Andrada e Silva.

2002, mantendo-se quase que na íntegra a redação do texto de 1916). Na disciplina do tesouro, Clóvis Beviláqua é expresso ao dizer, em seu *Código Civil comentado* (vol. 3, 11.ª ed., Rio de Janeiro, Francisco Alves, 1958, p. 121), que a fórmula do art. 608 tomou por modelo o § 35 (pp. 140-1 do vol. 1 do *Direito das coisas*), prestigiando-o também o CC de 2002 (art. 1.265). Da mesma forma, o art. 488 (correspondente ao art. 1.199 do CC de 2002, com texto bastante semelhante), teve sua redação tirada do § 7.º, n.º 3, p. 43, do *Direito das coisas*. Para concluir, foi do § 8.º, p. 46, do vol. 1 do *Direito das coisas,* que se extraiu a fórmula do art. 489 do CC de 1916, que, diga-se de passagem, o art. 1.200 do CC de 2002 preservou por inteiro, o que vem demonstrar que a doutrina de Lafayette, não obstante exposta há mais de cento e vinte anos, ainda conserva perene e atualizado valor.

O jurista

A Lafayette Rodrigues Pereira podem ser atribuídos muitos títulos de grandeza, como os de ter sido estadista, exímio crítico literário, jornalista arguto, orador combatente e de rara erudição, administrador público competente, diplomata, ministro e conselheiro de Estado, mas nenhum deles seguramente é mais encantador que o de ser unanimemente considerado um dos nossos maiores e mais perfeitos juristas.

Desde os tempos da Academia de Direito, sua vocação haveria de ser a de jurista[55], mas também a de homem

55. J. Rodrigues de Almeida (trabalho citado, p. 178) refere que a inteligência e o pendor de Lafayette, desde cedo, para as coisas do Direito levaram o pai, o barão de Pouso Alegre, a asseverar, pressagiando o futuro não muito distante, que o filho "nasceu jurista".

público; muito mais a primeira e muito menos a segunda, se o tivessem deixado livremente escolher. Como jurista, distinguiu-se antes pelo brilhantismo dos seus trabalhos do que pela quantidade deles, visto que, tirante as centenas de pareceres que ofertou, escreveu apenas dois livros de direito civil e um de direito internacional, formando um conjunto que, por si só, o credencia para a honra e merecida reputação[56].

Dotado de inteligência ágil e clara, fortalecida por um intenso exercício, de imaginação viva, lucidez na enunciação do pensamento e, acima de tudo, de extraordinário poder de síntese e metodização, sagrou-se como um dos grandes civilistas do Império. Não foi, com certeza, maior que Teixeira de Freitas, mas não seria exagero sustentar que, cada qual a seu modo, com ele bateu ombros, à medida que é ao Conselheiro Lafayette que se deve a abertura, na segunda metade do século XIX, de mais claros horizontes ao nosso direito civil[57]. Comparando-os, Clóvis Beviláqua, em preciosíssimo artigo, chegou a dizer que Lafayette, "possuindo, em alto grau, o senso jurídico, pôde eliminar o que nas fontes havia de obscuro e indeciso; espírito liberal, a sua interpretação é sempre no sentido das tendências progressistas da sociedade; e, tendo educado a inteligência nas letras clássicas, aperfeiçoou a sua

---

56. Passagem freqüentemente mencionada pelos biógrafos é aquela que, embora não conste dos anais do Parlamento, teria sido presenciada por Sancho Pimentel. Segundo conta, ao ser indagado pelo deputado Martinho Campos de que meios teria se servido para subir tão rápido aos conselhos da Coroa Imperial, Lafayette redargüiu: "Subi montado em dois livrinhos de direito" (cf. Alfredo Pujol, *Discursos acadêmicos*, vol. IV, p. 863).

57. Com a reconhecida autoridade de grande civilista, Orosimbo Nonato (1891-1974) não hesitou em dizer que Lafayette disputa com o "genial Teixeira de Freitas a glória de ocupar o ponto mais alto da nossa cultura jurídica" ("A revisão do Código Civil", revista *Direito*, Rio de Janeiro, Freitas Bastos, vol. 2, 1940, p. 38).

natural faculdade de expressão, de modo a empolgar o leitor pela sedutora limpidez da frase, que lhe comunicava, sempre, uma idéia de assimilação fácil. Era um artista da palavra a serviço de um jurisconsulto de doutrina segura. Teixeira de Freitas não tinha o mesmo dom de expressão. Era, por vezes, obscuro, exigindo esforço do leitor para lhe penetrar o pensamento. Dotado de senso jurídico igual ao de Lafayette, não se contentava em arrancar dos textos envelhecidos a norma social, remontando às generalizações, em que se enquadram os princípios diretores. O que lhe faltava em plasticidade, era compensado, sobejamente, pela profundeza"[58 e 59].

---

58. "A cultura jurídica no Brasil. Escolas e doutrinas, jurisconsultos e professores", *Revista do Instituto Histórico e Geográfico Brasileiro*, tomo especial (dedicado ao Congresso Internacional de História da América – 1922), Rio de Janeiro, 1930, vol. IX, pp. 330-1. Semelhantemente: Pontes de Miranda (1892-1979), para quem Lafayette, em suas duas obras de direito civil, "junta ao material dos outros a lição dos Códigos Civis e ao método a limpidez do estilo: mais literariamente puro, porém menos profundo que Teixeira de Freitas. Não criou, não descobriu; expôs" (*Fontes e evolução do direito civil brasileiro*, 2ª ed., Forense, Rio de Janeiro, 1981, pp. 63-4).

59. Para quem aprecia comparações, reserva-se esta nota para lembrar que Haroldo Valladão dizia que, entre Lafayette, Clóvis Beviláqua e Rui Barbosa, o Conselheiro "foi o mais ateniense dos três. Lafayette é o homem das linhas puras. Era quase um geômetra do Direito. Frio como a beleza grega, como a beleza da Acrópole. Era Atenas. Ruy Barbosa, pelo contrário, era exuberante, de uma magnificência dos romanos. Era Roma. Clóvis foi o equilíbrio, a harmonia. Clóvis era bem o pensamento gaulês. Era Paris. Neste sentido, foi mais humano" ("Clóvis Beviláqua, o sábio e o justo", texto de conferência incluído na obra *Novas dimensões do direito*, São Paulo, Revista dos Tribunais, 1970, p. 326). Ainda entre Clóvis e Lafayette, Melchiades Picanço (1891-1944) asseria, por sua vez, que o paralelo "se estabelece principalmente na matéria civil, pelo bom senso, pela clareza da linguagem, pela concisão da frase, pelo acerto na concepção jurídica. Aí, não se sabe qual dos dois seja maior". [...] "Lafayette será no nosso Direito o que foi Vieira na sublimidade da linguagem; e Beviláqua, o jurista 'cândido e liso', ocupará igualmente o lugar de Bernardes e, então, poderemos dizer, em sentido puro e elevado, parafraseando, mais ou

A maior fama do Conselheiro Lafayette vem, como já se deixou entrever, das suas obras *Direitos de família* e *Direito das coisas.* A primeira, marcando sua estréia no direito civil, foi publicada em novembro de 1869[60], aos seus trinta e cinco anos de idade. O próprio autor disse ao irmão que o livro, editado no Rio de Janeiro, onde vivia, contou com a unânime aprovação dos mais doutos: "Nabuco, Freitas, Perdigão Malheiros, Viana, Visconde de Sapucaí o têm julgado da maneira mais lisonjeira para mim. Muitos o consideram o melhor livro que sobre Direito se tem publicado no Brasil"[61]. Na segura avaliação de Clóvis, o livro – "lúcido, preciso, colocando o direito civil pátrio ao nível da civilização contemporânea e do progresso jurídico" – correspondeu "às necessidades do momento e tornou-se o manual predileto nas escolas e no foro"[62]. Especialmente valiosa nesse livro é a sua Introdução, na qual o autor – sem pejo de abertamente criticar, primeiro, Leibnitz e, depois, Teixeira de Freitas, este por conceber, inicialmente na sua *Consolidação das leis civis,* uma classificação baseada na diferença de direitos, reais em confronto com os pessoais – propôs, diversamente, uma classificação do direito civil fundada no modelo alemão, que

---

menos, Castilho: – Por tudo isso se admira e estima Lafayette; a Clóvis admira-se e ama-se" ("Ligeiro paralelo entre Lafayette e Clóvis", *Revista da Academia Brasileira de Ciências Morais e Políticas,* Rio de Janeiro, ano V, 1999, n.º 5, p. 89; cuida-se de trecho de conferência originariamente pronunciada pelo autor em 1935 na Faculdade de Direito de Niterói, com a presença de Clóvis Beviláqua, acompanhado da esposa e filhas).

60. Uma segunda tiragem foi publicada exatos vinte anos depois (1889) pela Typographia da Tribuna Liberal, do Rio de Janeiro.

61. *Cartas ao irmão, cit.,* p. 74 (missiva datada de 7 de dezembro de 1869). Supérfluo aclarar que os patronímicos "Nabuco" e "Freitas" referem-se, respectivamente, a (José Thomaz) Nabuco de Araújo e (Augusto) Teixeira de Freitas.

62. "A cultura jurídica no Brasil. Escolas e doutrinas, jurisconsultos e professores", citado, p. 331.

acabou sendo acolhida no Código Civil de 1916; valha referir que o Código Civil de 2002, apesar de acrescentar novo Livro (o Do Direito de Empresa) e alterar a ordem da disposição dos demais, preservou a classificação preconizada por Lafayette. Ainda na Introdução, passaram-se em revista as fontes do nosso direito civil, ressaltando o "papel importantíssimo" da elaboração científica, muito particularmente a dos autores portugueses, dentre eles destacando Paschoal José de Melo Freire[63] e Manuel de Almeida e Souza – de Lobão (1745-1817). Na seqüência, discorreu-se sobre toda a matéria de direito de família, fazendo-se freqüentes alusões ao direito romano e ao canônico, bem como à legislação comparada, especialmente a portuguesa (mais propriamente às Ordenações), e aos seus juristas, não se desprezando a incipiente produção científica nacional.

É importante sublinhar que, em 1869, quando foi publicado o livro *Direitos de família*, só se contava, de valor, com a *Consolidação das leis civis* (1857) e o *Esboço do Código Civil* (1860-1861 e 1865), de Teixeira de Freitas, ambos, porém, dispostos em forma articulada, com proveitosas notas explicativas. Até então, nenhum outro existia em que se tratava, dogmática e sistematicamente, da mesma matéria, o que, a par de suas qualidades intrínsecas, só lhe aumenta o mérito de obra pioneira[64]. De fato, tão-somen-

---

63. Em um dos seus pareceres (mais precisamente o de n.º 1, inserido no vol. 1 dos *Pareceres*, Rio de Janeiro, Livraria Editora Conselheiro Cândido de Oliveira, Rio de Janeiro, 1921, p. 1), Lafayette afirmou que Mello Freire (1738-1798) foi o maior dos jurisconsultos portugueses.

64. Segundo Teixeira de Salles, nessa obra, o Conselheiro, "ordenando em um sistema de regras os princípios fundamentais do Direito de Família, fugia à vulgaridade dos compiladores comuns para impor-se ao conceito dos doutos como um dos mais audazes reformadores da nossa esparsa literatura jurídica" ("Lafayette", crônica, *Revista Forense*, Belo Horizonte, 1934, vol. 62, p. 299).

te em 1895 apareceria a 1.ª edição do *Direito de família*, de Clóvis Beviláqua, antecedida pelos *Projetos de Código Civil* de Felício dos Santos (de 1881; no período de 1884 a 1887, já se disse, esse mesmo autor escreveu, em cinco volumes, seus *Comentários ao Projeto de Código Civil brasileiro*) e de Coelho Rodrigues (de 1893). Tampouco do *Curso de direito civil*, de Antônio Joaquim Ribas (1818-1890), cuja primeira edição foi publicada em 1865 (a segunda o foi em 1880 e a terceira em 1905), Lafayette pôde colher subsídios, porquanto se restringia à Parte Geral.

O livro *Direito das coisas* veio a lume oito anos depois, em 1877, tendo sido publicado em dois volumes, com um total aproximado de novecentas páginas. Aos quarenta e três anos de idade, mais "amadurecido o espírito, produziu obra mais forte como doutrina, com a mesma elegância de dicção. A influência dos escritores alemães, que apenas se esboçava nos 'Direitos de Família', acentua-se no 'Direito das Coisas', no método, na concepção geral e nas soluções particulares"[65]. Nesse seu segundo livro, o Conselheiro manteve o método e o estilo de redação de *Direitos de família* – objetividade e clareza na exposição de idéias – e, à maneira deste, sem prejuízo da informação do direito nacional, são abundantes as citações de direito e legislação comparada, mormente de Portugal; amiúde são invocados os nomes dos maiores romanistas da época, como Mackeldey, F. Savigny e Charles Maynz.

O próprio Lafayette, em cartas endereçadas ao seu irmão datadas de agosto de 1877, dizia que esse livro foi "um sucesso imenso", prometendo mandar-lhe um exemplar; só demorava a fazê-lo porque, confessava, "não me deixam ficar exemplar sobre a mesa"[66]. Esse êxito deveu-

65. Clóvis Beviláqua, "A cultura jurídica no Brasil. Escolas e doutrinas, jurisconsultos e professores", citado, p. 331.

66. *Cartas ao irmão, cit.*, pp. 96-8.

se certamente não apenas à forma e qualidade do texto, mas também à sua originalidade em nosso direito como obra sistematizada sobre o tema até então inexplorado. Com efeito, somente em 1883 o Conselheiro Ribas daria à luz o livro *Da posse e das ações possessórias segundo o direito pátrio* (com 317 páginas) e, mesmo assim, como o título já o sugere, limitava-se seu estudo à posse (natureza, classificação, títulos, modificações, aquisição e perda). Seguiram-se, respectivamente em 1908 e 1910[67], o primeiro e o segundo volume do *Direito das coisas*, de Lacerda de Almeida, onde, aliás, são feitas cerca de quatrocentas remissões ao livro do Conselheiro Lafayette, para o qual não são poupados os maiores encômios[68].

De olhos postos nesses dois livros, Milton Campos (1900-1972) conseguiu sintetizar com muita propriedade o valor da obra do Conselheiro Lafayette, em trecho que não dispensa transcrição: "Sua contribuição na evolução do direito civil brasileiro foi enorme. Quando elaborou suas grandes obras – 'Direitos de Família' e 'Direito das Coisas' – o direito brasileiro era ainda caótico e informe. Nem era um direito brasileiro, porque suas fontes estavam fora. Eram as ordenações do reino casuísticas e difusas. Era o direito romano, adaptado à boa razão e ao uso moderno, mas ainda assim em textos mortos de uma língua morta, cuja surpreendente duração é a maior grandeza de Roma. Era o direito canônico, com os preconcei-

67. Antes disso, em 1899 Carlos Augusto de Carvalho (1851-1905) fez publicar a *Nova consolidação das leis civis*, obra igualmente apresentada em forma articulada, precedida de muito útil introdução.

68. Também o respeitado Trajano de Miranda Valverde, em discurso pronunciado ao tomar posse no cargo de presidente do Instituto dos Advogados Brasileiros, em 19/4/1956, cuidando da cultura jurídica nacional, aludiu ao Direito das Coisas de Lafayette como "trabalho formidável de síntese, que o havia de consagrar como um dos nossos maiores juristas" (*Revista Forense*, vol. 165, p. 432).

tos sectários das concordatas e decretais. Era a confusão dos assentos, dos estatutos, dos avisos e dos estilos. Desse caos tirou Lafayette a límpida exposição do nosso direito civil, no que se refere à família e a coisas. Dos povos civilizados trouxe a melhor lição, e nem por aprender também na Alemanha tomou o tom pedante de alguns góticos de naturalização apressada. No velho direito português, ao mesmo tempo que aprendia com Lobão, evitava as 'sutilezas da Glosa', com que corromperam o nosso foro os Pêgas, os Silvas e os Guerreiros... Vencendo todas as dificuldades do tempo, conseguiu Lafayette, com aquelas duas obras, uma construção jurídica imperecível, que ainda hoje, ressalvadas as modernas e vitoriosas tendências sociais, é alimento dos estudiosos e nutrição dos mestres. E ficou sagrado o nosso maior civilista. Outros poderão ter tido mais audácia de plano ou mais espírito de sistema. Nenhum, porém, o igualou na precisão dos conceitos e na limpidez da expressão. E são esses elementos que asseguram a duração às construções do espírito."[69 e 70]

---

69. "Conselheiro Lafayette Rodrigues Pereira", texto inserido na coletânea *Milton Campos – Testemunhos e ensinamentos*, organizada por Antônio Gontijo de Carvalho, Rio de Janeiro, José Olympio, 1972, pp. 149-50. (essa mesma crônica foi originariamente publicada na *Revista Forense*, Belo Horizonte, 1934, vol. 62, pp. 289-292, com a anotação de se tratar de discurso proferido pelo autor no Instituto dos Advogados Mineiros, na sessão comemorativa do 1.º centenário do nascimento do jurisconsulto).

70. Não é diverso, na substância, o juízo que dele fez Alfredo Pujol: "Os 'Direitos de Família' e 'Direito da Coisas', monumentos imorredoiros da nossa literatura jurídica, e que ao mesmo tempo enobrecem a nossa língua pela cristalina limpidez e pela concisão lapidar dos seus aforismos e das suas definições, elevam Lafayette ao pontificado excelso entre os nossos maiores civilistas" (*Discursos acadêmicos*, vol. IV, p. 860). "Método, síntese, clareza, profundeza nos conceitos, perfeição na forma, equilíbrio em tudo, alta doutrina, estilo castiço, preciso, luminoso, os dois livros de Lafayette constituíram-se obras-primas no Direito Civil pátrio, de um autêntico mineiro" (Haroldo Valladão, *História do direito – especial-*

É claro que a obra de direito civil de Lafayette – mormente seus *Direitos de família* – deve ser estudada em função da época em que viveu, de uma forma contextualizada, como hoje se costuma dizer. Para além dessa circunstância contingente, porém, torna-se mister projetá-la no mundo da perenidade. Lafayette, o jurista, representa com sua obra um exemplo marcante de apuro de linguagem, de método e clareza de pensamento.

Se já não bastasse o direito civil, Lafayette tem seu nome também ligado ao *direito internacional privado*. Muito provavelmente foi sua atuação como árbitro internacional no Chile (1885) e depois enviado extraordinário à 1.ª Conferência Pan-Americana, realizada nos Estados Unidos (1889), que lhe despertaram a atenção para o estudo mais aprofundado desse ramo do direito. Em verdade, anteriormente, como ministro da Justiça (1878-1879) já dera boa mostra do seu conhecimento nesse terreno, concebendo e fazendo expedir o Decreto n.º 6.982, de julho de 1878, por meio do qual se regulamentava a execução de sentenças estrangeiras em nosso país. Esse diploma e a Exposição de Motivos que o acompanhava, pela sua originalidade e essencial conteúdo, mereceram os maiores elogios dos internacionalistas Rodrigo Octavio e Haroldo Valladão.

Afastado da vida pública havia cerca de dez anos e dedicando-se ao ofício de jurisconsulto em seu solitário retiro na Chácara da Gávea, entre 1902 e 1903 o Conselheiro Lafayette, beirando os setenta anos de idade, deu a públi-

---

mente do direito brasileiro, Rio de Janeiro, Freitas Bastos, 3.ª ed., 1977, p. 152). O mesmo Haroldo Valladão anteriormente já havia escrito que foi ao Conselheiro Lafayette Rodrigues Pereira que coube a "glória de ser o cientista do nosso Direito Civil, aquele que primeiro lhe deu as bases teóricas, nas duas obras imorredouras que foram ... o 'Direito de Família', aparecido em 1860, e o 'Direito das Coisas', de 1877" (*Paz, direito, técnica*, p. 350).

co os *Princípios de direito internacional privado*, alentada obra (cerca de mil páginas, com a indicação de rica bibliografia estrangeira) em dois tomos editada no Rio de Janeiro (Jacintho Ribeiro dos Santos Ed.) e que Clóvis Beviláqua considerou como "de grande ponderação e exata ciência"[71]. Do alto de sua autoridade, Haroldo Valladão qualificou-a como "esplêndido tratado", constituindo-se na "primeira obra científica publicada no Brasil sobre a matéria, naquele exemplar estilo de suas obras anteriores e com uma larga base doutrinária e histórica"[72].

Em 1911, no ocaso de sua existência, não relutou em aceitar honrosa incumbência do governo, por intermédio do barão do Rio Branco (à época ministro do Exterior), para redigir um *Projeto de código de direito internacional privado*[73], cabendo a Epitácio Pessoa a redação do *Projeto de código de direito internacional público*. Ambos os textos seriam apresentados, em 1912, à discussão da comissão de jurisconsultos americanos (nomeada, em 1906, pela 3.ª Conferência Pan-Americana, Rio de Janeiro) reunida no Rio de Janeiro e, por meio dela, à próxima Conferência Panamericana, voltada à codificação do direito internacional. O Projeto de Lafayette condensava-se em 120 artigos, em cuja explicação preambular dizia encerrar, "em suma, os princípios que regulam o assunto, traduzidos em linguagem simples e clara"[74]; embora tenha tido grande re-

---

71. "A cultura jurídica no Brasil. Escolas e doutrinas, jurisconsultos e professores", citado, p. 331.

72. *Paz, direito, técnica, cit.*, p. 354.

73. O texto desse Projeto foi publicado pela Imprensa Nacional, no Rio de Janeiro, em 1911. Em 1927, fez-se nova publicação a cargo do Ministério do Exterior, em volume, fora do comércio.

74. Eduardo Espínola e Eduardo Espínola Filho reconhecem que, com "a sua admirável precisão, e numa rigorosa síntese, Lafayette redigiu os artigos do código de direito internacional privado, de acordo com os princípios reconhecidos pela doutrina contemporânea" (*Tratado de direi-*

percussão internacional[75], veio a ser preterido pelo de Antonio Sanchez de Bustamante y Sirven, que, adotado pela 6.ª Conferência Pan-Americana (1928, Havana), se converteu no famoso Código de Bustamante, a primeira convenção oficial de direito internacional privado.

Se é certo dizer que, como internacionalista, Lafayette não alcançou a mesma altura e incontestada glória do civilista, pode-se, porém, assegurar, com o tantas vezes citado Rodrigo Octavio, que o estudo do direito internacional privado foi a derradeira preocupação do seu espírito[76].

Às obras de doutrina, que já bastavam para o consagrar como um dos maiores da literatura jurídica nacional, junta-se o fato de o Conselheiro Lafayette ter sido também notável *jurisconsulto*. Nos períodos de 1881-1883, 1889-1890 e 1893-1912, antes e depois, portanto, da queda do Império, produziu cerca de quinhentos pareceres, isso sem contar aqueles lavrados na qualidade de conselheiro de Estado. Sempre e sempre, conseguia dizer tudo escrevendo pouco e com clareza[77], aí estando uma das

---

to civil brasileiro, vol. VII – Do Direito Internacional Privado Brasileiro – Parte Geral, Rio de Janeiro, Freitas Bastos, 1941, p. 364).

75. Para Irineu Strenger, é a Lafayette Rodrigues Pereira, "baluarte do direito internacional privado e do pensamento jurídico brasileiro", que "devemos com justo orgulho a elaboração de um projeto de Código de Direito Internacional Privado, que exerceu, pela sua repercussão, decisiva influência nos participantes da Convenção que aprovou o chamado Código Bustamante" (*Direito internacional privado*, 3.ª ed., São Paulo, LTr, 1996, p. 329). Esse projeto, escreveu, por sua vez, Rodrigo Octavio, "é reconhecido, por todos os que têm estudado tão difícil e controvertida matéria, como obra-prima da ciência e de habilidade jurídica" (*Minhas memórias dos outros, cit.*, p. 73).

76. *Minhas memórias dos outros, cit.*, p. 73.

77. Na introdução feita aos *Pareceres* (Rio de Janeiro, Ed. Conselheiro Cândido de Oliveira, vol. 2, 1921), Lacerda de Almeida dizia que, mesmo para os novatos, os escritos de Lafayette encerravam "uma sedução de estilo e de linguagem tão clara, tão concisa, tão simples que dá a ilusão de poder qualquer (um) fazer aquilo que ele faz, e de que essa ciência do

suas maiores virtudes. Edmundo Lins dizia, reportando-se a Gastão da Cunha, que o "cérebro de Lafayette era um verdadeiro filtro. E acrescentava: "despejassem-lhe água lamacenta e sairia limpa e cristalina. Esfregassem-lhe, na cabeça, um carvão e este converter-se-ia no mais belo diamante"[78].

Com invulgar versatilidade – o que anos mais tarde seria também revelado por Pontes de Miranda e Frederico Marques –, Lafayette pronunciava-se com autoridade sobre os mais variados ramos do direito. Não se cingindo ao direito civil, que era o da sua predileção, ou ainda ao direito internacional privado, seus pareceres igualmente se estendiam, a bem evidenciar seu conhecimento jurídico multifacetado, ao direito comercial, constitucional, administrativo, financeiro, penal, judiciário (direito processual) e ainda ao eleitoral. Oscar Tenório (1904-1978) está certo ao afirmar que, em qualquer área, possuindo "o domínio do direito positivo e da doutrina desimpedida do cascalho que a estorva, seus pareceres se assemelham a uma coluna dórica, singela e imponente ao mesmo tempo, em contraste com os monumentos babilônicos, desarmônicos e de mau gosto. Não têm os pareceres de Lafayette a intumescência das citações catadas no apressado da leitura, diante das quais o consulente se deslumbra. É ele, ao contrário, o jurisconsulto humanista, preso à

Direito, que dizem tão eriçada de escolhos, tenebrosos como o mar dos antigos navegantes portugueses, é uma coisa simples, fácil, um lago azul, onde se espelham as árvores e as casinhas das frescas margens".

78. "Conselheiro Lafayette Rodrigues Pereira" (na comemoração do centenário do seu natalício), Archivo Judiciário, Rio de Janeiro, vol. XXX, 1934, n.º 1, suplemento, p. 31 (artigo também publicado na *Revista Forense,* Belo Horizonte, 1934, vol. 62, pp. 292-8). Edmundo Lins (1863-1944) foi ministro do Supremo Tribunal Federal no período de 1917-1937, tendo também exercido sua presidência.

cultura greco-romana, no apuro do estilo oriundo de uma clara inteligência"[79].

Após a morte do Conselheiro, um dos seus filhos recolheu e organizou seus pareceres e os fez publicar, em 1921, pela Ed. Conselheiro Cândido de Oliveira, Rio de Janeiro, em dois volumes. O primeiro ficou reservado ao direito civil, contendo 284 pareceres; o segundo, enriquecido com a introdução assinada por Lacerda de Almeida, acabou enfeixando 233 pareceres sobre outros ramos do direito.

Para que se possa avaliar o prestígio e apreço de que continuava a desfrutar o Conselheiro Lafayette, mesmo após a proclamação da República e estando ele completamente afastado da política e da vida pública, convém recordar que eram freqüentes as visitas que recebia, na própria Chácara da Gávea, das mais expressivas personalidades, não apenas daquelas ligadas diretamente ao direito. Sabe-se que o barão do Rio Branco (José Maria da Silva Paranhos, 1845-1912), o maior orgulho da diplomacia brasileira, costumava procurá-lo amiudadamente para a discussão de assuntos relacionados à chancelaria e à política internacional. Sem falar de Rodrigo Octavio, que por duas vezes solicitou-lhe a redação de pareceres[80], visitavam-no também os juristas Estevão de Almeida (1865-1926) e João Mendes de Almeida Júnior (1856-1923).

---

79. "Lafayette Rodrigues Pereira e a ciência do direito", *Revista de Jurisprudência do Tribunal de Justiça do Estado da Guanabara*, Rio de Janeiro, ano VII, 1968, n.º 19, pp. 5-6 (texto, acrescido de referências bibliográficas, de conferência originariamente pronunciada pelo autor em 5 de setembro de 1968 no Instituto dos Advogados Brasileiros).

80. *Minhas memórias dos outros, cit.*, p. 60. Nas duas oportunidades, afirmou, teve com o Conselheiro "alguns minutos de prosa". Completa a lembrança dizendo ter visto Lafayette "na rua diversas vezes e parava, sempre, cheio de admiração, para bem contemplar-lhe a figura, pesadona, vagarosa, abotoada numa sobrecasaca preta, chapéu alto reluzente, cobrindo um largo rosto de hirsuta barba negra".

É pena que, privilegiado com tal vasta cultura, humanística e jurídica, o Conselheiro Lafayette não tenha se dedicado ao ensino do direito em nenhuma das academias da época. Indagado, certa feita (presumidamente em dezembro de 1902), pelo jovem Francisco Cesário Alvim, filho de um seu conterrâneo e amigo, acerca da razão de não ter aceitado uma cadeira de professor na Faculdade de Direito do Rio de Janeiro, Lafayette humildemente respondeu: "'não posso, menino, ensinar; não tenho mais tempo nem saúde para estudar'. E como me mostrasse surpreso que pensasse aquele poço de saber, em estudar, para ensinar, concluiu: 'Cujacio, e era Cujacio, estudava quatorze horas de um dia para dar uma lição no dia seguinte'"[81]. Para concluir, é também curioso – nota-o Oscar Tenório – que, fora "do ambiente acadêmico, sem contatos diretos com a mocidade, viveram os dois maiores civilistas do Império, Teixeira de Freitas e Lafayette"[82].

Homem de letras

Merece parágrafo à parte a afeição que Lafayette sempre devotou às letras e ao jornalismo (político), a ponto de ser qualificado por Sacramento Blake (1827-1903) como um dos mais distintos jornalistas brasileiros da época[83]. Pelo que se sabe, foi no tempo da Academia de Direito de São Paulo que mais intensamente brotou essa sua vocação, o que o levou a ser, já se disse, presidente do centro de estudos denominado "Ensaio Filosófico Paulistano",

---

81. Rodrigo Octavio é quem conta o episódio em *Minhas memórias dos outros, cit.*, p. 65.

82. Artigo citado, p. 8.

83. *Diccionário bibliographico brazileiro*, Rio de Janeiro, Imprensa Nacional, 1899, vol. 5, verbete "Lafayette Rodrigues Pereira", p. 286.

para cuja revista mensal colaborava regularmente, não só com artigos literários e filosóficos[84], mas também com estudos jurídicos. Entre estes, publicou: "Constituição política" (3.ª série, p. 106), "Soberania. As revoluções. O rei reina e não governa. Socialismo" (4.ª série, pp. 122, 141, 173 e 211) e "Sistema de circunstâncias atenuantes e agravantes do Código do Império" (6.ª série, p. 9).

Simultaneamente ao exercício da advocacia, Lafayette, com os amigos Pedro Luís Pereira de Sousa e Flávio Farnese da Paixão, fundou e redigiu, em 1858, *A Atualidade*[85], jornal de notícias e literário e com marcada feição política, do qual era ele, nessa parte, o principal redator. Para esse jornal, que inicialmente circulava apenas aos sábados, no Rio de Janeiro, escreveu inúmeros artigos, até pelo menos 1864, quando foi exercer a presidência do Ceará. Deixando, em setembro de 1866, a presidência do Maranhão, voltou a se dedicar à advocacia e à atividade jornalística, sabendo-se que, além de *A Atualidade*, os jornais

---

84. Dos seus conhecimentos de filosofia, deu mostra bastante em suas freqüentes e acaloradas discussões no Senado, de modo especial quando, debatendo com o conselheiro João Alfredo, dissertara "sobre os métodos indutivo e dedutivo, refutando, com incontestável superioridade, proposições que ao seu adversário pareciam aforismos científicos" (Almeida Nogueira, *op. cit.*, p. 194).

85. Essa folha política e literária, sublinha Almeida Nogueira, "na qual também colaborava Bernardo Guimarães, gozou durante certo tempo das auras da popularidade e deveu essa vantagem aos princípios de adiantado liberalismo que doutrinava, ao estilo colorido e empolgante em que era escrita e ao prestígio resultante da pureza da vida pública dos seus jovens e talentosos redatores" (*op. cit.*, p. 177). Alfredo Pujol completa dizendo que foi o primeiro jornal que, no Rio de Janeiro, se vendeu avulso na rua, "encarregando-se desse mister algumas dezenas de escravos, alugados a um negociante na rua dos Arcos. O prestígio desse jornal estava concentrado no 'artigo de fundo". "Os artigos de Lafayette, a quem o conselheiro Junqueira apelidara de 'belo astro de luz', primavam pela precisão, viveza e elegância" (*Discursos acadêmicos*, Ed. da Academia, 1919, vol. IV, p. 857).

A Opinião Liberal, Diário do Povo (do qual também foi o redator com o referido Pedro Luís), *Lé Brésil* e, afinal, *A República*[86] também contaram com sua colaboração em artigos de fundo político, sobretudo no período que vai de 1858 a 1874.

À época da Revolta da Armada – que teve lugar no Rio de Janeiro no período entre setembro de 1893 a março de 1894 –, o Conselheiro Lafayette, estando fora da cena política há alguns anos, retirou-se para a fazenda da família em Minas, onde, com o pseudônimo de *Labieno*, escreveu para o *Jornal do Comércio* uma série de artigos sobre literatura, filosofia pura e do direito, mais tarde reunidos no livro intitulado *Vindiciae*[87] e que se constitui na sua grande obra de crítica literária. Nesses artigos, vazados em seu melhor estilo, Lafayette investiu desapiedadamente contra Silvio Romero (1851-1914), rebatendo a crítica pesada e injusta que este fizera a Machado de Assis para desmerecer o valor de sua obra literária e, ao mesmo tempo, exaltar Tobias Barreto. Insatisfeito em só defender Machado de Assis – com bondade, mas sem lisonja –, Lafayette aproveitou para, não sem certa demora, responder, com ironia e sarcasmo, às ofensas que a si próprio foram dirigidas em 1883 por Silvio Romero em seus *Ensaios de crítica parlamentar*. Para se ter uma idéia da medida da

86. José Bonifácio de Andrade e Silva informa que Lafayette colaborou assiduamente para os periódicos *Reforma* e *Correio do Povo* ("Lafayette Rodrigues Pereira", *Revista Forense*, vol. 100, p. 169).

87. Editada primeiramente por Jacintho Ribeiro dos Santos em 1899 (Rio de Janeiro), essa obra teve uma 2.ª edição em 1934 pela Sociedade Editora dos Amigos do Livro (Belo Horizonte), saindo a 3.ª e última edição em 1940, a cargo da Ed. José Olympio (Rio de Janeiro). Dividido esse livro em duas partes, a primeira delas (intitulada *Machado de Assis – Estudo comparativo por Sylvio Romero*) é dedicada à crítica literária, ao passo que a segunda e mais extensa foi reservada ao exame crítico dos *Ensaios de philosophia do direito* (1895), de Silvio Romero, com o que Lafayette revelou a admiração e o profundo conhecimento que tinha da obra de Kant.

grave perturbação que esses artigos causaram nesse último, basta lembrar que, a eles aludindo em nota ao prefácio da 2.ª edição dos *Estudos jurídicos* de Tobias Barreto, assim se expressou o crítico sergipano, demonstrando absoluta falta de serenidade e descontrole emocional: "Bem se vê que não conto nesse número o miseravel e torpe e cobarde que escreveu contra mim umas infamias e imundas sandices ultimamente no Jornal do Commercio, com o pseudonymo de Labieno e que disse que Tobias não passava de um exquisitão de algum talento ... A este desgraçado cultor do 'póde ser que sim e póde ser que não', vulgarizador do rabbinismo de Granada e um dos responsaveis pelo assassinato de Apulchro de Castro, não respondi por o achar muito abaixo da crítica".

Pode-se dizer que foi essa obra – *Vindiciae* – que anos depois abriu para Lafayette as portas da Academia Brasileira de Letras, conferindo-lhe a "precária imortalidade" de que fala Rachel de Queiroz. Foi eleito em 1.º de maio de 1909, aos 75 anos de idade, justamente para ocupar a cadeira n.º 23, de que é patrono José de Alencar e da qual Machado de Assis foi o fundador e primeiro ocupante[88]. Não obstante seus biógrafos costumem afirmar que não chegou a tomar posse, o certo é que Lafayette o fez por carta, lida e registrada na ata da sessão acadêmica de 3 de setembro de 1910.

Um apaixonado por livros e pela boa literatura durante toda a vida, Lafayette continuamente lia os textos originais dos poetas latinos[89], sendo Virgílio e Horácio –

---

88. Sucedeu-o, pela ordem, Lafayette, Alfredo Pujol, Otávio Mangabeira e Jorge Amado, sendo Zélia Gattai sua atual ocupante.

89. Além do latim, Lafayette também conhecia o grego, o inglês, o francês e muito possivelmente o espanhol, já que, durante a Guerra do Pacífico, permaneceu no Chile durante cerca de um ano como ministro plenipotenciário.

de quem costumava, depois do jantar em família, recitar odes inteiras em latim – os da sua predileção, não sendo pequena a admiração que também sentia pelos alemães Goethe e Schiller; na prosa, os *Ensaios*, de Montaigne, era seu livro preferido. A cada leitura encontrava nesses autores e em muitos outros sempre renovadas belezas, descobrindo um pensamento novo que, guardado na memória, invocava no momento certo, especialmente nos debates de que participava no Parlamento. É interessante lembrar que, estando em Paris (tão logo se desligou da delegação brasileira participante da 1.ª Conferência Pan-Americana, em Washington), onde se deteve por mais de um ano, Lafayette, em carta ao irmão datada de 15 de dezembro de 1890, diz-lhe que passa "a maior parte do tempo a ver livros", encontrando exemplares baratíssimos e raros[90].

Para concluir, Rodrigo Octavio, em *Minhas memórias dos outros*[91], assegura que Lafayette também compôs versos (tradução de uma composição latina), chegando a autorizar a publicação de alguns deles, o que, todavia, não chegou a acontecer.

Ironias e sátiras. Crônica de uma época

Outro interessante aspecto que se não gostaria de ignorar é aquele relativo às ironias e sátiras de que o Conselheiro Lafayette freqüentemente se valia em sua atuação no Parlamento, quer como senador, quer na qualidade de representante do Governo a que servia (como ministro ou presidente do Conselho), tendo a crônica do tempo conservado inúmeros episódios que o envolveram e que até

90. *Cartas ao irmão, cit.*, pp. 143-4.
91. Última série, Rio de Janeiro, Civilização Brasileira, 1979, p. 70.

o tornaram, só por isso, bastante famoso. Foi essa, aliás, na visão de Baptista Pereira (1880-1960), a face da sua personalidade que mais irradiou na arena parlamentar, "a do polemista, dialeta e 'debater' ... As suas granadas satíricas tinham os clarões sulfúreos do Inferno. Todos os contemporâneos o sabiam. Ninguém mais temido que ele. Era o Grande Sarcasta do Império. Era preciso mais que coragem, estoicismo para enfrentá-lo. Incomparável presença de espírito, grande poder caricatural, senso instantâneo da oportunidade servidos por uma erudição bebida nas fontes mais puras do humanismo, enchiam-lhe o carcás de flechas, que produziam ferimentos incuráveis como as de Filoctetes"[92].

Conquanto às vezes simulasse certa ingenuidade ou mesmo alguma candura em face das interpelações a que se expunha, isso talvez para ocultar suas verdadeiras intenções e confundir adversários e apartistas, em regra a enorme bagagem humanística e literária que possuía era posta, discreta e oportunamente, à disposição da sua mordacidade, não raro se revelando cruel com as vítimas a quem se dirigia. Conta-se até que o Conselheiro "possuía um pequeno caderno, com o nome, por ordem alfabética, de todos os seus colegas do Senado. Em face de cada nome, pusera um remoque, um doesto, um breve epigrama, causticante, cuidadosamente compostos. Levava sempre esse caderno às sessões. É que nas lides parlamentares surdem incidentes, atritos, ataques imprevistos. De ordinário, não ocorrem de improviso, aos neles envolvidos, réplicas oportunas, adequadas, esmagadoras que somente acodem depois, mediante reflexão. *'Esprit de l'escalier'* chamam os franceses a tais respostas felizes mas tardias,

92. *Figuras do Império e outros ensaios*, São Paulo, Ed. Nacional, 1931, p. 85.

formuladas pelo interlocutor de uma conversação, quando já se retira, perdido o ensejo de confundir e suplantar, de momento, o contendor, deslumbrando o auditório. Com o caderno, Lafayette nunca seria colhido de surpresa, estaria sempre facilmente aparelhado para imediato e superior revide"[93].

Talvez porque o menor dos seus defeitos fosse a hipocrisia, chegou a causar escândalo no Parlamento em função da franqueza dos seus pronunciamentos e, principalmente, facilitado por incomparável dialética, pela ironia e sarcasmo com que costumava responder a quem o agredia. E embora não costumasse deixar nenhum ataque ou ofensa sem imediata resposta[94], Almeida Nogueira recorda que, "numa ocasião, no Senado, em polêmica oratória com o Conselheiro João Alfredo, então presidente do Conselho, estando este na tribuna, perguntou o repórter Ernesto Sena ao Conselheiro Lafayette: – V. Excia. responde hoje? – Não. Responderei amanhã. Quero estudar algumas perversidades para dizer contra ele"[95].

Dos testemunhos de que se poderia dispor a respeito desse aspecto da vida do Conselheiro Lafayette, o de Affonso Celso de Assis Figueiredo Júnior, seu contemporâneo, é dos mais valiosos porque, como deputado, pôde presenciar muitas das interpelações a que se submeteu o Conselheiro e, em todas elas, relata, "com inaudita habilidade e malícia, decompunha as interrogações, incutia-

93. Affonso Celso de Assis Figueiredo Júnior, "Lafayette", artigo citado, p. 404.

94. Talvez tivesse ele bem presente a advertência do padre Vieira (1608-1697), para quem "até os penhascos duros respondem, e, para as vozes, têm ecos"; seria tão grande violência não responder, pregava, que, "aos que nasceram mudos, fez a natureza também surdos, porque se ouvissem e não pudessem responder, rebentariam de dor".

95. *Op. cit.*, p. 193.

lhe sentido algo ridículo, e redarguia em três ou quatro frases definitivas e cortantes, pondo o interpelante em lamentável situação. Reminiscências clássicas, sutis alusões literárias enfeitavam-lhe as curtas orações. Não se alongavam por mais de um quarto de hora. Verdadeiras jóias parlamentares, esmeradamente buriladas, completas, impecáveis. Não despertavam hilaridade ruidosa, mas finos sorrisos, abrindo imperecíveis sulcos na inteligência do auditório. Eram modelos de aticismo, pela graça, ironia, simplicidade, ligeireza na travação das idéias, agilidade no manejo dos argumentos – num sereno fundo céptico. E quanto veneno destilavam! Ficou célebre a resposta de Lafayette à pergunta impertinente de um deputado: 'a minha resposta pode parecer resposta de Sganarello, mas é: Pode ser que sim, pode ser que não'"[96].

Noutra sessão do Parlamento, aludindo ao deputado e ex-ministro da Guerra – exonerado por Lafayette –, como alguém que se mostrava sempre hesitante em suas resoluções, observava: "Faz-me até julgar uma realidade a hipótese de Buridan. Hipótese de Buridan! – novo enigma! Raros se recordavam de que Buridan, filósofo escolástico do século 14, imaginou, ao tratar do livre arbítrio, a situação de alguém simultaneamente solicitado de dois lados equidistantes, por motivos de idêntico valor. Assim, um asno, com fome e sede, ao mesmo tempo, e no mesmo grau, tendo, a igual distância, água e capim. Como de-

---

96. *Oito anos de parlamento* – Reminiscências e notas, Rio de Janeiro, Laemmert & Cia., 1901, p. 58. O deputado referido é Andrade Figueira e a frase de que oportunamente se valeu o Conselheiro foi, na verdade, tomada de empréstimo de uma personagem da comédia antiga, muito utilizada por Molière. Essa expressão, arremata Alfredo Pujol, "foi depois repetida, e até hoje se repete, como solução evasiva de escapula e arteirice, para conjurar situações embaraçosas, suspeitas ou equívocas" (discurso citado, p. 868).

cidir-se? Se se inclinasse para um dos lados, manifestava livre arbítrio; permanecendo indeciso, morreria de fome e de sede."[97]

À época, ficou célebre um discurso de Lafayette pronunciado no Senado em agosto de 1879, em resposta "ao Senador Diogo Velho, que a ele, Lafayette, então Ministro da Justiça, dirigira agressões. No estilo enxuto, conciso, que era a sua marca, Lafayette a tudo repeliu, concluindo de forma mordaz: 'Se pudesse usar da mesma liberdade que tem o nobre Senador e da qual – pede permissão para dizer-lhe – não fez uso muito conveniente, oporia também hipóteses a hipóteses, e lembraria a S. Exa. que há mágicos mais hábeis do que o Ministro da Justiça, mágicos que sabem produzir prodígios, que seguramente confundiriam o próprio Aladino, sem embargo de sua mirífica lâmpada. Limitar-se-ia, porém, a repetir ao nobre Senador o hemistíquio do poeta: *Pueri, sacer est locus, extra ...*'" (*Anais do Senado,* 2.ª sessão da 17.ª legislatura, Rio, 1879, IV/40[98 e 99]).

Entre tantos outros episódios, vale compaginar aquele em que, respondendo "a um orador, não poupou o

---

97. Affonso Celso de Assis Figueiredo Júnior, "Lafayette", artigo citado, pp. 408-9.

98. Carlos Mário da Silva Velloso, "Missão superior da Academia", *Revista de Direito Civil,* Revista dos Tribunais, n.º 69, p. 130 (excerto de discurso pronunciado em 18.8.1994, ao tomar posse, em sucessão de Clóvis do Couto e Silva, na cadeira n.º 42 da Academia Brasileira de Letras Jurídicas, de que é patrono o Conselheiro Lafayette).

99. Tratando do mesmo episódio, conta, diferentemente, Heitor Lyra: "Não é sem propósito focalizar uma atitude de Lafayette. Pronunciava um longo discurso no Senado e fora interrompido por um aparte intempestivo de Diogo Velho, senador novato pelo Rio Grande do Norte. Interrompeu Lafayette o seu discurso, encarou fixamente o seu jovem interruptor, e lançou-lhe a célebre frase de Cícero, sob a risa geral do senado: *Sacer locus, puer, extra migite* (o lugar é sagrado, menino, vá mijar lá fora)" (*op. cit.*, vol. II, p. 375, nota 475).

deslize cometido na citação. O Visconde de Muritiba fecha o seu discurso com uma máxima que ele atribui a Maquiavel. Disse S. Exa.: '*quod si violandum est jus propter imperium, violandum sit*'. Direi que S. Exa. a este respeito está enganado. Esta máxima não é de Maquiavel. Maquiavel era homem de boas letras clássicas e, pois, não exprimiria o seu pensamento em um latim tão bárbaro e incorreto. O pensamento de Maquiavel é outro"[100].

Merece ser reportado, ainda, um dos discursos proferidos quando ministro da Fazenda e presidente do Conselho de Ministros, oportunidade em que, a um deputado mais exaltado e de voz tonitruante (Anísio Salatiel Carneiro da Cunha), disse que ele tinha "o direito de reivindicar a glória da jornada, assim como o companheiro do leão da fábula chamava a si a honra da caçada'. Ninguém, no momento, atinou com a alusão"[101], o que, por certo, fez com que alcançasse maior êxito. Quando, no entanto, sopraram ao parlamentar o sentido daquela expressão, "ficou rubro, desatinado, tentando retaliar fora de propósito, o que agravou o cômico da posição em que Lafayette o colocara"[102].

Conta-se também que, numa ocasião, "diante dele, mostrou-se surpresa uma pessoa que lhe havia sido apresentada momentos antes. – O conselheiro tem o olhar divergente! – disse o pobre num acesso de estupidez. – De ver gente não! – respondeu Lafayette 'incontinente'. – De ver burro"[103].

---

100. Paulo Brossard, discurso citado, p. 10. "Simili modo": Artur Mota, artigo citado, p. 418.

101. Affonso Celso de Figueiredo Júnior, "Lafayette", artigo citado, p. 410.

102. *Idem, Oito anos de parlamento*, p. 61.

103. Francisco de Assis Barbosa, *op. cit.*, p. 139.

Convém ser lembrado um último episódio, contado por Ernesto Leme: certa "vez foi Lafayette procurado por um deputado do Norte, que lhe enviou seu cartão de visita pelo contínuo a fim de se comunicar. O presidente do Conselho recebeu-o. E quando o parlamentar se retirava, Lafayette devolveu-lhe o cartão. Ante a recusa de seu interlocutor, que alegava possuir mais cartões, podendo, pois, Lafayette guardar o que lhe era oferecido, este redargüiu: 'Insisto para que aceite de volta o seu cartão; pode ser-lhe de grande utilidade' ... Encabulado, o visitante recebeu-o. Mas, quando foi examiná-lo, fora do gabinete do presidente, corou de vergonha: no verso do cartão havia umas anotações comprometedoras ..."[104]

Vida em família

Em valiosa entrevista concedida ao jornalista Francisco de Assis Barbosa em dezembro de 1944[105], Albertina Berta (Lafayette Stockler Pinto de Menezes), filha de Lafayette e respeitada escritora[106], foi quem melhor traçou o retrato do pai na vida em família, especialmente nos anos passados na Chácara da Gávea, onde, aliás, hoje funciona a Pontifícia Universidade Católica do Rio de Janeiro.

Evocando a figura paterna, começa por sublinhar seu amor à pintura e, mais do que tudo, pela literatura. O Conselheiro Lafayette, recorda-se a filha, vivia com os livros e era imensa sua biblioteca, com estantes de alto a baixo. Conquanto amasse a natureza e apreciasse a vida na

104. Artigo citado, p. 189.

105. Publicada na obra *Retratos de família*, citada, pp. 129-40.

106. De sua autoria foi publicada a obra *Ensaios*, Rio de Janeiro, J. Ribeiro dos Santos Editor, 1920, em que se fez a seguinte dedicatória: "*À memória do meu querido paezinho Conselheiro Lafayette Rodrigues Pereira*".

fazenda em Minas para descansar, montar a cavalo, caçar e pescar, o "grande prazer de sua vida era, porém, a leitura. No recolhimento do seu escritório, é que se sentia feliz, completamente feliz. Lafayette fumava muito. Fumava cigarros de palha, de fumo de rolo, fortíssimos. Ele mesmo, como bom mineiro, fazia os seus cigarrões. Marcava as leituras interrompidas com palha de milho[107]".

Em sua rotina diária na vida privada, Lafayette punha-se de pé às seis horas, tomava um café puro, começando o dia por um passeio pela chácara na companhia de dois enormes cães policiais[108]. Após isso, recolhia-se em seu escritório, separado da casa, onde trabalhava até às onze horas, retornando para o almoço. Comia pouco e calmamente, retomando o trabalho em seguida. "Escrevia com uma letra miúda, quase imperceptível. E como emendava muito, a filha tinha que servir-se de uma lente, ao passar a limpo os originais. – 'Papai, a bondade em pessoa, não admitia erros nas cópias. Queria um serviço perfeito, limpo e correto'."[109]

---

107. Albertina Berta Lafayette Stockler Pinto de Menezes, *op. cit.*, pp. 135-6

108. A propósito desses cães, Affonso Celso (de Assis Figueiredo Júnior) conta que, quando exercia o Governo, Lafayette não gostava de receber pretendentes de cargos em sua casa. Por isso que, mal "se recolhia, findos os quotidianos trabalhos obrigatórios, mandava soltar no jardim da chácara onde habitava, desprovida de campainha no portão principal, dois grandes cães mansos, mas muito ladrantes, ante desconhecidos. Queixou-se uma feita certo importuno candidato: 'Tenho ido, várias vezes, procurar V. Ex. na hora que me informaram mais própria; depois do jantar. Não pude, porém, entrar, pelo barulho dos cachorros que até nem deixam ouvir palmas ou chamados'. – Infelizmente – respondeu ele, com placidez – minha família não dispensa aquelas guardas, um tanto ferozes e até um deles parece ameaçado de hidrofobia. Naturalmente, o homem nunca mais apareceu" ("Lafayette", artigo citado, p. 404).

109. *Idem, ibidem*, p. 134.

Pondo à mostra os hábitos do pai, a filha revela que era um homem austero. "Andava no verão de branco, mas só em casa. Para sair à rua, nunca deixou de usar sobrecasaca e cartola. Dentro de casa, nunca o vi sem casaco ou sem gravata. Era homem modesto, mas impecável nas suas maneiras. Quando conselheiro de Estado, andava de carro. Não parecia ligar muito a esse luxo. Depois que a República foi proclamada, passou a ir de bonde à cidade.[110]"

Lafayette casou-se, tardiamente para os padrões da época, aos trinta e seis anos com Francisca de Freitas Coutinho, filha de advogado, de quem se sabe que estudara na Inglaterra e que o próprio Lafayette, em carta endereçada ao irmão[111], a qualificara como de "uma educação primorosa, modesta, singela, inteligente, amiga da economia, de costumes puríssimos e habituada a viver longe do bulício do mundo". Apesar da diferença de idade entre eles, lembra a filha, "os dois viveram em lua-de-mel a vida inteira. Nunca vi papai e mamãe brigando. Tratavam-se afetuosamente. Chica e Lafite eram nomes que se entrecruzavam, nesta casa, por entre expansões de mil ter-

---

110. *Idem, ibidem*, pp. 136-7.

111. Nessa missiva (publicada na íntegra em *Cartas ao irmão, cit.*, p. 75), datada de 14 de junho de 1870, breve como as demais e conforme o seu estilo, Lafayette, apesar de contar com 36 anos de idade e de já ter sido presidente de duas províncias, mas sem coragem de se dirigir diretamente ao velho pai, pede ao irmão que a este entregasse outra carta, onde formalizava pedido de consentimento para o casamento, rogando resposta para apresentar à família da pretendente. É preciso, escreve, "que saibas que já fiz minha promessa e que não posso, por consideração alguma, faltar a ela", despedindo-se do irmão com a confissão de estar "muitíssimo contente" com o matrimônio em vista. Mais do que respeito, noutra carta, esta de julho de 1881, dirigida ao seu pai, o barão de Pouso Alegre, Lafayette, com 47 anos de idade, dele se despede expressando sua *obediência* e seu amor, o que evidencia, bem apropriadamente, o caráter profundamente respeitoso da relação entre pais e filhos àquela época (*Cartas ao irmão, cit.*, p. 148).

nuras". Na relação com os filhos, Lafayette era um pai extremoso, "mas severo e enérgico[112]".

Os últimos anos

Por oitenta e dois anos estendeu-se a vida de Lafayette Rodrigues Pereira, divididos entre o Império e a República. Aos 29 dias do mês de janeiro de 1917 – poucos dias depois do falecimento do prestigiado filósofo Farias Brito, em 16 de janeiro –, pela manhã, no aconchego da família, o Conselheiro Lafayette morria em seu refúgio na Chácara da Gávea, na rua Marquês de São Vicente, Rio de Janeiro, onde foi sepultado.

Cerca de cinco anos antes, ao procurar um livro em sua vasta biblioteca, veio a cair da escada, acidente que lhe causou, homem velho que era, uma fratura não consolidada do fêmur. Com a conseqüente perda da faculdade de locomoção, que lhe pôs sérios entraves ao trabalho, o Conselheiro nunca mais sairia de casa. Se não bastasse, a essa época perdeu completamente a visão[113] e, à medida que os anos avançavam, também a arteriosclerose foi se agravando, o que fazia avizinhar-se o desenlace. E é curioso que o destino fez parar-lhe as batidas do coração justamente alguns dias após a entrada em vigor do Código Civil de 1916 (em 1.º de janeiro de 1917), para cuja elaboração tanto colaborou com seus ensinamentos doutrinários.

Viúvo de Francisca Coutinho Rodrigues Pereira desde 10 de julho de 1901, Lafayette deixou cinco filhos[114]. Abrin-

---

112. Albertina Berta Lafayette Stockler Pinto de Menzes, *op. cit.*, pp. 134-5.

113. A informação é de Paulino Jacques, artigo citado, p. 31.

114. Lafayette Coutinho Rodrigues Pereira, Olímpio Coutinho Rodrigues Pereira, Francisco Lafayette Rodrigues Pereira, Albertina Berta Lafayette Stockler Pinto de Menezes e Corina Lafayette de Andrada.

do um parêntese, é interessante notar que a descendência de Lafayette entrelaçou-se com a tradicional e célebre linhagem dos Andradas e, de alguma forma, tem estado sempre ligada ao direito. Assim é porque uma das suas filhas, Corina, casou-se com José Bonifácio de Andrada e Silva (1871-1954)[115], bisneto do homônimo José Bonifácio de Andrada e Silva ("o velho", cognominado o "Patriarca da Independência") e, ao mesmo tempo, neto de Martin Francisco Ribeiro de Andrada (ministro da Fazenda do Império e irmão de José Bonifácio, com cuja filha contraiu núpcias), sendo ele também sobrinho de José Bonifácio, o Moço (1827-1886), professor de direito da Academia de São Paulo e insigne parlamentar. Dessa união resultaram três filhos, que seriam alguns dos netos do Conselheiro Lafayette: Martin Francisco Lafayette de Andrada (diplomata), José Bonifácio Lafayette de Andrada (parlamentar)[116] e, por fim, Antonio Carlos Lafayette de Andrada (1900-1974). Esse último chegou a ser ministro (exercendo ainda a presidência) do Supremo Tribunal Federal no longo período de novembro de 1945 a fevereiro de 1969, tendo ocupado a vaga aberta em razão da aposentadoria de Eduardo Espínola.

Aos filhos, Lafayette deixou pequena herança, limitada às terras da fazenda dos Macacos, em Minas Gerais,

---

115. Coube, aliás, a esse genro de Lafayette, que foi deputado federal e embaixador do Brasil em Portugal e na Argentina, anotar e adaptar ao Código Civil de 1916 as suas duas obras clássicas (*Direitos de família* e *Direito das coisas*).

116. Dos filhos de José Bonifácio Lafayette de Andrada (que seriam, pela linha materna, alguns dos bisnetos do Conselheiro Lafayette), um deles, Bonifácio José Tamm de Andrada, além de doutor em direito, é atualmente deputado federal por Minas Gerais, já em seu 6.º mandato. Dos seus filhos, um deles, José Bonifácio Borges de Andrada (trineto do Conselheiro Lafayette), da carreira do Ministério Público Federal, ocupa hoje, em julho de 2002, quando este trabalho é concluído, a Advocacia-Geral da União.

que ele próprio havia recebido por sucessão do pai, e a Chácara da Gávea, onde viveu seus últimos anos. Convenha-se que se afigura modesto esse patrimônio para quem não faltaram – mormente se tivesse querido tirar maior proveito de sua condição de grande e afamado jurisconsulto – muitas oportunidades de enriquecer, a demonstrar que "os bens da fortuna jamais o seduziram"[117]. Essa ausência de ambição e simplicidade de vida podem ser atestadas pelo fato de que, a despeito de ter sido presidente do Conselho de Ministros, Lafayette recusou, como outros chefes liberais do seu tempo, qualquer título de nobreza[118], conservando somente o de *Conselheiro* do Imperador, que soube honrar e com o qual se tornou mais conhecido.

Não se sabe em quais datas, mas a Lafayette foram outorgadas a Grã-Cruz da Ordem de Cristo e as insígnias do Oficialato da Ordem da Rosa, tendo, outrossim, sido ele membro do Instituto dos Advogados Brasileiros. Em vida, recebeu também significativa homenagem do Imperador: em 15 de dezembro de 1883, quando o Conselheiro ainda exercia a presidência do 31.º Gabinete, D. Pedro II, ao inaugurar o último trecho da Estrada de Ferro que ligava o Rio de Janeiro a Minas Gerais (o ramal mineiro da Central do Brasil), à estação ferroviária de Queluz batizou com o nome de "Lafayette", o que serve para demonstrar o apreço que lhe devotava.

A mais alta distinção, porém, que se fez à sua memória foi talvez a de ter sido atribuído o seu nome à cidade onde nasceu. Em 1934, quando se comemorou o centenário de nascimento do Conselheiro Lafayette Rodrigues Pereira, por força do Decreto Estadual n.º 11.274, de 28 de

---

117. J. Rodrigues de Almeida, "Esboço genealógico", *Cartas ao irmão, cit.*, p. 182.

118. Heitor Lyra, *op. cit.*, vol. II, p. 39.

março de 1934, assinado por Benedito Valadares Ribeiro, interventor federal que a esse tempo governava o estado de Minas Gerais, o antigo município de Queluz passou a denominar-se *Conselheiro Lafaiete*. Não se poderia deixar de aditar que é aí, à sombra da Serra do Espinhaço, que hoje descansam os restos mortais do Conselheiro, trasladados solenemente em 1984 por iniciativa do então prefeito municipal, Vicente de Faria Paiva, quando se comemorou o sesquicentenário do seu nascimento.

Concluindo, o bom padre Antônio Vieira dizia que morrer "de muitos anos e viver muitos anos não é a mesma coisa. Ordinariamente, os homens morrem de muitos anos e vivem pouco. Por quê? Porque nem todos os anos que passam, vivem: uma coisa é contar os anos, outra é vivê-los; uma coisa é viver, outra durar". Bem se pode ver que o Conselheiro Lafayette Rodrigues Pereira viveu muito e foi extraordinariamente variada sua vida; presidente de província, deputado, ministro e conselheiro de Estado, presidente do Conselho de Ministros, diplomata, foi também jornalista, advogado e, acima de tudo, *grande jurista*; viu nascer filhos e netos; escreveu livros e pertenceu à Academia Brasileira de Letras; mais de uma vez viajou ao exterior, conhecendo outras culturas; foi criticado, mas também muito amado, admirado e homenageado ainda em vida.

Sua história, como a de poucos homens, não se finda com a morte, pois, em verdade, continua a viver até hoje em cada página de suas obras. Recolher seus ensinamentos, estudá-los carinhosamente, não é simplesmente honrá-lo: é honrar-nos a nós mesmos. É recolher nosso legado.

Nélson Hungria
O passageiro da divina comédia

*René Ariel Dotti**

A homenagem por ocasião da aposentadoria

Ao saudar o ministro Nélson Hungria, por ocasião de sua aposentadoria no Supremo Tribunal Federal (12/4/1961), Evandro Lins e Silva destacou a "vocação de Advogado com assento na magistratura que o conduzia muitas vezes à veemência de uma linguagem que provocava a perplexidade e o assombro na mansuetude dos tribunais".

Falando naquela cerimônia em nome dos advogados brasileiros, o notável criminalista salientou também a virtude de *polemista exímio* do homenageado que sempre encontrava a "réplica desconcertante para os opositores da tese que sustentava, com eloqüência faiscante e dialética contundente (...) Nélson Hungria soube ser um grande Juiz com esse espírito combativo de lutador bravo e indômito, mineiro na vontade e *gaúcho no penache,* como o definiu o doce poeta e Juiz Adelmar Tavares".

---

* Professor titular de Direito Penal; membro de comissões de reforma do sistema criminal brasileiro e membro da Academia Paranaense de Letras.

A homenagem pela ocasião do centenário

Trinta anos mais tarde, e também no Supremo Tribunal Federal, Nélson Hungria seria novamente homenageado. Agora, pelo resgate da memória de sua condição humana e pelas virtudes que imprimiram à sua vida e à sua obra as marcas da permanência no tempo.

Do presidente da Ordem dos Advogados do Brasil, Marcello Lavenère Machado, recebi a honrosa e grata deferência para prestar a homenagem póstuma a Nélson Hungria, em nome dos advogados brasileiros e no dia do centenário de seu nascimento (16/5/1991).

A oração proferida é uma tímida *fresta* a sugerir o universo de luz e calor que envolve a passagem física pela terra do maior penalista brasileiro de todos os tempos, a transmitir notáveis lições de humanidade, Direito e Justiça para as gerações do seu tempo e do futuro.

Presidida pelo ministro Sydney Sanches, a solenidade contou com a presença dos ministros Moreira Alves, Néri da Silveira, Octávio Gallotti, Célio Borja, Paulo Brossard, Sepúlveda Pertence, Celso de Mello, Carlos Velloso e Marco Aurélio. Em nome do Ministério Público falou o doutor Affonso Henrique Prates Correia e pelo Supremo Tribunal Federal o orador foi o ministro José Paulo Sepúlveda Pertence, que, assim como sucedeu com o homenageado, vive a provação da magistratura, após as viagens de corpo e espírito pelos caminhos do Ministério Público e da Advocacia.

Como salientou Evandro Lins e Silva, na oração já referida, "Nélson Hungria é um tema fácil. Fácil, porém vasto e em demasia para represar-se nos limites de um discurso, que os usos e as praxes exigem que seja breve".

Com essa referência, pretendo escusar-me das omissões e da natureza do discurso enquanto não puder transmitir um pouco, pelo menos, da maior virtude de Nélson Hungria: a criação dos mundos da realidade e da fantasia segundo a palavra.

Fica, porém, como consolo pessoal, a vontade de continuar a oração de homenagem com outros trechos da mesma história. Na cátedra, nos auditórios do foro, nos gabinetes, nos corredores do mundo e da vida.

Revisitando as lições, reencontrando a fotografia e percorrendo o mapa-múndi da geografia da humanidade, eu recordo Nélson Hungria e peço aos juízes desta leitura a diminuição da pena de rejeição para o *discurso continuado* que se pratica com os temas da mesma espécie e que, pelas condições de tempo, lugar, modo de realização e outras semelhantes, devem uns ser considerados como sucessão de outros no mesmo contexto de admiração e saudade.

O maior exemplo de que a memória da vida e a qualidade da obra de Nélson Hungria devem continuar nos foi transmitido por ele mesmo.

Narra a crônica familiar que, momentos antes de falecer, ele reclamou a presença dos quatro filhos e, ainda com voz firme, pediu-lhes que o perdoassem por não ter deixado riqueza material, ouvindo a resposta afetuosa de que não poderia ser maior a fortuna que o seu exemplo de vida. Mas ele insistiu na sua derradeira preocupação, declamando longa passagem, no mesmo sentido, de Carlyle sobre um pai e seus filhos.

Um dos jornais do Rio de Janeiro que noticiou a morte do príncipe dos penalistas brasileiros referiu que, naqueles instantes de despedida, Nélson Hungria teria dito aos filhos mais ou menos assim: "Logo mais, quando estiverem me levando e eu não puder falar, saibam que estarei dizendo em silêncio: Aqui vai o Nélson; *muito a contragosto*".

Aquele foi o dia 26 de março de 1969.

O texto do discurso perante o Supremo Tribunal Federal

É o seguinte o texto do discurso que proferi e ao qual foram acrescidas notas de rodapé.

Os advogados brasileiros comparecem a esta solene audiência para prestar também o seu depoimento de apreço e admiração pela vida e obra de Nélson Hungria Hoffbauer. Não, porém, na condição de simples testemunhas ou meros espectadores deste processo de restauração parcial da memória jurídico-penal. Comparecem como qualificados e antigos habitantes das moradias da sensibilidade, do talento, do vigor e da esperança que ao longo de sua vida construiu Nélson Hungria através de seus iluminados e antológicos textos.

A teoria e a prática do direito criminal em nosso país não conheceram expressão mais fulgurante de Mestre e humanista. Nos mais diversos e longínquos mundos da realidade e da imaginação dos casos criminais, ele foi, e continua sendo pela obra imortal, o personagem, o ator e o espectador da *divina comédia da existência*. Infernos, purgatórios e paraísos, todos os cenários dantescos da vida cotidiana foram esculpidos e interpretados em suas lições.

A imensa obra de Nélson Hungria é um dos modelos ambulantes da vida, da paixão, da morte e da ressurreição da palavra como sagração e canto da condição humana.

Se existem duas grandes classes de escritores geniais – os que pensam e os que fazem pensar – Nélson Hungria foi o exemplo permanente e aliciante de ambas as categorias. Ele não somente pensava o universo do ser humano como protagonista da tragicomédia do delito como também fazia pensar a grande multidão de seus leitores: os profissionais e os estudiosos do direito penal.

Os seus comentários ao Código Penal constituem a reencenação da aventura da existência, assim como o fizeram as sagradas escrituras. Com uma diferença, porém: os profetas que falam através das páginas de Nélson Hungria não são os místicos que flutuam sobre a realidade. São as criaturas de carne e osso que escrevem, dirigem, interpretam e montam a representação da vida. Os profetas do incomensurável espólio intelectual de Nélson Hungria são os réus, as vítimas, as testemunhas, os juízes, os advogados, os promotores, os peritos, todos, enfim, que fazem e reconstituem a história do delito e do delinqüente e decidem em nome da consciência e da lei.

Os profissionais do Direito Criminal, especialmente os professores e alunos, sabem que as lições de Nélson Hungria constituem a melhor e a mais informada síntese dos estágios do direito penal brasileiro ao longo de sua formação histórica, a partir do tempo da colonização. Desde o ano de 1933, quando obteve a livre-docência na antiga Faculdade Nacional de Direito, com a sua primeira obra publicada *Fraude penal*[1], e até os dias presentes, Nélson Hungria é o combativo advogado, o aguerrido acusador e o empolgado árbitro das doutrinas em transição, principalmente aquelas já desgastadas no velho mundo – como o positivismo criminológico do final do século passado – mas aqui assumidas pelos *novos cristãos*. Àqueles tradutores de idéias superadas, como pintores de *natureza morta*, Nélson Hungria destinava a imagem crítica muito sugestiva: "enquanto a Europa faz fogo, o Brasil arde em fumaça"[2].

---

1. Segundo refere Cid Flaquer Scartezzini, em texto biográfico, a imensa obra jurídica de Nélson Hungria alcança "sem qualquer exagero" o número superior a 20.000 (vinte mil) escritos entre artigos jornalísticos, discursos, monografias, ensaios, conferências, sentenças, votos, acórdãos, arrazoados, pareceres e livros (*Nélson Hungria: o homem e o jurista*, discurso de posse na Academia Paulista de Direito, em 23 de setembro de 1974, homenageando o patrono da cadeira n.º 18).

2. Esta comparação foi também apresentada sob outra forma: "Já não emitíamos fumaça quando a Europa acendia fogo" ("A evolução do direito penal brasileiro nos últimos 25 anos", em *Novas questões jurídico-penais*, Rio de Janeiro, Editora Nacional de Direito, 1945, p. 25). Outra sa-

Ele foi o líder intelectual da comissão encarregada de redigir o Código Penal de 1940[3] e o seu grande arquiteto, não obstante o crédito concedido a Alcântara Machado, autor do projeto que serviu de base aos trabalhos da comissão[4]. Declarou que o projeto Alcântara Machado estava para o Código Penal assim como o projeto Clóvis Beviláqua esteve para o Código Civil[5].

E na defesa do Código Penal, Nélson Hungria proferiu conferências e redigiu textos, no início dos anos 1940, que iluminaram o roteiro histórico das idéias e dos movimentos difundidos nos vinte e cinco anos anteriores. Referindo-se à bibliografia daquele tempo, Nélson Hungria afirmou ser "escassa, enfezada e carrasquenha". Apenas arranhava a epiderme da lídima ciência penal cujo estudo, por isso mesmo, tornava-se desinteressante e tedioso[6].

---

borosa crítica à importação servil de idéias e teorias se contém no trecho do artigo "Ortotanásia ou eutanásia por omissão", nos seguintes termos: "Mercê de Deus que no Brasil, à parte uma irrequieta e ínfima minoria de *camelots* a apregoar o súbito mérito de idéias extravagantes, só porque fazem o *cachet* de novidade e da procedência européia, não há clima para o ceticismo que avassala a mentalidade do Velho Mundo." *Comentários ao Código Penal,* Apêndice, Rio de Janeiro, Forense, 1977, vol. I, t. I, p. 349).

3. Decreto-Lei n.º 2.848, de 7 de dezembro de 1940. Além de Nélson Hungria, integraram a comissão Vieira Braga, Roberto Lyra e Narcelio de Queiroz. Colaborou na redação final do projeto, Abgar Renault. No epílogo da Exposição de Motivos do projeto, assinada pelo ministro Francisco Campos, é feita a recomendação especial dos mencionados membros da comissão e também de Alcântara Machado e Antonio José da Costa e Silva.

4. *Projeto do Código Criminal brasileiro,* São Paulo, Revista dos Tribunais, 1938. Em 15 de maio de 1938, estava pronta a parte geral, contendo 131 artigos. A parte especial, com 259 artigos, foi publicada em 11 de agosto daquele ano.

5. "A autoria intelectual do Código de 1940" em *Comentários ao Código Penal,* Apêndice, Rio de Janeiro, Forense, 1958, vol. I, t. I, p. 210. Este artigo foi reproduzido na 5.ª edição dos *Comentários,* 1977, pp. 350 ss.

6. "A evolução do Direito Penal brasileiro nos últimos 25 anos", conferência realizada na Faculdade de Direito de São Paulo e publicada em *Novas questões jurídico-penais, cit.,* pp. 17-8.

Ressalvadas exceções marcantes como as contribuições de Galdino Siqueira[7], Antonio José da Costa e Silva[8], José Hygino Duarte Pereira[9] e pouco mais[10], era a época

---

7. A propósito do *Direito penal brasileiro*, de Galdino Siqueira, cuja primeira parte foi publicada em 1921, Nélson Hungria dirigiu as seguintes palavras: "Foi um acontecimento vardadeiramente notável. Tínhamos, afinal, escrita, com mão de mestre, uma exposição clara e reconstrutiva do nosso direito penal positivo, interpretado dentro do raciocínio lógico-jurídico, retraçado nas suas fontes e no seu desenvolvimento histórico, coordenado nos seus princípios e corolários, exaustivamente comentado à luz da doutrina e jurisprudência modernas. Foi como se tivéssemos subido a um alcantil, descortinando a vastidão da paisagem circundante, divisando sítios nunca dantes percebidos, perscrutando toda a dilatada sucessão dos acidentes geográficos. Através do livro de Galdino, o Código de 90, que tão injustamente fora chamado 'o pior Código penal do mundo', aparecia-nos sob aspectos novos, reabilitado de muitas acusações que lhe faziam, explicado nos seus pontos obscuros ou incompreendidos, reintegrado no verdadeiro sentido dos seus dispositivos, cientificamente reajustado ao seus sistema orgânico e habilmente remoçado por uma exegese adaptativa..." ("A evolução do Direito Penal brasileiro", *cit.* pp. 18-9). A segunda parte do *Direito penal*, tratando da parte especial do Código Penal de 1890, veio a lume em 1924, edição de Jacintho Ribeiro dos Santos, Rio de Janeiro.

8. *Código Penal dos Estados Unidos do Brasil*, São Paulo, Companhia Editora Nacional, vol. I publicado em 1930 e vol. II editado em 1938. A propósito, disse Hungria: "Foi por essa época que Antonio José da Costa e Silva, então Ministro do Tribunal de Justiça de São Paulo, publicou, para glória e orgulho da nossa cultura jurídica, o primeiro volume do seu 'Código Penal' (1930). Dir-se-ia que atingíramos o ponto culminante de gradativa ascensão. Pela fiel informação doutrinária, pela riqueza e solidez de ensinamentos, perfeição técnica, concisão e clareza de estilo, esse livro foi, e continua sendo, a obra máxima do direito penal brasileiro. Atualizou conhecimentos, devassou distâncias, retificou caminhos, fixou certeiras diretrizes..." ("A evolução do Direito Penal brasileiro", *cit.*, p. 24).

9. Existe unanimidade entre os estudiosos no sentido de que a tradução e os comentários de José Hygino Duarte Pereira ao *Tratado de direito penal alemão*, de Franz Von Liszt (F. Briguiet G & C Editores, Rio de Janeiro, 1899), constitui uma das mais importantes obras da literatura jurídico-penal brasileira. O prefácio do tradutor é, sem sombra de dúvida, um dos mais lúcidos e eruditos textos em que a qualidade da forma e a riqueza do conteúdo completam-se magistralmente.

10. Não sendo injusto para com seus contemporâneos, Nélson Hungria refere-se a "sérios estudos, consubstanciados em livros e monogra-

dos anotadores do Código Penal a respeito dos quais Esmeraldino Bandeira escrevia, "molhando a pena em vinagre", que não faziam avançar um passo na evolução da ciência jurídica e estavam para esta como certos indivíduos para a indústria nacional: "Mandam vir do estrangeiro um por um dos elementos que compõem determinado produto, inclusive o invólucro. Reúnem e colam esses elementos e, metendo-os no invólucro referido, os expõem à venda como produto nacional. *Mutatis mutandis*, é o que praticam aqueles anotadores. Apanham aqui e recortam ali as lições de uns juristas e as decisões de uns tribunais, reúnem e colam tudo isso e metem depois num livro, que fazem publicar. Põem na lombada o seu nome de *autor*, e nesse nome circula e é citado o livro."[11]

Ainda analisando a produção jurídico-penal daqueles "últimos vinte e cinco anos", isto é, de 1918 a 1943, o príncipe dos criminalistas brasileiros *mandou chumbo grosso* contra a jurisprudência que "não voava mais longe que um curiango. Salvo um ou outro julgado de maior fôlego, limitava-se à obsedante enunciação de algumas regrinhas, de contestável acerto, mas que, à força de se repetirem, haviam adquirido o cunho de verdades axiomáticas"[12].

As expressões e as imagens com as quais Nélson Hungria cunhava as pessoas, atitudes e situações, compõem um repertório saboroso da literatura brasileira e justifica-

---

fias. Toda uma plêiade de autores novos, em concorrência com os já consagrados surgia na liça". E destaca alguns nomes como: Lemos Sobrinho, Osman Loureiro, Pedro Vergara, Lemos de Brito, Moniz Sodré, Raul Machado, Vicente de Azevedo, Ary Franco, Roberto Lyra, Basileu Garcia, Noé Azevedo, Soares de Mello, Cândido Motta Filho, Ataliba Nogueira, Aloísio de Carvalho, Narcelio de Queiroz, Demóstenes Madureira de Pinho, Jorge Severiano, Magalhães Drumond, José Duarte, Anibal Bruno, Oscar Stevenson e outros ("A evolução do Direito Penal brasileiro nos últimos 25 anos", *cit.*, p. 25).

11. *Idem*, p. 18.

12. *Idem, ibidem*.

riam, por si sós, o seu assento na mais importante Academia de Letras.

Com efeito, a propósito da *Consolidação das leis penais,* que o desembargador Vicente Piragibe editou em 1932, disse tratar-se de obra feita com "paciência beneditina e habilidade de um mosaísta"[13]. Sobre a Antropologia, que na formação e desenvolvimento do positivismo criminológico assumiu a condição de grande estrela a partir do universo desvendado por Lombroso, Ferri e Garofalo, o nosso feroz crítico afirmou ser ela "o ramo seco da ciência"[14].

"Não era de estranhar tal adjetivação partindo de quem, já aos sete anos de idade, uma criança portanto, fundou o semanário *A Vespa,* com o qual, certamente, ferreteava os dissidentes e antagonistas de seus pensamentos e seus desejos.

A virtude e o talento de crítico acompanharam-no durante toda a vida intelectual. Advogou a causa da validade científica do Código Penal de 1890, "o caluniado Código de 90" (que) "fora metamorfoseado pela espetacular e profusa oratória criminal, desorientadora da justiça ministrada pelos juízes de fato, num espantalho ridiculamente desacreditado"[15].

Possuído de *ira santa* vituperou contra o "*passionalismo* sanguinário que andava à solta, licenciado sob a es-

---

13. *Idem,* p. 24.

14. "Acontece, entretanto, que com estes meus ângulos de vista não se conforma o conhecido professor e meu particular amigo Dr. Leonidio Ribeiro, que se especializou, entre nós, no estudo desse ramo seco da ciência que se chama antropologia criminal." ("O Código Penal e as novas teorias criminológicas", em *Novas questões jurídico-penais, cit.,* p. 61).

15. "A evolução do Direito Penal brasileiro nos últimos 25 anos", *cit.,* p. 17. E prossegue com veemência: "Foi o período áureo do *passionalismo sangüinário,* que andava à solta licenciado sob a estapafúrdia rubrica de 'privação dos sentidos'. As teorias revolucionárias da chamada 'nova escola penal' difundidas a *la diable,* mal compreendidas ou tendenciosamente utilizadas, eram a moeda que, embora sem autorização legal, mas sob o pretexto de deplorável atrazo (sic) da nossa lei escrita, livremente circulava nos recintos do tribunal de jurados."

tapafúrdia rubrica da privação dos sentidos (...) A licenciatura psiquiátrica a lobrigar o *patologismo* nas mais fugidias discordâncias de conduta, era piamente acreditada e abria a porta da prisão a uma privilegiada chusma de sicários e rapinantes"[16].

Ninguém melhor que Hungria definiu o homicídio como "o ponto culminante na orografia dos crimes"[17]. Comentando o crime de sedução disse que "a promessa feita no momento erótico, com a voz empastada da libido estuante" ia muito além da promessa do anel de casamento. Se a ofendida pedisse, o agente lhe prometeria o "anel de Saturno"[18].

A alguns jovens penalistas que divergiam de aspectos de seu *Anteprojeto de Código Penal,* editado em 1963, disse que a crítica nada mais refletia "que sua adesão aos 'aranhóis' em que se compraz o doutrinarismo jurídico-penal dos mais recentes autores alemães"[19].

Nélson Hungria sempre advogou a causa da dignidade do direito penal como ciência a salvo do que ele chamava de "capilarismo de conceitos e critérios, numa infindável, miúda e árdua análise dos versículos da lei"[20].

---

16. *Idem, ibidem,* p. 17.

17. *Comentários ao Código Penal,* Rio de Janeiro, Revista Forense, 1955, vol. V, p. 25.

18. *Idem,* vol. VIII, p. 173. A ironia foi também uma das virtudes com as quais Nélson Hungria desarmava opositores, persuadia espíritos em dúvida ou comentava os casos de rotina. Após examinar os aspectos da violência e da grave ameaça no estupro e concluir que, de modo geral "um só homem, sem outro recurso que as próprias forças, não conseguirá, ao mesmo tempo, tolher os movimentos defensivos da vítima (sendo esta mulher adulta, normal e sã) e possuí-la sexualmente", arrematou com esta *pérola de humor.* "Conta-se de um juiz que, ao ouvir de uma pseudo-estuprada que o acusado, para conter-lhe os movimentos de defesa, se servira, durante todo o tempo, de ambas as mãos, indagou: 'Mas quem foi que conduziu o *ceguinho*?' E a queixosa não soube como responder..." (*Comentários ao Código Penal,* vol. VIII, p. 123).

19. "Em torno do anteprojeto de Código Penal", em *Revista Brasileira de Criminologia e Direito Penal,* n.º 5, abr./jun. 1963), p. 7.

20. "Direito Penal e Criminologia", *Revista Brasileira de Criminologia e Direito Penal,* n.º 1, abr./jun. 1963, p. 5. Do mesmo artigo (p. 7) é esta elo-

"A guerra decretada no início dos anos 1940 contra o extravio de método diante da confusão de conceitos e objetivos entre o direito penal e as ciências afins, não teve trégua nas décadas seguintes. A legislação nova tinha, segundo ele proclamou com vigor, "mandado para o limbo as denominadas ciências criminológicas"[21], razão pela qual não mais poderiam ser reconhecidas como ciências penais.

Em célebre conferência no ano de 1942, concitou os juízes, promotores, advogados, professores e demais estudiosos da ciência penal a pugnarem pela "nossa *doutrina de Monroe*: o direito penal é para os juristas, exclusivamente para os juristas. A qualquer indébita intromissão em nosso *lebensraum*, em nosso indeclinável *espaço vital*, façamos ressoar, em toque de rebate, os nossos tambores e clarins"[22].

Continuaram fortes em nossa memória e em nossos corações de enamorados do Direito e da Justiça criminais as suas adamantinas palavras: "Ciência penal não é só a

---

qüente *declaração de amor* à verdadeira ciência do Direito Penal: "Precisamos defender a ciência penal de bruçada sobre o agitado cenário da vida, a identificar os fatos na sua flagrância, na sua caleidoscópica realidade, e não adstrita aos ápices de acrisolado jurismo, que, por amor a si mesmo, procura entestar com as estrelas. Precisamos reivindicar o direito penal como direito que deriva de almas para almas, de consciências para consciências, de homens para homens. Precisamos rastrear o direito penal como direito destinado não a um homem convencional, mas ao homem de carne e espírito, ao *homem nascido de mulher*, ao homem tal qual é, por vezes com o demônio no sangue, mas, afinal, sempre homem, e sempre com a possível recuperação de si mesmo, na plasticidade da sua natureza e na virtude prodigiosa de seu autodeterminismo (...). O direito penal que deve ser aprendido e aplicado não é o que se contenta com o eruditismo e impecável elegância da construção teórica, mas o que, de preferência, busca encontrar-se com a vida e com o homem, para o conhecimento de todas as fraquezas e misérias, de todas as infâmias e putrilagens, de todas as cóleras e negações, e para a tentativa, jamais desesperada, de contê-las e corrigi-las na medida da justiça e assistência social."

21. "Introdução à ciência penal", em *Novas questões jurídico-penais, cit.*, p. 15. No mesmo rumo o texto da conferência "O Código Penal e as novas teorias criminológicas", em *Novas questões, cit.*, p. 49 ss.

22. *Idem*, p. 15.

interpretação hierárquica da lei, mas, antes de tudo e acima de tudo, a revelação do seu *espírito* e a compreensão de seu *escopo*, para ajustá-la a fatos humanos, a almas humanas, a episódios do espetáculo dramático da vida. O crime não é somente uma abstrata noção jurídica, mas um fato do mundo sensível e o criminoso não é um *modelo de fábrica*, mas um trecho flagrante de humanidade. A ciência que estuda e sistematiza o direito penal não pode fazer-se cega à realidade, sob pena de degradar-se num formalismo vazio, numa platitude obsedante de mapa mural de geometria. Ao invés de librar-se aos pináculos da dogmática, tem de vir para o chão do átrio onde ecoa o rumor das ruas, o vozerio da multidão, o estrépito da vida, o fragor do mundo, o bravio da tragédia humana. Não pode alçar-se às nuvens, no rumo do céu, pois tem de estar presente ao entrevero dos homens, ao dantesco tumulto humano de *diverse lingue/ orrible favelle/ Parole di dolore, accentid'ira/ Voci alte, e fioche, e suon di man com elle*[23]."

Esta marcante passagem lembra os caminhos da esperança e da angústia sintetizados de forma lapidar na poesia de Oscar Wilde: "Lancei minh'alma ao espaço/ à procura de um bem sempiterno/ E quando ela a mim tornou/ Trouxe um pouco do céu e um pouco do inferno."

A causa da autonomia do direito penal relativamente aos institutos e métodos de direito civil nos proporcionou outro inesquecível texto, pronunciado em 1949: "Os pandectistas do Direito Penal". E salienta que, na sua demasiada reação contra a escala antropológica ou positiva, o movimento vitorioso do tecnicismo jurídico-penal não vacilou em tomar de empréstimo os processos e os critérios da dogmática do direito civil. As teorias penais foram assimiladas aos institutos civilísticos como a teoria das obrigações. Ele proclamou que "o direito penal contemporâneo perdeu a luminosidade de sol mediterrâneo com que o ensinava Carrara, o excelso e imortal professor da Uni-

23. *Idem*, pp. 6-7.

versidade de Pisa (...) Foi deplorável a transfusão de sangue que o direito penal recebeu, sem necessidade alguma, do direito civil" [24].

A inflação de leis penais dos últimos anos, e em especial no campo econômico-financeiro caracteriza um *novo direito penal do terror*. Não podendo mais recair contra os hereges e os dissidentes políticos como antigamente, dirige-se agora contra os intérpretes e aplicadores da lei. Reagindo a essa babélica produção, o pranteado Hungria certamente iria repetir que "o prurido legiferante no Brasil é *coceira de urticária*" [25].

No final dos anos 1950, Nélson Hungria liderou uma histórica campanha contra a pena de morte, conclamando à revisão da sentença que condenara Caryl Chessman a morrer na câmara de gás, no estado da Califórnia.

O movimento abolicionista não impediu a consumação do *homicídio legal*. Mas reafirmou as virtudes de humanidade e esperança do grande criminalista que sempre foi contrário à pena capital. A propósito, merecem releitura seus trabalhos editados no Brasil[26] e em Portugal, este

---

24. Conferência pronunciada na Faculdade de Direito da Universidade de Minas Gerais e publicada nos *Comentários ao Código Penal, cit.*, Apêndice, vol. I, t. II, pp. 443 ss. e, especialmente, p. 24. O texto foi republicado na 5.ª edição (1978) da mesma obra, atualizada por Heleno Cláudio Fragoso, pp. 443 ss.

25. "A nova lei de imprensa", em *Comentários ao Código Penal, cit.*, Apêndice, vol. VI, p. 269.

26. "Sobre a pena de morte", conferência pronunciada na Faculdade de Direito de Belo Horizonte, em 26 de maio de 1951, publicada nos *Comentários ao Código Penal, cit.*, Apêndice, vol. I, t. II, pp. 459 ss. e republicada no vol. III, edição de 1959 e no vol. I, t. II, de 1978, atualizada por Heleno Cláudio Fragoso, pp. 459 ss.; e "A pena de morte e as medidas de segurança". Muitas outras conferências, teses e artigos foram divulgados nos apêndices dos *Comentários ao Código Penal*. Vale referir, pela ordem, os textos que ainda não foram mencionados: vol. I, t. I (1958), "Direito Penal comparado: histórico, objeto e finalidade" e "Asilo político", republicadas na mesma obra, edição de 1977, e vol. I, t. II (1958), "Um novo conceito".

referente ao colóquio do centenário da abolição da pena capital naquele país[27].

No momento em que um projeto de lei flagrantemente inconstitucional tramita no Congresso Nacional visando a implantar a pena de morte em tempo de paz, e aguardando contar com a cumplicidade de um plebiscito alimentado pelo *discurso político do crime*, o exemplo do Mestre Hungria deve ser retomado.

Nos seus últimos anos de vida física, o nosso homenageado retornou ao exercício viril da advocacia. Recebeu inúmeras homenagens de apreço, inclusive a láurea de uma coletânea em seu nome e com a doutrina de notáveis penalistas[28].

Foi o tempo de várias reconciliações. Com a criminologia – em termos – porquanto os criminólogos "afinal se deixaram possuir da *dúvida metodológica* ou *dúvida cartesiana* e, com renovado espírito, reviram suas próprias idéias programáticas"[29]. Revisou, parcialmente, a *sentença de mal-*

---

27. "A pena de morte no Brasil", em *Pena de morte*, edição da Faculdade de Direito da Universidade de Coimbra, 1967, vol. II, pp. 173 ss.

28. *Estudos de direito e processo penal em homenagem a Nélson Hungria*, Rio de Janeiro, Forense, 1962. Escreveram para a coletânea, diversos autores consagrados: Luis Jiménez de Asúa, Oscar Stevenson, Aníbal Bruno, José Beleza dos Santos, Giuseppe Bettiol, Reinhart Maurach, Francisco P. Laplaza, José Frederico Marques, Noé Azevedo, Heleno Cláudio Fragoso, João Bernardino Gonzaga, Benjamim Morais, Roberto Lyra Filho, Xavier de Albuquerque, Romeu Pires de Campos, Odin Americano, Alípio Silveira, Everardo da Cunha Luna, Laertes Munhoz e outros.

29. "Direito Penal e criminologia", *cit.*, p. 14. Vale transcrever o contexto de seu pensamento: "Abolido, enfim, da parte dos juristas e criminólogos, o fanatismo, que impedia quaisquer entendimentos, arrefeceu a recíproca intolerância ou idiossincrasia entre o direito penal e a criminologia. A ciência do direito penal, que por tanto tempo recalcitrara em não reconhecer o alcance das novas indagações experimentais no campo da criminologia, acabou por endossar as menos incertas ou menos contestáveis, no mesmo passo que a criminologia, por sua vez, acendeu e admitiu, até certo limite, o fundamento básico do direito penal, que é a culpabilidade moral. Desaparecem os dogmatismos e apriorismos de

dição lançada contra o júri[30], admitindo a grandeza dos debates do tribunal popular[31].

Ele mudou o *eixo de rotação* de seu pensamento sobre a pena retributiva, reconhecendo expressamente em seu anteprojeto a necessidade da função ressocializadora do delinqüente[32]. Em magníficos artigos doutrinários repen-

---

ambas as partes. Os criminólogos afinal se deixaram possuir da *dúvida metódica* ou *dúvida cartesiana* e, com renovado espírito, reviram suas próprias idéias programáticas, para admitirem uma possível solução de continuidade entre os fenômenos psicológicos, pela presença e ação de fatores que rompem o binômio causa e efeito. De sua banda, os juristas convieram em aceitar muitas das conclusões e sugestões dos criminólogos, sobrevindo um direito penal em que, entrosado com o *juízo de culpabilidade moral*, adquiriu subido e renovado relevo o estudo ou conhecimento da personalidade do delinqüente, em cuja estruturação se reconhece que coopera, de par com os fatores orgânicos e ambientais, a vontade livre e ativa, não alheada aos valores morais como "motivos de consciência." (*Revista Brasileira de Criminologia e Direito Penal, cit.*, n.º 1, pp. 14-5.)

30. Em inúmeras ocasiões, Nélson Hungria se rebelou contra a instituição do júri, basicamente pela sujeição dos jurados ao poder do *coronelismo* como fenômeno político e social das cidades menores. No artigo "A justiça dos jurados" (*Revista Forense*, 1956, vol. 166) qualifica o tribunal popular como "o culto da incompetência", e que pratica uma "justiça de víspora, justiça de roleta, justiça de loteria".

31. Apesar do vigor da crítica, nunca porém o sensível e talentoso penalista deixou de admirar o *torneio de inteligência* em que se envolvem acusadores e defensores. Na carta-prefácio ao livro editado por Carlos de Araújo Lima, *Os grandes processos do Júri,* essa admiração é confessada: "Talento, erudição, habilidade de expressão, tudo se conjuga para o realce dos debates de que V. nos dá notícia. Há ali cintilações de espírito que obrigam a gente a reler, uma e outra vez, os trechos que as contêm... O seu livro vem desvelar o segredo da *encruzilhada de dúvidas* a que são comumente levados os juízes de fato (...). E como vocês do *barreau* conseguem tirar de vulgares *pedras no meio do caminho* sonoridade e reflexos de cristal! Sinto-me tão envaidecido com isso que quase chego a me reconciliar com o tribunal do povo... " (Rio de Janeiro, Freitas Bastos, 1955, vol. II, p. 7).

32. Durante os debates relativos ao tema ("Orientações contemporâneas sobre a reforma dos códigos penais", constante da pauta das *Jornadas de derecho penal,* Buenos Aires, agosto de 1960), Nélson Hungria admitiu: "Também fui partidário convencido da pena-retribuição. Tenho

sou dogmas e convicções[33] e demonstrou grandes preocupações com a tragédia carcerária[34].

A esse notável e imortal defensor de grandes causas humanitárias; a esse inquebrantável patrono de idéias, os advogados brasileiros, sob a lúcida e sensível orientação do *bâtonnier* Marcelo Lavenère Machado, prestam a homenagem de sua perene gratidão. Ele viveu com dignidade so-

---

sido, como tal, um dos autores de um Código eminentemente retribucionista, que é o Código Penal brasileiro. Mas a lição, a experiência dos acontecimentos do mundo atual, levaram-me a uma revisão do pensamento, a uma revisão de raciocínio, para renegar, para repudiar, uma vez para sempre, a pena-castigo, a pena-retribuição, que de nada vale, que é de resultado ineficaz..." (*Jornadas de derecho penal*, Buenos Aires, 1962, p. 88). E ao redigir o art. 35 de seu anteprojeto de Código Penal (1963), Nélson Hungria expressamente consignou na rubrica a "Função finalística das penas privativas de liberdade". O texto do mencionado dispositivo é o seguinte: "A pena de reclusão e a de detenção, aquela sob regime mais rigoroso que esta, são cumpridas em estabelecimentos separados ou em seções especiais do mesmo estabelecimento, e devem ser executadas de modo que exerçam sobre o condenado uma individualizada ação educacional, no sentido de sua gradativa recuperação social."

33. Entre os textos através dos quais o ilustre homenageado revela grande sensibilidade – e também a *humildade dos grandes espíritos* – para rever seu pensamento, pode-se indicar o artigo "Novos rumos de direito penal", e a conferência "Novas teorias e diretrizes de direito penal", publicadas, respectivamente, na *Revista Forense*, vol. 198, de 1962, pp. 21 ss.; vol. 222, de 1968, pp. 26 ss., e nos *Comentários do Código Penal, cit.*, edição de 1977, vol. I, t. I, pp. 284 ss. e 271 ss.

34. Ao invés da pena limitada ao seu sentido etimológico, ou da pena-castigo, ou como exclusivo mandamento de justiça ou como imperativo categórico, ou com fundamento em transcendentes razões filosóficas, o que presentemente se preconiza é a pena como meio e instrumento de utilidade social, atendendo, acima de tudo, ao fim prático de tentar, na medida do possível, a ressocialização do delinqüente, pelos meios educativos indicados pela experiência. A recuperação social do criminoso, de simples epifenômeno, passa a ser o preponderante, o precípuo escopo da pena. Não mais, entre as paredes da prisão, o drama de sofrimento de um culpado, por antecipação do Inferno, mas o edificante espetáculo de resgate e salvação de um ser humano" ("Novos rumos do direito penal", *cit.*, p. 21).

berana as provações da dúvida e o processo de contradição do ser humano.

Valem para ele as palavras de Franz Von Liszt: "Há pessoas que só conhecem tese e antítese, corpo e alma, natureza e espírito, realidade e valor, poder e dever, ou como quer que lhe chamem. Elas podem gabar-se do seu método puro, dos seus conceitos claros, da sua argumentação segura. Pelo contrário, aquele que para além das antinomias procura, tateando, a unidade superior não tem nenhum guia a protegê-lo contra passos errados. Mas só ele pode esperar que uma hora feliz lhe abra caminho para o ponto alto, do qual, na síntese criadora de uma concepção unitária do mundo, se superem todas as antinomias."[35]

Afinal, como disse muito bem a sabedoria romântica de Alvaro Moreyra: "Há o determinismo. Há o livre arbítrio. Não há nada, e há de tudo. A questão é não ter pressa".[36]

Hungria, o defensor de Chessmann

Parafraseando um dos títulos clássicos da literatura dos casos criminais célebres, pode-se afirmar sem receio que Nélson Hungria foi, no Brasil, para Chessman, o que Voltaire significou, na França iluminista, para Calas.

François-Marie Arouet (1694-1778), dito Voltaire, empreendeu uma histórica luta para a revisão do processo de Juan Calas, morto em 10 de março de 1762, por *suplício na roda*. A execução ocorreu em Toulouse, onde o condenado exercia honestamente a profissão de comerciante. Muito embora só pudesse abraçar a causa da revisão quando a vítima do erro judiciário já havia sido assassinada pelo

35. Franz von Liszt, citado por Eduardo Correia em *A influência de Franz v. Liszt sobre a reforma penal portuguesa*, Coimbra, 1971, p. 37, nota 5.

36. *As amargas, não ... lembranças*, Porto Alegre, Instituto Estadual do Livro, 1989, p. 372.

Estado, a índole humanista e libertária de Voltaire tornou aquele caso imortal. O seu empenho, escrevendo para várias pessoas e ouvindo muitas outras, com o objetivo de recolher dados sobre o processo e a execução, multiplicaram o prestígio de Voltaire que tinha já o seu lugar destacado entre as figuras da resistência contra a opressão religiosa e os obscurantismos ditados por muitas instituições de seu tempo. A saga de Juan Calas, interpretada pelo imortal autor de *Candide* e registrada em obras clássicas[37], teve, dois séculos mais tarde, uma espécie de *revival* com o sofrimento imposto a Caryl Chessman e o itinerário desenvolvido por Nélson Hungria. Os condenados tiveram patronos que, nas mais diversas oportunidades, iriam assumir, juntos, um relevante patamar na escalada dos séculos contra a pena de morte.

A histórica campanha

Nos mais diversos auditórios, de estudantes a trabalhadores de Direito, de investigadores sociais a políticos militantes, de religiosos a agnósticos, não houve categoria profissional ou grupo dedicado aos problemas da conduta que não tivesse recebido a palavra e o apelo de Nélson Hungria em favor da revisão do processo de Chessman e da comutação de sua pena. Rejeitando a imparcialidade exigida pelo estilo ordodoxo da magistratura, o jurista notável e polemista exímio visitou os mais diversos centros de pensamento e reflexão. Eu estava presente na Faculdade de Direito de Curitiba, em uma noite do ano de 1959, quando Hungria, ao lado da intimorata advogada

---

37. Entre elas, merece destaque a de Julio Dassen, *Voltaire defensor de Juan Calas,* Buenos Aires, Abeledo-Perrot, 1963.

Rosalie Asher, falou para autoridades, professores e estudantes de direito. Foi impressionante a demonstração de conhecimento do processo, com todos os seus vícios e as imensas dúvidas sobre a autoria. Houve uma comovente denúncia contra a *pena final*, especialmente quando o homem a ser morto pelo Estado está completamente regenerado.

Segundo o depoimento prestado pelo seu filho, Clemente Hungria, aquela campanha da clemência, levada a várias cidades brasileiras, teve em Curitiba o seu ponto de partida.

Mas a *odisséia* em favor da clemência não se confinou nas fronteiras nacionais. Países da América do Sul também acompanharam as súplicas dirigidas ao governador da Califórnia, invocando o seu passado de procurador-geral daquele estado quando se dizia inimigo da pena capital. A luta missionária de Nélson Hungria foi destacada pela famosa revista *Time*, dedicando uma reportagem de capa a Caryl Chessman. Nas três longas páginas da edição para a América Latina, são revelados detalhes do processo, intercalados com trechos da biografia do suposto *the red light bandit* e dos esforços para comutar a sua pena. Em determinada passagem, diz a *Time*: "Brazilian Supreme Court Justice Nelson Hungria, principal author of the Brazilian penal code (no capital punishment), declare that 'Caryl Chessman is the most eloquent assurance of the need to wipe out once and for all the death penalty, that ugly stain on civilization'"[38].

Talvez o mais destacado momento de lucidez mental e vigor espiritual de Hungria – em todo aquele movimento abolicionista – ocorreu quando ele ainda encontrou palavras para deplorar a iminente consumação do

38. *Time – The Weekly News Magazin*, 21/3/1960, p. 15.

assassinato oficial. Faltando poucas horas para a execução, o ministro disse para o jornal *Folha de S. Paulo:* "É uma barbaridade o que vão fazer. Isso nunca foi punição, é matar pelo prazer de matar. E eles são surdos aos apelos de todo o mundo, mesmo do papa... As conseqüências principais dessa execução serão um aumento da criminalidade nos Estados Unidos (os delinqüentes juvenis que já têm o condenado-escritor como ídolo perderão toda esperança na regeneração) e uma vaga de descontentamento contra esse país em todos os continentes."

Continuando, o ministro Nélson Hungria rememorou argumentos utilizados em conferências que pronunciou em vários estados a respeito de Chessman, concluindo pelo que ele considerou uma aberração da legislação penal californiana:

> Os crimes pelos quais Chessman foi condenado não são mais punidos com a pena capital naquele Estado. Entretanto, contrariando princípio usado em todos os países liberais (a lei menos rigorosa tem efeito retroativo, beneficiando o condenado pela legislação anterior), o dispositivo legal em vigor na Califórnia menciona em um de seus parágrafos que ele não poderá retroagir os seus efeitos a casos já passados em julgado.[39]

Um libelo antológico

Entre os mais expressivos textos jurídicos e literários de Nélson Hungria, abordando o tema da *pena capital,* nenhum deles se compara ao redigido em função do processo e da execução da sentença contra Caryl Chessman. Trata-se da conferência pronunciada no Centro Acadê-

---

39. Edição de 3/5/1960.

mico XI de Agosto, em maio de 1959. Nenhuma palavra a mais se deve acrescentar a esse *libelo antológico,* seja a título de introdução ou de comentário, pois qualquer uma dessas atitudes equivaleria a dar uma *pincelada* em um afresco de Michelangelo sob o pretexto de ampliar as suas cores e a sua luminosidade. Assim falou o *príncipe dos criminalistas brasileiros* aos estudantes de direito em São Paulo:

> *Um condenado à morte.*
>
> *No corredor da morte* da Penitenciária californiana de San Quentin, cela 2455, há presentemente um homem que condenado à morte, desde 22 de junho de 1948, vem lutando, obstinada e heroicamente, por sua sobrevivência, mediante a interposição de apelos sobre apelos, de *writs* sobre *writs,* numa tarefa sem remitências, como a de Sísifo, nos Infernos, a carregar até o alto o bloco de rocha que sempre retorna à base da penedia. Chama-se ele Caryl Chessman, e conta, atualmente, 38 anos de idade.
>
> Apontado como o *bandido da luz vermelha,* sob imputação de rapto e brutalização de duas raparigas (não se sabe bem se para fim de furto ou de libidinagem), condenou-o o tribunal de Los Angeles a respirar um gás mortífero, que é o meio de se matar legalmente na Califórnia.
>
> Trata-se de um singularíssimo exemplar humano. No ambiente de pesadelo, em que a angústia, o medo, pânico, a depressão moral e o desespero ultrapassam a capacidade de sofrimento do homem comum (levando, por vezes, à loucura ou ao suicídio), está ele vivendo há 11 anos, sem tibiezas ou soluções de continuidade no seu inexaurível amor à vida e, o que é assombroso, tendo conseguido transformar o seu aparentemente irremediável fracasso como *homo socialis* numa estupenda vitória sobre si mesmo e em face do mundo que o repelira como a um repugnante crótalo. Dotado de brilhante inteligência, chegando mesmo a despedir cintilações geniais, Chessman, naquela *maleborge* dantesca, sob o tremendo impacto de seu con-

finamento na estreita e sombria cela que precede à câmara de gases tóxicos em San Quentin, pôde ele achar-se, enfim, a si mesmo; e do mais profundo do seu ser, desvencilhando-se da empolgadura e cativeiro de sua própria natureza psicopática, que o arrastara, gradativamente, à mais impudente e grosseira animalidade, surgiu um outro homem, até então desconhecido para ele mesmo. Aquele cubículo, semelhante a uma cava de jazigo, foi a sua estrada de Damasco. Encontrou ali, no afincado e perseverante estudo e na exposição escrita de sua *vita anteacta* e de idéias e raciocínios em torno de sua condenação à morte, o caminho espiritual e moral por onde pode, como ele próprio diz, "empreender o seu regresso das trevas", para atingir a clareira da redenção. Obteve que lhe fossem proporcionados, às pilhas, livros da biblioteca da Penitenciária e da biblioteca pública de Sacramento. Livros de jurisprudência ou de doutrina jurídica, livros de sociologia, de criminologia, de filosofia, de história, de cultura geral. Só de obras de direito, leu-as em número superior a 2.000. Lia até que os olhos se congestionassem e seu cérebro exausto se negasse a continuar funcionando. Prolongando por 18 horas a fio o seu trabalho de cada dia, pôde escrever e dar à publicidade, até agora, três impressionantes livros, que o tornaram mundialmente conhecido. Neles, em aliciante estilo e aliviadora confissão, rememora sua dramática existência de crimes, sua precocidade e diabólica pertinácia na senda do mal, o desafio que lançara ao princípio da autoridade, o seu desprezo pelos valores sociais, e, ao mesmo tempo, procura equacionar, sob novos ângulos, tendo a si próprio como ponto de referência, o desconcertante problema da criminalidade, em cuja solução se revelam ineficientes todos os métodos até agora cogitados e utilizados. As suas leituras cotidianas, a longa meditação sobre o que lia e a porfiada elaboração de seus livros foram para ele uma psicoterapia milagrosa. Deixemos que ele próprio nos informe: "Os longos anos vividos neste cadinho chamado *corredor da morte* transpuseramme para além da amargura, para além do ódio, para além da selvagem violência... A terapia do trabalho de fixação escrita das idéias restituiu-me à sanidade psíquica. Escrever foi para mim o mundo. Foi mais que uma catarse. Abriu-me a possibilidade de captar e canalizar meus impulsos e minha agressividade e de colocá-los a meu serviço, ao invés de me escravizarem: significava que, vivo ou morto, eu podia aproveitar algo do meu passado e imprimir um caráter positivo à minha vida".

E foi assim que Chessman pôde demonstrar que o criminoso mais fundadamente considerado *incorrigível* pode ser recuperado ainda quando tenha a lastreá-lo, como a ele, Chessman, uma personalidade de fundo psicopático, em que a vontade inibidora sossobra ao ímpeto dos instintos desbridados. Certa vez, um agente de polícia, entre indignado e pesaroso, disse-lhe: "Nada pode te curar além de uma dose de gás hidrocianídrico"; mas Chessman conseguiu vencer a si mesmo e sublinhar as energias e impulsos que outrora o tangiam para o crime. Aquele Chessman de 27 anos que o júri de Los Angeles condenou à morte é tão diferente do Chessman atual como um carvão difere de um diamante. O que era agressividade feroz, o que era hostilidade afrontosa aos mais elementares princípios da boa convivência civil tornou-se um precioso valor humano, um espírito compreensivo e pacífico, uma vida útil, uma consciência integrada na solidariedade social.

Wenzell Brown, organizador e presidente de Comitê de Escritores constituído para salvar a vida de Chessman, escreveu estas palavras irrefutáveis: "A execução de Caryl Chessman representa o injustificável desaproveitamento de um comprovado valor individual e de uma pessoa capaz de descrever com tanta objetividade os tremendos impulsos, o idealismo distorcido, as vivências traumatizantes que desequilibraram sua personalidade. A energia que se fizera torpeza, violência e ódio em sua vida passada poderá ser orientada para fins construtivos, se a sociedade deixar de lado seu tradicional conceito de vingança legal e procurar estabelecer um programa que assegure a prevenção do crime e a reabilitação do criminoso... Logicamente a punição não constitui solução para problemas tais como os apresentados por personalidades desequilibradas, como a de Caryl Chessman... Qual a solução, então? No momento, a sociedade não dispõe de resposta, mas talvez, com o tempo, seja ela encontrada... E os livros de Chessman, podem ser a matéria prima da qual novas descobertas poderão advir".

Acontece, porém, que a justiça norte-americana é inexorável, ainda quando se apresente um excesso de castigo, e sucessivos governadores do estado da Califórnia se têm recusado ao indulto de Chessman, considerando necessária a morte deste na câmara de gases venenosos. Nada mais desumano, entretanto, nem mais desprovido de sentido e finalidade. Será que Chessman, depois de padecer o acabrunhante castigo de onze anos de angustiosa expectativa nessa *cittá dolente*, nesse exasperante purgatório que é o *corredor da morte* de San Quentin, não terá conquistado um autêntico direito de comutação da pena, para continuar a viver? Será que o prosseguimento da vida de Chessman não será a continuidade de um exemplo edificante para os conscritos do crime? Será que a execução de Chessman não redundará num descoroçoamento aos jovens delinqüentes, que vêem nele um padrão digno de imitação, mas que, com a sua morte na câmara de gás, perderão todo o estímulo para o esforço de sua própria recuperação?

O emérito *Chief Justice* Earl Warren, antigo governador da Califórnia e hoje presidente da Suprema Corte dos Estados Unidos, e o ilustrado juiz Charles W. Fricke, que presidiu o júri de condenação de Chessman, declararam que se a um indivíduo merecidamente condenado à morte se tivesse de conceder perdão, só pelo fato de saber escrever livros, seria melhor que, de uma vez, se atirasse o Código Penal na lata do lixo.

Ora, não é assim, tão superficial e displicentemente, que se há de encarar o caso de Chessman. Não é o simples fato de saber enfeixar idéias num livro que justifica, na espécie, a outorga de comutação da pena de morte: o que assume incomum relevo é que os livros de Chessman atestam uma radical modificação no caráter do seu autor, um proveitoso esforço para o bem social, uma notável contribuição para a decifração do enigma do crime e tratamento do criminoso, um sincero propósito de resgatar um passado de crimes pelo sentido de utilidade de uma vida nova. A regeneração de Caryl Chessman é a mais eloqüente demonstração de que, entre todas as medidas até hoje aventadas para contenção do crime, a mais estúpida e irracional é a pena de morte. O que se passou com Chessman é a confirmação do que dizia Rohland: "Não há homens absolutamente bons, do mesmo modo que não há caracteres absolutamente maus, ou delinqüentes congênitos; por isso mesmo é possível, ao contrário do que pretendia Schopenhauer, uma modificação do caráter, ensinando a experiência que, mediante sério esforço, muitos o conseguem". Por quê, ao invés de tentar reconstruir, sumariamente se há de destruir? Com a pena capital, o governo da sociedade imita a criança inconseqüente e insofrida: não podendo compreender o brinquedo que tem em mãos, desconjunta-o e inutiliza-o. Quando se tem o conhecimento de casos como o de Chessman, que, em virtude de certos indícios e uma confissão que ele insiste em declarar extorquida pela violência, foi condenado à pena última pela justiça emocional do júri, sempre disposta a atirar, do alto da varanda de Pilatos, bodes expiatórios à multidão sedenta de vingança, é que se vê como estão distanciados da verdadeira solução do problema da grande criminalidade esses que, entre nós, presentemente, insistem em querer introduzir o assassínio oficial entre as sanções do nosso Código Penal comum.

Um licurgo indígena, ávido de notoriedade, está tentando na Câmara dos Deputados, um *pactum sceleris* em tal sentido, enquanto um padre que debate na televisão e um juiz com mentalidade medieval vêm a público, empunhando o hissope tomado de empréstimo a alguma igreja interditada, para esparzirem água benta no projeto. Somente *ravenants* dos jesuítas de Loiola ou dos energúmenos do Santo Ofício podem pretender que a pena de morte seja medida cristã. Em que versículo dos Evangelhos se encontra, acaso, apoio para esse resquício de barbaria, que é a pena de morte? O que é de Cristo é o *Sermão da Montanha*, impregnado de filosofia, da tolerância e do perdão. A repulsa contra a pena de morte vem da essência mesma dos ensinamentos de Cristo. Não é dos Evangelhos, mas da lei mosaica – documento de uma religião semi-bárbara – a fúria assassina contra os pecadores e criminosos. Nos séculos anteriores a Santo Tomás de Aquino, jamais a Igreja postulara a pena de morte. Sabe-se que o Imperador Justiniano teve de proibir aos cristãos o exercício de certos cargos públicos, porque sua religião impedia o emprego da espada contra os criminosos passíveis da pena capital.

Santo Agostinho, como um criminólogo moderno, reclamava a punição dos delinqüentes, mas tão-somente para regenerá-los pelo trabalho útil. São Jerônimo proclamava que *Ecclesia non sitit sanguinem*. Lactâncio doutrinava que *occidere hominem est semper nefas, quem Deus sanctum animal esse voluit*. Não foi senão para conciliar a Igreja com a estatolatria da Idade Média e mais tarde, para propagar a fé católica pelo terror, que a pena de morte foi contrabandeada para a religião de Cristo. Vindo a preconizar a punição do crime pela morte, a Igreja repudiou a advertência de Jesus: *Discite a me, quia mitis sum* (Aprendei comigo, que sou manso). Dizem os adeptos católicos do homicídio legal que os piores sicários, na iminência da execução, subjugados pelo medo da hora extrema, voltam-se para dentro de si mesmos, arrependem-se de suas infâmias e impiedades e preparam-se para sua própria redenção, para entrarem no reino do céu. O corpo é destruído, mas salva-se a alma.

Semelhante dialética, porém, não passa de uma série de inverdades e afronta contra Deus. Como pode agradar a Deus uma conversão na hora Z, sob a influência desintegradora do medo? Sustentar isso é retornar à superada doutrina dos fanáticos da Companhia de Jesus, a cujo respeito dizia Guerra Junqueiro que Jesus nunca andara em tão má companhia... A pena de morte não é mandamento divino, mas, como o homicídio, uma inspiração da lei do mato virgem. É uma supina vaidade do homem atribuir-se a função de instrumento de Deus, para a inflicção de um castigo definitivo e irreparável, como se fosse admissível uma justiça absoluta entre os erros e contingências do mundo terreno. A pena de morte, como belamente diz Albert Camus, rompe com a única solidariedade humana indiscutível, a solidariedade contra a morte, e não pode ser legítima senão por uma verdade ou um princípio que se coloca muito acima dos homens.

Profligando a pena capital, justamente acentuava Victor Hugo que ela ofende o irrestrito princípio de que há três coisas que são de Deus e não pertencem aos homens: o irrevogável, o irreparável e o indissolúvel.

Ainda o poeta da *Legenda dos séculos*, como recorda Camus, chamava a guilhotina de *Lesurques*, que era o nome do condenado à morte no famoso caso do Correio de Lyon. E ponderava: "Não é que todos os condenados à pena última sejam *Lesurques*, mas basta, para desmoralizá-la, a possibilidade de outros *Lesurques*."

Advogar-se a pena de morte num país, como o Brasil, onde, segundo é notório, a polícia é useira e vezeira em extorquir confissões pela coação, resultando, de quando em quando, clamorosos erros judiciários, como o da condenação dos irmãos Naves em Araguari, e em que a imprensa, ressumando apaixonado ódio, se julga com o direito líquido de tutelar e constranger a justiça criminal para que, mesmo sem provas concludentes, sejam condenados os réus que lhe caem no desagrado, é tudo quanto há de mais despropositado e irrefletido.

Não é, de modo algum, exato que a pena de morte tenha efeito decisivamente intimidativo. Supor isso é um puro engano daqueles que não conhecem o problema senão pela superfície ou *a ratione.* A pena capital não intimida mais que qualquer outra. E a razão é simples: o indivíduo que comete crime, ou age conturbado pela paixão ou emoção, que o torna impermeável a qualquer temor, ou age calculada e sub-repticiamente, confiante em que estará incluído entre os 30% de criminosos que ficam impunes por ausência ou incerteza de provas. Se a pena de morte realmente dissuadisse do crime, ela deveria ser cominada não apenas aos crimes mais graves, mas, logicamente, a todos os crimes, como na Grécia antiga, ao tempo de Draco.

As estatísticas obtidas pelos mais reputados criminólogos contemporâneos evidenciam que não há necessário nexo de causalidade entre a pena de morte e o coeficiente de criminalidade. Via de regra, a sua cominação ou aplicação legal não faz declinar, como a sua abolição não ocasiona o aumento dos crimes capitais. Já se verificou, entretanto, paradoxalmente, que ela exerce um estranho fascínio sobre certos criminosos, despertando-lhes instintos sádicos. Daí, a clandestinidade de que se cerca, na atualidade, a sua execução. E chega a ser irrisório que uma pena, que se diz exemplar, tenha de ser executada, como o próprio crime, dissimuladamente. Nos 36 países do mundo civilizado em que foi abolida ou suspensa ou caiu em desuso a pena de morte – Suécia, Noruega, Bélgica, Holanda, Dinamarca, Alemanha Ocidental, Itália, Inglaterra, Suíça, Portugal, Finlândia, Islândia, Israel, Nova Zelândia, Queenslândia e as repúblicas da América Latina, à exceção de Guatemala (em que a pena de morte foi instituída por um governo revolucionário), Chile (Código de 1874), Peru (pena capital introduzida por uma Junta Militar de ominosa memória), Haiti (Código de 1835), Bolívia (Código de 1832) e México (apenas no plano estadual) –, o algarismo da grande delinqüência é proporcionalmente menor que nos países que, por supersticioso conservantismo ou ferrenho antiliberalismo, ainda conservam ou instituíram o assassínio legal. Em 1930, o governo belga, por um de seus ministros, assim conclui um relatório sobre a proposta adoção da pena de morte: "A experiência nos ensina que o melhor meio de ensinar a respeitar a vida humana consiste em recusar suprimir a vida em nome da lei."

Dizia um sociólogo francês (Gabriel Tarde, se não me engano), na defesa da pena de morte, que "é melhor fazer morrer sem fazer sofrer que fazer sofrer sem fazer morrer". Mas a pena de morte não é só o epílogo da magarefada no cadafalso, ou da carbonização na cadeira elétrica ou do envenenamento na câmara de gás. É preciso ler o que nos conta Caryl Chessman, através dos livros que nos mandou do *corredor da morte*, para ter-se uma noção do que seja o longo e tenebroso suplício do condenado à pena última, antes de chegar, afinal, o dia da execução. O castigo capital não é o simples ato de fazer morrer, na taliônica e brutal cobrança de vida por vida. Há para ele uma disciplina ritual, cujos momentos sucessivos, a começar pelo do aviso do dia da execução, significam aflições e agonias mais terríveis e rascantes que a do próprio momento final. A pena de morte, com o tormento da demorada expectativa da execução, é mais odiosa que o mais frio e supliciante dos crimes, pois jamais houve um celerado que cuidasse de comunicar à vítima, com longa antecedência, o seu propósito sinistro. Como já foi observado por um escritor contemporâneo, mais humana que a justiça de hoje, nos países em que a lei manda matar, era a dos atenienses, que, enviando a cicuta ao condenado, deixava a este a liberdade de abreviar a própria morte, praticando o suicídio.

E nada mais macabramente iníqua, na prática, que a decretação da pena de morte. Dependente de pronunciamento do tribunal do júri, a imposição dela está sujeita à intervenção de circunstâncias fortuitas ou caprichos do acaso, de tal modo que, freqüentemente, uns a sofrem por crimes menos graves do que os de outros réus condenados à prisão perpétua ou temporária. Uma sensacional campanha jornalística contra o réu, um promotor teatralmente eloqüente, uma defesa mal orientada, um conselho de jurados excessivamente rigorosos, tudo isso pode influir no sentido de um julgamento aberrante, entregando-se ao carrasco um réu que, em outras condições, poderia ser absolvido ou condenado à simples privação de liberdade.

Tome-se, para exemplo, o caso de Caryl Chessman: contra o terrivelmente hábil promotor Miller Leavy, que o acusa sustentando enfaticamente a tese de que o réu era "um gênio do crime, sem nenhuma consciência social", Chessman, não dispondo, a esse tempo, de dinheiro para ajustar um advogado competente, teve, embora sem preparo e alheio aos truques tribunícios, de se defender a si mesmo, desajeitada e insuficientemente, perante um júri composto quase exclusivamente de mulheres, tiroidianamente emotivas e aprioristicamente inclinadas à vingança dos imputados assaltos contra moças indefesas.

Para erradicar o mal, não é preciso erradicar o homem. O que cumpre fazer não é matar o homem criminoso, mas o criminoso no homem. A criminalidade não se extingue ou declina com a pena de morte. Ao invés de irrogar-se arbitrariamente o direito de matar, ao Estado incumbe promover a remodelação da própria sociedade, para que se apresentem melhores condições políticas, econômicas e éticas, eliminadoras das causas etiológicas do crime. A pena de morte não traduz mais que o comodismo da administração da justiça, que, para esquivar-se à tarefa de recuperar os delinqüentes perigosos, prefere eliminá-los, sem maior trabalho, como a cães danados. A maior ilegitimidade da pena de morte se evidencia, porém, em casos como o de Chessman. Tendo ele conseguido sobreviver até hoje, resistindo a um martírio de onze anos e batendo obstinadamente à porta dos tribunais, demonstrou, no curso do tempo, de modo mais cabal, que não era, como supunham, uma personalidade irremediavelmente deformada. É ele, hoje, um egresso definitivo do submundo do crime. Aquele criminoso, por disposição e hábito, que a justiça criminal, em 1948, decretou que fosse morto, já não mais existe. Desapareceu na ante-sala do Inferno, que é o *corredor da morte* de San Quentin. Atualmente, matar Chessman será um ato profundamente incaroável e prejudicial à sociedade, que recuperou nele um homem cujo valor não se mede pela craveira comum. Não posso, nem quero acreditar que tenha razão o escritor Max Leoner quando, depois de reconhecer a transfiguração moral de Chessman, após a longa e drástica experiência do *corredor da morte*, concluiu com estas palavras melancólicas: 'Mas não há dúvida que nós o mataremos, mais dia menos dia, não porque isso seja lógico, mas por faltar-nos imaginação social para adotar qualquer outra medida."

Chessman vem de sofrer mais uma derrota na Suprema Corte americana, mas, segundo me informou F. R. Dickson, atual diretor da Penitenciária de San Quentin, continua ele *"planning further appeals on various points in the hope that eventually he way win his release"*.

À generosa mocidade acadêmica de São Paulo, quero sugerir, neste momento, a formulação e envio de um apelo ao atual governador da Califórnia, Edmund G. Brown, no sentido da comutação da pena de morte imposta a Chessman. Negaram-se à clemência os anteriores governadores, Warren e Knight, mas é possível que Brown, um dos mais jovens, segundo me consta, entre os governadores norte-americanos, seja menos inexorável e se disponha, diante das súplicas que lhe estão chegando de todos os quadrantes da Terra, a um gesto de magnanimidade. Nos dizeres que lhe dirigirem, os acadêmicos de São Paulo devem imprimir a marca de seu nobre coração. Será uma imploração a mais, a significar que também no Brasil o condenado Caryl Chessman desperta comovido interesse e é considerado, não apenas um cidadão dos Estados Unidos, mas um cidadão do Mundo. Deprequemos ao governador Brown que não consinta se faça de Chessman um cadáver que, enterrado ou cremado, apenas deixará uma vaga, a ser logo preenchida, nas celas da morte da San Quentin, mas, ao contrário, lhe permita continuar a viver, já agora para o bem de seus semelhantes, em resgate do mal que praticou outrora. Seja ele beneficiário da mesma indulgência que a Itália e a França proporcionaram a Cellini, a Villon e a Jean Genet, cujos crimes (talvez mais graves que o de Chessman) se consideram contrabalançados pelas obras primas com que enriqueceram o patrimônio de arte e beleza da Humanidade.[40]

Sobre a pena de morte no Brasil

Sete anos após a execução de Chessman, houve uma nova e extraordinária oportunidade para que o seu advogado brasileiro *in pectoris* retomasse a luta contra a pena capital. Participando, como um dos ilustres convidados internacionais do *Colóquio* promovido pela Universidade de Coimbra, em 1967, para comemorar o centenário da abolição da pena de morte em Portugal, Nélson Hungria apresentou uma valiosa *Comunicação*. Trata-se de mais um vigoroso e iluminado texto, através do qual o mestre da ciência penal, que nos deixou há quase trinta anos, mostra o seu talento e a sua irresignação. Da notável contribuição científica e humana, são extraídas duas passagens marcantes.

A primeira, cuida de um breve levantamento histórico sobre a pena de morte em nosso país, desde os tempos da Colônia, passando pelo Império – com o erro judiciário que levou à forca o fazendeiro Manoel Mota Coqueiro e as sucessivas comutações decretadas por Dom Pedro II, valendo-se de seu *poder moderador* – e chegando até o *Estado Novo,* cuja legislação, permitindo a reforma da deci-

40. Nélson Hungria, "Um condenado à morte", conferência pronunciada na Sala do Estudante (impressa por gentileza da LEX – Coletânea de Legislação).

são do júri pelo mérito, foi o instrumento para condenar os irmãos Naves pelo homicídio de uma pessoa que estava viva.

A segunda, resgata a causa de Chessman e, agora, com um fato novo do maior relevo e que justificaria a revisão criminal se a vítima da intolerância não tivesse sido sacrificada pelo Estado. Tratava-se de uma investigação apontando a identidade do verdadeiro *bandido da luz vermelha*. O delinqüente que atacava os casais de namorados à noite e tão procurado pela polícia de Los Angeles seria o gângster Charles Terranova, conforme declarações de sua própria viúva. Chessman fora condenado pelo seu passado e por um vago reconhecimento por parte das duas vítimas do crime sexual que se lhe imputou. Naquela *Comunicação* em terra portuguesa, Nélson Hungria resgatou, em parte, a memória daquele que foi mais um exemplo da irreparabilidade do *erro judiciário* quando entre a condenação injusta e a revisão do tempo se interpõe uma sentença de morte. Foram de Hungria, estas palavras:

> No Brasil, a pena de morte, com efetiva execução, é, como em Portugal, uma vaga, quase apagada reminiscência. De fato, desde 1855 deixou de ser aplicada, embora só viesse a ser abolida, *de jure*, após o advento da República (1889). E se foi restaurada com a Constituição anti-liberal de 1937, que instituiu no Brasil, transitoriamente, o chamado *Estado Novo*, tendo mesmo a subseqüente lei de Defesa do Estado (Decreto-Lei n.º 431, de 18 de maio de 1938, revogado, em parte, pela Constituição de 1946, superveniente à queda do *Estado Novo*) cominando a pena de morte no caso de certos crimes contra a ordem político-social, jamais foi infligida pelos tribunais do país, nem mesmo pelo juízo de exceção, que foi o ominoso Tribunal de Segurança Nacional (1938-1946). (...) Nunca como na atualidade foi o sentimento brasileiro tão radicalmente infenso à pena de morte. Tudo indica que o Brasil jamais

a restabelecerá, afeiçoando-se, assim, ao ritmo da maioria das nações do mundo civilizado, cujo exemplo autoriza a previsão de que, no ano 2000, não mais subsistirá, à face da terra, esse resíduo de barbaria, incompatível com o mais elementar espírito de solidariedade humana.[41]

Clássicos da literatura

Os textos de Nélson Hungria influenciaram gerações de juízes, membros do Ministério Público, advogados e demais trabalhadores forenses, além de servirem como referência indispensável para os estudiosos do direito criminal. Suas lições conservam impressionante atualidade, não obstante as reformas penais e processuais que surgiram após a primeira edição de seus iluminados *Comentários ao código penal.* E a explicação para esse fenômeno é simples: a sua obra foi pensada e escrita com extraordinário vigor mental e uma notável capacidade de persuasão, tendo como base uma imensa cultura humanística. Os trabalhos intelectuais do imortal Nélson Hungria estão integrados no repertório dos clássicos da literatura em nosso país. A leitura de seus livros e de seus votos como magistrado é um estímulo para o estudo do ser humano sob a perspectiva das ciências penais. Mas não basta somente o seu conhecimento formal para *reviver* o autor. Como disse muito bem o jornalista, escritor e filólogo João Ribeiro (1860-1934): "É mister não só ler, mas viver, conviver, respirar e conspirar com os clássicos, no mundo em que se moveram e comoveram" (*Páginas de estética).*

---

41. "A pena de morte no Brasil", em *Pena de morte,* Coimbra, 1967, vol. II, pp. 173-85. A *Comunicação* foi também publicada na *Revista Brasileira de Criminologia e Direito Penal,* Rio de Janeiro, edição da Universidade do Estado da Guanabara, n.º 17, abr./jun. 1967, pp. 7 ss.

Notas biográficas

Nélson Hungria Hoffbauer nasceu em Minas Gerais, no Arraial de Angustura, em 16 de maio de 1891, e faleceu no Rio de Janeiro, em 26 de março de 1969. Foi magistrado por 46 anos, encerando sua carreira como juiz do Supremo Tribunal Federal. Foi professor de direito penal da Faculdade Nacional de Direito. Escreveu 17 livros e 150 monografias sobre ciência penal. Foi promotor público na cidade de Rio Pomba, MG, durante oito anos (1909-1917). Advogou por quatro anos em Belo Horizonte (1918-1922), e no Rio, de 1961 a 1969.

Expressões do direito processual no Brasil império: Francisco de Paula Baptista

*Luiz Carlos de Azevedo**

No final do século XVIII, as profundas alterações ocorridas no cenário político europeu iriam acabar repercutindo também no novo continente, levando ao recrudescimento dos movimentos nativistas de independência, primeiro nos Estados Unidos da América e, a seguir, malgrado a severa repressão imposta a Tupac Amaru, no vice-reinado do Peru e aos inconfidentes mineiros, no Brasil, em toda a América Latina.

Aqui, todavia, a transferência da sede do governo português para o Brasil, com a vinda do príncipe regente e de toda a corte, iria proporcionar situação distinta daquela que ocorreu na América espanhola: e as atribulações por que passariam os habitantes do Rio de Janeiro, suportando inesperado contingente humano oriundo da metrópole, seriam em parte compensadas pelo fluxo de progresso que se desenvolveu, em razão das medidas que desde logo se determinaram: abriram-se os portos às nações amigas, cria-se o primeiro estabelecimento de ensino superior, regula-se a imprensa régia, ameniza-se a carga tributária, instalam-se fábricas e manufaturas, a Relação do

* Professor titular do Departamento de Direito Civil da Faculdade de Direito da Universidade de São Paulo.

Rio de Janeiro conhece foros da Casa de Suplicação, torna-se o Brasil, enfim, reino unido, ao lado de Portugal e do Algarve.

Mas a emancipação política constituiria a conseqüência lógica de todos estes fatores, aliada, agora, ao impulso conjunto daqueles que pretendiam a separação, ao qual, com o retorno do rei à Europa, até D. Pedro aderira.

Sem que desaparecesse a estrutura administrativa e judiciária tradicional, composta de provedores, ouvidores, oficiais de fazenda, funcionários encarregados do abastecimento e segurança das vilas, alguns portando nomenclatura de origem remota, como os almotacés, e sem que se desprezasse, de imediato, as ordenações e leis extravagantes vigentes, certo é que os fautores da independência estabeleceram que isso ocorreria tão-só enquanto não se organizasse um novo código, ou não fossem elas especialmente alteradas (lei de 20 de outubro de 1823, promulgada pelo imperador e publicada sob a assinatura do ministro José Joaquim Carneiro de Campos).

Assim, continuaram prevalecendo as Ordenações Filipinas e ainda outras leis que a estas acompanhavam, no que não haviam sido revogadas, revelando-se, aqui, mais um passo para aquele atávico "condicionalismo histórico", adjungido que ficou o direito brasileiro à tradição jurídica lusitana e, por sua vez, aos fundamentos romano-canônicos dos quais aquela se originara.

Nem por isso, contudo, a pretensão demonstrada pelo novo legislador permaneceria estanque: ao contrário, esse encadeamento modificar-se-ia paulatinamente em todo o curso do século XIX, encontrando a primeira resposta na carta constitucional de 25 de março de 1824, a qual, em seus principais contornos, identifica-se com o movimento renovador e liberal do período, afastando diferenças e privilégios e proclamando o respeito à liberdade do cidadão.

Assim dispõe, com efeito, o seu artigo 1.º, ao declarar que "O Império do Brasil é a associação política de todos os cidadãos brasileiros", formando uma "nação livre e independente", de governo "monárquico, hereditário e representativo".

Quanto ao poder judicial, confere-se aos juízes de direito a perpetuidade, – no sentido da garantia de vitaliciedade (art. 153) – e só por sentença perderão lugar (art. 155).

Para "comodidade dos povos" haverá nas províncias as relações que forem necessárias para julgar as causas em segunda e última estância (art. 158); nas causas crimes, institui-se o princípio da publicidade (art. 159), sugerindo-se, "às cíveis ou penais civilmente intentadas", a possibilidade de arbitragem, valendo para a execução as sentenças proferidas pelos juízes designados como árbitros (art. 160).

Sem a tentativa de "reconciliação não se começará processo algum", havendo para este fim juízes de paz, dotados, em princípio, de mais ampla competência, que leis posteriores iriam gradualmente restringir (arts. 161 e 162).

Substitui-se a Casa da Suplicação pelo Supremo Tribunal de Justiça, "composto de juízes letrados, tirados das relações por suas antiguidades" (art. 163).

Ainda que algumas dessas providências já vigorassem no antigo regime (*v.g.* o conselho para que as partes concordassem, "evitando ódio e dissensões, para não gastar suas fazendas, visto que o vencimento da causa é sempre duvidoso", Ordenações Filipinas, Livro III, Tít. XX, n.º 1), percebe-se a intenção renovadora, mais acentuada ainda no capítulo das disposições gerais e garantias dos direitos civis e políticos dos cidadãos brasileiros: a sua inviolabilidade tem por fundamento a liberdade, a segurança individual e a propriedade, estabelecendo direitos que, hoje, parecem comuns e normais a qualquer um, mas que assim não eram, quando ainda sobravam, naquela sociedade, os estamentos que bem distinguiam e qualificavam os membros que a compunham: princípio da reserva legal (art. 179, I), utilidade pública da lei (II), irretroatividade de seus efeitos (III), liberdade de pensamento, expressão e culto (IV e V), inviolabilidade de domicílio (VII), igualdade perante a lei (XIII), abolição de todos os privilégios que não fossem essencial e inteiramente ligados aos cargos por utilidade pública (XVI), supressão do foro privilegiado (XVI), determinação para que se organizasse, "quanto antes, um código civil e criminal, fundado nas sólidas bases da justiça e eqüidade" (XVIII), proibição do emprego dos açoites, da tortura e outras penas cruéis (XIX), não se estendendo estas além da pessoa do delinqüente, vedado o confisco ou a pecha de infâmia ao réu e seus parentes (XX).

Como último exemplo, a possibilidade de o cidadão apresentar aos poderes legislativo ou executivo suas queixas ou reclamações, em especial sobre qualquer infração à Constituição (179, XXX).

Se assim dizia a lei maior, subsistiam, no entanto, problemas sociais que aquela preferia cautelosamente não abordar, o principal deles, a permanência da escravidão, que por décadas ensombraria o regime, chegando até as vésperas da República. E não era só: deputados e senadores elegiam-se pela forma indireta, mas da "massa dos cidadãos ativos" excluíam-se de votar, nas assembléias paroquiais, como regra, menores de vinte e cinco anos, filhos-famílias que estivessem na companhia dos pais, criados de servir, religiosos e os que não tivessem renda líquida anual de cem mil reis por bem de raiz, indústria, comércio ou empregos (arts. 92, I a V). Além desses, naturalmente, as mulheres e os escravos. Como se vê, o regime representativo carregava essas limitações.

Não é propósito demorar nos demais monumentos legislativos que a seguir se editaram, entre eles, o Código

Criminal (lei de 16/12/1830), o do Processo Criminal (lei de 29/11/1832) e o Código Comercial (lei de 25/6/1850).

Merecem atenção, todavia, aquelas leis que trataram do processo, mais particularmente do processo civil e comercial: a primeira, promulgou-se juntamente com o Código de Processo Criminal e se compunha de um único título, acerca da "administração da justiça civil", enquanto a segunda determinava a "ordem do juízo no processo comercial", tornando-se conhecida como o Regulamento 737, de 25 de novembro de 1850. Anos mais tarde, acompanhando a praxe já até então utilizada, lei republicana de 20 de novembro de 1891, iria declarar que tanto as causas cíveis, como as comerciais, seriam processadas de acordo com a ordem estabelecida naquele regulamento e nas leis promulgadas no interregno.

Duas palavras sobre ambas: a disposição provisória, acerca da administração da justiça civil, posto que houvesse vigência efêmera, revogada que foi poucos anos após pela reação conservadora (1832 a 1841), trazia em seus artigos inovações marcantes, destinadas a dar maior agilidade ao processo, destituindo-o daquele formalismo que caracterizava o ordenamento processual reinol: assim, anotam-se, aqui, algumas dessas providências, oportunamente lembradas por Moacyr Lobo da Costa em seu estudo sobre a "Notícia Histórica do Direito Processual Civil Brasileiro": nas causas em que em partes não pudessem transigir, dispensava-se a conciliação, art. 6.º; nas demais, resultando esta infrutífera, assim ficava declarado, sendo desde logo as partes citadas para comparecerem ao juízo designado, bem como à audiência respectiva, pelo que o processo rapidamente prosseguia (art. 7.º).

Deixando o juiz de ter uma atitude estática no desenvolvimento da causa, cabia-lhe reperguntar as testemunhas, se necessário, bem como proceder a qualquer outra diligência que lhe parecesse oportuna ou conveniente (art. 9º).

Ficavam revogadas as leis que permitiam às partes usar de réplicas e tréplicas ou embargos antes da sentença final, reduzindo-se os agravos a apenas um, no auto do processo (art. 14). As cartas de sentença, para que se executassem, deveriam conter apenas o essencial, pedido, contestação e decisão, com a documentação que a ela se referisse (art. 16). Imediatidade e maior poder ao juiz na condução do feito, irrecorribilidade dos interlocutórios, caminho para o princípio da oralidade processual, foram, enfim, os postulados desse diploma, precursor, por certo, das idéias que mais tarde voltariam a preocupar aqueles que buscavam melhor e menos onerosa distribuição da justiça.

O segundo estatuto mencionado, ao contrário, no que se refere à vigência, teve-a por largo período, estendendo sua competência às causas cíveis e sendo utilizado, já na República, pelos estados da federação, enquanto estes não editavam os seus próprios códigos processuais.

Não cabe examinar, no âmbito desta breve retrospectiva, qualidades ou defeitos do Regulamento 737, nem ingressar na polêmica daqueles que o elogiam ou destratam; basta considerar, no entanto, que a sua promulgação antecede ao movimento desencadeado na Europa, em torno da autonomia da ciência processual, pelo que não podia oferecer contribuição sobre aspectos que se achavam, ainda, em fase embrionária ou pelo menos em termos de debate e discussão.

Impressiona, no entanto, a distribuição e classificação das matérias e dos institutos, colocados estes e aqueles sob forma coerente e bem concatenada, como se pode observar da parte primeira, título II, da ordem do juízo; e o mesmo se diga quanto algumas de suas disposições, tendentes a abreviar o andamento do processo: assim, a citação para a conciliação (dispensada nas causas procedentes de papéis de crédito endossados ou naquelas em que às partes não era dado transigir), bem como o comparecimento das partes à audiência, já produzia os efeitos de interromper a prescrição e constituir o devedor em mora, desde que proposta a ação até um mês depois do dia em que aquela tentativa resultara infrutífera (art. 38). Os demais efeitos, a exemplo do que o atual código informa, vinham no artigo 59, quando válida a citação.

No igual teor do artigo 282 do Código de Processo Civil vigente, determinava o artigo 66 que a ação seria iniciada por simples petição, que conteria o nome do autor e do réu; o contrato, transação ou fato dos quais resultara o direito do autor e a obrigação do réu; o pedido, com todas as especificações e a estimativa do valor, a indicação das provas, e o requerimento de "citação do réu para ver propor-se a ação, cujo objeto e valor serão sempre declarados" (arts. 66 e 67).

Seguiam-se os vários tipos de resposta, exceção, contestação, reconvenção (arts. 74 ss; 96 ss; 103 ss.) e de intervenção de terceiro (chamamento à autoria, oposição e assistência, arts. 111 ss.; 118 ss.; 123 ss.).

Entre as provas, dava-se maior valor às escrituras e aos instrumentos públicos ou àqueles que se lhe equiparassem, enumerando o artigo 138 todas as demais: escritos particulares, confissão judicial e extrajudicial, juramento (ainda integrando o rol) testemunhas, presunções, arbitramento.

Assim como na disposição acerca da administração da justiça civil, antes referida, também no âmbito do processo estabelecido pelo Regulamento 737, o juiz não permanecia como espectador inerte aos atos que ali se desenvolviam, tanto que, por ocasião da sentença definitiva, se entendesse necessária a realização de alguma diligência, ainda que não lhe tivesse sido requerida nas alegações finais, poderia ordenar que esta se realizasse, para melhor formar o seu convencimento (art. 230). E não era essa a única ocasião que a autoridade judicial assim intervinha, com igual propósito.

Neste rápido levantamento das leis do período pretendeu-se demonstrar que, não obstante as naturais dificuldades inerentes à época e ao momento histórico, no campo do processo, buscava-se proporcionar a aplicação e distribuição da justiça de forma que viesse atender, com a presteza que se esperava, aos reclamos dos cidadãos que a ela recorriam.

* * *

A par da legislação, outro fator de relevo lograria dar o impulso necessário ao aprimoramento da ciência do direito, consubstanciado na criação dos cursos jurídicos e nos estudos que, por conseqüência, se incrementaram e aprofundaram nas duas escolas, em São Paulo e no Recife, a partir de 1827.

Os primeiros projetos submetidos à aprovação da Assembléia Constituinte não traziam no elenco das disciplinas o Direito Processual, mas, afinal, quando da promulgação da lei de 11 de agosto, a "Teoria e Prática do processo adotado pelas leis do Império" passou a integrar o currículo, sendo lecionada no quinto e último ano. Referindo-se a ela, Luís José de Carvalho e Melo, o visconde de Cachoeira, autor dos estatutos da Academia, lembrava que "depois de explicado e expendido tudo quanto há, relativo a estas partes do processo, não se contentará só com esta teoria, e pois que o fim da instituição desta cadeira é fazer versados na prática do foro os estudantes...", de modo que os torne tão hábeis no conhecimento das regras jurídicas quanto na realidade da vida do profissional do direito.

Em São Paulo, foram responsáveis pela cadeira, desde a instalação do curso, e durante o período imperial, os professores Luiz Nicolau Fagundes Varella (1828-1842), Antonio Maria de Moura (1831-1842), José Ignácio Silveira da Motta (1842-1854), Joaquim Ignácio Ramalho, o Barão de Ramalho (1854-1883) e João Pereira Monteiro (1883-1904).

No Recife, Francisco de Paula Baptista, apenas formado, além de dedicar-se intensamente à advocacia, passou a ministrar suas primeiras aulas com pouco mais de vinte anos de idade, a partir de 1835, atividade que se estenderia por quarenta e seis anos, sendo substituído somente em 1881 pelo professor João Capistrano Bandeira de Mello Filho.

Contemporâneos no exercício do magistério, em que mais se sobressaíram na excelência de suas lições e na bagagem que deixaram à posteridade, Ramalho e Paula Baptista são lembrados e comparados como as figuras mais ilustres do Direito Processual do período. Aquele, bacharelou-se em 1834, recebendo no ano seguinte o grau de doutor; tornou-se lente substituto em 1836, catedrático em 1854, jubilando-se somente em 1883, "depois de uma das mais gloriosas existências consagradas ao estudo, ao ensino e à pratica de Direito", e que se prolongou por quarenta e sete anos como professor. Entre as suas obras estão os *Elementos de processo criminal,* e a *Praxe brasileira,* trabalhos de enorme utilidade e mérito a todos que deles durante anos se serviram.

Quanto a Francisco de Paula Baptista, mais se demorará em anotar aqui a sua vida e obra, igualmente profícuas e meritórias: bacharel em 1833, já em 1834 defendia tese, para tornar-se lente substituto em 1835.

Nascera a 4 de fevereiro de 1811, tendo estudado humanidades na Congregação de São Felipe Nery e no Liceu Pernambucano. Na política, foi deputado provincial a partir de 1835 e na Câmara dos Deputados Gerais de 1850 a 1856, notabilizando-se também, no jornalismo e na oratória, "pelo vigor da dialética" e na versatilidade com que expunha os seus argumentos e que justamente lhe conferiram a celebridade que a seu tempo o qualificou. De tal modo elevou-se o seu prestígio notadamente como exímio mestre de direito, que correu notícia da tradução de uma de suas obras para o alemão, passando a servir de compêndio na Universidade de Heidelberg, boato que a história não referenda.

Não obstante, confirma-se, isso sim, o valor dos dois livros que escreveu, nos quais "explende a originalidade do seu pensamento, a segurança de suas lições e o reconhecimento profundo da ciência do seu tempo": o *Compêndio de teoria e prática do processo civil comparado com o comercial*", estampado em 1855, e que contou com sucessivas edições, entre elas, a de 1872, revista pelo autor, e, mais recentemente, a de 1988, compondo a coleção "Clássicos do Direito Brasileiro"; e o *Compêndio de hermenêutica jurídica*, de 1860, elaborado com o propósito de servir aos estudantes de direito, em razão da nova denominação da matéria constante no 5º ano, "Hermenêutica Jurídica, processo civil e criminal, incluindo o militar e prática forense". A edição de 1872 reuniu as duas obras, sendo que, em 1984 aquela coleção fazia publicar o *Compêndio* juntamente, agora, com as cinco lições de hermenêutica jurídica do barão de Ramalho.

Os dois trabalhos deixados por Paula Baptista mereceram comentários de notáveis processualistas, de sorte que estas breves considerações limitar-se-ão a acompanhar aquelas apreciações, que, com a costumeira proficiência, ressaltaram o valor indiscutível do legado transmitido pelo professor da Faculdade de Direito de Recife.

Ao referir-se às "atualidades de um velho processualista", trabalho publicado na década de cinqüenta em homenagem àquela escola, Alfredo Buzaid levanta, no *Compêndio* de Paula Baptista, os pontos principais ali argüidos, os quais forneciam uma visão até então inédita, no Brasil, sobre a ciência processual: afastando-se da tradicional concepção imanentista, o professor pernambucano definia a ação como "o direito de invocar a autoridade pública (juiz) e de obrar regularmente perante ela para obter justiça" (§ 2.º); assim, dos conceitos que a seguir explicita, conclui-se que, adiantando-se no tempo, a ação é definida como direito autônomo, distinto do direito subjetivo; dirige-se contra o Estado, e não contra o réu; visa à obtenção de uma sentença de mérito; e é direito abstrato, e não concreto, reafirmando-se esta última proposição quando trata de exceção, e a define, por sua vez, como "a ação do réu contraposta a do autor", voltada, igualmente, ao órgão jurisdicional (§ 35).

Ao cuidar do "poder oficial do juiz", entende que este, independentemente do requerimento da parte, pode e deve mandar proceder quaisquer diligências tendentes a esclarecer a sua consciência, antes de proferir a sentença, abreviar as demandas, rejeitando dilações ou atos abusivos das partes, para o fim de resguardar a ordem pública "de que os juízes são protetores" (§ 73).

Muito antes das definições previstas na seção III, capítulo I, título V, que se refere aos atos do juiz no Código de Processo Civil atual (arts. 162 ss.), Paula Baptista esclarecia que sentença é a decisão proferida pelo juiz sobre questão submetida ao seu conhecimento. Há de ser definitiva ou interlocutória; a primeira, decide a questão principal; a segunda, porque dada "no espaço ou intervalo desde o começo até o fim", decide algum incidente na causa (§ 178 e nota 2).

A interlocutória subdivide-se em simples (apenas decide o incidente) ou mista (porque prejudica a causa e põe fim ao processo), correspondendo, esta, à nossa atual sentença terminativa, que não decide o mérito da causa. E, mais adiante, ao se referir aos recursos, o autor explica com clareza quais devem ser interpostos: o agravo visa obter a reparação de prejuízo ocorrido no feito "antes da sentença definitiva"; esta definição, acrescenta, "é minha e me parece ser assás exata". Assim, a menos que a lei prescreva que há de ser interposto agravo de petição ou instrumento, para as mistas, prevalece a regra e o recurso geral de apelação. "Isto é o que há de mais simples, resumido e verdadeiro a esse respeito e pode servir de guia aos advogados e juízes" não se envolvendo estes nas distinções dos velhos praxistas, umas já revogadas, outras confusas, e que a erro podem conduzir.

Em suma, embora classificando os pronunciamentos judiciais sob os termos da época, diferenciava com precisão o recurso a ser utilizado, em cada caso.

Na verdade, em todo momento de seu *Compêndio* vem expressa a árdua responsabilidade do professor e o empenho que há de demonstrar na exposição de seu pensamento; e é isso que se comprova no prólogo transcrito na primeira edição da obra, quando Paula Baptista acentua que "o ensino do Direito, reduzido simplesmente aos textos das leis sem exame de suas razões e de seu espírito, é um erro calamitoso e deplorável; por um lado afugenta os talentos, que querem aprender relacionando e desenvolvendo a inteligência, sujeitando-os unicamente ao trabalho estéril e fastidioso de decorar; e a este respeito nunca me esquecerei das seguintes palavras dum notável jurisconsulto, professor duma das Academias de

Direito de Paris: a letra da lei fica gravada na memória, quando o raciocínio lhe serve de buril; por outro lado encobre a insuficiência dos mestres, que, por esse modo, ficando a salvo das soluções de todas as questões difíceis, não precisam entrar no desenvolvimento filosófico da ciência com a aplicação dos seus princípios gerais, e conseguintemente nunca têm ocasião de patentear a extensão, mérito e valor de seu próprio espírito. Na impossibilidade absoluta de fazer decorar códigos inteiros, com inumeráveis leis auxiliares e regulamentares, tudo quanto os mestres podem fazer com grande interesse e vantagem para os seus alunos, é instruí-los nos diversos sistemas de leis, com as suas verdades fundamentais, habilitando-os por esse modo a entender perfeitamente todas as disposições de direito, e aplicá-las justa e convenientemente; a não ser assim, e como os Códigos andam pelas mãos de todos, não haveria necessidade de mestres".

Como bem remata Alfredo Buzaid, "a intuição genial de Paula Batista permitiu elevar o processo da condição de mera arte de instrumentar, de singela coleção de usos e estilos e de meras formas materiais de praxes observadas no foro à categoria superior de ciência autônoma, regida por princípios e leis, sistematizados num plano dogmático. Sua obra é um índice marcante na evolução da ciência do direito nacional".

Finalmente, sobre a *Hermenêutica jurídica*, escrita como se viu, para que bem pudessem os acadêmicos acompanhar as aulas concernentes a essa disciplina, representa mais uma notável contribuição do jurista e professor ao tema das regras a se empregar para a boa interpretação das leis; assim ele se expressa na apresentação do trabalho, revelando as dificuldades transpostas, bem como o aguardo da crítica, reconhecendo, todavia, "quanto custa estabelecer método e ordem na exposição das doutrinas".

A preocupação, posto que correta, e que a todo autor se impõe, mormente no caso, quando não era a exegese das leis a especialidade do mestre, mais centrada na ciência do processo, no caso, fez-se despicienda, tanto que por meio de seu trabalho houve demonstrar a extensão de seu conhecimento e de seu saber.

No Recife, perante a Congregação da Faculdade, o livro obteve integral aprovação, sendo adotado como oficial para o estudo da matéria nas escolas de Direito, pelo que aqui veio ter, recebendo o complemento e a contribuição de seu contemporâneo na cátedra paulista, o barão de Ramalho.

Ao concluir esta sucinta descrição sobre os aspectos do Direito no Brasil império, notadamente em tema de processo, ressaltando a personalidade de um de seus maiores expoentes, verifica-se que, se de um lado, acompanhavam-se, ainda, nas linhas gerais, métodos e sistemas que a tradição conservava, havia, igualmente, a dedicação a novos estudos, sempre com o intuito de atender a uma sociedade prestes a conhecer, mais uma vez, sensíveis transformações de caráter político, cultural e econômico e a enfrentar, logo mais, as incertezas que o novo milênio estava por trazer.

Bibliografia

AZEVEDO, Luiz Carlos. *Estudo histórico sobre a condição jurídica da mulher no direito brasileiro*, São Paulo, Revista dos Tribunais, 2001.

BEVILÁQUA, Clóvis. *Historia da faculdade de direito do Recife*, Rio de Janeiro, Francisco Alves, 1927.

BUZAID, Alfredo. *Paula Batista, atualidades de um velho processualista*. São Paulo, 1950.

FERREIRA, Waldemar. *A congregação da faculdade de direito de São Paulo, na centúria de 1827 a 1927*. São Paulo, Tip. Siqueira, 1928.

LOBO DA COSTA, Moacyr. *Breve notícia histórica do direito processual civil brasileiro e de sua literatura"*. São Paulo, Revista dos Tribunais, USP, 1970.

NESTOR, Odilon. *Faculdade de Direito do Recife*, Recife, Imprensa Industrial, 1930.

PAULA BAPTISTA, Francisco. *Compêndio de theoria e prática do processo civil comparado com o comercial e de hermenêutica jurídica*. 8.ª ed. São Paulo, Liv. Acadêmica de Saraiva e Cia.

_____. *Teoria e prática do processo civil e comercial*. Apresentação de José Ignácio Botelho de Mesquita. São Paulo, Saraiva, 1981.

PAULA BAPTISTA, Francisco. *Compêndio de hermenêutica jurídica*. Apresentação de Alfredo Buzaid; e BARÃO DE RAMALHO (Joaquim Ignácio Ramalho). *Cinco lições de hermenêutica jurídica*. Apresentação de Moacyr Lobo da Costa. *In Hermenêutica jurídica*. São Paulo, Saraiva, vol. 3, 1984 (Col. Clássicos do Direito Brasileiro).

VAMPRÉ, Spencer. *Memórias para a história da academia de São Paulo*, São Paulo, Instituto Nacional do Livro, 1977.

Pontes de Miranda

*Vilson Rodrigues Alves**

O nascimento prematuro

Pontes de Miranda nasceu aos 23 de abril de 1892 no Engenho do Mutange, nas proximidades de Maceió (AL). Disse a respeito de seu nascimento prematuro:

> Nasci com menos de seis meses de gestação. Os médicos, tampouco meus pais, acreditavam na minha sobrevivência. Naquela época não havia incubadeira; vivi entre algodõezinhos e cuidados excessivos de minha mãe.[1]

A infância, a adolescência e o ginásio

Pontes de Miranda passou parte da infância e de sua juventude na Casa-Grande, no engenho de seus avós. Iniciou os primeiros estudos em sua cidade natal, indo posteriormente para o Recife, onde ingressou na Faculdade de Direito.

---

* Procurador do Estado de São Paulo, promotor de Justiça e juiz de Direito no Estado de São Paulo. Mestre em Direito pela Pontifícia Universidade Católica de São Paulo (PUC), Doutor em Direito Internacional, Ph.D., pela American World University de Yowa – EUA.

1. *In Diário Oficial de Alagoas*, ano LXVI, n.º 48.

Durante o curso ginasial, Pontes de Miranda tinha o hábito de "fugir" da escola para passar a noite no Convento dos Frades Franciscanos, como nos narra:

> ... eu pulava o portão, por volta das seis da tarde, e rumava direto para o Convento. No princípio, estranharam a minha presença lá. Depois, os padres me aceitaram e davam até cama para dormir. Hoje eu acho muito engraçado um menino de treze anos discutir teologia com os padres e passar noites contestando a existência de Deus. Mas não foram os franciscanos que me convenceram que Ele existe. Mas a vida.[2]

Com apenas dez anos de idade, discutia sociologia com os parentes durante as refeições e ajudava seu avô na tradução do livro latino *Flos Sanctorum*[3].

Aos quatorze anos, dominando o inglês e o francês, já estudava com os frades franciscanos latim, alemão e grego. Era pesquisador infatigável, preocupado sempre com a vida, seus mistérios e contradições, capaz de descobrir um motivo para especulação filosófica, ou tema para um poema, ao ver uma rosa desabrochada[4].

Com apenas quinze anos de idade lançava críticas à filosofia de Descartes, em trabalho publicado em jornal do Recife, possivelmente as iniciais incursões na Filosofia que propiciaram a posterior publicação de suas "Meditações anticatersianas" pela *Revista Brasileira de Filosofia*[5].

---

2. "Pontes, aos 82 anos sem tempo de descanso", *Última Hora,* Rio de Janeiro, 31/5/1974.

3. Antonio Raphael Silva Salvador, "Homenagem ao maior dos gênios brasileiros: *Pontes de Miranda*", *in Diário Oficial do Estado,* Poder Judiciário, São Paulo, 62 (123), 2/7/1992, Caderno 1, p. 34.

4. Alves Damasceno, *Diário Oficial de Alagoas,* 11/3/1978.

5. Vol. XXXI, fasc. 121, pp. 3-13.

O gosto pela matemática

Filho de Rosa Cavalcanti Pontes de Miranda e Manuel Pontes de Miranda[6], professor de Matemática, a exemplo do avô, teve por isso mesmo marcada influência para os estudos de Matemática.

> A minha primeira tendência, rigidamente expressa – conta-nos – não foi o Direito e sim a Matemática. Meu avô paterno, Joaquim Pontes de Miranda, formado em Direito mas grande matemático, preparou muitos nordestinos para os concursos que se realizavam nas escolas de Guerra e nas faculdades do Rio de Janeiro, Minas Gerais e São Paulo. Sempre foram aprovados. Meu pai também era advogado, mas foi a Matemática a sua maior atuação.[7]

Aos doze anos, então, pensava em estudar Matemática na Universidade de Oxford, mas foi desestimulado por sua tia Chiquinha, a quem dedicou em 1916 sua monumental obra *História e prática do* habeas corpus[8].

A esse respeito, registrou-nos:

> Ao encontrar-me com a minha tia, Francisca Menezes, ela me disse: "Você usa botas Bostol e sapatos All Cover que não poderá importar com o ganho das matemáticas. Dentro em breve o Governo proibirá a importação pelo Norte de maquinarias para engenhos. Por que não estuda Direito, que tanto seduz sua atenção nas con-

---

6. À memória de seus pais, Pontes de Miranda veio a dedicar os 32 volumes dos *Comentários ao Código de Processo Civil.*

7. "Nunca traí minha consciência", *Jornal do Brasil,* Rio de Janeiro, 1975.

8. Nessa dedicatória, expressou Pontes de Miranda: "À memória de minha tia D. Francisca de Alcântara Marinho de Menezes, com quem mais aprendi a amar a liberdade e a justiça."

versas de mesa? Se fosse no tempo do Império você se formaria em Física e Matemática, descobriria uns teoremas, o que é o seu ideal, e isto seria um problema para a Corte, mas ela o resolveria. Você acabaria, pelo menos, Barão de Frecheiras."[9]

A faculdade no Recife e o primeiro escritório no Rio

De Maceió (AL) Pontes de Miranda foi para o Recife (PE), cursou Direito e diplomou-se em 11 de dezembro de 1911. Aos dezoito anos de idade recebeu o grau de bacharel em Direito em sessão solene no salão nobre da Congregação. A lembrança dessa época, registrou-a Pontes de Miranda ao receber o título de Cidadão de Pernambuco:

> Devo muito a Pernambuco. Vim para cá com quinze anos para estudar Direito. Aqui me formei com dezoito anos.[10]

Já no quinto ano da faculdade, concluía em Contendas, no Recife, seu primeiro ensaio de psicologia jurídica, *À margem do direito*, publicado em 1912 no Rio de Janeiro pela Livraria Francisco Alves, vindo a lume novamente em 2002[11].

Durante essa vida acadêmica a genialidade pontiana já despontava. Em meio à repetição docente das mesmas noções e dissertações no vasto período do meio século[12], Pontes de Miranda tivera sua expulsão solicitada à dire-

---

9. *Idem, ibidem*.

10. *Diário de Pernambuco*, Recife, 17/3/1978, p. A-3.

11. A publicação atual é pela Editora Bookseller, de Campinas (SP). Nesse livro, Pontes de Miranda faz referência a outro trabalho por ele concluído com dezessete anos de idade, denominado *Psicologia da atenção*.

12. Aurélio Wander Bastos, "Pontes de Miranda: A escola do Recife e o direito moderno", *Jornal da Tarde*, 1980.

toria por um dos professores de Direito Processual Civil, objetado em sua exposição lastreada na doutrina italiana pelo aluno de sólidos conhecimentos da doutrina alemã. A solicitação foi recusada e pouco tempo após concluía o curso, brilhantemente, "esse jovem vivo, inquieto, impressionante, em cuja alma ardente fremia a paixão do estudo e da ciência", e que "em sua mocidade foi fortemente influenciado por Nietzsche, Emerson e Bergson"[13].

No mesmo dia em que formado, Pontes de Miranda recebeu convite para ser diretor da Caixa Mercantil, banco em Alagoas. Recusou-se. Pediu a seu pai determinada quantia em dinheiro para manter-se por três meses na Guanabara.

Em 1912 muda-se em definitivo[14] para o atual estado do Rio de Janeiro, onde somente viria a sair para dar cursos no exterior, participar de congressos internacionais e atuar em missões diplomáticas, como observou:

> Logo que, aos dezenove anos, me formei em Direito, no Recife, e voltei a Maceió, a Alagoas, onde nascera e a que muito devo, tudo recusei que me ofereceram para ficar lá; e cheguei ao Rio de Janeiro antes de completar os vinte anos. Estou aqui, portanto, há sessenta anos e três meses. Daqui não saí senão para cursos que tive de dar no estrangeiro, para congressos internacionais e para missões diplomáticas.[15]

O primeiro lugar em que se hospedou fora o Hotel Avenida. Por essa ocasião, utilizando-se de uma sala que

---

13. Justino Adriano de Farias, *Sobre Pontes de Miranda*, Sep. Est. Jur., Universidade do Vale do Rio dos Sinos, ano XII, vol. 9, n.º 26, 1979, p. 29.

14. Virgilio Moreira, "Pontes de Miranda", *Jornal do Brasil*, 17/5/1975.

15. Palavras de Pontes de Miranda, em agradecimento à Assembléia Legislativa do Estado da Guanabara no ato do recebimento do título de "Cidadão do Estado da Guanabara".

o dono do *Jornal do Comércio* lhe pôs à disposição, passou a escreveu matéria jurídica para o jornal. Um desses artigos fora sobre o Canal do Panamá, sob o Direito das Gentes[16].

Sobre esse dado e seus desdobramentos, disse Pontes de Miranda:

> Hospedei-me no Hotel Avenida. Escrevi um artigo sobre o Canal do Panamá e mandei-o para a redação de o *Jornal do Comércio*. Depois de alguns dias, recebi um convite para comparecer à portaria do jornal. Recebeu-me o Adão, que me entregou o cachê com a seguinte observação: "O Senhor está recebendo o dobro dos outros. O Dr. José Carlos Rodrigues pede-lhe para comparecer em seu gabinete". Fui e ganhei um escritório para advogar no prédio do jornal, além de ter aceitado a condição de colaborador.[17]

Deixando, posteriormente, o jornal e a advocacia, Pontes veio a dar aulas particulares de latim e grego. Depois, trabalhou como delegado de polícia na Ilha do Governador.

O amor pelo Rio de Janeiro, a capacidade de trabalho e o patriotismo

O alagoano Pontes de Miranda, estabelecido no Rio, passou a residir em Ipanema. Tinha imensa paixão pelo Rio, como nos diz exultante:

> Mesmo quando estive lá fora, tinha o Rio de Janeiro dentro de mim. Devo-lhe muito, à sua beleza, desde a mi-

---

16. Mozar Costa de Oliveira, *Centenário do nascimento de Pontes de Miranda*, 1994, p. 1.

17. Pontes de Miranda, "Nunca traí minha consciência", *Jornal do Brasil*, Rio de Janeiro, 1975.

nha função de advogado e de juiz, os meus passeios a cavalo pelas ruas e pelos montes, as minhas natações nas praias do Flamengo, de Copacabana e de Ipanema, os milhares de livros que aqui li, as obras que desde 1912 aqui escrevi e a alegria que conservei dentro de mim.[18]

Em sua residência, bela mansão em estilo escocês, na rua Prudente de Morais, 1.356, Pontes de Miranda exercia sua extraordinária capacidade de trabalho, em jornadas diárias rigorosíssimas, nas quais não raro madrugava, completando quatorze horas entre estudos e produções científicas.

Como bem se registrou a respeito dessa particularidade pontiana, ele não conhecia do tempo, denegava a ordem de sucessão das horas e dos dias, numa pitoresca e sadia "desmoralização das folhinhas e dos relógios"[19].

Uma das características da personalidade de Pontes de Miranda era o patriotismo[20]. Amava e valorizava o Brasil, e suas palavras bem traduzem esse sentimento patriótico:

> Temos que valorizar o Brasil, as coisas de nossa terra e não nos deixar governar por coisas de fora.[21]

---

18. Palavras de Pontes de Miranda, em agradecimento à Assembléia Legislativa do Estado da Guanabara no ato do recebimento do título de "Cidadão do Estado da Guanabara".

19. Marcos Almir Madeira, presidente do Centro Brasileiro da Associação Mundial de Intelectuais (Pen Club do Brasil), em mensagem enviada a Pontes de Miranda quando do recebimento do título de cidadão guanabarino, *O Globo*, Rio de Janeiro, 1972.

20. Hélio Fraga, reitor da Universidade Federal do Rio de Janeiro, em "Pontes de Miranda abre ano da UFRJ pedindo cientistas", *Jornal do Brasil*, Rio de Janeiro, 1974.

21. Pontes de Miranda, entrevista inserta em *Encontros com a Civilização Brasileira*, vol. 3, 1978.

O amor ao Brasil foi que me guiou em toda a vida. Nunca o traí. Nunca o trairei. O Brasil que eu amo, é o Brasil das duas fontes.[22]

Eu amo o Brasil de suas fontes. No amor ao Brasil busquei a força para a minha vida.[23]

A religiosidade e a admiração aos Franciscanos

Pontes de Miranda era católico:

> Lutando, intelectualmente, contra o vínculo conjugal, não consegui vencer, em mim, a educação católica, dos meus anos de infância.[24]

Como católico, profundo adepto da filosofia dos Franciscanos. Provam-no a intensa correspondência com frei Serafim Prein, do Provincialado dos Franciscanos – Convento de Santo Antônio, em Recife, e o testemunho da embaixatriz Amnéris Pontes de Miranda: todas as noites, antes de dormir, dirigia uma prece a São Francisco de Assis, que fazia questão fosse lida em um folheto velho pelo tempo e dilacerado pelo uso.

A 5 de outubro de 1957, na comemoração do tricentário da Província Franciscana de Santo Antônio, Pontes de Miranda proferiu brilhante conferência, saudando os Franciscanos:

> Vós, Franciscanos, levantastes no Brasil a primeira cruz e rezastes a primeira missa. O Brasil nasceu ao ar livre,

---

22. *In* Paulo Brossard, *Pontes de Miranda*, Senado Federal, 1980.

23. Pontes de Miranda, "Pontes de Miranda abre ano da UFRJ pedindo cientistas", *Jornal do Brasil*, Rio de Janeiro, 1974.

24. Pontes de Miranda, na página de um diário.

com a brisa dos trópicos e a brisa augural da vossa dedicação ao amor, à liberdade, ao povo e à democracia. Nunca impusestes saber nem confiastes em saber que se impõe.

Prosseguiu:

> Sem vós, nós, Brasileiros, não estaríamos preparados para buscar na Inglaterra o *habeas corpus*, e fazê-lo melhor do que o *habeas corpus* inglês; porque, sem vós e minado por outras filosofias, outros povos, por todo o continente europeu, ainda hoje não o puderam alcançar. Talvez não o alcancem nunca, se não puderem substituir amor e codecisão ao ódio e à violência, se não puderem deixar de impor ensino e mando.

Continuou, Pontes de Miranda, a externar seu grande amor e admiração pelos Franciscanos e São Francisco de Assis:

> Eu vos amo porque vós amais o amor e confiais nele. A própria atitude que tivestes no tocante ao conhecimento humano é atitude de amor: o que se sabe é digno de amor; mas há de amar-se a emenda e o saber maior que possamos alcançar. Preparastes os sábios ensinando humildade, na vida e no conhecimento.

E, caracterizando a formação franciscana dos brasileiros, disse Pontes:

> O Brasil nasceu sob o signo da cruz. Quem a plantou foram os filhos de São Francisco. A primeira igreja levantaram-na Franciscanos. Foram eles os missionários ambulantes, de que precisava o Brasil esparso, de outrora e de hoje. Na guerra com a Holanda, vemo-los ao lado do povo brasileiro. Já em 1657, a custódia foi elevada a Província. No trato das leis e dos fatos históricos do Brasil, res-

salta que somos de formação franciscana. Nas fronteiras, Carmelitas velavam por nós, não raro em luta com outros frades, mais espanhóis ou só espanhóis em sua política e em seu ensino autoritário. Portugal deve a sua formação a seus cavaleiros e à concepção franciscana da vida. A metafísica aristotélica prestava-se à alma espanhola: o nominalismo, à missão civilizadora, doce mas enérgica, do Português. A grandeza do Português e do Brasileiro está na sua humildade e no seu profundo amor ao Homem. O Português foi o povo menos provincial do mundo. Amando a todos, por inspiração franciscana, podia sentir-se – tão pequeno embora – regente do mundo.

Assinalando a educação política herdada dos Franciscanos, disse:

> Nunca saberemos precisamente quanto devemos aos Franciscanos. Porque o Franciscano não impôs livros. Não tortuou. Não escravizou. Não quero referir fatos do norte e do sul do Brasil, como o da preferência dos Bandeirantes pelos Franciscanos, gente de mão limpa e capaz de afugentara fúria dos Bandeirantes, conforme está em documentos de 1648.
>
> A democracia foi possível no Brasil porque o Português trouxe consigo a concepção franciscana da vida. A autocracia e aplutocracia são frutos espúrios que entram pelas fronteiras, ou através de colônias de outras raças.

Por que razões a Ordem dos Franciscanos é diferente? Responde-nos Pontes de Miranda:

> Porque Franciscano não partiu da suposição de que o homem tenha a suprema sabedoria. Enquanto outras Ordens levavam, de espada em riste, ou de palmatória alçada, o que entendiam ser a verdade, não revelada por Jesus mas por Aristóteles, o grande impostor, o filósofo da escravatura, o Franciscano sabia que o homem há de ser humil-

de na própria investigação da verdade. Quem já sabe tudo nada descobre. Quem se julga senhor de todas as verdades não adquire verdades. A ciência só se constrói com a livre disponibilidade do espírito.

Traçando linha de discrime entre a religião e a ciência, processos sociais de adaptação, dissertou-nos:

> A preocupação de separar da Fé o saber foi como leito de rio aberto pela profunda influência franciscana, pela técnica de se ter a ciência como processo de livre disponibilidade do espírito e de se pôr a fé fora de indagações racionalistas e raciocinamentos. Para se crer em Deus não se precisa crer em Aristóteles, e crêem em Deus matemáticos autênticos e lógicos-cientistas que em seus tratados e exposições históricas nem sequer se referem ao intrigante do palácio de Alexandre, que hoje nem figura nas bibliografias da alta lógica.
>
> A ciência humana avança com o homem; mas avança se ele se sujeita, *sub-iecta,* ao *ob-iecta,* que se lhe opõe. Portanto, somente crsce se há livre disponibilidade de espírito. Em nenhum momento da história humana houve ciências como a lógica, a matemática, física, a biologia de hoje, mas nenhum dos sábios de hoje impõe o seu saber, e cada um está pronto à emenda e à verificação. Exulta com emendar-se: é exultar com saber mais.

Ao citar Francisco Sanches, "um dos maiores críticos de Aristóteles e de sua lógica, precursor da escola de Viena e da atitude predominante dos núcleos científicos-filosóficos da Inglaterra e dos Estados Unidos da América", Pontes de Miranda reafirmou:

> Só Deus, por ser a perfeição, tem a perfeita cognição; o homem é imperfeito, incompleto, não pode ter a sabedoria completa. Ganha quem aprende, por mais que já sai-

ba. Ofende a Deus quem impõe o saber. Nem pode crer em Deus quem crê que tudo sabe. Se foi ele quem primeiro deu oportunidade a todos, não poderia preferir os de outrora para cegar os de hoje.

Sobre São Francisco de Assis, observou Pontes:

> São Francisco podia ser humilde: tinha dentro de si o que despender. Foi o mais presto, o mais impulsivo, o mais impaciente dos gastadores de si mesmo. Nunca para si. O pobre São Francisco foi rico e vestia-se bem; quando se fez o mais pobre dos homens, conservou aquelas boas maneiras, aquela riqueza interior, nunca jamais superada, e foi o mais rico dos homens. Nobre sem ter nascido nobre. Fez-se nobre, fazendo-se pobre. São Francisco há de ter, sempre, os seus inimigos. Ser santo por ter nascido sem ambições e sem vícios é menos do que fazer-se santo superando-se a si mesmo. A literatura contra São Francisco perscruta-lhe a vida e condena-o porque pecou. Mas São Francisco é ascensão. Nos momentos mais típicos de toda a sua vida, sente-se que o santo não deixou de ser o homem: não foi o mais santo dos homens, mas foi o mais humano dos santos.

E concluiu – após observar a profunda verdade franciscana: ser sábio é, antes de tudo, ser humilde – dirigindo a São Francisco esta prece:

> Nunca precisou o mundo tanto de vós, São Francisco, como nos dias de hoje. Só grande obra de amor pode trazer compreensão e paz às gentes da terra, a irmã Terramãe, de que faláveis, que tantos ódios ameaçam. Inspirai aos povos, ensinando-lhes a mais fecunda das humildades, a humildade cheia de luz.

Três meses após essa conferência aos Franciscanos em Recife, Pontes de Miranda veio a consolidar sua convicção de que somente a filosofia franciscana poderia salvar nossa civilização. Em carta dirigida a frei Serafim Prein, escreveu:

> Com os fatos do mundo, de outubro para cá, repito, com mais profunda convicção, que somente com a filosofia dos velhos Franciscanos ingleses, alemães, portugueses e franceses, se pode salvar a civilização ocidental.

A ciência e as artes

Embora também trabalhasse na pequena residência em Teresópolis (RJ), era na mansão de Ipanema que Pontes de Miranda exercia sua incomum capacidade de trabalho intelectual.

No palácio escocês, cinco bibliotecas abrigavam mais de vinte mil obras vazadas em diversas línguas. Algumas raras, abrangiam toda espécie do conhecimento humano. Eram datadas desde 1554, como o célebre livro de Pedro Barbosa, *Dei judiciae*, o único exemplar existente além do que está na Torre do Tombo.

Pontes versava o português, o alemão, o latim, o francês, o inglês, o italiano, o grego, o espanhol e o japonês, entre outros idiomas. Espantosamente, não só nos estudos científicos sobre os mais variados assuntos, tais a Religião, a Moral, a Biologia, a Física, a Matemática, a Política, a Economia e o Direito, como também nas Artes.

Pontes de Miranda pintava e esculpia em madeira. Em carta dirigida à doutora Catarina Helena Knychala, a 26 de outubro de 1979, externou:

> Sempre gostei de fazer as ilustrações de meus livros e de esculpir. Tenho muitas esculturas que serviram à decoração de minha casa no Rio de Janeiro; e em Teresópo-

> lis há uma, grande, que um amigo não quis que eu acabasse por parecer que como estava ficaria melhor. Chama-a "Inacabada", e é o que os outros amigos ou visitantes acham que foi acertado. Um deles diz "A Bela Inacabada". Apesar de ser jurista, tenho dentro de mim a Arte, a Poesia e a Matemática.

O simbolismo estava em cada canto, em telas e esculturas de artistas famosos, além de estatuetas, como uma de São Francisco de Assis, esculpida em ouro no século XVIII, vinda do engenho de seus avós.

Predominava entre tantas raridades e objetos de valor incomensurável, como diversos tapetes persas, a imagem de uma ave noturna, as corujas, entre elas uma alemã, uma francesa dada por um embaixador e uma russa, feita pela princesa Kalachinka, que Pontes mantinha distribuídas em suas dependências por ser o símbolo da cultivação filosófica, muito difundido na França[25].

Pontes de Miranda foi membro da Academia Brasileira de Artes, onde ocupou a cadeira cujo patrono é José de Alencar[26], e da Academia Brasileira de Letras, onde tomou posse da cadeira n.º 7, de Hermes Lima, no dia 15 de maio de 1979. Sobre esse fato, mereceu de Alcides de Mendonça Lima estas palavras: "Pontes já era imortal antes de, oficialmente, assim se tornar por ter sido eleito para a Academia de Letras. A entidade sim, é que se tornou mais completa, perante o alto centro cultural do mundo, porque, na realidade, há muito que uma de suas quarenta cadeiras se achava vaga, simbolicamente, sem a pre-

---

25. Uaracy Palmeira, "O solar de um sábio", *in A Província do Pará*, 1975.

26. Na época, o órgão de imprensa de Vitória (ES), *A Tribuna*, de 17/5/1972, registrou o discurso feito por Pontes de Miranda a respeito da personalidade do patrono, "com o brilho que lhe é comum".

sença do ora novo membro. A glória de Pontes não se tornou maior com a vitória dos sufrágios, que lhe abriram as portas do cenáculo. O triunfo do pleito valeu, apenas, como um ato de justiça, que nem a demora o arrefeceu. E a justiça, quando realizada, não se mede pelo tempo e, sim, por si mesma, como expressão mais nobre dos sentimentos humanos."[27]

Nos domínios da arte literária, já aos doze anos de idade escrevia poesias que aparecem em um jornal de Maceió, da época. Compôs obras de incomparável teor, como *A sabedoria dos instintos*, publicada em 1921 no Rio de Janeiro e em Paris, com a qual obteve o 1.º prêmio da Academia Brasileira de Letras. Sobre ela, disse João Ribeiro no órgão *Imparcial*: "Em sua concisão, achamo-lo admirável. Certamente, é um dos maiores livros que conhecemos na espécie e acreditamos sem hesitação no seu êxito absoluto."[28]

Essa obra teve imensa receptividade na Europa. Na Alemanha, a célebre Universidade de Heidelberg qualificou Pontes de Miranda como "Jovem Sábio", em virtude dessa "respeitável obra filosófica, inspirada na escola positivista que retrata verdades axiomáticas em aforismos esculturados à altura do talento de Pontes de Miranda"[29]. Não fora diferente na Áustria, onde uma revista de âmbito internacional reconhecia o escritor, filósofo e jurista como "pioneiro da cultura austríaca e alemã"[30].

Dois anos depois, em 1923, publica *A sabedoria da inteligência* e, em 1929, *O sábio e o artista*, vertido também

27. *Correio do Povo*, 30/3/1979.

28. Cf. *Pontes de Miranda – Pequena biobliografia comemorativa do seu 80º aniversário*, 1972, p. 3.

29. Cf. Uaracy Palmeira, "O solar de um sábio", *in A Província do Pará*, 1975.

30. *Betrachtungen (Modern Welt)*, Kunst, Literatur Mode, Viena, 1921.

para o alemão, além de o *Diálogo do livro e do desenho*. Em 1930 vêm a lume *Inscrições da estela interior*, poesias em verso livre, impregnadas de características marcantemente simbolistas, e *Penetração*, livro de poemas impresso na data de seu aniversário, em apenas cem exemplares, com três poemas versilibrados, "Projeção" (ou o Eu diante do Mundo), "Peregrinação" (ou o Caminho do Mundo) e "Prospecção" (ou o Debruçar-se sobre si-mesmo), precedidos de três gravuras feitas pelo próprio autor.

Em 1960, são publicadas em dois volumes as *Obras literárias*, reunindo obras em prosa e verso, tais *A sabedoria dos instintos, A sabedoria da inteligência, O sábio e o artista, Inscrições da estela interior, Penetração, Pequenas poesias*.

Além das publicações em alemão (como o *best-seller Epiküre der Weisheit*, com 2.ª edição em 1973), inglês[31] e francês (*Inscription de la Stelle Intérieure, Pénétration* [*Triptyque*], *Suite des Musiciens, Simphonie Humaine*[32], *Chants et Poêmes*), também compôs poemas japoneses, os haicais, que revelam seu estrito contato com a arte oriental, vazados na língua japonesa[33].

Justas, por tudo isso, foram as palavras que lhe dirigiu José Lindoso em discurso à Câmara dos Deputados, porque efetivamente temos "no gênio que lida com a matemática, que é o jurista do continente, que faz poesia – o autêntico embaixador, não só da nossa cultura, mas de nossa raça, com todas as suas potencialidades, inclusive a potencialidade lírica e insondável de amar!"[34].

---

31. O trabalho poético *Inscrições da estela interior* veio a ser publicado também em inglês, em 1960.

32. Dedicada a Pedro Bloch.

33. Esses haicais, inéditos, contêm as respectivas transcrições fonológicas, além de análise e história crítica feitas pelo próprio autor.

34. José Lindoso, *Homenagem a Pontes de Miranda*, Brasília, 1970.

Pontes de Miranda e Einstein

Pontes de Miranda revelou-se profundo estudioso e conhecedor da Física, sobretudo da mecânica quântica.

Estando Einstein no Brasil, Pontes de Miranda fez algumas restrições à Teoria da Relatividade. A imprensa registrou o encontro histórico:

> No jantar, Einstein falou sobre música e recomendou ao prof. Henninger o livro de Thiering. Dias antes, o dr. Pontes de Miranda lhe havia endereçado, em alemão, algumas perguntas e objeções, principalmente às teorias de Weyl e Eddington sobre a estrutura do espaço. Uma delas era a seguinte:
>
> *"A matéria decide da estrutura ou da existência no espaço?"*
>
> Noutros termos:
>
> *"Qual é dos dois o dependente, o espaço ou a matéria?"*
>
> As perguntas – prosseguiu o texto publicado no jornal à época – "foram feitas matemática e filosoficamente. Einstein havia dito que um jurista interessar-se por estas questões sutis era de estranhar.[35]

Naquela oportunidade, apesar de estranhar que um jurista se interessasse por essa temática, Albert Einstein sugeriu a Pontes de Miranda que escrevesse uma tese sobre a *representação do espaço*, para o Congresso Internacional de Filosofia que se daria na Itália, em Nápoles, em 1924.

Ocorre que o Brasil não tinha representação para esse congresso. Atendendo à insistência de Max Planck, Pontes, que acatara a sugestão de Einstein, elaborou seu ensaio em alemão, denominando-o *Vorstellung von Raume*. Enviou-a por intermédio do *Kaiser-Wilhelm Institut*, posteriormente, *Max Planck Institut.*

---

35. "Einstein parte hoje para Hamburgo", *in A Pátria*, 1923.

A tese retocou a teoria geral da relatividade.

Foi aprovada[36].

Einstein aceitou-a como correta e agradeceu a correção[37].

A biologia e a psicologia científica

Biólogo científico, Pontes foi sócio do Instituto de Manguinhos, no Rio de Janeiro. A ele deve-se a descoberta de bactérias que lhe levam o nome, *Pontesia*[38].

Dedicou-se a experiências com caranguejos. Teve assento na cadeira n.º 4 do Instituto Brasileiro de Ciências, ao lado de cientistas como Carlos Chagas, Vital Brasil, Adolfo Lutz e Manoel de Abreu. Integrou a diretoria dessa instituição de estudos científicos, ocupando o cargo de 2.º vice-presidente.

Legou-nos obra de Biologia Científica, com mescla de Antropologia e Lingüística, denominada *Garra, mão e dedo*. Publicada em 1953 e republicada pela Editora Bookseller em 2002, consubstancia admirável ensaio em que Pontes nos demonstra que tudo tem passado e nos adverte de que no homem está toda a história natural. Concita-nos a que nos vejamos no que continuamos, no que *está* em nós e *não está* nos animais. No fio histórico dessa evolução, *garra*, *mão* e *dedo* são três momentos sucessivos sem apagamento, no terceiro, do todo que caracterizou e encheu os dois primeiros: na mão está o dedo, sem que nela toda a garra se tenha extinto.

---

36. *Atti del Congresso Internazionale di Filosofia*, Napoli, 1925, pp. 559-66.

37. V. Mozar Costa de Oliveira, "Pontes de Miranda, o sábio brasileiro", *A Tribuna*, Santos, 1978.

38. *Idem*.

Também nos confins da Psicologia Científica Pontes de Miranda elevou-se como expoente de primeira grandeza. Já em 1912 trazia a público a obra *À margem do direito*, ensaio de psicologia jurídica experimental.

Nele, Pontes de Miranda empregou métodos psicológicos no estudo da Sociologia e do Direito, e revelou cientificamente os fatos psicojurídicos, compósitos de fatos sociais e fatos da mente, individuais ou coletivos, que alcançando a esfera social, causam ou excluem relações de direito.

A profundidade de suas incursões na sociopsicologia foi tanta a ponto de ter uma de suas obras estudadas no 3.º Congresso Brasileiro de Neurologia, Psiquiatria e Medicina Legal, pelo professor e doutor J. P. Porto Carrero.

Trata-se do *Método de análise sociopsicológica*, editado em 1925 em pequena tiragem e do qual nem mesmo Pontes de Miranda conservou nenhum exemplar.

No Congresso realizado em junho de 1929 no Rio de Janeiro, o psicanalista professor J. P. Porto Carrero revelou que as descobertas de Pontes de Miranda constituíam técnica complementar à psicanálise de Freud, com vantagens especiais de terapêutica na fase final de readaptação do indivíduo ao meio. Bem por isso, apresentara formalmente o trabalho pontiano e solicitou sua discussão e a proclamação da obra como merecedora de grande louvor[39].

Desaparecida a obra, tem pertinência ouvirem-se as palavras que a seu respeito disse Pontes de Miranda no agradecimento ao título de professor honorário da Universidade Federal de Alagoas:

> A religião é estabilizante. Digamos, estabilidade +3. É o que muda menos. Ela estabiliza. Por isso, na Idade Mé-

---

39. Mozar Costa de Oliveira, *Centenário do nascimento de Pontes de Miranda*, pp. 3-4.

dia, quando a economia estava perturbada, pedia à religião. Porque do lado de cá a Economia é –3. Ela trepida. Ela perturba tudo. Do lado de cá tem a Moral: +2 e a Arte: +1. Do lado de cá, depois da Economia: –3, a Política: –2, o Direito: –1. Hoje, quando a economia precisa de alguma coisa, recorre ao direito. Mas como? Através da política. Então, fazem essas leis todas que os senhores vêem que são os economistas que exigem que façam. Perturba tudo. Por quê? Porque os homens de agora não têm ainda os elementos de estabilidade que deviam ter.

Neste livro que desapareceu do mundo, eu mostro que todos nós temos os sete elementos. Esquecia-me de dizer que a ciência não estabiliza nem instabiliza. Porque a ciência diz é ou não é. O senhor aceita ou não aceita. Ela não força nada. E há ainda os elementos que eu chamei *quantum* despótico e que um grande matemático alemão disse que eu tinha absoluta razão. A política é que tem mais *quantum* despótico, depois vem a economia; depois vem a religião, porque ela não admite que se infrinjam aqueles princípios. Ela é estável. Depois vem o direito; depois vêm a moral e a arte. A ciência não tem *quantum* despótico, porque o senhor aceita ou não aceita o que o cientista diz. Pois bem, quando se faz uma análise de uma pessoa e que se faz o cálculo depois se sabe bem o que é o homem. Neste meu livro eu fiz o teste das grandes personagens daquela ocasião. Uma delas, Epitácio Pessoa, Presidente da República. Epitácio, deputado, senador e ministro de Estado. Presidente da República. Meus ilustres patrícios alagoanos. Epitácio Pessoa tinha em primeiro lugar, moral; depois, religião; depois, direito; depois, política. Chegou a Presidente. Tem Lafayete Rodrigues Pereira e outras pessoas nesse livro, e tem, como estão aqui o orador, que é professor de Medicina no Rio de Janeiro, e Porto Carrero, que era professor de Medicina lá na Universidade do Rio de Janeiro. Dele eu fiz o teste e, no Congresso de Neurologia, Psiquiatria e Medicina Legal, ele me deu um discurso dizendo que o médico, quando não chegasse a uma solução, recorresse a esse meu livro, porque era muito interessante isso.

Bem, fiz o teste com um che comunista que estava hospedado no Hotel Avenida. Mas quando fiz a pergunta primeira a ele, "que Deus, Deus não existe", foi a primeira resposta que ele me deu. De modo que eu fiz o teste dele, durante uns três dias, somente perguntando os outros assuntos, porque perguntar religião a um homem que já começou a dizer isso, eu não podia perder tempo. Pois bem, quando eu acabo de fazer o teste, no 3.º ou 4.º dia, não me lembro bem, verifico que todo o cálculo que eu fiz, restava dois e meio de religião para ele. Eu disse: eu errei, estou erradíssimo. Saí e fui pela Rua da Carioca, no Rio de Janeiro. Tinha uma casa que vendia imagens. Eu vi duas Nossas Senhoras muito bonitas, iguaizinhas. Cheguei, comprei uma e levei para o Hotel Avenida e entreguei a ele. Ele ia saindo e eu disse: Olha, vê isto aqui? Abra aquela janela, ali quase não passa ninguém, quebre isto na janela. Ah, vou quebrar! Levantou-se. Quando chegou à janela, levantou a mão com a Nossa Senhora, baixou e não quebrou. Eu disse: Quebra! Segunda vez ele tentou. Terceira vez, eu disse quebra, não passa ninguém nessa rua, olha para a rua. Não quebro não porque ela é muito bonita. Ah é! Então você quebra agora, tem outra igual, eu trago para você. Não quebro. Eu disse: Olha, eu acertei. Acertou em quê? Você tem dois e meio de religião. Por quê? Você deve ter lido muito São Francisco ou Cristo quando era jovem e, vendo que no Ocidente não se dá igualdade ao homem, não se cuida de acabar com a pobreza, você ficou emocionado e pensou que indo para o comunismo resolvia o problema. Fica com essa imagem para você que eu vou-me embora.

Isto está no meu livro. Compreenderam a importância disso. Esse meu livro desapareceu e se estou falando agora é porque o discurso que me fizeram há pouco, citaram esse meu livro: *Método de análise sociopsicológica*.

A matemática

Pontes de Miranda foi sócio colaborador da *Association of Symbolic Logic*, nos Estados Unidos. E nas suas obras deixa transparecer a vocação para os estudos matemáticos, como se dá com a "Escala dos valores de estabilidade", publicada pelo Instituto Brasileiro de Ciências em 1925[40].

Como sócio ocupante da cadeira n.º 4, membro perpétuo do Instituto Brasileiro de Ciências, Pontes de Miranda fora o responsável pelos cálculos matemáticos da descoberta da abreugrafia por seu amigo Manoel de Abreu, médico paulista e sócio n.º 34 desse instituto, de que participavam, entre outros, Carlos Chagas, Vital Brasil, Adolfo Lutz, Santos Dumont, Clóvis Beviláqua, Magarinos Torres, Lafayette Rodrigues Pereira, Capistrano de Abreu, Cândido Rondon, Epitácio Pessoa, João Ribeiro.

Como matemático, Pontes descobriu a causa epistemológica do número irracional[41].

Tamanha e tão intensa era sua afinidade nas matemáticas, que Gödel, considerado por Einstein o maior matemático do mundo depois de Leibnitz, lamentou:

Why are you loosing your time with Law?

A filosofia e a sociologia científicas

Na Filosofia Científica, Pontes de Miranda publicou *O problema fundamental do conhecimento*[42], notável obra de

40. Cf. Pontes de Miranda, "Escala de valores de estabilidade", *Boletim do Instituto Brasileiro de Ciências*, n.º 1, ano 1, Rio de Janeiro, 1925.

41. Mozar Costa de Oliveira, "As descobertas de Pontes de Miranda", *A Tribuna*, 1978.

42. É interessante notar que na p. IV do *Tratado de direito internacional privado*, I, de 1935, há indicação da obra *Investigações epistemológicas (O problema das espécies)*, como uma de suas obras principais.

filosofia, lógica simólica, matemática e lingüística. Nela, entre outros temas, desenvolve a inédita *Teoria dos jetos*. Fora publicada em 1937, em 1972 em segunda edição e, em 1999, pela Editora Bookseller.

Na Sociologia Científica, deu-nos em 1913 *A moral do futuro*, prefaciada por José Veríssimo e qualificada por Rui Barbosa como obra de "inteligência de escol".

Em 1924 publica *Introdução à política científica (ou os fundamentos atuais da ciência positiva do direito)* e, em 1926, *Introdução à sociologia geral*, a que a Academia Brasileira de Letras concedeu o prêmio Pedro Lessa.

Dela, Pontes nos diz:

> *É positiva, porque se nutre de fatos; é científica, porque deles tira as leis*[43].

Inúmeras outras, notáveis, podem-se citar[44], como *Os novos direitos do homem, Direito à subsistência e direito ao trabalho, Direito à educação* e *anarquismo, comunismo e socialismo*, todas de 1933, como ainda *Democracia, liberdade e igualdade: os três caminhos*, de 1945, 1979 e, pela Editora Bookseller, de 2002[45].

---

43. Pontes de Miranda, *Introdução à sociologia geral*, Prefácio.

44. É de ressaltar que Pontes de Miranda se referiu, não sem amargura, a duas outras obras suas que teriam sido queimadas "por alguém do Governo": *Direito à assistência* e *direito ao ideal*. Cf. Pontes de Miranda, *Sem democracia não há estado de direito*, pp. 46-8. A primeira, *Direito à assistência*, foi indicada no *Tratado de direito internacional privado*, I, p. IV, de 1935, como tendo chegado ao 6.º milheiro.

45. Cabe, ainda, referência à indicação de outras obras, tais *Por que filosofar* e *Panorama das teorias sobre a moral*. Cf., quanto a essas, *Quem é personalidade no Brasil*, p. 287. Nas pp. 2 e 34 da obra *Anarquismo, comunismo e socialismo*, de 1933, indica-se como uma das principais obras sociológicas de Pontes de Miranda a denominada *Utopia e realidade*. Dela se faz menção, também, na p. IV do *Tratado de direito internacional privado*, I, ed. de 1935.

A obra jurídica de Pontes de Miranda. As publicações no Brasil e no exterior

Foi no campo jurídico, porém, que Pontes de Miranda mais se estendeu.

Pode-se mencionar, exemplificativamente, *História e prática do* habeas corpus, obra em dois tomos publicada inicialmente em 1916. O livro teve dois méritos: o de ser o primeiro do mundo do direito comparado do *habeas corpus* e o de não ter tido outro, que fosse o segundo, até hoje. Nele, Pontes mostra como se precisou o conceito de liberdade física, contida quase toda no direito de ir, ficar e vir.

Em 1922, quando tinha trinta anos de idade, surge em dois tomos uma de suas obras máximas, de repercussão igualmente mundial: o *Sistema de ciência positiva do direito*, que pelos elogios recebidos de todo o mundo[46], ora de juristas, ora de físicos, ora de matemáticos, ora de sociólogos, ora de filósofos, bem evidencia o pluralismo de suas dimensões. A obra monumental[47], que se esgotara em 1923 e veio a ser publicada em 2.ª edição em 1972, em quatro tomos, não é de deontologia ou especulação tendenciosa:

> O direito – disse Pontes de Miranda – tem de ser estudado nas realidades, e não como fazem quase todas as escolas.
>
> O direito deve viver de realidade, e não de abstrações.[48]

---

46. Mencionem-se exemplificativamente o jurista francês François Gény, o jurista alemão Ersnt Zitelmann, o jurista americano Roscoe Pound, o físico e matemático alemão Joseph Petzoldt (precursor de Einstein), o diretor da *Rivista Internazionale di Filosofia del Diritto*, Roberto Vacca, os juristas italianos Giorgio del Vecchio e A. Grispigni, o jurista brasileiro Clóvis Beviláqua.

47. Para produzi-la, Pontes de Miranda consultou 1.618 livros. Cf. *IstoÉ*, " O brasileiro do século", p. 20, suplemento da ed. n.º 1.566, out. 1999.

48. Pontes de Miranda, *Sistema de ciência positiva do direito*, I, pp. 29 e 107.

Até porque, sobre esse Direito, processo de adaptação do indivíduo à vida social, por conseguinte um dos elementos da própria vida em sociedade, explicitou:

> É o que estabelece a solução dos conflitos da vida social.[49]

Nessa dissertação da naturalidade do fenômeno jurídico, sob o influxo dos princípios da física relativista – inexistência de espaço sem matéria ou energia, ilimitação e finitude universal em razão da curvatura, necessidade do recurso aos espaços não-euclidianos; portanto, n-dimensionais –, formula enunciados de precisão científica e conclui não ser esse Direito criação do Estado, como não serem o Direito as leis. Direito há onde espaço social haja.

O *Sistema* não se restringe ao trato científico do Direito, no sentido de uma sociologia especializada. Apresenta soluções para intrincados problemas epistemológicos ligados ao Direito, como o da causalidade e liberdade (princípio universal da causalidade, livre-arbítrio), espaço-tempo e outras variáveis.

Elabora o desenvolvimento da teoria do espaço social e suas dimenões múltiplas: 11 + x dimensões = 7 processos sociais de adaptação[50], 3 dimensões da física clássica, mais o tempo.

A partir desse mesmo ano de 1922, segue-se uma série de publicações de artigos pontianos na Alemanha[51], para a surpresa do próprio autor[52], destacando-se, entre

---

49. *Idem, ibidem*, p. 125.

50. Por ordem decrescente de *quantum* despótico: Religião, Moral, Arte, Ciência, Direito, Política e Economia.

51. Já em 1920, publicara-se de Pontes de Miranda *Brasilianisches Gesetz über Unfälle bei der Arbeit*. Cf. *Soziale Praxis und Archiv für Volkswohlfahrt*, vol. 29.

52. Foi o que revelara em entrevista ao *Jornal do Brasil*, Rio de Janeiro, a 31/5/1974.

eles, *Rechtsgefühl und Begriff des Rechts* (Sentimento de Direito e Conceito do Direito)[53], *Rechtssicherheit und innerliche Ordnung* (Segurança Jurídica e Ordem Intrínseca)[54], *Subjektivismus und Voluntarismus im Recht* (Subjetivismo e Voluntarismo em Direito)[55], *Begriff des Wertes und Sociale Anpassung* (Conceito de Valor e Adaptação Social)[56], *Überwachung der Banken* (Controle dos Bancos), em 1923, *die Zivilgesetze der Gegenwart* (As Leis Civis do Presente), em 1928[57], *Brasilien, Rechtsvergleichendes Handwörterbuch*, do prof. Franz Schlegelberger, em colaboração com o dr. C. Gös, em 1929, entre inúmeras outras[58].

Também se deram inúmeras publicações em vários países da Europa, podendo-se mencionar, *e.g.*, na Espa-

53. Cf. *Archiv für Rechts-und Wirtschaftsphilosophie*, vol. 16, pp. 157-96, em 1922.

54. Cf. *Blätter für vergleichende Rechtswissenschaft und Volkswirtschaftslehre*, vol. 17, pp. 1-9, em 1922.

55. V. *Archiv für Rechts-und Wirtschaftsphilosophie*, vol. 16, pp. 522-43, em 1923.

56. Cf. *Archiv für Rechts-und Wirtschaftsphilosophie*, vol. 19, pp. 627-46; vol. 20, pp. 77-102, em 1922.

57. Era intenção de Pontes de Miranda desenvolver a Introdução que fizera às *Leis civis do presente*, do prof. Heinsheimer, como ele mesmo afirmara em entrevista antes de partir para a Alemanha, em 13 de agosto de 1930. V. San Tiago Dantas, *Visita a Pontes de Miranda*, p. 5.

58. *V.g.*, *Les Conflits de Qualification* e *Droit Intertemporel du Droit International Privé*, ambas publicadas em 1934, além de *La Compétence Législative de Droit International Privé*. Em 1925, Pontes de Miranda vertera para o alemão o Código Civil brasileiro, para uma publicação conjunta com F. Gericke. Em 1929, editou-se em Paris estudo pontiano sobre o Brasil no *Compêndio de direito comparado*, com extraordinária repercussão na Suíça. No Brasil, vários outros trabalhos foram realizados por Pontes, podendo-se aludir a outras quatro obras, para exemplo da inexaustividade das citações: *Definição, natureza e posição sistemática do direito penal internacional*, *Natureza jurídica e efeitos da "fraude à lei" em Direito internacional privado*, *Ao rés da vida* e *o acesso à cultura como direito de todos*. Na obra *A sabedoria da inteligência*, p. 4, ed. de 1923, mencionou-se que estava no prelo o 1.º volume de outra obra de Pontes, a *Consolidação das leis comerciais do Brasil*.

nha, em 1925, *Los Principios y Leis de Simetría en la Sociología General*; na Holanda, em 1932, *La Conception du Droit International Privé d´après la Doctrine et la Pratique au Brésil*[59]; na Grécia, em 1939, *La Création et la Presonnalité des Personnes Juridiques en Droit International Privé*; na Itália, em 1953, *Natura Giuridica della Decisione di Incostituzionalità*. Muitíssimas outras existem noutros idiomas, *v.g.*, inglês, com publicações em todo o mundo, seja no continente americano, *v.g.*, Chile, seja no europeu, *e.g.*, França, Áustria e Principado de Mônaco[60].

Além de sua profícua produção literária jurídica explicitada em tais idiomas, nò direito interno Pontes de Miranda desenvolveu intensa e incomparável atividade doutrinária, que iniciara já em 1909 com o ensaio denominado *Psicologia da atenção*.

Exemplificando, mencionem-se entre outros estas obras do gênio pontiano, mediata ou imediatamente ligadas ao Direito: *Princípio da relatividade (gnosiológica e objetiva)*, em 1921, *Os fundamentos do espírito brasileiro*, em 1922, *Os novos rumos do direito*, em 1923, *Preliminares para a revisão constitucional*, em 1924, *Unidade e pluralidade da tutela*, em 1924, *Condições exigidas a uma boa teoria do totemismo*, em 1924, *Kant e a cultura geral*, em 1924, *Inércia da matéria social*, em 1925, *Unsymmetrie und Liebespaar*, em 1925, *Nota prévia sobre uma lei de Evolução Social*, em 1925, *Centro de Inércia e Valores Sociais de estanilidade*, em 1925, *Problemas de direito processual interlocal*, em 1934, *A saisina no direito brasileiro*, em 1934, *Problema da personalidade jurídica*, em 1943, *Conceito de constituição e técnica constitucional*, em 1966.

---

59. Cf. *Récueil des Couris de l´Académie de Droit International de la Haye*, t. 39.

60. É o caso da obra literária *Poèmes et Chansons*, de 1969, dedicada à embaixatriz Amnéris Pontes de Miranda.

Ainda, no campo do direito constitucional e do direito internacional privado: *Os fundamentos atuais do direito constitucional*, em dois tomos, em 1932[61] e, pela Editora Bookseller, em 2002, *Comentários à Constituição da República dos Estados Unidos do Brasil*, em dois tomos, em 1936, *Comentários à Constituição de 1937*, em dois tomos, em 1938, *Comentários à Constituição de 1946*, em quatro tomos, em 1947[62], *Comentários à Constituição de 1967*, em sete tomos, em 1967-1968, *Comentários à Constituição de 1967 com a Emenda n.º 1, de 1969*, em sete tomos, 2.ª edição e 2.ª tiragem em 1970-1974, *Nacionalidade de origem e naturalização no direito brasileiro*, em 1936, *Tratado de direito internacional privado*, em dois tomos, em 1935.

Igualmente, no direito processual civil: *Comentários ao Código de Processo Civil* de 1939, em quinze tomos, 2.ª edição em 1958-1962, *Comentários ao Código de Processo Civil* de 1973, em dezessete tomos, 1.ª edição em 1974, 5.ª edição e 2.ª tiragem em 1997, *Embargos, prejulgados e revista no direito processual brasileiro*, em 1937, *História prática do arresto ou embargo*, "escrito nos lazeres dos assíduos trabalhos"[63] e publicado em 1937 e, em 1999, pela Editora Bookseller, *Tratado da ação rescisória*, 5.ª edição em 1976 e, pela Editora Bookseller, em 1999.

Também, no direito privatístico: *Conceito e importância da* Unitas Actus *no direito brasileiro* (Escrituras públicas, atos solenes, testamentos), em 1939, *Tratado de direito de família*, em três tomos, em 1917, 1939, 1947 e 2001, pela Editora Bookseller, *Da promessa de recompensa*, em 1927 e, pela Editora Bookseller, em 2002, *Das obrigações por atos ilícitos*, em dois tomos, em 1927, *Locação de imóveis e pror-*

61. Essa obra marcou uma nova etapa nos estudos de direito constitucional no Brasil, disse Miguel Reale.

62. Na 2.ª edição, de 1963, em 7 tomos e, em 8 tomos, na 3.ª edição.

63. Pontes de Miranda, no Prólogo da *História e prática do arresto ou embargo*.

rogação, em 1952, *Dos títulos ao portador*, dois tomos, em 1921 e 1933, *Direito de família*, 1917, *Fontes e evolução do direito civil brasileiro*, em 1928 e 1981, *Tratado dos testamentos*, em cinco tomos, em 1930, *Tratado de direito predial*, em cinco tomos, em 1953, com 2.ª edição, *Tratado de direito cambiário*, em quatro tomos, em 1937, 1954-1955 e, pela Editora Bookseller, 2000.

Ainda, o *Tratado das ações*, em sete tomos, obra-prima assentada sobre a lógica simbólica, de 1971-1978 e publicada pela Editora Bookseller em 1998, e o monumental *Tratado de direito privado*, em sessenta tomos publicados em várias edições e tiragens[64], dedicado à esposa Amnéris e à filha Frâncis, na qual indicou a análise de 11.728 obras jurídicas de autores de todo o mundo e 193 obras não-jurídicas, na mais extensa e profunda obra de direito privado existente no mundo, mais de 20.000 páginas.

Como parecerista, Pontes de Miranda legou-nos notável quantidade de pareceres de insuperável qualidade sobre os mais variados ramos do direito interno e internacional, publicados em revistas especializadas[65], 285 deles condensados nos dez tomos da obra *Dez anos de pareceres*, de 1974-1977, e outros 362 na obra sobre direito constitucional, direito administrativo, direito penal, direito processual e direito privado denominada *Questões forenses*, em oito tomos, em edições de 1953-1965.

É interessante observar que Pontes de Miranda também procedeu a criterioso e científico trabalho de atuali-

---

64. O *Tratado* vem sendo publicado pela Editora Bookseller em edição atualizada, a partir do tomo XX posto de acordo com as leis em vigor e o novo Código Civil, por Vilson Rodrigues Alves.

65. Por exemplo, *RT*, vol. 161, p. 518, *RT*, vol. 180, p. 495, *RT*, vol. 193, p. 559, *RT*, vol. 205, p. 165, *RT*, vol. 208, p. 36, *RT*, vol. 209, p. 56, *RT*, vol. 210, p. 37, *RT*, vol. 211, p. 68, *RT*, vol. 238, p. 63, *RT*, vol. 241, p. 45, *RT*, vol. 260, p. 42, *RT*, vol. 296, p. 43, *RT*, vol. 301, p. 50, *RT*, vol. 309, p. 49, *RT*, vol. 316, p. 28, *RT*, vol. 330, p. 101, *RT*, vol. 355, p. 60, *RT*, vol. 356, p. 58, *RT*, vol. 500, p. 41, *RT*, vol. 511, p. 50, *RT*, vol. 526, p. 42.

zação de obras clássicas. Exemplifique-se com a menção à *Doutrina das ações*, de Corrêa Telles, na qual, já em 1918, Pontes se referia à sua obra *Tratado das ações*, em cuja elaboração veio a dedicar mais de meio século de estudos jurídicos com o emprego da lógica matemática.

Outra delas foi a *Teoria das provas e sua aplicação aos atos civis*, de Francisco Augusto das Neves e Castro. Livro clássico sobre a matéria, "o ilustre jurista sr. dr. Pontes de Miranda enriqueceu-o de cerca de cento e cinqüenta notas, que o põem em dia com a legislação e a doutrina, e explicam, aqui e ali, a luzes modernas, vários pontos", disse o editor Jacintho Ribeiro dos Santos[66].

As atividades jurídico-diplomáticas e o reconhecimento universal

Pontes foi advogado[67], delegado de polícia na Ilha do Governador[68], juiz de Direito[69], desembargador[70] e embaixador[71]. Como magistrado fundou e dirigiu a *Revista*

---

66. Cf. *Advertência à 2.ª edição*, p. 5. É interessante observar-se que na obra *Direito de família*, de 1917, é feita na p. II referência também a trabalhos de Pontes de Miranda, de anotação à obra *Tratado da prova (em matéria criminal)*, do jurista alemão C. J. A. Mittermayer.

67. Em 1918, torna-se membro do Instituto dos Advogados do Brasil e do Instituto dos Advogados de São Paulo.

68. Tinha cerca de 20 anos. Havia deixado o jornal e a advocacia. Dava aulas de latim e grego.

69. Pontes judicou a partir de 1924, quando fora juiz de órfãos no Distrito Federal. Após seu retorno de Haia, onde lecionou Direito Internacional Privado, em 1932, ocupou o cargo de juiz dos testamentos (Provedoria e Resíduos). Para ter-se uma idéia da exuberância de suas decisões, basta que se leia uma delas, publicada na *RT*, vol. 51, p. 228-46, sobre *emancipação*. É notável!

70. No Tribunal de Apelação do antigo Distrito Federal, veio a ser Presidente das Câmaras até 1939, quando foi nomeado embaixador.

71. Na carreira diplomática, fora nomeado embaixador do Brasil na Colômbia, em 1939.

dos Juízes e Juristas do Brasil. Recusou o cargo de ministro do Supremo Tribunal Federal.

Deu cursos no Exterior, por exemplo sobre a codificação do Direito das Gentes, em 1930, na Alemanha, no *Max Planck Institut* (então, *Kaiser Wilhelm Institut*, de que era integrante Einstein)[72]. E na Holanda, na *Académie de Droit de la Haye*, sobre direito internacional privado[73].

Foi embaixador do Brasil desde 1939, tendo exercido suas funções diplomáticas inicialmente em Bogotá, na Colômbia.

Não o pôde ser na Checoslováquia pela tenra idade, embora o quisesse o presidente Artur Bernardes.

E não o quis ser na Alemanha, por prever a ascensão de A. Hitler ao poder.

Sobre esse dado, leiamos Pedroso Horta: "A recusa há de ter custado muito ao patriotismo, à vocação diplomática, máxime porque na Alemanha, a nação que amais desde a juventude, em cujo idioma, a partir da década de 20, publicastes monografias e artigos de acuidade e precisão que caracterizam a vossa atividade. As vossas vinculações culturais e afetivas com a Alemanha, e da Alemanha convosco, mostram como deve ter sido doloroso recusar Berlim, sob um governo ditatorial. De outro lado, não era possível aquela representação a quem, aos 17 anos de idade, em 1916, escreveu a 'História e prática do *habeas corpus*'. Os homens sérios não abjuram convicções e vós, Senhor Embaixador Pontes de Miranda, sois um homem sério"[74].

---

72. A apresentação de Pontes de Miranda fora, então, feita pelo prof. Martin Wolff, seu amigo pessoal. A obra pontiana fora na ocasião explicada na *Deutsche Juristen Zeitung* por Ernst Heymann, que o considerou cientista do Direito vindo da Matemática e da Filosofia.

73. O teor desse curso foi publicado em Haia: *La Concéption du Droit International Privé d'après la Doctrine et la Pratique au Brésil*.

74. *Pontes de Miranda*, discurso proferido em Brasília, Departamento de Imprensa Oficial, 1970.

Representou o Brasil na Conferência Interamericana no Chile, em Santiago[75], em 1923[76]. Foi chefe da Delegação do Brasil na V Conferência Internacional de Navegação Aérea, em Haia, e, como Ministro Plenipotenciário de 1.ª Classe, esteve em missão nos Estados Unidos[77], onde permaneceu por dois anos e sete meses assessorando o governo americano.

Foi Representante do Brasil no Conselho Administrativo da Repartição Internacional do Trabalho[78], em Montreal, até março de 1943, em cargo ocupado desde 15 de setembro de 1941.

Integrou a Comissão da Reforma Universitária do Brasil em 1931 e, em 1932, a Comissão de Constituição

É professor *honoris causa* em inúmeras universidades brasileiras – Universidade do Brasil, Faculdade de Direito do Largo de São Francisco, Faculdade Católica de Direito de Santos, Pontifícia Universidade Católica de Porto Alegre, Universidade Federal do Rio de Janeiro, Universidade Federal de Santa Maria, Faculdade de Direito de Caruaru, Universidade Federal de Recife, Universidade Federal do Rio Grande do Sul, Faculdade de Direito de Olinda *v.g.*

Ao longo de sua vida, Pontes de Miranda foi reconhecido com o recebimento de inúmeros títulos. Já em 1921, recebera o 1.º prêmio da Academia Brasileira de Letras com sua obra *A sabedoria dos instintos*; em 1925, foi agraciado

---

75. Cf. *Biografia de Pontes de Miranda*, Instituto Pontes de Miranda, de Alagoas.

76. A Conferência na Universidade do Chile, ao iniciar-se a série oficial a cargo de delegados americanos, veio a ser publicada em 1923, pela Leite Ribeiro, no Rio de Janeiro, sob o título *Os novos rumos do direito*.

77. Nessa ocasião, foi chefe da Delegação Brasileira à XXVI Sessão da Conferência Internacional do Trabalho, reunida a 25 de setembro de 1941, em Nova York.

78. Larousse Cultural, *Brasil A/Z*, São Paulo, Editora Universo, 1988, p. 531.

com o prêmio Pedro Lessa, único da Academia Brasileira de Letras, com a publicação de seu livro *Introdução à sociologia geral*[79].

Em 4 de outubro de 1959, recebeu a Medalha Comemorativa do Centenário de Nascimento de Clóvis Beviláqua. Em 1961, foi diplomado com Medalha de Bronze do Rádio Ministério da Educação e Cultura. No mesmo ano, recebeu do Instituto dos Advogados Brasileiros o prêmio Teixeira de Freitas.

Cinco anos depois, foi agraciado pelo Superior Tribunal Militar com a Ordem do Mérito Jurídico Militar. Nesse mesmo ano de 1966, obtém a medalha "Monumento Nacional ao Imigrante", em Caxias do Sul (RS). Em 1969 o Instituto dos Advogados do Rio Grande do Sul confere-lhe a Comenda de "Jurista Eminente".

Em 23 de abril de 1970, em sessão especial da Comissão de Constituição e Justiça, a Câmara dos Deputados prestou homenagem ao "Grande Jurisconsulto Brasileiro, Embaixador Pontes de Miranda", quando da publicação do sexagésimo volume do *Tratado de direito privado*.

Nessa ocasião, Pontes de Miranda alinhou sua profissão de fé:

> Por uma coincidência, o dia de hoje é dia de meu aniversário, e posso dizer-vos, como se estivesse de joelhos, que nunca traí as minhas convicções, que nunca fiz para mim o que podia fazer para o homem e para o Brasil, e que assim, continuarei estudando, corrigindo-me, trabalhando, construindo, até morrer.
>
> Confiemos no Brasil, que tanto amamos e que ainda nos dá o alento para esperar que ele chegue ao nível que ele merece. O povo é bom, inteligente.

---

79. *Quem é personalidade no Brasil*, Câmara Comercial, Industrial e Administrativa de São Paulo.

Em 5 de maio de 1970 torna-se titular fundador da Legião de Honra do Marechal Rondon. Em 19 de setembro desse ano a Universidade Federal do Rio Grande do Sul outorga-lhe o sumo título de Mestre Eminente do Direito. Nesse mesmo Estado recebe o título de membro efetivo do Instituto dos Advogados do Rio Grande do Sul.

Recebeu o título de Cidadão Ribeirão-Pretano na cidade paulista de Ribeirão Preto, em 30 de agosto de 1973, e, em 12 de agosto de 1974, o prêmio "Munis Freire" da Associação dos Magistrados do Espírito Santo, enquanto da Ordem dos Advogados do Brasil, Seção do Rio Grande do Sul, o prêmio Medalha "Osvaldo Vergara", em 6 de novembro de 1974.

No ano de 1978 recebeu o prêmio Medalha do Mérito Visconde de São Leopoldo, em 17 de março. Nesse ano ainda, foi agraciado pelo governador de Alagoas com o prêmio Medalha do Mérito "Artur Ramos".

Não param aí, evidentemente, os títulos conquistados pela genialidade de Pontes de Miranda: sócio honorário do Instituto Histórico e Geográfico de Alagoas, membro da *Association of International Symbolic Logic*[80], sócio colaborador do Instituto de Manguinhos, Cidadão Honorário de Minas Gerais, Comenda de Grau da Grã-Cruz (Ordem Albatroz) do Museu de História, Cidadão Honorário do Estado da Guanabara, membro efetivo do Instituto dos Advogados do Rio Grande do Sul, membro da Ordem dos Advogados do Brasil, Sociedade Cultural Tradicionalista, membro benemérito do Diretório Acadêmico Rui Barbosa, entre tantos outros.

Foi reconhecido, internacionalmente, em vários países, tendo por exemplo recebido do governo Imperial ja-

80. Teria sido o único brasileiro sócio colaborador de uma associação internacional de alta matemática.

ponês em 1958 o título máximo de Guarda do Tesouro Sagrado do Império do Japão, 1.º grau[81]. Recebeu a 14 de abril de 1970, por intermédio do embaixador da Alemanha no Brasil, Ehrenfried von Holleben, a Grã-Cruz do Mérito, da única Ordem da República Federal da Alemanha. Do presidente da Venezuela, Carlos Andrés Perez, recebeu a Medalha "Andrés Bello", poeta, filósofo, estadista e jurista venezuelano, considerado o primeiro humanista da América.

Membro da Academia Brasileira de Letras e da Academia Brasileira de Artes, membro da Academia Carioca de Letras, membro da Academia de Letras de Teresópolis, membro da Academia Brasileira de Letras Jurídicas, de todas as honrarias, prêmios e títulos recebidos – mais de uma centena – guardava particular orgulho de um deles: o de Estudante n.º 1 do Brasil!

A família e o lazer

Do primeiro casamento, a 10 de outubro de 1914, com Maria Beatriz Cavalcanti de Albuquerque, teve quatro filhas. Com reconhecimento firmado pelo embaixador Sebastião Sampaio, veio a casar-se com Amnéris Pontes de Miranda na Cidade do México em 20 de julho de 1946, com celebração do casamento religioso em sua residência a 8 de outubro de 1976, por frei Clemente Kesselmeier.

Pontes era uma pessoa simples e encantadora, disse-nos o desembargador Antonio Raphael Silva Salvador,

81. Pontes de Miranda pronunciou conferências no Japão, com estudos sobre a poesia japonesa, sobretudo de Bashô. Tinha trabalhos filosóficos sobre os haicai, tendo sido referido por Kotaro Tanaka no jornal *Yomiuri Shimbum*, na edição de 20 de fevereiro de 1940, como "um talento de grande valor" no artigo intitulado "Personagens de Valor Mundial".

que assim se expressou a seu respeito: "Tivemos a honra de privar com o grande Pontes de Miranda em Santos, durante uma semana. Maior do que sua inteligência deve ser ressaltada sua encantadora figura humana. Era o homem simples que a todos abraçava e dirigia uma palavra de consideração. Era o companheiro de todas as atividades, sempre pronto a nos acompanhar, com uma saúde e uma disposição invejáveis. Sabia de tudo e nenhum assunto o tomava despreparado: cinema, esportes, vida social, economia, política."[82]

Os mais de setenta mil volumes distribuídos em suas duas bibliotecas na residência da rua Prudente de Moraes, em Ipanema, não somente de Direito, mas dos mais variados ramos do conhecimento, tais a Antropologia, a Mecânica Quântica e a Lógica Simbólica[83], não traduziam óbice ao lazer.

Seus esportes preferidos eram a equitação e a natação. Quando garoto, cavalgava através dos canaviais e campos do engenho, e mergulhava nas águas do rio que banhava Frecheiras. No Rio, manteve seus passeios a cavalo e as natações nas praias do Flamengo, Copacabana e Ipanema.

Tinha gosto pelo bom vinho, sendo-lhe predileto o Forestier. O hábito de beber vinho, de que muito se orgulhava, adquirira-o com tia Chiquinha aos dez anos de idade; sempre, porém, com moderação.

---

82. "Homenagem ao maior dos gênios brasileiros: Pontes de Miranda", *Diário Oficial do Estado*, São Paulo, 2/7/1992, p. 35.

83. Por meio de Einstein, Pontes pôde conversar com o matemático Gödel a respeito do uso da lógica matemática na elaboração de uma de suas obras-primas. Por mais de meio século, Pontes utilizou-se da Lógica Simbólica na confecção desta que se tornou uma das obras de que mais se orgulhava, o *Tratado das ações*, com a exauriente classificação quinária das ações: declarativas, constitutivas, condenatórias, mandamentais e executivas. Somente os cálculos efetuados ao longo de 52 anos, para a feitura do *Tratado*, dariam quase 200 páginas, não publicados pela complexidade na impressão de seus caracteres!

Apreciador de uma boa mesa, prezava o requinte na comida, desde o "Camarão à Pontes de Miranda"[84] até as massas árabes.

Não gostava de churrasco, embora adorasse levar seus convidados para comer o "melhor churrasco" do Rio, segundo ele, o servido n'A Carreta.

Era assíduo freqüentador do Restaurante Hyppopotamus, local predileto para o jantar, onde havia todas as noites mesa especialmente preparada para ele e a esposa Amnéris.

Participava de encontros sociais no Clube Caiçara, no Rio.

A vida intelectual também se desenvolvia em ardentes e fecundos diálogos com os amigos à noite, ao gosto de batidas de maracujá e, às vezes, uísque.

É interessante o relato de Paulo Roberto Viola: "Enquanto tudo isso me passava rapidamente pela cabeça, Pontes de Miranda continuava seu monólogo da sabedoria. Matemático, poeta, filósofo, jurista e outras coisas mais, o mestre também gosta de conversar ao sabor de um uísque. Ele é sempre o convite sedutor ao raciocínio, ao vôo filosófico em horizontes inusitados."[85]

Extremamente vaidoso no vestir-se, ao final de cada ano doava suas vestimentas – ternos impecáveis, camisas e gravatas sóbrias – a instituições religiosas, por obra altruística da esposa, a embaixatriz, D. Amnéris.

Não havia nisso, parodoxo entre esse vaidosismo e a síntese de sua filosofia. Como observou:

---

84. Prato servido no Restaurante Monte Castelo, no Rio de Janeiro, sob os "preceitos" da arte culinária de Pontes.

85. "Reflexões em torno do diálogo com Pontes de Miranda", *Tribuna da Imprensa*, Rio de Janeiro, 1973.

> Nós homens não somos iguais. Há uns que não valem, outros que valem muito. Mas o nosso dever de Homem é diminuir a desigualdade humana.

E prosseguiu:

> Quando um senhor de engenho de Pernambuco cuidava de bem vestir-se e ouvia as pregações dos Franciscanos, não se sentia em contradição: as roupas são partes das boas maneiras. O que importa é que não haja roupas no espírito que embacem a personalidade e a tornem arrogante. A igualdade humana quer que todos se vistam bem e todos possam amar a irmã Terra-mãe, com os seus frutos e as suas flores deslumbrantes, tal como se diz na canção de São Francisco.[86]

Amante da música, apreciava desde os clássicos até a mais jovem música *pop*. Gostava particularmente de Beethoven. Tinha a música como "a sugestão exprimível do infinito"[87], e embora entendesse que ninguém a realizara, dela aproximava Beethoven, com estas palavras:

> Nem Beethoven a realizou. Foi, contudo, a arte dele a mais alta iniciação do grande mistério. E ninguém mais poderá tender para a alma futura sem partir de Beethoven, a mais considerável criação da música elemental, sobre-humana.

A morte e as obras não-completadas

No dia 22 de dezembro de 1979, data próxima à viagem a Teresópolis para a passagem do Natal com a es-

---

86. Pontes de Miranda, *Encontros com a Civilização Brasileira*, 1978, p. 47.

87. Pontes de Miranda, *A sabedoria dos instintos*, p. 37.

posa e filhas, além de amigos da família, Pontes veio a falecer.

Eram aproximadamente 8 horas, quando, como de hábito, fazendo sua primeira refeição – um "café reforçado, com muito bolo", na expressão sensibilizada de D. Amnéris –, veio a ser vitimado por um ataque cardíaco.

Seu corpo foi velado no salão nobre do *Petit Trianon,* ao lado do prédio novo da Academia Brasileira de Letras, e sepultado no mausoléu de Machado de Assis, no Cemitério São João Batista, às 17 horas, sob emocionante discurso do presidente da Academia Brasileira de Letras, Austregésilo de Athaíde, que enalteceu as qualidades do estudioso e sistematizador do Direito brasileiro.

Após ter escrito por mais de setenta anos, à morte deixou contratos com a Editora Forense, para reedição de algumas de suas reconhecidas obras.

Não pôde concretizar o *Tratado das locações* e o *tratado de direito penal*[88], que pretendia publicar.

Nem outras duas obras de antropologia, biologia, lingüística e filosofia científica: *Alcance, meio e fim* e *Raça, cultura e estrutura*.

Também, não viu editados os cem volumes do *Tratado de direito privado,* que tinha intenção de concluir, com a redação já iniciada à segunda edição.

Ou as obras denominadas *Sociologia da estética* e *Espaciologia social,* já concluídas desde 1927[89].

Tinha iniciado a redação de trabalhos sobre história, a *História do Japão e da Terra do Fogo,* tendo concluído considerações filosóficas sobre os haicai de Bashô, também por publicarem-se.

---

88. Segundo registros, somente o plano desse tratado consistia numa pilha de quarenta centímetros de altura de folhas. Cf. Mozar Costa de Oliveira, *Centenário do nascimento de Pontes de Miranda,* p. 9.

89. Cf. San Tiago Dantas, *Visita a Pontes de Miranda,* p. 7.

Era seu intento, também, escrever-nos sobre os *Problemas fundamentais da ciência de hoje, Sociologia da religião, Sociologia da arte, Sociologia da moral, Sociologia da economia, Sociologia da política, Sociologia do direito* e *Sociologia da ciência.*[90]

Imortalizado, o jurista, sociólogo, filósofo, poeta, matemático, físico, biólogo, historiador, pintor, escultor Pontes de Miranda continua a receber homenagens e o reconhecimento pela universalidade da mensagem que nos legou, como um dos maiores juristas brasileiros[91], senão o maior.

Como acentuou o acadêmico e historiador José Honório Rodrigues, Pontes "era uma das expressões de maior cultura jurídica do País em todos os tempos"; "nem no Império nem na República, creio que houve um jurista que tivesse produzido obra tão extensa e de tão boa qualidade"[92].

Por tudo isso, ao prestar homenagem ao maior dos gênios brasileiros, foram lapidares as palavras do desembargador do Tribunal de Justiça de São Paulo, Antonio Raphael Silva Salvador: "Pontes de Miranda veio ao mundo com uma missão de muita luz, destinado a melhorar o nível intelectual de nosso planeta"[93].

---

90. Pontes de Miranda, em carta escrita em 1977.

91. Sobre vários dos inúmeros estudos a respeito de Pontes de Miranda, cf. no *Dicionário biobibliográfico de autores brasileiros*, Senado Federal, 1999, pp. 333-4, a indicação de 16 deles, elaborados por juristas brasileiros, *v.g.*, Clóvis Beviláqua, Djacir Menezes, Caio Mário da Silva Pereira, Clóvis Ramalhete, Miguel Reale, Péricles Prade, J. M. Othon Sidou e Antônio Carlos Villaça.

92. "Pontes de Miranda sepultado no Rio", *Folha de S. Paulo*, 23/12/1979, p. 6.

93. *Diário Oficial do Estado*, 2/7/1992, p. 35.

Roberto Lyra,
entre dois parágrafos da História (com quem rivaliza o profundo de minhas aspirações)

*Edilson Mougenot Bonfim**

> O gênio é um roteiro que põe o destino entre dois parágrafos da História.[1]

Prólogo de um centenário: o que foi e o que não foi, embora pudesse ter sido (a propósito da meritocracia)

> Não sou neutro em nada. Tenho partido em tudo, até em cores ... Procuro ser, como aconselhava Rui, um homem que não minta, não bajule, que aconselhe com sinceridade, que não se prive de sua identidade moral. A despeito de tudo, só acompanho a minha consciência.[2]

Dois olhos claros, na foto em preto-e-branco que encima uns meus empilhados livros – multifários, ao gosto do retratado, que entendia com Holbach que "quem só conhece o direito, não conhece o direito" –, abrem-se em advertência pautando os caminhos do biógrafo: "não arranhes minha dignidade com louvaminhas, conspurcando com ditirambos minha biografia e não subtraias os

---

* Promotor de Justiça do I Tribunal do Júri de São Paulo. Professor de Direito e Processo Penal, foi presidente do I Congresso Mundial do Ministério Público, em São Paulo, em 2000.

1. José Ingenieros, *O homem medíocre*, trad. Alvanísio Damasceno, Curitiba, Livraria do Chaim Editora, s/d, p. 28.

2. Roberto Lyra, *Guia do ensino e do estudo de direito penal*, Rio de Janeiro, Forense, 1956, p. 297.

pecados de um ateu. Retrate-me, tão honestamente o quanto possa, tão honestamente o quanto fui!".

Iniciemos assim, com prazeres viajores, um percurso histórico-cordiano através da vida, paixão e obra de uma das mais expressivas inteligências produzidas no Brasil do século XX (nada exageradamente encomiástico, mas, sob a medida dos alfaiates morais). Foi presidente da República? Não, não foi – fato que não o faz menor! –, embora tenha sido ministro da Educação[3], circunstância que o engrandece mesmo na exoneração[4]: como ressabido, muitos chegaram ao mais alto cargo público do país sem um terço de seu brilho, sem o menor lampejo de seu gênio, como muitos outros, ainda, assim o chegarão. Viveu a simbiose do *homo theoreticus* de Spranger, que "consumiu-se, como ser físico, para iluminar o puro mundo mental de uma certa coerência fundamentadora"[5] com o *homo praticus* e *juridicus*, absorvido pela atividade forense e professoral, inviabilizando-se o crescimento do *homo politicus*, notadamente partidário e eletivo, a par de um temperamento que invariavelmente prejudica a escolha e o voto nas democracias representativas, em que o imperativo biológico para a sobrevivência do animal político é a quan-

---

3. O ministro Evandro Lins e Silva, em julho de 1962 era chefe da Casa Civil do presidente João Goulart, e recomendou Roberto Lyra para integrar o Conselho de Ministros, constituído por Brochado da Rocha e aprovado pela Câmara dos Deputados no dia 13 de julho, data de sua nomeação. Assim, assumiu o Ministério da Educação e Cultura daquele governo, ao lado de João Mangabeira (Minas e Energia), Afonso Arinos (Relações Exteriores), Cândido de Oliveira Neto (Justiça), Walter Moreira Sales (Fazenda), dentre outros.

4. Solidário com Brochado da Rocha que renunciara ao cargo, pediu exoneração em 14 de setembro de 1962.

5. Evaristo Moraes Filho, "Tobias Barreto – Pluralista do Direito?!", *Estudos jurídicos em homenagem ao professor Oscar Tenório*, Universidade do Estado do Rio de Janeiro, 1977, p. 211.

tidade[6]. Os polemistas, como ele, são homens qualitativos. Da fagulha, do choque das idéias, nasce a luz, esta que ilumina a vida e aquece corações, esta, também, que esclarece e distingue, separa e identifica, e, portanto, muitas vezes não soma, antes, divide para novas e algébricas operações de adição. A matemática de tais homens não se opera no tabuleiro das certezas, mas no teatro das inquietações: "escrevem, como falam esses temperamentos apaixonados"[7], seu pensar, *tem assinatura*. De sua estirpe – da estirpe dos homens de essência, qualitativos – melhormente debandam e avultam para a política e o governo em uma *meritocracia*. Qual personalidade? "Personalidade aliciadora e instigante" – anotou-lhe o biógrafo[8] – "plasmada de pendores antagônicos. Tempestuoso e sereno. Inflexível e dúctil. Risonho e carrancudo. Amoroso e indiferente. Conforme as circunstâncias. Capaz de abruptas explosões de cólera e de suaves expressões de brandura. Intransigente na defesa de seus princípios e tolerante com as idéias alheias. Lutador implacável, mas adversário nobre e generoso. Tinha um temperamento di-

---

6. A propósito, em outra visão, Lopo Alegria: "É de certa forma surpreendente que ele não tenha enveredado pela sedutora carreira política. Afora os dotes naturais que os desfrutava de sobejo, e do gosto indesmentido, provinha, afinal, de uma família enredada na política, desde as matrizes: os antepassados rebeldes, o pai, senador; o tio e sogro, ministro" (*Assim foi Roberto Lyra*, Rio de Janeiro, Liber Juris, 1984). Justifica seu biógrafo que o "desvio da rota política" deu-se com a morte de João da Mata, deixando-o "politicamente órfão com a perda de seu modelo" (*idem*, p. 155). O próprio Lyra assim se manifestou: "Não sou político. Jamais pertenci a qualquer partido. Habituei-me a considerar as idéias e os fatos entre livros, documentos e este material vivo, que são os problemas, as reações, os dados de moços de todas as classes sociais, de todas as regiões, de todas as cores políticas e filosóficas" (*apud* Lopo Alegria, *op. cit.*, p. 154).

7. José Ingenieros, *op. cit.*, p. 22.

8. Lopo Alegria, *op. cit.*, p. 13.

fícil de ser entendido, em virtude da imprevisibilidade das suas reações, e um caráter que se revelava prontamente, graças à limpidez de suas atitudes. Era homem de exasperar-se até ao grito e de comover-se até às lágrimas." Mas, nunca, nunca, agia impelido pelo egoísmo ou por interesses menores, embora seu combustível estivesse na paixão e emoção[9].

* * *

Roberto Lyra Tavares, seu nome. A descrever-lhe, quebro o protocolo para fazê-lo assimetricamente, posicionando ao rodapé outros matemáticos dados de uma biografia que não pode caber na circunstancialidade do texto, modelo, protocolo ou em ciência exata alguma. Exato. Seu *iter vitae* é texto, ação e conteúdo, deixando escapar ao rodapé dados acidentais, como pormenores nos desvãos da montanha, como gramíneas ao sopé de uma serra. Não é desrespeito ao sistema, mas, sim, honra ao homenageado, respeito com quem, sem romper a ordem alcançou uma superioridade ímpar dentre seus pares, promovendo, por tal, uma nova e superior ordem, a *ordem da superioridade*, que quebra paradigmas e recomenda isenções. Por isso, impróprio biografar-se com simples dados de destino, fato que, por destino, incumbo-me a interpretá-lo, mais que emoldurá-lo em retrato verbal. Tome-se-lhe um e exemplar mérito, dentre muitos outros, para instigar o leitor, provocando-o também à polêmica e ao desafio: o de haver sido aprovado no concurso de livre-docência da cadeira de Direito Penal da Faculdade Nacional do Direito do Rio de Janeiro, com nota superior a Nélson Hungria

9. *Idem, ibidem.*

Hoffbauer, reputado o príncipe dos penalistas, em banca examinadora composta pelos eminentes professores Galdino Siqueira, Castro Ribeiro, Lemos Brito, Luiz Cárpenter e Gomes Carneiro. É do grande Nélson Hungria a distinção: "Roberto Lyra, com quem tive a glória de medir forças no certame pelo magistério superior, é um diamante da mais pura água."[10]

Pois, se Roberto Lyra merece o rabisco de uns contornos, merece mais o *risco* de uma interpretação. É bestunto medir-se o gênio, com a métrica dos graus, palmos e polegadas – não é assim que se medem os grandes –, datas, calendários, títulos e honorificações, somatórios de virtudes e diminuição pelos vícios, buscando-se o saldo contábil comum dos comuns. Não é assim que se medem os grandes. Melhor se faz, por sobre o DNA histórico, que mostrar-se a história ao se tentar levantar o sétimo – e indevassável! – véu de uma personalidade composta de cérebro e, fecundamente, coração.

Para que não se alegue "ausência de historicidade" (*Geschichtslosigkeit*) – crítica ao gosto dos "alemães do direito" –, contudo, descreverei sua trajetória para além do acaso, embora este, se é que existe, também se faz notar. Em 1902, nasce o notável intelectual brasileiro Sérgio Buarque de Holanda que evidencia as "raízes do Brasil", mesmo ano que nasce Roberto Lyra. Cem anos antes, em 1802, nascera Victor Hugo, na França, a excelência *par excelence,* idolotrado por Castro Alves e Euclides da Cunha, aqueles mesmos que fincariam também as "raízes do Brasil" na literatura penal de Lyra, e que se constituiriam modelo e bússola de suas aspirações. Falemos, então, uma vez mais, de "tempo e história", de *corsi e recorsi,* sobre o *Victor Hugo do direito penal brasileiro,* fazendo-o em pa-

10. *Idem, ibidem,* p. 105.

limpsesto, por ele que não somente pensou e escreveu com maestria, mas falou, e como falou bem.

Um canto ao Nordeste: berço e forja de gênios

> A Pernambuco, dedico e dedicarei o amor mais que perfeito do desinteresse e da distância. Nada pleiteei. Basta-me a glória do berço.

Tal como em sua descoberta, também juridicamente o Brasil se inaugura no Nordeste. Ali está sua pedra fundamental e o primeiro anunciar de luzes, não da *Philosophie des lumières*, o Iluminismo francês, nem do *enlightenment* dos ingleses ou do *Aufklärung* dos alemães: ao contrário, um iluminismo, à época, à brasileira, urdido por sobre avoengas lamparinas a óleo e velas a sebo, primitivas, mas, originais, de genuína utilidade. Das arcadas do Largo de São Francisco, em São Paulo, emergiu uma Escola e hoje, por ela, se planta muito de futuro; de Recife, a par de uma Escola[11] (a velha "Escola do Recife"[12]), emergiram *homens* que fizeram descendência e que nos legaram o presente (futuro do passado). Compreenda-se, uma a outra não anula, mas antes, completa, dialetiza e se afeiçoa. Nem sempre o politicamente correto é historicamente verídico, fática ou fatidicamente viável. Melhor seria, então, abster-se da sazonalidade dos modismos ou conquistas huma-

---

11. Referência na verdade à Academia de Olinda que, juntamente com a do Largo de São Francisco, em São Paulo, foi criada por lei promulgada por D. Pedro I em 11/8/1827.

12. Movimento e "escola" filosófico-cultural iniciado no final da segunda metade do século XIX com Tobias Barreto à frente, seguido por Sílvio Romero e outros intelectuais, que perdurou por muitos anos rivalizando com São Paulo, sobre ser o centro cultural do país.

no-culturais, procurando a fidelidade sem retoques na busca da reprodução do passado irrecuperável. Pede-se vênia a outros chãos de nossa terra, para uma assertiva biogeológica, no sentido de reconhecer-se na mitológica *Geia*, a terra – aqui posta como torrão natal –, a mãe biológica de algumas excelências. Embora a geografia não seja a única responsável pelas venturas da história, como evidentemente não pode estar somente na "pureza da raça" a razão de mérito algum, trate-se ou não dos frutos do acaso, há toda uma casuística e uma mística que cobram explicação ao fenômeno que citarei: o do bom *fatalismo geográfico*.

Somente para ficar na exígua plêiade dos maiores juristas – sem avançar para outros ramos dos saberes –, o Nordeste brasileiro deu berço a Tobias Barreto – o maior do Império![13] –, Rui Barbosa – o maior da história! –, Clóvis Bevilácqua – o grande civilista! –, Pontes de Miranda – o melhor processualista, incomparável jurisconsulto! –, Aníbal Bruno – inexcedível dogmata penalista! – Evandro

---

13. Tobias Barreto (1839-1889) é reputado o melhor penalista do Império – considerado por Roberto Lyra como o "chefe de uma escola brasileira em Direito Penal científico" –, a "culminância do Direito Penal do Império", conforme Magalhães Noronha (*Direito penal*, 2.ª ed., Saraiva, 1963, vol. I, p. 74), a quem cabe a primazia de ter introduzido a doutrina do pensamento alemão no direito brasileiro, sendo também um dos introdutores do pensamento germânico em toda América Latina. V., sobre ele, os encômios e a boa análise feita por Viveiros de Castro, *A nova escola penal*, Rio de Janeiro, 1913, p. 7; Roberto Lyra, "Crônica: Tobias Barreto e o direito penal", *Revista Forense*, fevereiro de 1940, p. 235 ss., dentre muitos outros. Uma breve nota, mais recentemente sobre Tobias: Zaffaroni, *Tratado de derecho penal*, Parte General, Buenos Aires, Ediar, t. III, 1981, p. 463; também: Eugenio Raul Zafaroni e José Henrique Pierangeli, *Manual de direito penal brasileiro*, Parte Geral, São Paulo, Revista dos Tribunais, 1997, p. 130. Sobre o tema, ainda: Edilson Mougenot Bonfim, *Direito penal da sociedade*, 2.ª ed., São Paulo, Editora Oliveira Mendes, 1998, p. 33.

Lins e Silva (o maior advogado criminalista) e Roberto Lyra – a culminância do penalista-criminólogo! –, que se ergueram para as altitudes intelectuais do Brasil, por entre os extremos da mais agreste e inclemente seca e a beleza de suas verdes águas oceânicas. Alguns, é verdade, estudaram em outras terras (Rui, em São Paulo, Lyra e Evandro, no Rio...). E assim ascenderam para a glória, mesmo que vez ou outra se tivessem de emergir das vicissitudes culturais e sociais, da pobreza mesmo, como no caso de Tobias, mulato de humilde origem, influência mais marcante e direta em nosso Roberto Lyra, como reiteradamente por ele confessado:

> Se alguma coisa em minha obra merece ficar é a organização de uma escola brasileira em Direito penal científico chefiada por Tobias Barreto.[14]

Do nome ao homem (escorço biográfico)

No caso de Lyra, descendente de uma "família de abolicionistas e republicanos históricos"[15], comprova-se a boa força consanguínea que advém da mais pura brasilidade, demonstrando na forja do gênio nordestino mais que uma patriótica simbiose, mas um profético prenúncio dos destinos que se evocam onomasticamente (o nome

---

14. Roberto Lyra, *Novo direito penal*, Introdução, Forense, 1980, pp. 18-9.

15. "Roberto de Lyra Tavares pertenceu a uma família de abolicionistas e republicanos históricos", escreveu Lopo Alegria. "Desde seus bisavós paternos, que acoitaram, em Marotos, combatentes da rebelião praieira, colocando sua propriedade e seus bens a serviço dos ideais revolucionários, seus antepassados estiveram sempre engajados nas lutas que se travaram no solo de Pernambuco, Paraíba e Rio Grande do Norte contra a escravidão e o advento da República" (*op. cit.*, p. 15).

é sempre um presságio, para Bobbio[16]). E qual presságio poderia extrair-se da musicalidade de um tal nome, Roberto *Lyra* Tavares?

Lyra, filho do senador João de Lyra Tavares *Valente* e de *Rosa* Amélia de Lyra Tavares – *valente,* portanto, por parte do pai, recebendo da mãe, indelevelmente na alma, a rosa-símbolo do ideal – era descendente de tronco autenticamente brasileiro[17], figurando, inclusive, na longínqua ascendência uma índia de um ramo dos tabajaras.

Deixemos, para tanto, aquela que com ele partilhou o amor, Sophia Lyra (sua prima-irmã, depois esposa[18]) falar que, a "índia de um ramo dos tabajaras de Nazaré da Mata (Pernambuco) foi batizada como Catarina de Freitas e que veio a casar-se com o italiano Urbano da Silva Pereira. A primeira filha do casal – Ponciana Cândida de Lyra (Lyra era do padrinho de batismo, donde o patronímico) – casou-se com Antonio Tavares da Silva, proprietário do engenho Marotos, em Nazaré da Mata. Assim foi que a filha da tabajara tornou-se senhora do engenho Marotos, herdado pelos descendentes de Antonio Tavares da Silva até Francisco Tavares Pessoa de Araújo, avô paterno de Tavares de Lyra"[19]. De lá adveio a prole, até a chegada do matrimônio de João Lyra com Rosa Amélia, nascendo Roberto Lyra em 19 de maio de 1902, na casa

---

16. "*Nomen omen,* o nome é um presságio", Norberto Bobbio, *O tempo da memória. Se Senectute e outros escritos autobiográficos,* Rio de Janeiro, Editora Campus, 1997, p. 58.

17. Oscar Dias Corrêa, *O centenário do imortal Roberto Lyra. Coletânea em homenagem,* Rio de Janeiro, De Andréa Ferreira & Morgado Editores, 2002, p. 73.

18. Roberto Lyra casou-se com sua prima-irmã, a escritora Sophia Augusta de Lyra Tavares, em 8 de setembro de 1924.

19. *Apud* João Marcello de Araújo Júnior, Roberto Lyra, *Revista Forense,* ano IV, n.º 1, 1979, p. 9.

n.º 44 da rua das Pernambucanas[20], Distrito da Graça, na Capunga, Recife, Pernambuco.

Horário do nascimento: 10 horas da manhã, mesma hora em que no dia 28/10/82 acabaria por expirar[21] desafiando explicações pela coincidência cronográfica aos seus mais místicos biógrafos. Filha de Têmis – a deusa da justiça – com Zeus, o absoluto do Olimpo, as *horas*[22] sempre representaram o mito de um espaço temporal. Filho dileto, verdadeiramente moral, de Têmis, a justiça, Roberto Lyra partiu na mesma hora em que nascera, como se simbolizasse em sua partida uma nova chegada, ou permanência, por não haver necessariamente partido. Mito e verdade, espírito e matéria, mistério e revelação. Por isso, "Roberto Lyra parte, e não se ausenta" como escreveu Roberto Lyra Filho[23]. "O que desaparece com a voz, o gesto, a dinâmica das atitudes, é preservado na memória dos que sobrevivem por algum tempo."[24]

Lyra preserva-se na memória plasmada no imperecível "tempo nacional".

---

20. Luiz Luna, "Roberto Lyra e a Escola Brasileira de Direito Penal", *Jurídica*, ano XVI, n.º 115, Rio de Janeiro, out./dez. 1971, p. 135.

21. Sebastião Rodrigues Lima. "Um pouco do universo de Roberto Lyra", *Revista de Direito Civil*, ano 9, n.º 31, São Paulo, Revista dos Tribunais, jan./mar. 1985, p. 99.

22. Anota Junito Brandão (*Dicionário mítico-etimológico*, Petrópolis, Vozes, 1991, vol. I, p. 582) que "as Horas eram filhas de Zeus e de Têmis. Personificavam, o *ano* e as *estações*. Foi por um abuso de tradução do latim *Horae* que as *estações* se tornaram *horas*. Só muito mais tarde é que as as Horas passaram a personificar as *horas* do dia. Eram três as Horas: *Eunomia*, a Disciplina; *Dique*, a Justiça, e *Irene*, a Paz..." .

23. Falecido em São Paulo a 11 de junho de 1985, Roberto Lyra Filho, jurista de escol, foi professor emérito da Universidade Nacional de Brasília.

24. Prólogo à obra de Roberto Lyra, *Formei-me em direito, e agora?*, 2.ª ed., Rio de Janeiro, José Olympio, 1988, p. 8.

* * *

Lyra nasceu, portanto, após o solstício dos "oitocentos", nascendo em plena *belle époque,* como a bela época que mediará em interstício a adolescência, cravada entre a pré-infância insciente e a juventude operosa (ver alguns tópicos a seguir).

Oportunidade de Lyra: homem de seu tempo? (sobre a inserção humana em seu tempo social)

Lira, "instrumento musical de cordas, cuja origem se perde nos tempos mitológicos, usado por todos os povos da Antiguidade" ou "Unidade monetária, e moeda, da Itália...", duas acepções dicionarizadas[25], que diante dos novos tempos perdem em atualidade: a música, cosmetificou-se para o comércio fácil, substituindo-a o puro som do instrumento pela verberação magnética do som "artificial"; a moeda, outrora símbolo de soberania – ao lado da língua, falava de um povo – hoje símbolo da europeização, da americanização, da mundialização, da globalização; enfim, do fim da identidade para a ascensão da coletividade sem indivíduos, da mescla confusa do capitalismo internacionalizado, sem vínculo a nenhum lastro, com o homem coletivizado ("sub-homem globalizado"?), sem lastro consigo mesmo. *Lyra,* expressão não dicionarizada, surgida em uma época de escol, na qual a cultura estava na moda e a Bandeira Nacional grafava-se em iniciais maiúsculas, época do nascimento dos grandes, dos titãs, como Evandro, "onde até as letras eram em duplicatas – tempo em que 'apelação' se escrevia com dois 'p'

---

25. V., por todos, *Novo dicionário Aurélio,* Rio de Janeiro, Nova Fronteira, sucessivas edições.

e dois 'll' e farmácia era com 'ph', do grego 'pharmakon', onde se descobria na vida, o remédio e a cura, em uma 'atmosphera' com 'ph' puro, o mesmo da 'philosophia' e do clarão advindo dos 'phósphoros' do saber. Época-épica, sem apelações, onde as vogais se duplicavam, onde o 'W' era o 'doublet-v' – menos o caráter era dúplice – era caráter, ou não era. Não tínhamos, mesmo, clones, éramos todos desclonados ou inclonáveis"[26]! *Lyra*, musicalidade extraída do humano instrumento chamado cérebro, acompanhado na percussão pela humana bateria cordiana. Moeda nacional de sumo valor, indisputável, indeclinável e indisponível para compra ou mercancia, insubstituível e inalienável para incautos. Proibida a posse por menores morais.

Lyra, "homem de seu tempo"? *No es una formula exacta, pero es pegadiza,* diriam os hispânicos...

Infância e adolescência (primeiros estudos e a semente socialista)

> O mestre era liberal e jovial com os discípulos. Comigo, não. Eu participava da alegria das aulas, em que a comicidade das ilustrações amenizava a sensaboria da matéria. Mas, para acompanhar o riso dos colegas, baixava a cabeça por trás de um deles. Em casa, meu pai era severo. E eu não ficava à vontade.[27]

26. Edilson Mougenot Bonfim, "Um homem chamado Evandro – Estudo da história e da geografia do Brasil nesta centúria: idéia síntese, vida maiúscula, palavras cruzadas". Homenagem prestada a Evandro Lins e Silva, em 12/9/1998 pelo autor, presidente do II Congresso Nacional dos Promotores do Júri, durante o encerramente do evento, em Belo Horizonte (MG).

27. Roberto Lyra foi aluno de seu pai em contabilidade e escrituração mercantil, conforme excerto de *A evocação anedótica e polêmica da vida pioneira do senador João Lyra,* João Pessoa, A União, 1971.

Fosse um freudiano, e recitaria convicto que "a criança é o pai do adulto". Ali, em meio ao coronelismo e às oligarquias, mas, também na obediência paterna fincada na mais firme tradição nordestina, se formaria seu caráter, amalgamado na exaltação fraterna, na espontaneidade do cordel, folgando as larguezas do espírito criativo, tanto rijo na essência, quanto facetado na aparência, para quem, socialista no futuro, tornar-se-ia "defensor do divórcio, da igualdade jurídica dos cônjuges e da independência da prole", ao mesmo tempo – vejam as marcas da infância! – que "remanesciam temperamento e hábitos de patriarca", conforme exato testemunho de seu filho[28]; "no sociológo futuro, aberto às transformações de costumes, incrustava-se um puritano, exprobando as larguezas da permissividade"[29] – vejam as marcas da infância!

Toda a infância de Roberto Lyra – desde os três meses de idade – aliás, foi vivida em João Pessoa, na Paraíba, para onde o pai se mudara para o exercício do comércio. Em João Pessoa fizera os cursos primário e ginasial, e parte do comercial, no Colégio Diocesano Pio X e no Liceu Paraibano. Era a época francesa, a *belle époque* brasileira, o mundo ainda não estava hegemonicamente americanizado, o sonho ainda não morrera, era sonho, a cultura, Gide e Proust, o beijo, o bonde e a literatura, representavam do rio Sena ao Rio de Janeiro e de Paris a João Pessoa, toda a romântica atmosfera que construiria uma geração que mesclava solidariedade e utopia, negando força à realidade e aos fatos. Jamais Heráclito, o pai da dialética, tivera num século tantos filhos sempre prontos a contestar, a polemizar. De outra parte, no Colégio Diocesano, onde estudava, durante a guerra de 1914, já revelaria um huma-

---

28. Roberto Lyra, *Formei-me em direito, e agora?*, p. 9.
29. *Idem, ibidem.*

nismo e uma sensibilidade mais inclinada aos românticos valores franceses que propriamente ao racionalismo alemão, como assim confessa, ele próprio, ao dizer que a França representava o seu ideal:

> A França instruiu a sensibilidade humana de minha geração. Para nós não havia país mais civilizado, mais profundo, mais denso. Era o predileto das forças históricas. Sua atmosfera, impregnada de beijos, estertores, gritos heróicos e fecundos, captava e expandia todas as vibrações transcendentes, todos os surtos dos avanços sociais.[30]

Ali, em João Pessoa, acentuaria-se o gosto pelo folclore, pelos regionalismos, pela poesia condoreira nacional, que provocava a exaltação da mocidade, alternando o doce recital das musas, com o exercício engajado da dureza dos murros. É o que afirma o seguinte quadro: na polêmica estudantil da garotada, haveria de escolher dentre Gonçalves Dias e Castro Alves, e, desde logo, aderiu convictamente ao segundo:

> Eu, já se vê, estava com Castro Alves, o mais querido dos moços, que não o eram somente pela idade. Os ecos da polêmica entre Lúcio de Mendonça e Olavo Bilac foram provocar, no Nordeste, pugilatos colegiais. Lúcio, achava Gonçalves Dias inferior a Castro Alves e Bilac considerava o maranhense 50 vezes superior ao baiano.[31]

Afeiçoou-se pela história do Brasil e do mundo, pelo ritmo pluritonante das tiradas (repentinas) de espírito dos repentes – ver depois, o rápido raciocínio demonstrado nos apartes na tribuna do Júri! –, do humor sem jaça,

---

30. *Apud* Sebastião Rodrigues Lima, *op. cit.*, p. 103.
31. *Idem, ibidem.*

como, também, ali se firmaria o severo julgamento pelas discrepâncias entre a "Casa-Grande" e a "Senzala", entre o lombo e o açoite, o choro e a chibata, marcando indelevelmente as profundezas e as dobras de sua alma, cuja sensibilidade para a temática humano-político-social representaria a tônica de uma existência. "No patrono do operário, existia, consciente, um pequeno burguês"[32] – vejam as evocações da "Casa-Grande" –, mas, e, sobretudo, para quem o frêmito existencial sempre haveria de ser: "com o povo asfixiado e espoliado, não há democracia; com distâncias e abismos sociais, não existe unidade; com dependência econômica, não há soberania; com a exploração do homem pelo homem, não há Justiça, nem Paz"[33], vejam aí as marcas de quem cresceu assistindo às cruezas da "Senzala"! – Senzala, mais expandida, nacional, dissimulada.

* * *

"Lyra parte, e não se ausenta", porque, a rigor, suas constatações e protestos permanecem na realidade flagrante da atual turbulência do mundo. As contradições não resolvidas mostram que, à partida dos despojos físicos, deixara um espólio para a luta moral e o combate intelectual, pleno de vigor colhido no ideal mundo dos valores. Assim, se vai sentir ter sua formação socialista se inaugurando ainda na adolescência, como a propósito escreveu Evaristo Costa: "arrancamos de Roberto Lyra, depois de uma pergunta que o afundou em longa abstração evocativa, sua mais antiga reminiscência de contágio socialista: uma frase inscrita na parede da oficina de um jornal, em Natal, e que visitava em companhia de seu pai:

32. *Idem, ibidem.*
33. Roberto Lyra, *Formei-me em direito, e agora?*, p. 10.

'É das mãos calejadas do operário que a estátua do progresso há de surgir'. Foi em 1914. Tinha 12 anos"[34].

... Doze anos de idade, a mesma idade, aliás, na qual despertaria sua pletora autoral, capaz de produzir mais de uma centena de obras (Victor Hugo brasileiro, das letras jurídicas nacionais): ali nascia, naquela idade, igualmente o jornalista, fundando um jornal manuscrito, denominado *O Eco*.

A Faculdade de Direito (bacharel aos 18): o encontro com Rui Barbosa

> O Rui da velhice não era mais uma daquelas "almas que pertencem ao futuro pela clara intuição do ideal". O moço foi maior do que o velho.

Iniciou seus estudos na Faculdade de Ciências Jurídicas e Sociais (posteriormente, Faculdade Nacional de Direito), ainda garoto, em janeiro de 1916, com 13 anos de idade. Carlos Sussekind de Mendonça, traçara-lhe, aliás, o perfil que já vinha prefixado de antanho: "desde o tempo de colegial revelava-se possuidor de um estilo próprio, todo seu, onde se identificava, a olho nu, os germes do excelente prosador de hoje, com horror visceral ao lugar-comum"[35]. É fato: não se lhe pega esmerilando nequícias, não se lhe apanha reproduzindo calungas, bobagens, na arte de falar e escrever, no fruto do pensar com o agir, *jamais foi pego em flagrante delito de vulgaridade intelectual*. Isso se veria, acentuadamente no futuro, até na forma não

34. *Apud* João Marcello de Araújo Júnior, *Roberto Lyra*, Coleção Biografias, n.º 2, Rio de Janeiro, Instituto de Ciências Penais do Rio de Janeiro, 1980, p. 13.

35. *Apud* João Marcello de Araújo Júnior, "Roberto Lyra", *Ciência Penal*, ano IV, n.º 1, , Forense, 1979, p. 12.

usual de titular suas obras, provocadoramente: *Formei-me em direito, e agora?*[36], *Que virá depois das prisões?*[37], *Novo direito penal*[38], *Função social do crime*[39], dentre muitas outras, e até na escolha do objeto *A prova judicial no direito soviético*[40], que traduziu com o pseudônimo de Roberto Pereira de Vasconcelos...

Desta época, aliás – referindo-se ao período que medeia 1916-1920 e que corresponde ao seu curso superior – formando-se em Direito aos 18 anos de idade –, o "país vivia ainda sob o impacto emocional do assassínio de Pinheiro Machado. O mundo estava em guerra, e o Brasil era conduzido ao estado de beligerância, em razão do torpedeamento de navios nacionais por submarinos alemães, fato que inflamou a classe universitária. Rodrigues Alves, eleito presidente da República pela segunda vez, morreria no exercício do mandato, sendo sucedido pelo vice-presidente, Delfim Moreira. A gripe espanhola atemorizava a população, causando milhares e milhares de vítimas"[41]. Um gigante entra em cena, é Rui Barbosa, em campanha no Senado Federal, pela entrada do Brasil na guerra, diante do torpedeamento dos navios brasileiros pelos alemães, o que motivava comícios e passeatas. Em uma dessas oportunidades, narra Roberto Lyra, referindo-se a Rui:

---

36. Roberto Lyra, *Formei-me em direito, e agora?*, Rio de Janeiro, Editora Nacional de Direito, 1957, e também, com o mesmo nome, um livro diferente editado pela José Olimpio, Rio de Janeiro, 1980.

37. *Revista Brasileira de Criminologia*, Rio de Janeiro, 1956.

38. Introdução, Rio de Janeiro, Forense, 1980; *Novo direito penal*, Rio de Janeiro, Ed. Borsoi, vol. II, 1971; *Novo direito penal (processo e execuções penais)*, Rio de Janeiro, Ed. Borsoi, vol. III, 1971.

39. Rio de Janeiro, Forense, 1957.

40. Andrei Vichinsky, *A prova judicial no direito soviético*, trad. Roberto Pereira de Vasconcelos, Rio de Janeiro, Editora Nacional de Direito, 1957.

41. Lopo Alegria, *op. cit.*, p. 25.

> Veio a declaração de guerra, ou, melhor, a aceitação da guerra não declarada. Interrompemos a marcha de seu carro pela rua do Catete, no meio do povo, para que fosse saudado da sacada do primeiro andar do edifício da Faculdade. Pinto da Rocha falou pelos professores e vários colegas trepados no portão improvisaram orações e versos. Parecia que estávamos vivendo o tempo de Castro Alves. Rui Barbosa limpava lágrimas rapidamente com o lenço branco. Em nossas romarias no rumo de sua casa, cantávamos: A mocidade estudiosa vem saudar a Rui Barbosa. Pedia que não corrêssemos riscos por sua causa. Sorríamos, decididos a desobedecê-lo.[42]

Todavia, a velha chama que presenciara em Rui arrefecera, e, como ela, também diminuiria a idolatria que sentia pelo senador baiano. Conforme registro de Lopo Alegria, Lyra confidenciou sua já constatação estudantil:

> O fato – disse – é que, depois da guerra de 1914 a 1918, já não encontrávamos em Rui Barbosa sintonia para as nossas revoltas e esperanças. Ele esqueceu o prefácio de *O papa e o concílio*, o grito pela desenfeudação da propriedade em 1988, as primeiras leis republicanas fiéis à revolução de 89, a luta contra um Brasil "essencialmente agrícola". E esclarece: – Quando conheci Rui Barbosa ele estava com 67 anos. O Rui da velhice não era mais uma daquelas "almas que pertencem ao futuro pela clara intuição do ideal". O moço foi maior do que o velho. O moço, cuidando de episódios jurídicos, políticos e religiosos, ia mais à base da sociedade do que o velho, considerando-a, diretamente, ante evidências históricas decisivas.[43]

---

42. *Apud* Lopo Alegria, *op. cit.*, pp. 29-30.
43. Lopo Alegria, *op. cit.*, p. 30.

Lyra e Hungria: entre o "puro-sangue da linguagem" e o "puro-sangue do vernáculo" (Vieira e Bernardes, Joyce e Proust): um páreo para apostas intelectuais

É trivial atribuir-se a James Joyce e Marcel Proust a supremacia da literatura ocidental no século XX. Dois romancistas, dois estilos, o primeiro mais fragmentário e o segundo marcado por um "processo de reconstrução metafórica na concatenação dos períodos", que se opõe, por tal, ao primeiro. Lyra e Hungria, dois estilos, mas que, embora diversos e sem fragmentarismos, recompõem em um *continuum* harmônico a historicidade do direito com uma riqueza metafórica comum a ambos. O primeiro, vendo o homem, protagonista da história, revelado pela dramaticidade do contexto social e suas nebulosas paralelas; o segundo, devolvendo ao homem sua integralidade, o compromisso ético que, violado o direito, deveria a ele responder pela imposição de uma sanção. Ambos, todavia, conjugando-se e completando-se e, bem assim, comungando, embora em menores proporções, de pontos de vista mais comum ao outro. O *homo socialis* de Lyra – com laivos do positivismo sociológico de Enrico Ferri – não anula o *homo naturalis* de Hungria que habita no *homo criminalis*, este posto como "reversão atávica às eras primevas", e ambos como que se nutrem na busca de uma nova perspectiva ainda não monopolizada pela inteligência do outro. Hungria – um técnico-jurídico – sente a dimensão social do homem termometrizada por Lyra – um positivista, criminólogo – com rigores de esteta; Lyra ausculta o humano coração do criminoso, verberado por Hungria, que não lhe aceita como um títere das leis da sociologia, refletindo azares de um determinismo socioeconômico, ao fazer fletir a vontade individual. Dois "romancistas" do direito penal brasileiro do século XX, porque não se aquietaram nas vestes do *homo dogmaticus* construindo a visão penalística com superior estilo literário, revestindo os andaimes da dogmática teoria do crime, com arquitetura elegante e arejada. Mestres de estilo, ornados de elegância na escrita, plenos da majestade dos ungidos na arte de escrever, Hungria, na feliz asserção de Evandro, é "um puro-sangue do vernáculo"[44], enquanto Lyra é um "puro-sangue da linguagem", ambos peritos, "na genial facúndia e na arte especiosa de dizer" na expressão de Latino Coelho[45] contida no prefácio da tradução da *Oração da coroa,* de Demóstenes. Não se perfaz a majestática construção da linguagem sem os andaimes das palavras, e não subsiste a palavra bela sem o contexto de onde foi tirada, de modo que, cada um, à sua maneira, construiu na melhor engenharia semântica e gráfica, no papel, a riqueza de seu pensamento. A palavra sem o pressuposto da linguagem é a pedra inerte, encravada na rocha não descoberta para os viços da arte e da vida. A fenomênica rocha da comunicação e da linguagem, sem a pedra preciosa da palavra certa, é acúmulo natural, quantidade sem identidade, monturo sem serventia, existência sem revelação. Mas, por que se disse "linguagem", com relação ao biografado? Porque a linguagem foi sua transcendência, ou repetindo com Heidegger que a linguagem é a casa do ser, nela Lyra foi e é, porque habitou em sua inteireza com seu ser que era mais que uma vida, mas um caráter e um propósito. Linguagem que, paralela à de Hungria, não foi somente grande na escrita, mas foi imensa, gigantesca e gloriosa, quando emoldurada pelas cintila-

---

44. Evandro Lins e Silva, "Nélson Hungria, um puro-sangue do vernáculo", *Arca de guardados. Vultos e momentos nos caminhos da vida,* Rio de Janeiro, Civilização Brasileira, 1995, pp. 93 ss.

45. *Apud* Evandro Lins e Silva, *op. cit.*, pp. 95 (em relação a Hungria) e 107 (em relação a Lyra).

ções da voz. Linguagem falada, linguagem-língua, mais pensada, que falada, mais sentida, que ouvida, mais interiorizada, que exposta, linguagem mais sentida; por isso, linguagem, em sua tridimensão, intelecto, sensação e emoção, ou seja, retrato do homem. Wittgenstein admite que nada há numa palavra que se possa chamar de significado, sendo o uso que determina tudo[46]. Lyra deu significado aos signos, deu substância às palavras, porque pôs vida e verdade em cada oração pronunciada, escrita ou falada.

* * *

É preciso ainda um outro olhar para distinguir a diversidade e a beleza dentre dois dos maiores interlocutores do direito penal brasileiro do século XX. Busquemo-lo, na imagem de Castilho Antônio, ao fazer o paralelo entre os dois maiores oradores da tribuna sacra que tivemos, os padres Manoel Bernardes e Antônio Vieira: Bernardes, falando aos homens, estava absorto no Criador, e Vieira, falando a Deus, estava empolgado pela criatura. O júri é Vieira, o juiz togado é Bernardes. Hungria foi Bernardes, juiz togado, contrário ao júri, falando a seus pares no Supremo, deus brasílico das aspirações de justiça, vendo na superioridade do tecnicismo jurídico que aferra o magistrado uma verdadeira deificação do justo; Lyra foi o júri, portanto foi Vieira, lobrigando neste um instrumento superior a serviço do homem e para sua libertação, empolgado pela criatura, falava, sem que o soubesse, embora o sentisse, diretamente a Deus, postulando uma justiça superior àquela malformada por homens. Tal como

---

46. José Lemos Monteiro, *A estilística*, São Paulo, Ática, 1991, p. 95.

Victor Hugo, apontava e destacava *"l'éternelle querelle du Droit contre la Loi"*. Afirmava-se ateu[47], mas quem defenderia com igual força, com incrustada convicção, a supremacia da vida e sua inviolabilidade, sendo ateu convicto? Seria convicto o ateu?

* * *

No júri, o mestre desvestia a farsa, vestia o fato com palavras, e revestia a tribuna com dignidade e apuro. Aprumo, rumo, *aplomb* e sabedoria, *elegantia juris*, substantivos e adjetivos que confluíam sobre o ideal de bem servir à então Promotoria Pública, e que encontrariam em seu verbo a candência oral que animava o fogo de suas convicções, como se no somatório do *animus* comprometido com a verdade e da forma comprometida com a beleza saltasse na projeção do vir-a-ser a justiça, mais que o direito!, para gáudio do ouvinte. Ouvir a voz do gênio não engrandece pela assistência milimetricamente o orador, mas aumenta quilometricamente a agucidade sensitiva do ouvinte, posto este, como credor depositário do verbo, de quem, sendo digno, dignifica a assistência. Lyra foi mestre, e como tal encantou auditórios, como ainda hoje, mesmo transposto ao papel o verbo outrora incandescente que lhe faiscaram dos lábios, ainda queima na sonoridade e riqueza de suas expressões a fina flor da película auditiva, hoje tão desacostumada à candência daquele que, ocupando a tribuna, tinha coisas a dizer.

---

47. Esclarece Lopo Alegria (*op. cit.*, p. 160) que Roberto Lyra teria perdido a fé quando, em 1927, faleceu sua filha com apenas dois anos de idade. "Se perdi a fé num Deus", assegurou, "ganhei a fé na humanidade, o culto da vida, a devoção da ciência." (*In Socialismo por amor de Deus...*)

O Ministério Público, o "Príncipe dos Promotores" e o júri, sua glória

Abre-se aqui um espaço entre as datas que se justapõem. É sua fase no Ministério Público, para o qual foi empossado em 5/3/1924, servindo-o em todas as suas instâncias, havendo sido, inclusive, procurador geral de justiça, além do que, idealizador e fundador da Associação do Ministério Público do então Distrito Federal, tendo redigido o seu primeiro estatuto[48]. Aqui se eleva como verdadeiro "patrono moral" da instituição, deixando indelevelmente marcada sua passagem, não somente por sua atuação exemplar, como pela superioridade de suas ideações, tal como transpostas em seu *Teoria e prática da promotoria pública*[49], que ainda segue como verdadeira carta magna dos predicados e deveres dos membros do "Parquet".

Mas é no júri, sem dúvida, a fase mais marcante de sua vida e a nota mais evidente de seu talento. É precisa a descrição do clima que envolvia o Tribunal Popular naquela época. Como ensina Evandro Lins e Silva, "do Júri, na década dos trinta se irradiava todo o movimento para o estudo e a aplicação do direito penal. Partiu dali, por inspiração de Roberto Lyra, a criação da Sociedade Brasileira de Criminologia e de sua magnífica revista, que marcou e que registrou tudo que editava aqui e no estrangeiro sobre direito penal e criminologia. O grande entusiasta das inovações era Roberto Lyra, com seu temperamento arrebatado e a sua faiscante inteligência"[50].

---

48. Sebastião Rodrigues Lima, *op. cit.*, p. 109.

49. Roberto Lyra, *Teoria e prática da promotoria pública*, 2.ª ed., Porto Alegre, Sérgio Antonio Fabris/Escola Superior do Ministério Público do Rio Grande do Sul, 1989.

50. "Roberto Lyra, o orador, o criminólogo, o mestre inimitável", *Arca de Guardados*, p. 111.

É na "tribuna encantada", portanto, onde estréia aos vinte e sete anos, em 1929, até consagrar-se como "Príncipe dos Promotores" na alusão de Evandro. "Poucos, como ele", anotou, "sabiam utilizar os dotes pessoais com que fora aquinhoado pela natureza para a exibição de uma retórica empolgante e persuasiva. O verbo era sua matéria-prima, para extasiar os ouvintes, subjugar os adversários, encantar as platéias, dominar os auditórios e convencer os juízes. A precisão dos conceitos estava emoldurada na beleza da forma, dentro de uma exposição a que não faltava a modulação apropriada da voz, ora o tom veemente das explosões indignadas, ora o cicio para o destaque dos episódios que sugeriam suavidade na fala e nos gestos."[51]

Um episódio? Não há como substituir-se o testemunho autêntico de quem com ele privou, iniciando-se em sua arte e ofício. Outra vez mestre Evandro, *Maître, vous avez la parole*:

> Conheci Roberto Lyra no ano de 1930 e desde aí nos tornamos amigos, até a sua morte. Hoje venero a sua memória. Repórter forense do *Diário de Notícias,* bisonho estudante de direito, o destino armou uma cilada e me levou a estrear na tribuna do júri com 19 anos de idade, precisamente contra o promotor Roberto Lyra. Que audácia, que temeridade! Fui seduzido pelo convite, pelo charme, pela animação, pela simpatia de João da Costa Pinto, um não diplomado em direito, ex-estivador do Cais do Porto, que só tinha o curso primário, advogado nato, expositor envolvente... eram dois não bacharéis, que iam enfrentar Roberto Lyra em assunto de sua predileção – o crime passional – contra o qual ele vinha batalhando com o fervor de um apóstolo, numa espécie de cruzada, quando os costumes aceitavam e a legislação favorecia as absolvições pela diri-

51. *Idem, ibidem,* pp. 107-8.

mente da perturbação dos sentidos e da inteligência, do Código de 1890, para os delitos cometidos sob o domínio e uma emoção causada por paixão amorosa, por ato injusto, ou por provocação da vítima...[52]

Depois, conclui, respondendo a uma indagação:

> Por que perdemos, Costa Pinto e eu, a causa de nosso Otelo, tida como favorável à defesa, para os costumes da época? É fácil a resposta, que será a mesma de Eschines, exilado em Rhodes, depois de vencido por Demóstenes. Ele reproduziu o seu discurso e todos se surpreenderam com a derrota. Eschines disse, num misto de amargura e reconhecimento: "Admira-vos que eu saísse vencido da contenda; mas é que não ouvistes aquele monstro."[53]

Fortuna crítica: momentos diversos, sem arrependimentos, o fundamento é outro

> Um seminarista, num desses colóquios de total franqueza a que habituo meus alunos, lembrou-me: "O Sr. é promotor"!...
> Eu não sou, fui promotor.[54]

Há uma página em sua existência que precisa ser mais bem compreendida. O ardor com que Roberto Lyra defendia a condenação dos passionais à prisão quando jovem promotor antagoniza-o contra si próprio em outro momento da vida, quando, posteriormente, com mais idade e na condição de penitenciarista, posta-se contrário à instituição da prisão, demonstrando mudança substancial em

52. *Idem, ibidem,* pp. 108-9.
53. *Idem, ibidem,* p. 115.
54. Roberto Lyra, *Guia do ensino e do estudo de direito penal,* p. 451.

suas convicções, passando a lamentar-se de antigas condenações.

São dois os momentos: o primeiro, quando jovem, derrotando a teoria defensória e a prática no júri da "escola do passionalismo", na qual se absolvia – hoje seria a pretexto de defesa da honra –, em nome da "perturbação dos sentidos" prevista no art. 27, § 4.º da Consolidação das Leis Penais. Invocava-se, de ordinário, a desnecessidade da pena para o "passional" porque este não reincidiria, seria um criminoso ocasional, circunstancial, homem de um crime só... então, "por que punir"? Lyra, nessa época, não só respondia a tais indagações no júri, como o fazia doutrinariamente, publicando em livros e artigos suas superiores razões: consulte-se "Os crimes passionais e a tolerância da justiça", *Vida Policial,* Rio de Janeiro, 1926; "Como um passional se pronuncia sobre o seu crime, sua vida, sua prisão", *Boletim da Sociedade Brasileira de Criminologia,* Rio de Janeiro, 1932; *O amor e a responsabilidade criminal*", São Paulo, Livraria Acadêmica Saraiva & Cia., 1932; "Confidências com criminosos passionais", *Revista do Direito Penal.* Rio de Janeiro, abril de 1933; "O amor no banco dos réus", *Revista do Direito Penal,* Rio de Janeiro, maio de 1933; *O delito passional na civilização contemporânea,* de Enrico Ferri (Lyra traduziu e prefaciou), São Paulo, Livraria Acadêmica Saraiva & Cia. 1934; *O suicídio frustro e a responsabilidade dos criminosos passionais,* Rio de Janeiro, Tipografia do Jornal do Comércio, 1935; "Crime passional", *Revista Forense,* vol. 76, Rio de Janeiro, 1938. "Criminosos passionais", *Revista de Direito Penal,* Rio de Janeiro, abril de 1940; "Legítima defesa da honra", *Revista Forense,* vol. 108, Rio de Janeiro, 1946 etc.

... Depois, todavia, como advogado e penitenciarista, mudou radicalmente sua postura: "Penitência de um penitenciarista", *Revista de Identificação e Ciências Conexas,* n.º

25, Belo Horizonte, 1.º semestre de 1957; edição do Instituto de Criminologia, Rio de Janeiro, 1957; Arquivos do Ministério da Jutiça, n.º 60. Rio de Janeiro, 1956; edição da *Revista Forense,* Rio de Janeiro, 1957. Ver, ainda, sobre o seu pensamento, "Penitência de um promotor público, I", *Revista de Identificação e Ciências Conexas,* n.º 39. Belo Horizonte, 1.º semestre de 1965; "Penitência de um promotor público, II", *Revista de Identificação e Ciências Conexas,* n.º 40, Belo Horizonte, 1.º semestre de 1966; *Justitia,* n.º 52, São Paulo, 2.º semestre de 1966.

Desse modo, sob o título "Penitência de um penitenciarista"[55], demonstrava já um saturamento do otimismo do antigo promotor, vergastando a idéia como um liberal criminalista: "a melhor prisão é causa de doenças e vícios. Não é o lugar que vicia e enlouquece, é a condição, é a vida do preso. Doenças físicas e não somente morais e mentais. Ninguém contesta que a prisão enriqueceu o elenco psiquiátrico com a chamada psicose carcerária, psicose da situação, hoje redistribuída e rebatizada, e que propicia outras doenças e perturbações mentais, além de novos capítulos da patologia sexual ... O Estado condena por vadiagem e sustenta vadios. Difunde e cultiva a sujagem cerebral, facilita o envenenamento moral, realiza o confisco da personalidade, condena esposas à renúncia ou à miséria e filhos à perdição. Inutiliza vontades, esmaga caracteres, prende consciências e solta instintos, de alto a baixo da 'família carcerária'".

Em certos aspectos até reduziu a amplitude do discurso: "A prisão visa a prevenir e a reprimir crimes. Ora, a prisão é causa de crimes. Logo, a prisão é contraproducente. Por que conservar como efeito o que é causa, sem,

---

55. *Direito penal normativo,* 2.ª ed., Rio de Janeiro, José Konfino, 1977, pp. 183 ss.

sequer, tentar recursos novos – real e não aparentemente – na exata medida das necessidades?" Pretendeu a derrubada das prisões, como profilaxia criminal...

... Elogie-se o humanismo que se colhe dessas linhas, a par de se registrar afigurar-se perspectivamente impossível a obtenção de uma alternativa válida para a *completa substituição da pena de prisão,* existente ao longo da história e presente em toda a geografia mundial. Pretendendo o utópico, abstraiu o sentido hodierno da pena, não visto somente pelo prisma ressocializador – para o qual é de manifesta falência – mas retributivo, medida de defesa social, preventivo geral e especial, exemplificatório[56], que faz deixar empobrecido o só argumento corretivo. Há crimes e crimes, criminosos e criminosos, funções e funções da pena. A correção do "reeducando", em sendo possível, é uma delas; para isso precisa concorrer com boa vontade, inclusive, o próprio reeducando, sem o qual todo o método falha. É o velho escólio do Padre Vieira, para quem, "necessário à conversão de uma alma por meio de um sermão", há de haver três concursos: há de concorrer o pregador com a sua doutrina, persuadindo; há de concorrer o ouvinte, com o entendimento, percebendo; há de concorrer Deus com a sua graça, alumiando.

A sociedade engrandeceu-se com ambos os Lyra, o jovem e o velho, donde salta a faísca iluminadora da invencível dialética de ambos: impossível é confundi-los em momentos e funções distintas da vida, sobrepondo imagens, quando, a ambas manteve-se com absoluta fidelidade, cada uma a seu tempo. Não que um esteja certo, ao tempo que outro esteja errado, ambos estão certos, insista-se – cada um a seu tempo! –, se confrontados na pers-

---

56. V. Edilson Mougenot Bonfim, *Direito penal da sociedade,* 2.ª ed., São Paulo, Editora Oliveira Mendes (Juarez de Oliveira), 1998.

pectiva de quem se posiciona sob a mesma trincheira. Muda-se a óptica se se muda de trincheira. O exército contrário, por mais méritos que tenha, não deixa de ser contrário, e por tal, falto de razões. Sabido, contudo, que a matéria é controversa, de alta dialética, registre-se a sinceridade de seu arrependimento, e a consciência e direito dos jovens tal como ele fora, de buscarem no exercício de suas funções (ministeriais), nenhuma dureza, nenhum exacerbamento, mas, também, nenhuma vacilação. São fiscais da lei, e de uma lei que é a resposta normativa a um dado momento social. Lyra, com certeza, no balanço de suas convicções e na média das idades que experimentou, concordaria com a polêmica, *quand même,* talvez exercitando até um novo e convicto *mea culpa,* como já o fizera.

É da grandeza de sua história que se extrai a premissa de alguma suposição.

* * *

Nenhum, é verdade, enxergou o direito penal tão mais além dos espessos óculos que a miopia dogmática possibilitaria, quando mais visto aquele menoscabo à criminologia, como ciência contributiva, que viria a se incrustar definitivamente nas últimas décadas do século XX, acabando por varrer desassisadamente o estilo da narrativa penal, de sua ciência, e a riqueza vernacular e lingüística que visavam não somente a descerrar as portas da teoria do crime, mas, sobretudo, a revelar seus liames na intersecção com a comédia humana pelas portas das ciências criminológicas. Lyra não era homem somente do direito, era superiormente homem da justiça e, de outra parte, *homo politicus* no sentido aristotélico-tomista, como se verá, *engagé* com a causa que professava. Posto o direito ser heterônomo[57], na cediça lição de Kant, como proveniente de um poder político exercitado por mandato, e Lyra, com autônoma moral, buscou o direito mais que a lei, a justiça mais que o direito e a tudo vinculando os rigores de sua humanística aspiração.

Confira-se a força de sua argumentação e a abrangência de sua análise, quando tratava de uma criminalidade que gerava nova criminalidade: o crime de colarinho-branco, a gerar miséria, que leva ao crime, que leva à miséria, em inquebrantável *circulus vitiosus.*

Socialista *pendant la lettre*: tese economista no direito penal. A porfia com Nélson Hungria para o ensino de direito penal

> Se para ensinar nesta Faculdade é preciso tolerar gritos, desisto do concurso![58]

57. Conforme Miguel Reale: "Podemos criticar as leis, das quais dissentimos, mas devemos agir de conformidade com elas, mesmo sem lhes dar a adesão de nosso espírito. Isto significa que elas valem *objetivamente,* independentemente, e a despeito da opinião e do querer dos obrigados. Esta *validade objetiva e transpessoal* das normas jurídicas, as quais se põem, por assim dizer, acima das pretensões dos sujeitos de uma relação, superando-as na estrutura de um querer irredutível ao querer dos destinatários, é o que se denomina *heteronomia.* Foi Kant o primeiro pensador a trazer à luz essa nota diferenciadora, afirmando ser a moral *autônoma,* e o direito *heterônomo.* Nem todos pagam imposto de boa. No entanto, o Estado não pretende que, ao ser pago um tributo, se faça com um sorriso nos lábios; a ele, basta que o pagamento seja feito nas épocas previstas...

Há, no Direito, um caráter de 'alheiedade' do indivíduo, em relação à regra. Dizemos então que o Direito é *heterônomo,* visto ser posto por terceiros aquilo que juridicamente somos obrigados a cumprir" (*Lições preliminares de direito,* 6.ª ed., Saraiva, 1979, p. 49).

58. Durante a realização da defesa de sua tese, perante banca examinadora formada por Galdino Siqueira (presidente), Castro Rebelo, Lemos Brito, Luiz Cárpenter e Gomes Carneiro, "de repente, um soco violento na

O século XIX vem marcado por uma hipertrofia do discurso econômico, do economicismo sobre o político, este subestimado, atrofiado, em estudo subalterno. O mundo, diz a classe *bien pensé*, corrige-se na economia, a sociedade e a história andam a seu reboque: de um lado, Stuart Mill, um liberal, de outro, Marx, um antiliberal; assim, também, de um lado, Saint-Simon, e de outro, Spencer, de um, Locke e de outro, Hegel, todos, embora em trincheiras opostas, hipertrofiadores do "econômico", fosse assim em um estado liberal – *laissez-faire...* –, fosse com os marxistas apropriando-se dos meios de produção para a abstração do lucro e partilha a cada um "segundo suas necessidades". Pode-se mesmo dizer que o século XX nasce sob esse signo bosquejado pelos teóricos do século XIX, pobre em teóricos políticos; no mundo jurídico – o direito produzido por um poder político institucionalizado – o *homo juridicus* engatinha: o direito processual mal vai ganhando autonomia e identidade na segunda metade do século com Oscar Büllow, e o direito penal ainda se pauta pela Escola Clássica, agora aos poucos antagonizada pela Escola Positivista de Lombroso a Ferri, da predominância do "bio" no primeiro, até o desenvolvimento da "sociologia criminal" na segunda fase da escola, com o segundo dando-se a importância ao "social"

---

mesa, seguido de enérgico protesto, bradado com altivez – que era uma das marcas inconfundíveis de sua personalidade – surpreende a banca: Se para ensinar nesta Faculdade é preciso tolerar gritos, desisto do concurso!", anota Lopo Alegria (*op. cit.*, p. 99) afirmando que "esta reação inesperada derivou da excessiva elevação da voz, por parte de um dos examinadores, o prof. Gomes Carneiro, ao fazer uma objeção ao examinando. Mas a ruidosa assistência, formada predominantemente por alunos da Faculdade, sob a liderança do acadêmico Carlos Lacerda – que não chegaria a concluir o curso –, aplaudiu com entusiasmo e vibração o ímpeto do candidato. O mesmo examinador reprovou a expansão estudantil, tachando desprezivelmente os manifestantes de *claque* organizada. Roberto Lyra interveio incontinenti: São os maiores interessados no concurso!"

(reflexo do economicismo do século transato?), que também tocaria Lyra no Brasil. O dogmatismo jurídico-penal que vicejaria após a aula em 1910 na Universidade de Sassari, por Arturo Rocco, Eduardo Massari e Vincenzo Manzini na Escola Tecnicista, ainda era incipiente. Há campo para descobertas, e há, sobretudo, a "semente economicista" fazendo marcas no direito penal.

É a tese de Roberto Lyra, no concurso para a livre-docência da cadeira de Direito Penal da Faculdade Nacional de Direito em 14 de dezembro de 1933, "Economia e crime" de "clara inspiração socialista" com as seguintes conclusões[59]:

> a) Em todas as civilizações, o Direito Penal constitui índice das desigualdades sociais;
>
> b) A economia, fonte dessas desigualdades, quando, por exceção, escapa à causa eficiente da criminalidade, intervém, sistemática e decisivamente, como concausa preexistente ou superveniente;
>
> c) A economia afeta o elemento objetivo do crime, transparece na repressão e em espécies criminais não configuradas legalmente, mas substancialmente equivalentes.

O outro concorrente, Nélson Hungria, então juiz de direito, disputando a livre-docência com a tese "Fraude Penal". Lyra, a seu turno, reclamou a falta de oportunidade para a conveniente defesa de sua tese:

> Não me deram oportunidade para sustentar minha tese, como tanto ambicionava, por amor à verdade científica e ao progresso social. Vim aparelhado. E inutilmente. Para destruir a conclusão seria necessário negar a economia, a história, o direito.

---

59. Todo o relato da defesa da tese, confira-se em Lopo Alegria, *op. cit.*, pp. 99 ss.

Ao fim, ainda que sentindo-se prejudicado por tal, enquanto Nélson Hungria obteve no conjunto de suas provas, grau seis e três décimos, Roberto Lyra recebeu grau sete e meio. *Esprit de finesse*, muitos anos após, declara ao jornal *O Globo* (18/5/1978):

> Atribuo isso ao fato de que, na prova escrita, com duração de seis horas, o Nélson se enganou e tratou de outro ponto. Quando percebeu era tarde demais.

Elegância, talento e preparo que existiria em igualdade de proporções em Nélson Hungria, com quem, embora divergindo doutrinariamente, acabaria por se tornar fraternal e inseparável amigo. Elegância remarcada em Nélson Hungria, que tendo estado presente na homenagem realizada em 27 de janeiro de 1934, pelos amigos de Lyra, no Automóvel Club do Brasil – diante da conquista da cadeira de Direito Penal – afirmou, congratulando-se com ele: "estivera na trincheira com o homenageado e podia dizer, melhor do que ninguém, o significado da merecida vitória que os amigos de Roberto Lyra festejavam. Foi a vitória de uma cultura das que não se improvisam, pois resultam de aquisição metódica da sabedoria e do estudo prático, diuturno, de uma especialidade"[60].

Lyra e o ensino jurídico (para além da dogmática): a "aula de amanhã" e o testemunho de Fragoso

> Eu teria premiado o amor, a imaginação, o devotamento daquele professor da Calábria demitido porque, para empolgar os alunos de História Universal, desenvolvia os pontos, como filmes seriados. No fim de uma das aulas escreveu no quadro negro: "Conseguirá a linda

60. Lopo Alegria, *op. cit.*, p. 105.

> Cleópatra, a mais sedutora das rainhas, manter fiel a si o coração do célebre general Marco Antonio? Será que Otávio encontrará uma cobra para acabar de uma vez por todas com a terrível vamp egípcia? Se querem saber, não percam a aula de amanhã."[61]

Lyra foi o melhor professor de direito penal de quantos o Brasil já teve. "Mestre inimitável", nas palavras de Evandro[62]. Não se melindrem os outros candidatos, seu ético coração aceita a justa divisão do título a quem iguais méritos tiver. Mas é que ninguém devotou tanto de si para outrem, ninguém semeou tanto nos espíritos jovens, visando plantar os amanhãs. Ninguém (ao que se saiba de alguém!), ninguém como ele. Ninguém encarnou tanto a figura do mestre. Simboliza Lyra o desapego do saber próprio, em apreço à transmissão do saber como quem partilha uma propriedade intelectual sem exigir laudêmio: viveu para seus alunos e porfiou por eles. "Dos dezesseis aos oitenta anos, nunca parou de ensinar", nem mesmo após a aposentadoria compulsória[63]. Ensinava tanto nas

---

61. Roberto Lyra, *Guia do ensino e do estudo de direito penal*, p. 273.

62. Evandro Lins e Silva, *Arca de guardados*, p. 107.

63. V. Lopo Alegria, seu biógrafo, *op. cit.*, pp. 94-5: "Da mocidade à velhice, sempre professor. O magistério, para Roberto Lyra, foi vocação e ideal. Devoto do Ensino, fez da sala de aula o sacrário onde oficiava seu culto. Seu extenso percurso pelos caminhos do magistério teve ponto de partida no longínquo ano de 1918, quando, no dia 24 de maio, o prefeito municipal da antiga Capital da República, Manoel Cícero Peregrino da Silva, nomeou-o professor coadjuvante do ensino noturno. Foi designado para trabalhar na Escola Miguel Calmon, na Estrada D. Castorina, na Gavea. Floriano de Góes era o diretor da escola, que ficava nas vizinhanças que lhe coube, era formada quase inteiramente de filhos de operários daquela fábrica. Depois, já bacharel em Direito, quando prestava o serviço militar, no Forte do Vigia (1923), fez concurso público para o magistério superior, na Faculdade Nacional de Direito. Antes disso, lecionara também na Escola Técnico-Comercial. Dos dezesseis aos oitenta anos, nunca parou de ensinar. Nem mesmo após a aposentadoria compulsória."

classes da faculdade, como por faculdade de seu espírito generoso, ensinava a todos em sua casa, semanalmente, transformada assim em extensão acadêmica. "Dramatizemos o ensino"[64], dizia, secundando os professores norte-americanos Earle E. Eubank, da Universidade de Cincinnati, Richard Mcfeeley, da Pensilvânia, e Roscoe Ellar, de Missouri.

> O direito penal não pode ser transmitido a moços friamente... a exação artística do professor na aula-espetáculo não procura a sua glória para efeito e ressonâncias teatrais, mas o rendimento do ensino e – é claro – há de atuar sobre emissões lastreadas de ciência e técnica.[65]

Afirmava com Ruiz Funes: "sem paixão, nem as ciências penais, nem qualquer outra disciplina, podem ser fecundadas"[66], dele podendo se dar o testemunho emprestado de Belloni[67] à Enrico Ferri: "Ele falou duas horas com fogo, com entusiasmo crescente, com dialética cerrada, irresistível. Juntavam-se, naquela onda de eloqüência impetuosa, os conceitos ousados, esplêndidos, originais, vestidos de uma forma límpida, imaginosa, exata e sempre batalhadora. A cada passo, a sala estrondava em aplausos fragorosos, como descargas de mosquetões. Nos olhos fixos do orador brilhava, então, uma grossa lágrima. Depois, ele prosseguia no seu caminho, seguro. No fim, uma ovação imponente."

Assim o enxergou Lopo Alegria, seu biógrafo e ex-aluno:

---

64. Roberto Lyra, *Guia do ensino e do estudo de direito penal*, p. 273.
65. *Idem, ibidem*, pp. 274-6.
66. *Idem, ibidem*, p. 277.
67. *Idem, ibidem*.

> Valendo-se de suas aptidões personalíssimas, instituiu métodos pedagógicos peculiares que experimentava e desenvolvia com êxito invulgar.
>
> Nas preleções, sua bela figura se alçava, majestosa e altaneira, como a de um prestidigitador diante de uma platéia extasiada. À medida que avançava na explanação de suas idéias e concepções, ia envolvendo os alunos, com seus sortilégios, num clima de contagiante encantamento. Para isso, concorria a magia de sua presença, o timbre agradável de sua voz possante de barítono, que ele, acostumado aos embates oratórios, modulava a seu talante, segundo os objetivos a alcançar; seu verbo espontâneo e fértil, a exposição lúcida, exata e persuasiva, o indisfarçável prazer com que discorria sobre a disciplina e, sobretudo, a teatralidade deliberada para granjear e reter a atenção dos discípulos e extrair da sintonia obtida os melhores resultados didáticos.
>
> Com as astúcias do seu talento de artista, transfigurava a aula num espetáculo excitante, de cujo elenco participava a classe inteira, confundindo-se os figurantes com a platéia. Quando a representação findava, as palmas atroavam espontâneas e vibrantes, numa soberba apoteose.

... Na cátedra, como Ferri, somente que mais e melhor. Talvez o testemunho de um seu ex-aluno reforce a idéia. Com a palavra, Heleno Cláudio Fragoso[68]:

> Devo-lhe, sem dúvida, o entusiasmo e o amor que dedico ao Direito Penal, que conheci por suas mãos. Agora, iniciando minha carreira no magistério, obedecendo a irresistível vocação universitária, posso bem apreciar o valor de suas aulas magníficas, não só pela informação puramente técnica – sempre eficiente – mas, sobretudo, pela

68. *Apud* Lopo Alegria, *op. cit.*, p. 96.

profundidade e clareza com que nos descortinava o que de essencial havia em torno à norma... E a memória que trago de suas lições (a que assistíamos deslumbrados com sua eloqüência e sinceridade); do exemplo, que diariamente nos dava, do interesse e dedicação ao estudo, fez-me considerá-lo a figura mais impressionante de minha vida escolar na Faculdade, e me leva a atribuir-lhe o estímulo decisivo que me conduziu ao estudo do direito penal.

Desgosto na docência? Nada sério, ao contrário, e apenas professoralmente risível quando de um exame à classe:

O meu maior desgosto em banca foi com um aluno mais velho do que eu e que praticou fraude inédita: respondia a todas as perguntas correntemente com desembaraço e afetação, em voz alta, circulando o olhar pelos colegas. Mas não dizia uma só palavra pertinente. Não fora a evidente simulação para as galerias ineptas, pensaria numa desconexão delirante, numa alucinação auditiva ou aquele "daltonismo acústico". Mais ou menos assim:

Pergunta: Qual a definição do dolo no Código brasileiro em vigor?

Resposta: É a que foi preferida pelos romanos para a Lei das XII Tábuas e já adotada pelos Códigos mais avançados desde os albores da civilização ocidental... etc. etc.

E se eu não cortasse o bestialógico com uma nova pergunta continuaria a falar ininterruptamente, jorrando os disparates mais "estudados", mais calculados, mais solertes já proferidos.

Desmascarei o tartufo, porque não tive outro remédio. Os assistentes estavam maravilhados com o discurso brilhante e erudito do "velhinho".[69]

---

69. Roberto Lyra, *Guia do ensino e do estudo de direito penal*, pp. 539-40.

... Queridíssimo pelos alunos, "ídolo da mocidade acadêmica", como o qualificou o professor Paulino Jacques[70], foi patrono ou paraninfo de turma incontáveis vezes em sua faculdade: a primeira em 1948 depois em 1956, 1960, 1962, 1963, 1965, 1966, 1967, 1968, 1969, 1979, dentre inúmeras outras, além de diversas outras faculdades.

Deu sua última aula em agosto de 1982, na Faculdade Brasileira de Ciências Jurídicas, onde continuara lecionando após sua aposentadoria na UERJ. Durante a festa de colação de grau, na condição de patrono da turma de 1969, sabedor do risco que a emoção de tais momentos traziam à sua saúde pela homenagem que recebia, respondeu gratificado:

> Isto me dá vida! Eu não morrerei dessas dissipações abençoadas. E se morrer? Prefiro acabar entre esperanças e alegrias, num instante de fusão absoluta, a desintegrar-me aos poucos, na tristeza e no ceticismo da senilidade. Viverei em vós. Vivereis em mim.[71]

Que professor!!! Não era isso, afinal, o velho escólio de Tobias: "Aos Professores: 'ensinai, ensinai'; aos alunos: 'Estudai, estudai'"[72].

Sem patriotadas, pela pátria: o *homus brasilianensis* como afirmação cívica

> Sou o mais antigo, permanente e radical operário a serviço da história do Brasil-Brasil. Concheai o ouvido sobre o meu coração e es-

70. *Idem, ibidem*, p. 116.
71. *Idem, ibidem*.
72. *Idem, ibidem*, p. 252.

> cutareis, nesse detetor de verdade, o frêmito dos meus amores e valores que giram sempre em torno da Pátria.
>
> *História brasileira do Brasil*

> As horas restantes de minha existência pertencerão à Pátria. Só repousarei com a morte. Não desperdiçarei meu tempo na ociosidade ou na resignação...
>
> Se o imediatismo e a desorientação, quando mais preciso solenizar a vida, impedirem as tarefas queridas, encontrarei conforto no meu ideal. Vale-me a certeza de haver quitado os extorsivos impostos do dever, servindo a Pátria pela ciência, que é a verdade e a esperança.
>
> *A mocidade na velhice*

Há uma dimensão na existência de Lyra que é a razão de sua própria vida e a glória de seu passamento: foi exemplo de brasileiro, brasileiro exemplar, brasileiro, brasileiro e brasileiro. Brasilidade, aliás, que iria refletir-se sobre toda a sua vasta obra, a cunhar-se, já no intróito de suas aspirações e crenças, sobretudo, naquelas donde mais se projetou, como no ensino do direito penal:

> ... Aparelhemos as trincheiras de nossos precursores e seus continuadores para repelir o contrabando de um Direito Penal exótico, desalmado, dessangrado, desossado, dessorado. De tal modo ficam intoxicadas as vítimas desses esterilizadores que, quando eu disse em minha primeira aula de sociologia (1938) – se o homem não pode mais ser lobo do homem, passa a ser raposa; há ódio de classe e inveja de classe – um estudante perguntou-me: "Quem disse isto, professor?" Respondi: "Eu!" Talvez não acreditasse que seu patrício também pudesse pensar."[73]

---

73. Roberto Lyra, *Novo direito penal*, Introdução, pp. 18-9.

Sim, o patrício sabia pensar, e sobretudo, brasileiramente, devia sentir, ou que outra explicação ao fetiche de alma e sangue, a quem tinha o nacional hábito de cultuar a bandeira pátria, tendo-a civicamente estampada no interior de seu lar[74]? Deixemo-lo falar, seguidamente:

> O Brasil é estação transmissora de cultura e não só receptora. É cabeça de obra e não mão de obra. É voz e não eco. Como paraninfo, devo falar em termos indiscutíveis para todos. Qual o ponto mais alto de coincidência, acima de crenças, convicções, opiniões, idéias, aspirações, interesses? A Pátria. Que invocação suspende tudo quanto é relativo e nos prosta diante do absoluto? A da pátria.[75]

Pátria esta cantada nos valores dos que mais a cultuaram: Euclides da Cunha e Castro Alves, autores de sua predileção, que emprestavam parte de seus nomes e toda a sua história ao dístico evocativo existente no interior de seu lar: *Eucas,* constava escrito, pintado na parede interior de sua morada, alusão aos dois grandes, ele que também seria homenageado, ao seu tempo e pelos pósteros, ao se constituir uma acróstica *SEARA* (*Sociedade dos ex-alunos de Roberto Lyra*).

Lyra exprobou e expurgou uma recitação estrangeirada que se fazia corrente nas academias de direito, mesmo

---

74. *Apud* Sebastião Rodrigues Lima, *op. cit.*, p. 99: " ... se trata, sem favor algum, do maior e melhor de nossos nacionalistas, do mais puro deles, do homem que entre haver sido grande em tudo o que empreendeu e realizou na vida, foi também, cotidianamente, o grande e incomparável cultor da Bandeira Nacional, pois é sabido por todos aqueles que tiveram a ventura, a alegria e glória de privar de sua amizade e de freqüentar a casa do Mestre Roberto Lyra, que ali existiam e ainda existem, dezenas de bandeiras brasileiras, dos mais variados tamanhos e por todos os lados em que se vá, as quais ainda se encontram nos mesmos lugares onde ele as deixou..."

75. *Idem, ibidem*, p. 101.

no mais brasileiro dos Brasis, o Nordeste de sua infância, onde do *Rio* – ainda no *janeiro* de seus anos, como jovem professor – viria a corrigir e dissipar o engodo. Luiz Luna[76] aponta-lhe o mérito:

> ... Devo, portanto, a Roberto Lyra o pouco conhecimento que adquiri na Faculdade e que muito me serviu no início da vida forense... O Estudante de Recife poderia conhecer todas as doutrinas dos mestres internacionais, mas ignorava por completo o Direito em face da realidade sócio-econômica do seu país... Mesmo o Professor Gervásio Fioravanti, talvez por timidez, nunca por mediocridade, ficava indeciso, vacilava medroso, ao formular uma opinião própria, ao dizer o que pensava sobre determinados autores e suas escolas, preferindo sempre apoiar-se nos tratadistas da moda...
>
> Os estudantes, por sua vez, no pedantismo da sua ignorância, viviam a citar Lombroso, Ferri, Beccaria, Garofalo, Carrara pelos corredores da Faculdade, nos discursos do Centro Acadêmico e até nas festas de batizado e aniversário. Lembro-me de um, hoje desembargador no norte, que, a propósito de um campeonato levantado pelo Santa Cruz Futebol Clube, passou cinqüenta minutos pendurado em Lombroso para provar que entre os onze campeões não havia nenhum com tendência para o crime.
>
> A mania na Faculdade era citar esses homens de fora. Nem ao menos falavam em Tobias, Clóvis, José Higino, Vieira de Araújo, o próprio Gervásio Fioravanti, Virgílio de Sá Pereira, Martins Júnior, Artur Orlando, Esmeraldino Bandeira, Faelante da Câmara, Sílvio Romero, Joaquim Pimenta, gente de casa, homens da Escola do Recife, que cavaram os alicerces para Roberto Lyra construir o edifício da Escola Brasileira de Direito Penal.

---

76. *Op. cit.*, pp. 137-8.

Rigorismos do patriota: contra o "a.c." e a cultura "gringo-axilar"

Nacionalista – no bom sentido do termo –, era pela afirmação da identidade pátria um internacionalista, pela confluência das diversas nacionalidades a integrarem um mundo novo, no qual o gênero humano imperaria mais que a espécie, adiante das fronteiras alfandegárias. Quem não conhecesse suas inclinações e idiossincrasias, anotou-se, haveria de supô-lo sectário ou xenófobo[77]. Nada disso. Em matéria de direito e cultura, o que não suportava, mesmo sendo cultor de vários direitos e intérprete de várias culturas, era aquele tipo de cidadão que andava com ar superior "com uma revista estrangeira no sovaco e uma ruga egrégia na testa febril"[78], emprestando-se aquela solenidade tão comum às mediocridades, no preciso escólio de Ingenieros: "o medíocre é solene. Na pompa grandiloqüente das exterioridades busca um disfarce para seu íntimo vazio. A caixa craniana do homem rotineiro é um porta-jóias vazio. Não podem raciocinar por si mesmos, como se lhes faltasse o miolo. Acompanha com macia retórica os mínimos atos e pronuncia palavras sem substância, como se a humanidade inteira as quisesse ouvir"[79].

Cantemos os bons, desculpemos os ingênuos, aos estofados de ar – *embu de leur personne,* cheios de si, critiquemos, na crítica poderão progredir. Critiquemos, para que sejamos igualmente autocríticos e menos criticados. Progresso alheio? Proveito e progresso próprios! Elogiemos como homens qualitativos, essenciais, fazendo igualmente a distinção do melhor sobre o bom; elogiemos, na me-

---

77. Lopo Alegria, *op. cit.,* p. 145.
78. *Idem, ibidem,* p. 105.
79. José Ingenieros, *op. cit.,* pp. 60-2.

dida do mérito, mas sem medo e muito sinceramente, característica – a falta de coragem para o elogio – que sobra ao medíocre, que não tem peso nem medida, e achana ao mesmo plano o ínfimo moral com a excelência. Lyra não gostava disso. Nós gostamos de Lyra.

Palavras sem substância? Reproduções de modismos? Negações de autenticidades e identidades? "O fervor patriótico impelia-o a extremos de zelo"[80], anotou-se. "Ninguém ouve no meu lar o *Parabéns pra você* dos norte-americanos. Todos cantam a *Canção de Aniversário,* música de Villa-Lobos e letra de Manoel Bandeira." (*Informe Dinâmico,* 21/6/1982.)

Preciosista, "embirrava também com o inocente O.K. dos ianques. Explicava tratar-se de um equívoco cometido por um americano ignorante, que pretendendo abreviar a frase tudo correto (*all correct*), em vez de a.c., como seria o certo, grafou O.K., iludido pela fonética. Para substituir o estrangeirismo, recomendava a carioquíssima expressão legal!"[81].

Tudo correto, "legal"!

Aplauso que vem de fora: o reconhecimento da doutrina estrangeira

Desconheço no direito penal comparado outro autor que o superasse em brilho estilístico. Que com ele rivalizasse, insisto, só o produto nacional Hungria, do Brasil. Cérebro no texto, velocidade na produção e incomparável estilo, emoção viva nas palavras. Não há como restar indiferente à força de seus escritos, concorde-se ou discor-

80. Lopo Alegria, *op. cit.*, p. 145.
81. *Idem, ibidem.*

de-se, mas no mar de suas perquirições e lições, as mais densas e profundas, fez-se bravio e indômito no ofício de escrever. Não existe indiferença física para com as ondas altas de seu mar, qualquer corpo estranho ou opõe resistência ou se é carregado por ela, jamais a estática indiferença diante das ondulações cintilantes de seu verbo. Dele se diga o quanto Jiménez de Asua afirmou sobre Tobias "é um polígrafo mais que um especialista"[82]. E se escrevia sobre diversos assuntos, é porque os lia diversamente, caleidoscopicamente, elegendo os melhores de cada área para sua ingesta intelectual. *Lire, élire,* ler, eleger, na famosa asserção de Paul Valéry. Cícero, segue Demóstenes, Virgílio imita a Homero, Dante a Virgílio, o célebre jesuíta Vieira seguira São João Crisóstomo e Lyra? Lyra é leitor compulsivo, entrecruzando a melhor literatura, a melhor poesia, a melhor história e o melhor humanismo, com a específica leitura jurídico-penal. Daí seu gigantismo, tanto de fundo como de forma, tanto de conhecimento quanto estilístico, posto que, para bem escrever, ensinava, muito se deve ler.

Leio, lês, ledes, lia muito, Lyra lia.

Daí a seu respeito se ter dito quando de suas conferências: "desespero da taquigrafia" – pela fluência da fala –, "brinca com as palavras" (Paulo Silveira), "Violoncelo humano" (Gílson Amado). Violoncelo? Humano? Lira, Lyra... "instrumento musical de cordas..." (vocais!).

* * *

82. *Apud* Everardo Luna, "Tobias Barreto e o direito penal", *Estudos de direito II. Obras completas de Tobias de Barreto*. Edição comemorativa, Paulo Mercadante e Antonio Paim (orgs.). Rio de Janeiro, Record/Governo de Sergipe, 1991, p. 37.

E, se bebeu no poço da sabedoria alheia, foi oásis para a juventude brasileira, apresentando-lhes o melhor substrato da cultura, agora reprocessada no liquidificador de sua inteligência, escrevendo, como dizia, "para vender livros para ganhar dinheiro e comprar livros para ler e escrever livros". E se enamorou da inteligência humanística francesa, italiana, inglesa, alienígena, enfim, dela usufruindo, foi semente que germinou, devolvendo para além-fronteira muito do que recebera. Sigamos o aristotélico argumento de autoridade através de consagrados professores[83]:

> Peço para fazer atenção ao seu nome muitas vezes na bibliografia geral n.º 1 (Von Hippel, Alemanha);
>
> A escola sociológica brasileira avançou mais e o responsável é Roberto Lyra (Niceforo, Itália);
>
> O livro do prof. Roberto Lyra é um novo mundo para o Direito Penal japonês (Makino, Japão);
>
> Em nosso país reputamos Roberto Lyra um dos primeiros tratadistas americanos em ciência penal. Seus méritos científicos são bem conhecidos na América, como na Europa (Eugenio Cuello Calón, Espanha);
>
> Nenhum especialista norte-americano deixa de procurar no Brasil Roberto Lyra, esse expoente genial (Negley Teeters, Estados Unidos);
>
> Extraordinária personalidade a de Roberto Lyra, um dos oradores mais formidáveis que conheci (Israel Drapkin, Chile);
>
> Roberto Lyra é expoente da nova humanidade (Niko Gunsburg, Bélgica);
>
> Seu livro é um código moral e técnico do ensino (Salvagno Campos, Uruguai);

---

83. Cf. Evaristo Costa, "Comentários à obra jurídica de Roberto Lyra", apud Roberto Lyra, *Criminologia*, 2.ª ed., atual. João Marcello de Araújo Júnior, Rio de Janeiro, Forense, 1990, pp. VIII-XI.

> Vou adotar sua idéia de um tema do programa de Direito Penal sobre técnica legislativa (Vincenzo Manzini, Itália);
>
> Nélson Hungria disse que Roberto Lyra é o único positivista no Brasil. Mas Roberto Lyra vale por uma legião, como vimos no Congresso de Santiago e nas páginas da edição castelhana de suas *Nuevas Escuelas Penales* (Garibaldi Oddo, Uruguai);
>
> Autor famoso de obras de envergadura, insigne mestre, homem sem pedantismo, com quem aprendem os estrangeiros que têm a sorte de conhecê-lo (Luíz Cova García, Venezuela);
>
> O livro de Roberto Lyra é bíblia do ensino (Alfredo Molinário, Argentina);
>
> Espírito da mais luminosa probidade científica (Victorio Scarangella, Itália).
>
> Fiquei mais moço ouvindo Roberto Lyra (Irureta Goyena, Uruguai).

Nesse diapasão também se manifestaram Filippo Gramatica, Benigno di Tullio, De Greef, Carnelutti, Marc Ancel, Altavilla, e dezenas de outros professores e autoridades estrangeiras[84].

Uma copiosa produção bibliográfica. Redator e idealizador da legislação penal

> Papai. Aqui não cabem frases nem adjetivos. Publiquei este folheto pensando que poderia, com ele, merecer a fortuna de lhe dar um prazer. Queria que, nele, o Sr. visse confirmada a decisão de enfrentar a vida, pelo estudo e pelo trabalho, para que seja digno do seu nome e dos seus sacrifícios. Rio, 15/1/24. Roberto

84. *Idem, ibidem.*

Com essa dedicatória Lyra oferece a seu pai o primeiro livro que publicara. Na Casa de Correção, Rio de Janeiro, um ano antes proferira conferência sobre a "Condição moral e jurídica do encarcerado", então organizou-a, e a suas expensas trouxe a lume a edição, pagando o serviço em promissórias, resgatadas, após, com os vales que recebia no jornal onde trabalhava[85]. Depois? Depois, não cessou mais de produzir...

Apenas, para aludir às primeiras:

1) *O amor e a responsabilidade criminal*, São Paulo, 1932;

2) *Economia e crime*, Rio de Janeiro, 1933;

3) *O Ministério Público e o júri*, 1932;

4) *Os crimes passionais e a civilização contemporânea*, de Enrico Ferri, tradução e prefácio, São Paulo, 1934;

5) "O método estatístico e as causas econômicas da criminalidade", *Ciência do direito*, Rio de Janeiro, 1934;

6) *Pontos de direito penal* (fascs. 1 a 7), Rio de Janeiro, 1935;

7) *O suicídio frustro e a responsabilidade dos criminosos passionais*, Rio de Janeiro, 1935;

8) *O ensino de direito penal e a doutrina contemporânea*, Rio de Janeiro, 1935;

9) *Pobres e ricos em direito penal*, Rio de Janeiro, 1933-1935;

10) *O beijo como atentado ao pudor*, Rio de Janeiro, 1936;

11) *Delinqüência infantil e juvenil e criminalidade por meio da imprensa*, Rio de Janeiro, 1936;

12) *Direito penal* (parte geral), Rio de Janeiro, 1936, vol. 1;

13) *Do dolo no crime de defloramento*, Rio de Janeiro, 1936;

---

85. Lopo Alegria, *op. cit.*, pp. 88-9.

14) *Euclides da Cunha criminologista*, Rio de Janeiro, 1936;

15) *Novas escolas penais*, Rio de Janeiro, 1936;

16) *Tobias Barreto o homem-pêndulo*, Rio de Janeiro, 1937;

17) *Teoria e prática da promotoria pública*, Rio de Janeiro, 1937;

18) *Direito penal* (parte geral), Rio de Janeiro, 1938, vol. 2;

19) *Euclides da Cunha e a sociologia criminal*, Rio de Janeiro, 1938;

20) *Pontos de direito*, Rio de Janeiro, 1940.

Bem, paremos a listagem no início da década de 1940, sabendo-se que viria a produzir mais de uma centena de títulos até a data de seu passamento em 1982. Haveria, ainda, portanto, mais de quarenta anos de profícuo trabalho. Registre-se, ainda, que é dos juristas brasileiros mais traduzidos no século passado, dentre outras, *v.g.*:

1) *Nuevas Escuelas Penales* (Buenos Aires, 1938);

2) *Presente y Futuro del Derecho Criminal* (Montevidéu, 1947);

3) *Cinquante ans d'Histoire du Droit Pénal dans le Monde* (Bruxelas, 1957);

4) *Criminologie et Droit Pénal* (Grécia, 1966);

5) *Criminologie et Droit Pénal* (Genebra, Suíça, 1966);

6) *Project of the Penal Execution Code* (Londres, 1967);

7) *Il Brasile e il Diritto Penale* (Milão, 1971).

* * *

A construção da legislação penal brasileira no século passado tem em Lyra a colaboração direta e autoral em sua grande parte, dando-se destaque ao Código Penal de

1940 (Parte Especial ainda vigente), ao Código de Processo Penal, 1941 (ainda vigente), à Lei das Contravenções Penais (vigente), ao Código Penitenciário e ao antigo Código de Menores, e ainda também tendo trabalhado na redação do Estatuto dos Índios, Código do Ministério Público, Estatuto dos Funcionários Públicos Civis da União, Código de Trânsito, entre outros.

O que morre, o autor ou sua obra? Quem é maior e qual o conceito de morte?

Sinopse biográfica, síntese cronológica

1902, nasce em 19 de maio, em Recife, Pernambuco.

1915, começa a trabalhar, com treze anos de idade, no *Correio da Manhã,* da Paraíba.

1916, matricula-se na Faculdade de Ciências Jurídicas e Sociais do Rio de Janeiro.

1918, nomeado, pelo prefeito do Distrito Federal, professor coadjuvante do ensino noturno.

1919, ingresso na Faculdade de Medicina.

1920, funda, com o professor Cândido Mendes, o Patronato Jurídico dos Condenados e conclui no mesmo ano o curso na Faculdade de Ciências Jurídicas e Sociais do Rio de Janeiro.

1921, participa da fundação do jornal *Vanguarda,* no Rio de Janeiro. Dirige, como técnico, o quadro de basquete do Botafogo F.C.

1924, nomeado advogado no quadro jurídico da Light; nomeado adjunto de promotor pelo ministro da Justiça, Dr. João Luiz Alvez, no Distrito Federal; casa-se, em 8 de setembro, com D. Sophia Augusta Tavares de Lyra.

1926, nasce, em 13 de outubro, Roberto da Lyra Filho.

1929, primeira atuação como promotor, no Tribunal do Júri.

1931, membro do Conselho Penitenciário do Distrito Federal.

1932, funda a Sociedade Brasileira de Criminologia, com Carlos Süssekind de Mendonça, Haekel de Lemos e José Pereira Lira.

1933, defende tese na Faculdade Nacional de Direito, tendo sido aprovado e admitido como livre-docente, no curso de bacharelado.

1935, funda, com um grupo de professores, a Faculdade de Direito do Rio de Janeiro (antiga Faculdade do Catete e atual Faculdade de Direito da UERJ).

1937, tomou posse como membro do Instituto dos Advogados Brasileiros proferindo palestra sobre o Direito Penal dos Índios.

1938, membro do I Congresso Internacional de Criminologia (Roma).

1940, membro da Comisssão Revisora do Anteprojeto do Código Penal e das comissões elaboradoras dos Anteprojetos de Código de Processo Penal e da Lei das Contravenções Penais.

1943, vice-presidente do Instituto dos Advogados Brasileiros, na Diretoria do Centenário.

1946, funda a Associação do Ministério Público do Distrito Federal, juntamente com Carlos Süssekind de Mendonça e Plácido de Sá Carvalho.

1949, presidente do grupo brasileiro da *Association International de Droit Pénal,* sucessora da *Union International de Droit Pénal.*

1954, diretor do Instituto de Criminologia da Universidade do Distrito Federal (atual UERJ), para o período 1954/1958.

1955, autor da colaboração brasileira ao programa científico permanente da Sociedade Internacional de Criminologia (Londres).

1959, membro do I Congresso Internacional de Profilaxia Criminal (Paris).

1960, eleito para o Conselho da Ordem dos Advogados do Brasil.

1962, nomeado ministro da Educação, no gabinete do ministro Brochado da Rocha; elabora, a convite do ministro João Mangabeira, o Anteprojeto do Código das Execuções Penais.

1963, integra as Comissões Revisoras dos Anteprojetos de Código Penal e de Processo Penal, ao lado, respectivamente, de Nélson Hungria e Hélio Tornaghi.

1967, recebe o prêmio Teixeira de Freitas, conferido pelo Instituto dos Advogados Brasileiros.

1969, designado pelo presidente da República para exercer as funções de Membro da Corte Permanente de Arbitragem.

1972, ministra em 10 de maio sua última aula na Faculdade de Direito do Catete, tendo-se aposentado, em seguida, compulsoriamente, como professor da Universidade do Estado da Guanabara (atual UERJ).

1976, patrono e 1.º ocupante da cadeira n.º 17 da Academia Brasileira de Letras Jurídicas, da qual foi fundador.

1977, agraciado com o título de professor emérito da Universidade do Estado do Rio de Janeiro.

1982, 28 de outubro, morre no Rio de Janeiro.

Centenário de seu nascimento (o que são funções vitais): teria realmente morrido o mestre? A morte do conceito de morte

> Se no futuro, quando amanhecer a sociedade que advinhamos no próprio tumulto de luzes, cores, perfumes, sons e movimentos – alvorada – alguém puser os olhos sobre estas páginas não há de ser para desdenhar ou combater

> a precedência na ruptura finalística com veículos pedagógicos distantes da ciência e da vida.
>
> Mas, se falhou o instinto fascinado pelos horizontes em que surgem as résteas do porvir, que me reconheçam, ao menos, guardadas as proporções, a escusa de Gabriel Tarde a Lombroso: é preciso perdoá-lo, como a Madalena, porque ele muito amou.[86]

Neste ano comemorou-se o centenário de seu nascimento. Assenti ao convite formulado pela Academia Brasileira de Letras Jurídicas para no dia 28/5/2002 no salão nobre do Instituto dos Advogados Brasileiros, no Rio de Janeiro, participar da sessão especial de homenagem que lhe foi devotada. Convidado à mesa, pressuroso para testemunhar a homenagem, tomei assento junto a Othon Sidou, presidente da Academia, Sérgio de Andréa Ferreira e João Mestieri, ambos eminentes professores e acadêmicos. Na tribuna, como orador oficial daquela confraria, o ministro Oscar Dias Correa, ocupante da cadeira n.º 17 da qual é patrono Roberto Lyra, que, em meio à elite intelectual, ergueu-se da curul, para discorrer com vigor e brilho sobre o itinerário biossocial do mestre[87].

Funções exercidas em vida (*funções vitais*, no conceito médico e social) dentre outras: jornalista (desde os doze anos de idade), promotor público, procurador geral de Justiça, advogado, ministro da Educação, romancista, penitenciarista, membro da corte permanente de arbitragem

---

86. Roberto Lyra, *Guia do ensino e do estudo de direito penal*, p. 23.

87. Registre-se, igualmente, a bela homenagem feita a seguir pelo Exmo. Procurador Geral de Justiça do Rio de Janeiro, José Muiñoz Piñeiro Filho, consignando-se a presença na assistência, dentre outros do Ministério Público, da 3.ª Subprocuradora Geral de Justiça do Ministério Público daquele Estado, Exma. Dra. Vera Leite, e de São Paulo, agora a meu convite, da nova geração de valores, Alexandre Almeida de Moraes, Promotor de Justiça de Atibaia.

de Haia, durante vinte anos, legislador, parecerista, jurista, jurisconsulto e, superiormente, *professor* (além das disciplinas jurídicas, ministrou aulas de pediatria, biologia infantil, assistência e proteção a menores, ciências econômicas, psicologia e lógica, serviço social), atividade que exerceu por toda a vida e premeditadamente, *post mortem*, através dos livros.

* * *

É mortal o conceito de morte. Morre-se por conceito (preconceito?), como se o conceito de morte englobasse toda a sucumbência da vida, ao qual não existe unanimidade, bipartindo e dividindo ciência e religiões. A vida material, tal como o conceito biológico, pretende negar a perenidade espiritual e, mais ainda, quando posta diante de um ateu. Viver é não ter morrido, existir é sinônimo de viver, se cogito, vivo porque penso, e se penso, existo, então, por que não pensar que o pensamento sobrevive na pós-existência física e, cartesianamente, existe? Logo, vive nele e por ele, quem antes pensou. Teria realmente morrido Roberto Lyra? Posta a questão singelamente em bases físicas, registra-se de fato no obituário. "O corpo é um veículo de passagem, temo-lo para o trânsito na vida, depois a terra reclama-o", é a voz de Coelho Neto, o terso prosador. Mas, se a matéria experimentou o fenecimento, a alma protraiu-se nas dimensões sociais, dele se podendo dizer o que de Mitre[88], Belisário Roldan[89] dissera à beira de seu túmulo: "Entrou na imortalidade, que é a negação

---

88. Bartolomeu Mitre foi presidente da República Argentina e antigo chefe das forças da Tríplice Aliança na Campanha do Paraguai.

89. Jurisconsulto argentino, nasceu em Buenos Aires, 1873, morreu em Córdoba, 1923.

da ausência, opulento de títulos – como de véus uma noiva ao tempo. Não morreu, começou a reinar."

Não, "ele não podia morrer", por isso, no *continuum* do mundo jurídico "não estamos em presença de uma morte: estamos em presença de uma ascensão", por isso, *chama*-lhe a Academia, *imortal*, por isso, a *chama* votiva e acesa. Por isso.

* * *

Atacado eventualmente, criticado circunstancialmente? Pode ter sido, por motivos menores. Victor Hugo também o foi e, ainda, quantas vezes o é. Célebre a assertiva de Jean Cocteau a propósito do genial francês: "um louco que achava que era Victor Hugo". E era (Victor Hugo). Célebre a resposta de Gide, que, embora dele não gostasse, teve a dignidade de reconhecer-lhe o mérito: à pergunta de quem era o maior poeta da França, respondeu: "Victor Hugo, hélas!" – Victor Hugo, infelizmente! Pergunte-se, nestas terras, sobre quem mais imergiu, quem mais viveu a integralidade das "enciclopédias penais" em toda a sua dimensão (estudar o direito, ser jurista, operador, professor, penitenciarista), quem teria sido o maior poeta-pensador do direito penal brasileiro, sobretudo, quem mais teria se preocupado como criminólogo, devotando seus esforços para a cura dos dramas reais dos "Jean Valjeans", dos "miseráveis" hugonianos da vida, da tragicomédia humana que desvenda o crime, e diga-se, finalmente, "Lyra, felizmente". Enciclopédico, goste-se ou não. Na *maison* onde Victor Hugo habitou em Paris, acham-se alguns de seus quadros, pintados, que, tal como seus móveis em madeira, estão entalhados com salientes "V.H." identificatórios. V.H., que externava a vaidade possível de um gênio. Quem percorrer os olhos sobre nosso vasto quadro político e social, sobre o monumental edifício doutrinário e legislativo, encontrará mais que entalhes nos móveis temporais, encontrará mesmo, incrustado na alma imperecível do povo, as inquietações cívicas e oportunas críticas; mas encontrará sobretudo a esperança que, neste último século, fez mossa o talento de "R.L.", apondo o destino entre dois parágrafos da história.

Teixeira de Freitas
Jurista inolvidável

*Antonio Jeová da Silva Santos**

Nota introdutória

Nesta época de retorno à era da codificação civil, é inevitável a lembrança de Teixeira de Freitas. Não que o Código Civil de 2002 tenha sua matriz no *Esboço* do genial baiano, mas as suas linhas mestras permanecem como marca indelével de uma época, de uma geração, da criação imorredoura de um jurista que, afinal de contas e por ter nascido no Brasil, não mereceu o devido reconhecimento.

Dois são os modelos de Código Civil; não de sistema, mas de protótipo, quanto à sua feição: o francês e o alemão. O primeiro, conhecido como "Code", o famoso Código de Napoleão, é despido de uma parte geral; o germânico, o BGB, fez fortuna quanto à sistematização tão própria dos teutônicos. O Código Civil alemão contém uma parte geral em que são disciplinados os grandes rasgos da civilística. As pessoas, os bens, o negócio jurídico, regras sobre prescrição e decadência, devem compor uma parte geral. Antes mesmo do BGB que é de 1900, Teixeira de

---

* Juiz de Direito na capital de São Paulo e autor das seguintes obras: *Dano moral indenizável, Dano moral na internet* e *Função social, lesão e onerosidade excessiva nos contratos,* todas publicadas pela editora Método.

Freitas já havia lançado essa metodologia em seu *Esboço*. Ali, contém uma parte geral disciplinando institutos básicos do Direito Civil que Freitas denominou "Elementos dos Direitos".

A cidade de Teixeira de Freitas

Nasceu Teixeira de Freitas em Cachoeira, na Bahia. Essa cidade dista 60 quilômetros da capital, Salvador. Localizada às margens do rio Paraguassu, é cortada por águas claras, águas que a poluição persistente do século passado e deste XXI ainda não atingiu. Nos idos de 1894, Cachoeira foi considerada a segunda cidade da Bahia, em importância e situação política, perdendo apenas para a cidade de São Salvador. Até hoje, Cachoeira guarda resquícios da época escravagista. Na cidade, que ainda se mantém como se o desenvolvimento ali não tivesse aportado, é possível ver o calçamento irregular que foi feito pelos escravos. Sua gente, de perfil parecido com o dos bantos e sudaneses, ainda mantém a tradição de seus ancestrais. O maculelê e a capoeira são praticados, como se uma vontade férrea procurasse perenizar os costumes dos negros trazidos d'África, para a finalidade única do sofrimento. O candomblé, realizado em seus indefectíveis terreiros, também tem lugar como em nenhuma outra região da Bahia.

Cachoeira fica no chamado recôncavo baiano. Pertence à região litorânea da Bahia e, por ser recôncavo, possui terras férteis e produtivas. O fumo é cultivado. A cidade possui várias fábricas de charutos que se dedicam a exportar seus produtos.

Recôncavo, porém, também tem o significado de gruta. O termo *antro*, que também o designa, não se aplica à região baiana que está sendo referida. A ela pertencem

São Félix, ligada a Cachoeira por uma ponte, e Santo Amaro da Purificação, terra da família de Caetano Veloso. Mas o escravo da época de Teixeira de Freitas, não escolarizado e preso às coisas da terra, não conseguia proferir palavra difícil. Assim, recôncavo se transformou no "reconco". É essa forma gostosa de pronúncia utilizada até hoje pelos menos letrados daquela região. Não é o recôncavo, mas o "reconco" baiano que de suas terras férteis produziu gente de alto coturno como Teixeira de Freitas.

Ora, se aquela região não primava pelos assuntos do espírito, não se coadunava com a *Kultur*, com a cultura, no sentido de conhecimento haurido da vida universitária, acadêmica e social, como pôde surgir espírito tão sobranceiro e pinacular como o de Teixeira de Freitas?

Esse tipo de milagre, vez ou outra, acontece no Brasil. De lugares ermos e improváveis, surgem gênios do esporte, da cultura, das letras, da música etc. De onde veio Tom Zé, por exemplo? De Irará, na Bahia, cidade que não cultua o desenvolvimento, tal como Cachoeira. E Glauber Rocha, o famoso cineasta de *Deus e o diabo na terra do sol*? De Vitória da Conquista, que, apesar de ficar no sul da Bahia e ser um pouco mais rica, nunca manteve nenhuma tradição de cinema, mas nem por isso deixou de abrigar seu cineasta mundialmente conhecido.

E Teixeira de Freitas? Numa época em que eram duas as faculdades de direito do Brasil, a de Pernambuco e a de São Paulo, surgiu lá do Recôncavo, no "Reconco", mente tão brilhante e de personalidade audaz, ousado e que não trepidou em manter posições até então desconhecidas. Teixeira de Freitas estava imbuído do firme propósito de estremar os conceitos de direito real e pessoal, e, mais, queria sistematizar todo o direito privado, acabando com a velha dicotomia entre direito comercial e direito civil. De outra banda, era o Teixeira de Freitas que entendia ser necessária a criação de uma parte geral no Código Civil, para melhor detalhamento da matéria em um corpo de leis.

Mesmo as faculdades de direito, criadas no mesmo dia, no longínquo ano de 1827 em Olinda e em São Paulo, não seriam capazes de produzir, por si sós, mentes tão brilhantes, a "plebe rutilante", expressão consagrada por Hermes Lima quando se referiu a outros luminares das letras nacionais, tais como Farias Brito, Silvio Romero e, o maior de todos, Tobias Barreto.

Nascimento de Teixeira de Freitas

Façamos um corte nesta narrativa para colher a época do nascimento de Teixeira de Freitas. Parece que a dúvida iria perpassar a figura do jurisconsulto por toda a sua vida. Até a data de seu nascimento deu ensejo à polêmica. Existiu na Bahia um famoso juiz, desconhecido da maioria dos brasileiros, mas que é homenageado naquela terra, dando nome a diversas ruas de várias cidades e, até, do Fórum de Feira de Santana, intitulado Filinto Justiniano Ferreira Bastos, abreviado para Filinto Bastos. Em discurso lido no Instituto da Ordem dos Advogados, em Salvador, na ocasião em que era comemorada a passagem de cinqüenta anos da memória do emérito civilista, Filinto Bastos fez alusão a que Teixeira de Freitas nascera em 1817. O erro foi reparado por Sá Vianna que, à luz de documentos, concluiu que o baiano veio à luz no dia 19 de agosto de 1816.

Dona Felicidade Rosa de Lima foi sua genitora. O pai de Freitas não era tão obscuro. Antônio Teixeira de Freitas Barbosa foi aclamado como Barão de Itaparica e, em 1822, foi nomeado para compor a Junta de Defesa na Cidade de Cachoeira, juntamente com Antônio José Alves

Bastos e Antônio Pereira Rebouças. A Junta de Defesa era necessária e ocorreu logo depois da aclamação do povo e da tropa que reconheceram o Príncipe Regente como defensor perpétuo do Brasil.

O título de Bacharel em Ciências Jurídicas e Sociais

Formado bacharel pela Academia de Ciências Sociais e Jurídicas de Olinda, Pernambuco, no dia 6 de outubro de 1837, obteve aprovação plena. A discórdia e a inveja acompanharam Teixeira de Freitas. Até mesmo a forma como se deu a obtenção do grau de bacharel chegou a ser contestada. A sua aprovação foi plena. Detratores, porém, não se cansavam de lançar a pecha de que ele obtivera apenas uma aprovação simples, fato desagradável e que desabonava a carreira do futuro jurisconsulto. A diferença entre "aprovação plena" e "aprovação simples" tinha conseqüências iniludíveis. Diferentemente de hoje, em que as notas que o aluno consegue na faculdade não têm grande influência em sua vida profissional, à época da formatura de Freitas, a nota do último exame no quinto ano era decisiva, porque lançada na carta de bacharel. Exprimia – dita nota – que a aprovação era unânime; plena, portanto. Ou por maioria, ocasião em que se considerava que a aprovação era simples. Até desse dissabor não se viu livre o nosso Teixeira de Freitas.

Era revestida de tamanha seriedade a modalidade de aprovação, que depois da morte de Teixeira de Freitas um jornalista do *Correio Paulistano*, sob o pseudônimo de Jalisco, escreveu na edição de 18 de dezembro de 1883:

> Entre os incidentes biográficos de Teixeira de Freitas há um que não deve ser esquecido dos apregoadores e crentes fervorosos da ciência oficial.

Teixeira de Freitas era simplesmente bacharel em direito, mas nunca deixou de ser o mestre dos doutores. Em tempo, as exigências do ensino fizeram-no discípulo.

No fim de cinco anos que não foram assinalados por aplausos nem por triunfos do gênero dos que recebe comumente o talento ruidoso da nossa mocidade, Teixeira de Freitas teve de transformar-se em bacharel. Então a ciência oficial viu-se chamada a dar sua sentença sobre o valor do novo bacharel. Durante cinco anos, os professores estiveram em contato com aquele aluno. Ouviram-lhe as lições, estiveram presentes às suas argumentações, examinaram-no em atos, deviam conhecê-lo perfeitamente.

De nada valeu tudo isso: em ato do quinto ano foi aprovado simplesmente. Hoje nem memória resta dos indivíduos que tão triste prova deram da própria incapacidade. Fora da chusma dos aprovados plenamente, dos galardoados com as distinções acadêmicas, Teixeira de Freitas refulgirá para sempre.

Forte personalidade causadora de algumas intrigas

Apesar de alguns acontecimentos perturbadores para a alma magnânima e que modificaram o perfil de Teixeira de Freitas, teve ele uma vida tranqüila, sem aquele trepidar ou sucessos na vida cotidiana que fazem a alegria de biógrafos. Despreocupado dos assuntos terrenos, não teve uma vida rica que pudesse engalanar sua biografia, a tal ponto que Sá Vianna, depois de efetuar uma comparação com o grande codificador do Chile, Andrés Bello, que teve vida intensa e foi filólogo, poeta, professor, político, diplomata, além de legislador, ponderou que "o grande espírito de Teixeira de Freitas era de formação completamente diversa; parecia modelado no de Papiniano, com aquela singeleza e despreocupação das grandezas mundanas que o poeta de Venusia recomendava à felicidade da vida. Calmo e reservado sem ser taciturno, afável sem ser prazenteiro, pouco expansivo na sociedade, era, entretanto, loquaz, alegre e extremamente meigo no seio da família"[1].

A fotografia de Teixeira de Freitas, que pode ser vista em qualquer livro que trate de suas obras ou da sua vida, mostra uma pessoa obesa. Rosto largo e grande, como convém aos traços baianos, olhos tranqüilos e uma boca larga. Cabelos cuidadosamente penteados revelam uma pequena calva do lado esquerdo do crânio. A tranqüilidade reveladora nos olhos não esconde a vulcânica personalidade e o desejo em dotar o país de um Código Civil. Teixeira de Freitas foi avesso à política e nunca se aproximou do poder, a não ser para tentar servi-lo com seu trabalho intenso de consolidar as leis civis do Brasil, para, depois, elaborar o monumento a que chamou de *Esboço*. Jamais prestou culto à política, nem se deixou seduzir pelo poder. Teixeira de Freitas não se iludia com a futilidade da glória passageira e que poderia ser fonte permanente de tormento.

Por não guardar ambições outras que não o desempenho da advocacia e o estudo à horaciana, entendeu que a ambição poderia se distanciar da sabedoria. Por isso, preferiu esta última. A serenidade do sábio haveria de ser preservada a qualquer custo, mesmo que mantivesse a desejada e necessária distância de tudo aquilo que pudesse ser aprazível a espíritos pouco afeitos à ausência de sede do poder. Apesar de saber da sua vasta cultura jurídica e de ser reconhecido como jurisconsulto por aqueles que viveram em sua época, Teixeira de Freitas não se deixou embalar pela vaidade. Não pretendia a glória, nem

---

1. Sá Vianna, *Augusto Teixeira de Freitas*, Traços biográficos, Rio de Janeiro, Tip. Hildebrandt, 1905, p. 9.

a falaz imortalidade. Preferiu uma vida tranqüila, sem desassossegos, nem sobressaltos.

Bem conhecendo a personalidade do ilustre baiano, o Conselheiro Ferreira Vianna assim se manifestou acerca de Teixeira de Freitas: "A inveja da mediocridade ambiciosa, o despeito dos poderosos contrariados e sobretudo a miserável avidez do egoísmo trabalham incessantemente no ímprobo empenho de escurecer o esplendor do gênio, que na superior região em que paira, não pressente o abominável artifício dos conspiradores contra o seu mérito e glória."[2]

Disciplina e didatismo no estudo do Direito

Despreocupado dos assuntos terrenais, pôde Teixeira de Freitas se debruçar somente no profundo estudo do Direito, dando aportes claros sobre alguns assuntos, a fim de que não pairassem dúvidas sobre a sua capacidade de introjetar-se em si mesmo, dar um mergulho no seu âmago, ensimesmar-se e, quando retornasse à tona, tivesse sempre um trabalho digno das letras jurídicas nacionais. Em retiro, penetrava na meditação do Direito e assim permanecia. Depois de dezoito anos dessa intensa e permanente meditação, conseguiu o reconhecimento de seus pares como um grande advogado e jurista. Dezoito anos bastaram para Teixeira de Freitas ouvir do grande jurisconsulto, o Barão de Penedo, que ele – Teixeira de Freitas – era perfeito conhecedor de todo o corpo do Direito pátrio, muito versado na jurisprudência dos tribunais, seguríssimo em suas opiniões. Romanista profundo, foi considerado jurisconsulto filósofo.

2. *Gazeta de Notícias*, Rio de Janeiro, 19/3/1884.

A nenhuma atração aos assuntos que dominavam a época, como a política e as letras e o acúmulo de posições oficiais, se dava mais em razão do afanoso estudo do Direito a que se dedicou Teixeira de Freitas, do que a outro atavio que pudesse preencher seu ego. Jamais colocado em destaque que não procurou, nem se preocupou em arrebatar multidões, Teixeira de Freitas parece ter seguido, sem o saber, a advertência do Conselheiro Lafayete que, na introdução de sua obra sobre direito de família, assim se exprimiu: "Os estudos do Direito Civil atraem os grandes talentos. A glória modesta do civilista se ofusca diante dos fulgores da glória do orador parlamentar e do jornalista. Só uma vocação enérgica e decisiva pode afastar a inteligência das lutas brilhantes e estrondosas da carreira pública para concentrá-la nos estudos solitários do Direito Civil, estudos tão difíceis e trabalhosos, mas tão pouco estimados."[3]

É correta a observação de Spencer Vampré, segundo a qual Teixeira de Freitas recebeu como herança dos pais um forte sentimento de respeito à tradição, a vontade férrea, inquebrantável e a lealdade que deveriam ser postas a serviço da pátria.

Um ano depois de ter iniciado seus estudos na Faculdade de Direito de Olinda (1832), sente-se frustrado com a expectativa que nutriu. Não era ensinado exatamente aquilo que imaginou. As belezas da cidade não o seduziram. Não teve a mesma sensibilidade de Joaquim Nabuco que, ao descrever as maravilhas do Nordeste, afiançou: "Melhor que em Veneza, os canais do Recife são rios; a cidade sai da água doce e não do fedor das lagunas. Seu horizonte é amplo e descoberto, suas pontes são como terraços suspensos sobre a água e o oceano vem a rom-

3. Conselheiro Lafayete, *Direito de família*, p. XXVI.

per-se ante ela em um manto de espumas por cima dos extensos arrecifes que a guardam como uma trincheira."

As belezas de Olinda, cognominada de "Veneza brasileira", não seduziram Teixeira de Freitas. Ele queria algo mais. Necessitava do estudo do Direito que o ornasse, que lhe desse estofo intelectual para o bom exercício das letras jurídicas e que pudesse servir à pátria, como lhe ensinara o severo pai.

Logo em 1833 parte para São Paulo. Pretendia seguir seus estudos na "velha Academia", no Largo de São Francisco. Em São Paulo, ele estava no epicentro intelectual do Brasil. Cursou o segundo e o terceiro anos, mas quando estava no quarto ano, uma contenda com professores o impediu de concluir o bacharelado. O diretor da Academia, Carlos Carneiro de Campos, simpático a Teixeira de Freitas, ainda recomendou ao ministro do Império a sua permanência, afirmando que "o suplicante (Freitas) sempre teve nesta Academia uma conduta exemplar, bastante aplicado e é atualmente um dos melhores estudantes do quarto ano". Não superado o problema com os professores, o jurisconsulto volta a Olinda, onde recebe o título de bacharel em Ciências Sociais e Jurídicas, no dia 6 de outubro de 1837.

A vida de estudante de Freitas desnuda aspectos de seu caráter. A persistente energia, o não se dobrar aos apelos inconsistentes de professores medíocres, a rebeldia que sempre provocou reações e resistências. Esse distanciamento dos mestres fez com que Teixeira de Freitas forrasse seu conhecimento intelectual como se fosse um autodidata. Sozinho, na disciplina de quem antevia que grandes serviços haveria de prestar ao Império, tomou o estudo como uma faina vertiginosa. É certo que a faculdade não o dotou de grandes condições quanto à aquisição de conhecimento de Direito. Silvio Romero foi agudo quando asseverou que "saído da Faculdade na posse de um saber indigesto, sem método, não sistemático; sem visão sintética, sem uma concepção de conjunto nem da natureza da sociedade, sem uma filosofia superior, para dizer tudo em uma palavra, esse vigoroso espírito teve que refazer por si o estudo do direito, de improviso, sob todos os aspectos"[4].

Rápida passagem pela magistratura baiana

Logo depois de concluído o curso de Direito (1837), foi Teixeira de Freitas nomeado juiz de direito da capital da Bahia. A sua nomeação se deveu a um dos chefes da Sabinada. Numa guinada quixotesca, Freitas que era tão avesso a disputas, foi denunciado e processado por ser partícipe e militante daquele movimento revolucionário. Como sempre, a história é feita pelos vencedores de batalhas e guerras. Tendo sido nomeado para o cargo de magistrado por um dos integrantes da Sabinada, nada mais justo e natural que, superada a rebelião, adviesse a perseguição. O processo. A acusação sem fundamento e, tardiamente, a absolvição.

Os "desagradáveis incidentes" no Instituto dos Advogados Brasileiros

Depois desse sucesso, mudou-se para o Rio de Janeiro. Contava vinte e sete anos de idade. Estava em pleno fervor da juventude e atividade intelectual. A transferên-

4. *Apud* Enrique Martinez Paz, *Freitas y su influencia sobre el Código Civil argentino*, Córdoba, Imprenta de la Universidad, 1927, p. XI.

cia para o Rio de Janeiro ocorreu em 1843. Juntamente com Josimo do Nascimento Silva, Carvalho Moreira e Montezuma, fundou o Instituto dos Advogados Brasileiros. Passados quatorze anos da fundação do Instituto, tornou-se seu presidente. O exercício da função não iria durar muito. Logo, como a demonstrar sua atração involuntária a assuntos acerados e polêmicos, envolveu-se em séria tertúlia. Era costume a propositura de alguma tese em sessões do Instituto dos Advogados. Apresentada a tese, seguia-se a discussão pelos demais membros.

Pois bem. Caetano Alberto Soares apresentou para discussão um assunto que chegara às suas mãos, para tratar como advogado. A consulta era a seguinte: São livres ou escravos os filhos de uma escrava, que em testamento foi libertada mas com a cláusula de servir a um herdeiro ou legatário, enquanto este viver?

Narra Sá Vianna[5] que o parecer foi na direção de que os filhos dessa escrava eram livres. Teixeira de Freitas foi consultado sobre o assunto e daí surgiu toda a polêmica que quase chegou a ensombrecer a vida do notável jurista. Fiel à sua sólida formação doutrinária filtrada dos grandes romanistas, Teixeira de Freitas respondeu em sentido oposto. Disse que "os filhos dessa escrava eram escravos". Estava preso ao direito objetivo, às regras do direito vigente à época.

Diante da resposta contrária, o Dr. Caetano Alberto Soares, de forma leal e humilde, sugeriu que a tese fosse submetida ao Instituto dos Advogados. Na sessão de 15 de outubro de 1857, surgiram os famosos "desagradáveis incidentes", que tanto agastaram Teixeira de Freitas e que o fizeram abandonar a presidência do Instituto dos Advogados Brasileiros.

---

5. *Op. cit.*, pp. 36-7.

Quais foram esses incidentes que tanto desagradaram Teixeira de Freitas e que o fizeram tomar a tão radical decisão de abandonar a presidência do Instituto? Em carta que vale a pena a transcrição de alguns excertos para situar o homem no tempo e em sua época, para melhor aclaramento de episódio que o marcou para sempre e em que Teixeira de Freitas revelou amargura e uma mal disfarçada angústia, começa por dizer que a proposição jurídica e as conseqüências surgidas no Instituto "abalaram tão profundamente o meu espírito, que inúteis têm sido todos os esforços para acalmar o meu sofrimento e deixar passar essa onda que submerge minhas esperanças".

Esse tom já demonstrava alta dose de ressentimento e uma nuança do caráter de Teixeira de Freitas que pode muito bem ser considerada "afetação". Não a afetação que marca os "dândis", os "almofadinhas", mas o não estar preparado para críticas e o tomar decisões fortes em situações que, mais bem refletidas, poderiam dar em outra solução que não o puro e simples afastamento da presidência do Instituto.

Essa, porém, é a têmpera do baiano. Forjado na luta, na dificuldade da terra seca e do sol, o quase sertanejo Teixeira de Freitas não poderia aceitar sem prontas respostas o fato que em seu espírito ficou cravado como uma moléstia irreparável. Não seria uma simples resposta eminentemente jurídica a questão proposta de público que iria amainar a decisão do jurisconsulto.

Por isso, continuou em sua carta:

> Quando as aspirações de uma mocidade ardente e apaixonada foram convergindo para o mais nobre sentimento que pode excitar o coração humano; quando o amor de todos, concentrado no amor da pátria, me fez compreender qual o destino da provança da vida; quando na arena em que a Providência me colocou, conheci o dever

de dedicar-me a sérios estudos da jurisprudência, uma idéia desanimadora, um prejuízo talvez, apoderou-se do meu ânimo, idéia desesperada pela consciência da própria fraqueza.

Eu havia concebido vastos planos, eu carecia de uma coadjuvação, de uma vocação igual à minha, e essa coadjuvação eu a tive por impossível. Entendi que a união de cabeças, não como a união de capitais no mundo da indústria, de nada servia para as empresas em grande, e antes impedia, com sensível perda de tempo, a perfeita execução de planos. Entendi que as sociedades e comissões científicas eram instituições de mero luxo, senão um hábil invento da insuficiência e ociosidade, que permite a pequeninos zangões sorver o mel fabricado por abelhas trabalhadoras. Estaria em erro?

As mediocridades abundam. E nas fruições da vida material que, para o comum dos homens está a suprema ventura e pois que a matéria será sempre o fatal inimigo da ciência, nada mais natural do que amparar-se o fraco edifício da ignorância com os esteios de nomes vãos, de títulos pomposos, que são ouropéis com que se impressiona o vulgo. As cerimônias das religiões produzem o mesmo efeito porém com melhor fim. O que poderá fazer um homem que, em trabalhos sobre qualquer ramo de ciência, lidar com outros que ponham em dúvida as próprias idéias rudimentares? Podereis vós ter uma questão de gramática com quem não conhecer as letras? Podereis verificar uma operação de contabilidade com quem não conhecer os algarismos?

O meu prejuízo havia-se dissipado. Fui por vós escolhido para presidente desta corporação respeitável, nutri então as mais belas esperanças a par de uma responsabilidade imensa, que criava para mim necessidades novas, além de tantas que já me oprimem e me fazem mediar a vida como um período mui curto. A mim mesmo impus o dever de, em discussões proveitosas, sempre levadas à maior altura dos princípios, despertar os brios de uma mocidade tão talentosa. Pareceu-me que poderia infiltrar o

> amor ao estudo, o gosto pela jurisprudência em um país como o nosso, onde tanto se tem a fazer em matéria de legislação. Seria isto uma ilusão? Terei de voltar ao meu isolamento, aos monólogos de um solitário, sem o auxílio de tantos espíritos tão liberalmente favorecidos pela natureza, que podem ser úteis à pátria? O tempo dirá!

O tempo disse. Mostrou que um jovem intrépido de menos de trinta anos não poderia impor suas idéias a uma elite conservadora e que não estava preparada para os avanços que a aguda sensibilidade de Teixeira de Freitas já fazia entremostrar. Caíra na armadilha de uma proposição mal redigida ou, quiçá, redigida com o intuito de malograr qualquer iniciativa que dissentisse do autor da tese, o Dr. Caetano Alberto. Daí, a dura conclusão: "Preparei-me para a sessão última, refleti maduramente, e conheci que todo o mal provinha somente da viciosa redação da proposta, a qual laborava no erro essencial de supor que o serviço obrigado e temporário do escravo manumitido com condição era o de uma situação semelhante à do locador de serviços, ou mais ainda, porém não o serviço que constitui ou caracteriza a escravidão."

Com enfado e ironia dirigidos a seus colegas que se transformaram, de repente, em detratores, Teixeira de Freitas deixou a presidência do Instituto dos Advogados, afirmando: "Dispensai-me, senhores; terminai como quiserdes a vossa questão de liberdade. É uma questão de liberdade e vós a tendes discutido com toda a liberdade. Quando passar esta crise, eu então comparecerei, e empregarei todos os meus esforços para ser útil à corporação, e ao público. Tomo a ousadia de oferecer ao Instituto a pequena quantia de 1:000$ para ser aplicada à fundação da sua biblioteca, e recomendo-vos sobretudo, que a enriqueçais logo com o 'Corpus Juris', que deve ser a fonte vital, onde devemos beber sempre e sem descanso. Se vos dignardes aceitar minha tênue oferta, só motivada pelo amor da ciência, cumprirei imediatamente o meu dever."

O sarcasmo beirou a injúria. Como toda a discussão sobre o filho do escravo foi centrada no Direito Romano, quis dizer Teixeira de Freitas que seus pares eram ignorantes no trato dessa matéria. Por isso, lhes caía bem o *Corpus Juris Civilis*, como a alfafa sacia a fome dos asnos. A carta de despedida de Teixeira de Freitas, toda ela, é uma peça de rara erudição. Argumentos fortes em defesa de uma tese e aquela ironia que só os preparados são capazes de acicatar adversários. A oferenda de dinheiro para a aquisição da obra magna do Direito Romano é uma estocada. É o golpe de morte na estupidez e empáfia humanas, tão presentes no bacharelismo brasileiro. Lendo a carta, firmada por Teixeira de Freitas no dia 22 de outubro de 1857, vem a imagem do baiano brandindo o *Corpus Juris Civilis* na cabeça de seus opositores. Utiliza-o como uma clava para abrir uma fenda na ignorância.

Sá Vianna[6] disseca a carta afirmando que "a análise da doutrina que nela ficou desenvolvida traz a mais firme convicção de estar o Dr. Teixeira de Freitas com o bom princípio que, hoje, com calma e devida reflexão, não é dado pôr em dúvida, sendo para notar que, mesmo nesse tempo, em que os inimigos estavam apaixonados, senão embriagados por essas idéias grandes e generosas, mas insuficientes para levar o Jurisconsulto a modificar a letra e espírito do Direito vigente, respondendo a uma tese jurídica, submetida ao seu parecer, foi de Pirro o triunfo que tiveram os seus adversários, sendo apenas de um, e ausente estava o contendor do Dr. Caetano Alberto, a maioria que obteve o ponto cardeal da disputa".

---

6. *Op. cit.*, pp. 81-2.

Enrique Martinez Paz[7] também argüiu o incidente que ressumou a amor à liberdade, com a ausência de apego à lei vigente e à doutrina por parte dos opositores de Freitas, afirmando que Teixeira de Freitas "sofreu tão grande mortificação, que renunciou à sua cadeira presidencial em um documento cheio de energia e de nobre orgulho, revelador de um temperamento, além de uma vasta e extensa erudição; acolhe o ditado do romanista que se lhe aplica porque, no entender de Freitas, 'nas leis e nas doutrinas do direito romano está depositada toda a filosofia do direito', sentença que faz lembrar Domat e seus discípulos. A conclusão do documento mostra arrogante superioridade, que desafia os vulgares convencionalistas".

Esse episódio foi um divisor de águas. Em seguida, começou a ser forjado o jurisconsulto admirado até nossos dias. A fecunda vida de cultor do direito surgiu a partir de ali.

A dificuldade para elaborar a Consolidação das Leis Civis

A oportunidade para demonstrar todo o saber e para servir à pátria, como ensinado por seu pai, surgiu com a Constituição Imperial de 25 de março de 1824. Dispunha referida Constituição que deveriam ser organizados um código civil e um criminal, fundados nas sólidas bases da justiça e da eqüidade. A tradição jurídica do país deveria ser respeitada. Essa era a primeira condição para a elaboração do Código Civil. Por isso, era necessário recompilar a legislação existente.

É possível imaginar o que era a legislação da época em que deveria ser reunida: o caos. É a única palavra re-

7. *Op. cit.*, p. XII.

presentativa da situação vivida em 1824. O Brasil era colônia. As leis aqui aplicadas eram as da metrópole. O caos legislativo foi muito bem pespegado por Carvalho Moreira: "um quadro indigesto e tenebroso de nossas leis civis". Antes de elaborar um Código Civil, necessária se fazia a unificação de todas as leis civis. Assim, ter-se-ia um quadro completo da tradição jurídica brasileira.

Clóvis Beviláqua chegou a afirmar que somente um estudo profundo e extenso dessa legislação obscura e movediça, robustecido pela prática e guiado por um seguro critério, seria capaz de realizar, com proveito, essa escabrosa empresa à qual bem cabia a designação de *opus despertatum*, o mesmo epíteto que Justiniano deu ao *Digesto*. Esse foi o motivo pelo qual, apesar dos esforços de estadistas e juristas, a tarefa foi postergada. A Constituição era de 1824, mas o início dos trabalhos somente ocorreu em 1855.

Realmente, no dia 15 de fevereiro de 1855, o Governo Imperial nomeou Teixeira de Freitas para efetuar a obra de Consolidação daquele cipoal de leis civis. A Consolidação deveria preceder o Código Civil, porque era preciso mostrar o último estágio da legislação aqui aplicada e vigente. A redação deveria observar a seguinte metodologia: os assuntos seriam colocados em títulos e artigos, em redação clara e concisa. Em notas correspondentes a cada dispositivo, havia a necessidade de citar a lei que autorizava a disposição e declarar qual o costume que estivesse estabelecido contra ou fora do texto.

Por essa proposição, é possível verificar que o trabalho era hercúleo. Somente um espírito atilado e pouco afeito à vida em sociedade, personalidade forjada no estudo solitário, poderia aceitar tamanha incumbência. A magnitude e a dificuldade da obra que deveria ser empreendida mostram que o trabalho não poderia ser efetuado por qualquer um. Enrique Martinez Paz[8] observa que diante do jurisconsulto foram colocados os imensos e informes materiais que a legislação e a prática do direito ofereciam para que fosse separando as partes mortas e caducas, pela comparação de seus textos e interpretações, tornando vigorosos os ramos vitais e ao aplicar na tarefa um espírito de sintética unificação, surgiria um corpo orgânico daquele obscuro conjunto.

Teixeira de Freitas tinha plena consciência do trabalho que tinha de elaborar e das dificuldades que surgiriam à sua frente. Não sem razão, descreveu o que seria seu labor. "Examinar as leis em seu próprio texto, escrever, sem influência de opiniões alheias, comparar atentamente as leis novas com as antigas, medir com precisão o alcance e as conseqüências de umas e outras, é o laborioso processo em que estivemos ocupados, para conhecer a substância viva da legislação. Para encontrar os limites do direito civil e a norma da exposição das matérias que lhe pertencem, recorremos a estudos de outra natureza: consultamos os monumentos legislativos, meditamos sobre as tradições da ciência e, com livre espírito, procuramos essa unidade superior que concentra verdades isoladas, penetra as mais recônditas relações e da esperança de um trabalho consciente."

Essa estranha força moveu o plano da obra gigantesca que Teixeira de Freitas haveria de desenvolver para elaborar a Consolidação das Leis Civis, como um prelúdio daquilo que, mais tarde, deveria ser o primeiro Código Civil brasileiro. Para elaborar esse trabalho mostrando excelência, era necessário que Freitas manejasse o elemento histórico, o sistemático e o dogmático. Afinal, reunir em uma Consolidação a caótica situação do direito positivo existen-

---

8. *Op. cit.*, p. XIV.

te naquele tempo não era tarefa fácil. Teixeira de Freitas possuía todas as virtudes para a execução do labor e colocou mãos à obra naquilo que seria seu grande trabalho.

O esboço do Código Civil nunca foi concluído

A Consolidação das Leis Civis trouxe uma introdução, em que são discutidas as bases de um sistema geral de direito. A segunda parte foi redigida em forma de artigos. Freitas chegou até o artigo 1.333, todos ordenados conforme o plano geral por ele traçado. Cada um dos artigos mereceu séria justificação. Concluído o trabalho, a Consolidação das Leis Civis foi entregue a um grupo de juristas que integravam a comissão constituída pelo Imperador para a análise da obra. Os juristas Visconde do Uruguai, José Tomás Nabuco de Araújo e Caetano Soares integravam a comissão de juristas. Em 1854, ditos juristas entenderam ser elevado o trabalho de Teixeira de Freitas, enxergando "o estudo profundo, erudição vasta, método didático, fidelidade e clareza do texto, notas em que são esclarecidos os erros e os abusos da prática, obra criadora à aprovação e ao louvor do governo Imperial". Esse foi o resultado a que chegou a comissão. Apesar disso, Teixeira de Freitas se sentiu combalido com a frieza com que seu trabalho foi recebido. Algumas críticas à Consolidação foram esboçadas e publicadas em jornais. Nenhuma, contudo, chegou a empanar o brilho do sério empenho efetuado por Teixeira de Freitas.

A Consolidação das Leis Civis foi considerada o monumento maior do pensamento jurídico americano. O resultado não poderia ser outro, que não entregar a quem já tinha reunido num corpo orgânico o cipoal de leis existentes no país, a ingente tarefa de elaborar projeto de Código Civil. Em 22 de dezembro de 1858, o Imperador pretendeu contratar um jurista para confeccionar o Código Civil do Império. Corretamente, o ministro da Justiça Nabuco de Araújo escolheu Teixeira de Freitas. Em 10 de janeiro de 1859, o contrato foi assinado. Foi avençado que o Código seria concluído no exíguo prazo de três anos para ser submetido à comissão que seria formada pelos maiores especialistas do país.

O espírito borbulhante de Teixeira de Freitas não arrefeceu. Arregaçou as mangas e começou o trabalho de elaboração do Código Civil. Em agosto de 1860 publicou o que chamou de *Esboço do Código Civil,* sem se dar conta de que aquele trabalho não era meramente um plano de trabalho, mas era o fruto de intenso e vigoroso estudo e que o Código Civil já estava quase pronto. Em nota precedente ao *Esboço,* mostrou o objetivo que o animara: "Depurar, com a impressão, as diversas partes deste largo trabalho, que por ora tem o título de Esboço, submeter-me à crítica de todos, facilitar minha própria crítica, que encontraria embaraço na combinação das páginas manuscritas."

Expirou o prazo de três anos previsto no contrato. O trabalho não foi concluído. O Governo Imperial concedeu prorrogação. Agora, o projeto de Código Civil deveria ser entregue no dia 30 de junho de 1864. Trabalho concluído, a Comissão nomeada para a análise não conseguia se entender. Seus membros consumiram algum tempo e somente conseguiram analisar os quinze primeiros artigos do *Esboço*. As divergências, as disputas e a discordância em alguns pontos cansaram o jurisconsulto Soares. Suspenderam os trabalhos sob o fundamento – tíbio – de que o projeto não estava concluído. Tendo de apor nota justificativa em cada artigo, Teixeira de Freitas não tinha concluído o livro dedicado ao Direito das Sucessões e ao

Concurso Civil. Isso depois de ter escrito 4.908 artigos. Diante do trabalho insano que ainda tinha à sua frente, da falta de apoio, das discussões estéreis da comissão que analisava o projeto e da ausência de seu grande admirador e amigo Nabuco de Araújo do Ministério da Justiça, não houve conclusão do trabalho. Teixeira de Freitas se afundou em profundo desencanto e frustração. A sua amargura foi materializada nas seguintes palavras que dirigiu a seus pares: "Em um país onde as almas nobres não encontram estímulos para abnegações, não posso resistir por mais tempo ao meu desalento".

Início do calvário

A renúncia de Teixeira de Freitas não foi aceita, mas ele foi se distanciando do trabalho. Não mais queria elaborar o projeto de Código Civil. De forma inesperada, porém, talvez por já demonstrar ausência de lucidez, Teixeira de Freitas surpreende os juristas e integrantes do governo Imperial. Sugere que abandonaria por completo todo o esforço e resultado alcançados anteriormente e partiria do zero, reiniciando tudo outra vez. Começaria por redigir um código geral para os homens de ciência, contendo as leis que esses mesmos homens ensinam e códigos particulares para o povo com as leis que mandam. A idéia de Freitas era abandonar por completo o *Esboço*. Começaria do nada, como se a Consolidação e o *Esboço* não tivessem nenhum valor.

Teixeira de Freitas tinha bem presente que seu *Esboço* não passava de um trabalho preliminar. Em seu perfeccionismo e exigência consigo mesmo, considerava-o como um trabalho incompleto. Chegou a desautorizá-lo em prol de novos códigos, dizendo que "se me nega a possibilidade de regular esses códigos de rotina, que só servem para conseguir recompensas exteriores, então sou réu confesso". Mostrou ao governo, com essas palavras, sua decisão de não prosseguir na tarefa. Esse desprendimento de Freitas mereceu de Enrique Martinez Paz[9] a seguinte apóstrofe: "Rasgo heróico de sacrifício em homenagem a uma convicção profunda, rara pureza de intenção que mostra a têmpera extraordinária de uma mente profunda que abraça assim uma convicção que sacrifica todos os afagos e que o mesmo Freitas soube qualificar exatamente. Bem se vê que nisso fermenta um nobre sentimento, um amor de perfeição, que só a consciência pode recompensar."

O delicado espírito de Teixeira de Freitas se sentiu mortificado com os contínuos sacrifícios e imenso labor com que deparava. Tudo diretamente proporcional ao desdém e pouco caso com que era acolhido. Por essa época, demonstrava sinais da enfermidade que o acompanhou até o fim. A loucura já assomava em Freitas, sem perturbar seus conhecimentos jurídicos que sempre colocou a serviço da pátria.

A frustração de Teixeira de Freitas foi tamanha que, depois de ser acolhido na Argentina por Vélez Sársfield e ver que longe de sua pátria davam o real valor à sua obra de jurisconsulto, pensou seriamente em se mudar para aquele país.

A loucura dominou o gênio

O problema mental de Freitas se tornou mais agudo quando ele foi tomado por um misticismo abrumador. Por

9. *Op. cit.*, p. XX.

volta de 1871 escreve e publica a obra *Córtice Eucarístico*. Não satisfeito, no ano seguinte, em 1872, dá à luz a obra *Pedro quer ser Augusto*. A monomania religiosa assume contornos trágicos, pois serve para revelar a enfermidade mental que acossava Teixeira de Freitas.

Enquanto isso, o novo plano de codificação não foi submetido ao Imperador. José de Alencar era o então ministro da Justiça que simplesmente recomendou a rescisão do contrato celebrado com Teixeira de Freitas, sob o pífio argumento de que não houve cumprimento do pacto. O Império, dizia José de Alencar, não tinha condições de suportar novos gastos, e que o poder executivo não podia ter novas despesas em atividade que Teixeira de Freitas insistia em começar. Pondo uma pá de cal na pretensão do jurisconsulto, o ministro da Justiça, José de Alencar, assim se pronunciou: "Em minha humilde opinião não só o engenhoso e vasto plano ultimamente delineado pelo bacharel Teixeira de Freitas, como também o Esboço anterior, são, como elementos legislativos, frutos mui prematuros, embora como trabalhos científicos, revelem as altas qualidades do autor e sua rica literatura jurídica."

Claro que as razões invocadas por José de Alencar não poderiam ser tomadas a sério. Freitas já tinha demonstrado à comunidade jurídica a excelência do seu trabalho. O estilo esquivo do ministro da Justiça que, ao mesmo tempo que celebra o autor, pune a obra com o apodo de prematuro, encobria algo de subjacente e que causava temor ao Império: a loucura cada vez mais notória de Teixeira de Freitas. Os membros do governo estavam convencidos de que o resultado de um trabalho entregue por quem apresentava sinais claros de enfermidade mental não poderia seguir avante.

Aquele contrato celebrado em janeiro de 1859 foi rescindido em 1872. Teixeira de Freitas foi comunicado da ruptura do contrato no dia 18 de novembro de 1872. O desencanto foi tamanho que seu mal se agravou. A extrema penúria em que vivia muito contribuiu para agudizar o problema mental. Sem embargo, a doença não o impediu de continuar sua atividade intelectual, nem o atrapalhou no exercício da profissão de advogado. Em 1877 chegou a publicar os *Aditamentos à consolidação das leis civis*, trabalho dirigido aos militantes do foro. Também é de 1877 a obra prática que denominou de *Prontuário das leis civis*. Sua incansável atividade intelectual o levou a publicar *Aditamentos ao código de comércio* (1879); *Primeiras linhas sobre o processo civil* (1880); *Doutrina das ações* (1881); *Formulário dos contratos, testamentos e outros atos de notariado* (1881); *Tratado dos testamentos e sucessões* (1881) e *Regras de direito*, que é de 1882.

Sobre a loucura de Teixeira de Freitas, Enrique Martinez Paz expôs que "por volta de 1882 as sombras que obscureciam a mente de Freitas foram se estendendo com rapidez até cobri-la integralmente. Seus últimos trabalhos já acusavam um debilitamento que se punha de manifesto na pobreza das notas e na falta de coordenação das introduções. Somente a memória era conservada poderosa e reproduzia fielmente o conteúdo de seu rico saber. O mal prosseguia seu curso até o dia 12 de dezembro de 1883, data da sua morte, no aprazível bairro de Barreto na cidade de Niterói"[10].

O elogio póstumo

O desgosto vivido por Teixeira de Freitas, a falta de compreensão dos seus pares, compreensão que bem po-

---

10 *Op. cit.*, p. XXII.

deria ser fruto de pura inveja, não permitiram que sua obra perecesse. Silvio Romero foi quem melhor sintetizou a grandeza do pensamento de Freitas, quando asseverou que qualquer pessoa que se predispuser a efetuar um traçado da história intelectual brasileira, quando alcançar o capítulo do Direito, se quiser ser justa, terá de ver o nome do autor do *Esboço do Código Civil* na cumeeira, à frente de todos os demais. Isso terá de ser assim, porque três foram os pontos culminantes do Direito brasileiro, no correr do século XIX: *A introdução à consolidação das leis civis,* de Teixeira de Freitas (1857), o ensaio intitulado *Sobre uma nova concepção do direito,* de Tobias Barreto (1882), e o que se denomina *A fórmula da evolução jurídica,* de Clóvis Beviláqua (1894). Silvio Romero foi o relator do projeto de Código Civil levado a cabo por Clóvis Beviláqua.

Os encômios, embora tardios, mas necessários, não pararam em Silvio Romero. Contendo 1.333 artigos, a Consolidação das Leis Civis, segundo Spencer Vampré, converteu-se no padrão mais alevantado da história da nossa codificação, no mais belo edifício do nosso direito. Em torno dessa obra, como em torno de um eixo, passaram a gravitar todos os juristas pátrios. Em torno desse sol, como em um sistema planetário, evoluíram todas as idéias diretoras do pensamento jurídico nacional.

Somente a *Introdução à consolidação das leis civis* foi considerada por Orosimbo Nonato como a página mais profunda da cultura jurídica brasileira. A *Introdução,* além de ser considerada belo epílogo do direito civil, é classificada como a mais notável contribuição brasileira para a teoria do direito privado.

Malogrado o *Esboço* como projeto de Código Civil, a Argentina não perdeu tempo. Em 1869, o país vizinho recebeu seu Código Civil, elaborado por Vélez Sársfield, que não negou ter decalcado a sua codificação do *Esboço* de Teixeira de Freitas. Em obra coletiva publicada na Itália, cujo título é *Studi in Onore di V. Arangio-Ruiz*, o romanista Elguera assinalou que Dalmácio Vélez Sársfield era um admirador de Savigny e do discípulo deste, o jurisconsulto brasileiro Freitas. Do *Esboço*, tomou o plano para o Código que projetava e os princípios fundamentais sobre pessoas, domicílio, atos jurídicos e obrigações; da mesma forma, a teoria da posse e o domínio.

A classificação dos direitos em reais e pessoais, que Teixeira de Freitas depurou na *Consolidação das Leis Civis*, tanto que mencionou na *Introdução* que o ponto mais sensível na cena judiciária é essa divisão, parece ser um dos pontos em que apoiou, ao depois, todo o *Esboço*. Tal fato não passou despercebido de Enrique Martinez Paz, para quem a mais simples inspeção mostra a profunda analogia existente entre o plano da distribuição das matérias do *Esboço* e o do código argentino. A divisão dos direitos em pessoais e reais tem para ambos o valor de um pensamento fundamental que preside o desenvolvimento total do sistema.

Se o *Esboço* é, quase em sua totalidade, o Código Civil da Argentina, no Brasil, não chegou, sequer, ao Legislativo. Este país não é dado a cultivar a memória de seus filhos ilustres. Na Argentina, além de se valorizar sobremaneira Vélez Sársfield, um clube de futebol leva o seu nome, gesto que tornará imperecível aquele jurisconsulto. Nestas plagas, refertas de iconoclastas, Teixeira de Freitas jamais terá seu nome visto em todos os quadrantes de nossa terra, muito menos dando nome a associações expressivas da índole do brasileiro, tais como de uma escola de samba ou a de um time de futebol. Talvez seja lembrado como o aluno medíocre quando estudou na Academia do Largo São Francisco ou, quem sabe, pela loucura que o acometeu.

Lembra Washington de Barros Monteiro que a loucura se instalou em Teixeira de Freitas como aconteceu com outros gênios da tala de Nietzsche, Maupassant, Donizetti e Nijinsky.

É exatamente para preservar a memória de Augusto Teixeira de Freitas, o "Cujácio brasileiro", que um trabalho sobre juristas perenes não poderia deixar de cultuar um dos mais ilustres e sofridos juristas brasileiros.

Tito Fulgêncio
Vida e obra[1]

*Caio Mário da Silva Pereira**

Poucos são os homens que, nesta passagem terrena, conseguiram preencher a sua geração. E raros, muito raros, os que venceram as coordenadas de sua vida mesma, impondo-se no tempo e no espaço, para ultrapassarem a sua própria duração.

A oportunidade de homenagear Tito Fulgêncio, por ocasião do centenário de seu nascimento, levou-me a pesquisar um pouco mais sobre sua vida e sua obra.

Ao nosso espírito acode esta notável observação. O seu nome venceu a batalha do tempo. Se atentarmos no que sucedeu no mundo desde aquele dia, sentiremos um impacto tremendo. Acontecimentos morais, políticos, econômicos, científicos, que já têm o sabor de passado remoto, ocorreram durante sua vida, foram por ele presenciados, realizaram-se no século que seu nome gizou. Nações

---

1. Este texto teve por base o discurso proferido pelo autor, em 17 de setembro de 1962, na sessão solene comemorativa do centenário de nascimento do jurista Tito Fulgêncio realizada na Secretaria Estadual de Educação, em Belo Horizonte, e publicado na revista *Jurisprudência Mineira*, vol. XXXV, n.os 1 a 6, jul./dez. 1962, ano XIII, pp. 1-13.

* Professor titular de Direito Civil na Faculdade de Direito da Universidade Federal de Minas Gerais e da Universidade Federal do Rio de Janeiro.

nasceram e morreram. Regimes foram instituídos e destruídos. Cartas políticas foram escritas e rasgadas. Prestígios criados desprestigiaram-se. O mundo mudou de face. Repudiou concepções filosóficas e sociológicas que se acreditavam fadadas a perdurar sempre. Pereceram no pó monumentos erigidos em granito e em concreto, destinados a resistir e a perpetuar. Tudo isso, e muito mais, houve no tempo de Tito Fulgêncio Alves Pereira. O cientista aperfeiçoou a máquina. Inventou o rádio. Fotografou o som. Criou o cérebro eletrônico. Teletransmitiu a imagem. Venceu o espaço. Multiplicou a velocidade. Potenciou a força. Finalmente, a informática deu ao homem maior poder do comando, sobrepondo os ditames técnicos aos sociais.

Se o tempo consolidou a grandeza do Mestre, sua descendência se encarregou de solidificar sua obra e suas idéias.

Nasceu Tito Fulgêncio em 17 de setembro de 1862, na então pequenina e modesta cidade de Minas Novas. Foi seu pai Manoel Fulgêncio Alves Pereira, parlamentar ilustre que cobriu duas épocas, Império e República, numa vida e numa carreira excepcionais, podendo apontar-se, como exemplo raro, o ter recebido a homenagem pelo seu jubileu de ouro na atividade parlamentar. Recebeu educação cuidada, de que foram exemplos ricos os seus nobres filhos, cujos descendentes, brilhantes netos e bisnetos, são vitoriosos no jornalismo, no pretório, no comércio, na medicina, na política. Excepcional, igualmente, a circunstância feliz de, por ocasião do centenário, viviam ainda dois de seus irmãos. Estavam presentes naquela festa o irmão Leônidas Fulgêncio e Manoel Fulgêncio Neto, seu filho.

Todos os trabalhos sobre Tito Fulgêncio destacam-no como excelente chefe de família, pai de dez filhos[2]: João

---

2. "O luto – Desembargador Tito Fulgêncio", *Minas Gerais*, 23/1/1944, p. 8.

Fulgêncio, Pedro Fulgêncio, Manuel Fulgêncio, Tito Fulgêncio Filho, Marieta Fulgêncio, Irmã Helena Fulgêncio, Maria José Fulgêncio, Dolores Fulgêncio e Matilde Fulgêncio. Todos eles – quatro advogados e cinco professoras – levaram pela vida o exemplo do pai; em sua vida privada, muito marcou-lhe a morte do filho Geraldo Fulgêncio, ainda jovem.

Não existindo na região em que nasceu um estabelecimento de ensino médio, veio Tito Fulgêncio para Ouro Preto, onde fez seus primeiros estudos, e de onde rumou para São Paulo, em cuja gloriosa Faculdade graduou-se em 1884, com a idade de 22 anos.

Bacharel em Direito, voltou a Minas, ainda na incerteza dos primeiros passos, ainda na vacilação do caminho a seguir. Filho de político, ensaiou nesta carreira, e elegeu-se deputado em 1886. Mas não estava aí o seu destino. Deixando a cadeira em 1887, adentrou na senda judiciária.

Depois de exercer as funções de promotor de justiça, entrou, em 1888, para a carreira da magistratura, como juiz municipal de Paracatu, cargo que por pouco tempo exerceu, pois foi nomeado pelo marechal Deodoro da Fonseca para o cargo de juiz de direito da comarca de Jequitinhonha, onde serviu por pouco tempo[3]. Correu, ainda, as comarcas de Estrela do Sul, Carmo da Bagagem, Lavras, Araguari, Leopoldina e São José de Além Paraíba.

Nomeado desembargador, foi dos seus mais destacados membros. Seus votos, com a sobriedade e a concentração das sentenças dos jurisconsultos romanos do período clássico, aí estão nos repositórios de jurisprudência, especialmente na *Revista Forense*, que era o mensário especializado de Minas Gerais, atestando a sua operosidade, a sua ciência, o seu exato senso de julgar.

---

3. "Gazeta Jurídica", *Gazeta Mineira*, 26/9/1938, p. 14.

Eleito pelos seus pares, ocupou a presidência do Tribunal da Relação, da qual espontaneamente retirou-se em 1930.

Carlos Ottoni[4], em 1907, destacou o ilustre mineiro entre importantes intelectuais e personalidades do norte de Minas, ressaltando suas qualidades como Julgador:

> Como Magistrado, Tito Fulgêncio tem proferido luminosas sentenças, quase todas confirmadas pelo Tribunal da Relação do Estado. Muitas correm impressas em livros e revistas. O Dr. Tito é incansável trabalhador, e parece que sente-se mal fora dos ambientes dos seus livros. Na sua mesa de trabalho deparam-se livros abertos e páginas escritas, os autos não dormem na sua conclusão, os serviços judiciários estão todos em dia. Estuda por hábito e tem sede de produzir. A Magistratura Mineira é das melhores da Federação. E dos Juízes é, se duvida, o Dr. Tito um os mais ilustrados.

Aposentado, no mesmo ano, passou a advogar, e com a humildade que só podem ter os grandes espíritos pleiteou pequenas causas, aceitou defesas nas comarcas vizinhas, aonde modestamente se dirigia, utilizando desconfortáveis "jardineiras" ou incômodos trens de subúrbio.

A face mais marcante e mais característica de sua vida, mais produtiva e mais brilhante foi o magistério, iniciado em 1906, em que pôde dar muito mais do que como juiz e como advogado. Por trinta e dois anos o exerceu, com invulgares qualidades, excepcional dedicação, extraordinária versatilidade.

Foi lente de direito comercial, de direito público, de direito civil, de direito internacional privado. Lecionou no curso de doutorado, e no de bacharelado.

---

4. Carlos Ottoni, *Nortistas illustres*, Belo Horizonte, Imprensa Oficial do Estado de Minas Gerais, 1907, p. 77.

Assíduo, pontual, ia para a classe sobraçando a caderneta, e divertia-se um pouco à custa dos alunos que respondiam à chamada e se retiravam, ou daqueles que praticavam aquela pequena fraude de acudirem com o "presente" ao nome de outro colega.

Discretamente, sem preocupação oratória, em tom que levava ao exagero de manter muito baixa, proferia as suas preleções em termos singelos e preciosos, cuidando de melhor explicar do que convencer, atestando que o professor não ocupa uma tribuna da qual deve saltar o verbo incendiado, porém, a cátedra de que desce a palavra sóbria, sem arrebiques; ilustrada, sem demasias de erudição; segura, sem os excessos da tribuna judiciária.

E foi no magistério que se aparelhou para a grande empresa, que haveria de marcar sua vida, permitindo-lhe dominar a ciência, para bem escrever.

Na verdade, depois que o tempo passar ainda mais, e forem cinzas, como ele, as gerações que o conheceram, algo restará, luzindo estelarmente, clareando os caminhos e vincando os tempos, associando o duradouro e o contingente, assimilando na mesma fama aureolada, aquele que passou algo que há de permanecer. Em verdade, ninguém poderá mais dissociar o homem da obra, porque Tito Fulgêncio são os seus livros.

Foi ele um desses homens que se projetam no seio de sua comunidade e se destacam do ambiente em que labutam, através de um símbolo. Não pode ser dissociado do símbolo de sua representação, não pode ser compreendido e interpretado sem o conhecimento de sua obra. Os livros que deixou valem como a figura expressiva de sua categoria humana.

Sua obra continua sua vida, pulsando seu coração dentro de cada volume, na vibração do próprio estilo, que bem espelhou a pauta da própria conduta, traduzindo uma vitória plena: contra a natureza agreste da região onde nasceu, contra a asfixia provinciana do ambiente em que trabalhou, contra as traiçoeiras armadilhas que o sofrimento no meio doméstico cruelmente lhe armou, sublimam-se numa produção pujante.

Somente integrando obra e vida, ou esta naquela, é possível entendê-lo. Muitos são os que escrevem. Muito livro imprime-se por aí, e não é mais que boa ou má tipografia. Pouco resta, depois de passado o primeiro momento de um êxito fugaz. Somente o que traz a marca do "valor mais alto" poderá ficar. E na seara do direito, tão farta hoje em dia, pouco sobra daquilo que o tempo bateia e apura.

A perspectiva da distância já nos permite avaliar melhor a marca do velho Mestre. Seus livros aí estão, atestando o seu valor e anunciando a sua perenidade.

Façamos, pois, como o nosso grande mestre, um esquema sinóptico de seus livros mais difundidos, singelos exemplares de um estilo sem tortura, nos quais corre o direito mansamente, na simplicidade exemplar das sentenças do Digesto.

Obra de fôlego são os seus *Programas de direito civil,* editado em 1908. À guisa dos *Tableaux Synoptiques* com que René Foignet resumia as suas lições, Tito Fulgêncio reduziu todo o Direito Civil aos quadros em que enfeixa os temas, partindo da noção geral e caminhando para as especificações em desdobramentos cada vez mais minuciosos. Expondo o método adotado, o ilustre mestre esclarece que o seu propósito foi oferecer aos alunos "o lineamento geral de uma construção que deveria ser completada na aula, pela sua palavra", ampliando, desenvolvendo, exemplificando, vestindo, com quanta viveza, animação e claridade fosse a ele possível. De olhos postos exclusivamente nos seus alunos, pretendia incutir-lhes a essência mesma de sua educação: "disciplinar o espírito do estudante; ensinar-lhe a ver, a observar, a raciocinar; formar-lhe, desenvolver-lhe o senso jurídico"[5].

Sua presença no Direito Comercial assinalou-se com um manual no começo do século passado e, mais tarde, com um pequeno ensaio sobre o *Cheque*, em 1923, e uma coletânea de *Jurisprudência cambial*, em 1925.

Também em 1925, publicou os *Direitos de vizinhança*, que abriu com a noção de propriedade, prosseguiu com a idéia do limite entre prédios e demarcação.

Grande, por todos os títulos, foi o volume que escreveu em 1928, como integrante do *Manual do Código Civil de Paulo Lacerda*, e que foi reeditado em 1958 – *Do direito das obrigações*. Antes de abri-lo, passemos os olhos pelas obras clássicas, pelo tratado de Giorgio Giorgi ou de Demogue, leiamos as *Pandectas* de Von Wetter, ou *Das Rechte der Forderungen* de Savigny, as *Obbligazioni* de Lomonaco ou de Vittorio Polacco, ou ainda as de Saleilles, Barassi, Emilio Betti, Salvat, Alfredo Colmo, De Gasperi, Karl Larens, Von Tuhr, Endemann, ou as doutrinas dualistas de Brinz e Perozzi; ou fiquemos com a rica prata de casa, Lacerda de Almeida, M. I. Carvalho de Mendonça, Orozimbo Nonato. Essa província do direito civil, na qual perdura o maior abstracionismo do Direito Romano, a mais pura expressão da lógica jurídica (Saleilles, *De l'Obligation*, p. 1), está inçada de teorias difíceis, ásperas, complexas, intrincadamente controvertidas. Mas aquele que lê as *Obrigações* de Tito Fulgêncio como o que estuda no volume de Gaudemet, impressiona-se com a singeleza do tratamento. Toda aquela problemática, que tem assustado os juristas de todos os países, ao passar pela pena de Tito Ful-

5. Tito Fulgêncio, *Programas de direito civil*, Introdução, sob a epígrafe "O Método", s/ed., 1908.

gêncio despe o seu caráter vexatório, e assume o aspecto simples de exposição remansosa.

A noção fundamental de obrigação, a distinção entre obrigação civil, natural e moral, suas modalidades, ali estão expostas em termos de compreensão geral, acessíveis a todos. Aquela matéria da divisibilidade da obrigação, que Dumoulin já qualificara de *labirinto*, que ele ainda mais emburilhou do que esclareceu, e aquela outra solidariedade que divide os obrigacionistas, e os afronta com a distinção, entre co-realidade e solidariedade imperfeita, imaginada por Ribentrop e Keller, sofrem como que processo de filtração, por via do qual abandonam todo o resíduo perturbador, transformando-se nas mais puras noções, que ao leitor se assemelham à própria *ratio scripta*.

Também em 1928 tratou do *Direito real de hipoteca*, sob forma de comentários aos artigos do Código Civil referentes à disciplina desse direito real, informação histórica, doutrinária, farta contribuição jurisprudencial.

Publicado o Código Eleitoral, em seguida à revolução de 1930 (Decreto n.º 21.076, de 24 de fevereiro de 1932), veio Tito Fulgêncio com as *Anotações* a ele, em estilo de comentários explicativos de cada artigo, sem omitir os quadros sinópticos nem os conselhos práticos, que antes já dera na *Carteira do eleitor* de 1917, e na *Carteirinha do alistando e eleitor* de 1918.

O ilustre civilista transpôs-se, em 1932, para o direito internacional público. No prefácio, dá o porquê da obra, e lealmente confessa onde foi assentar os quadros de sua exposição, e aponta a utilidade do livro: "Para os que sabem, é reavivador da memória; para os que não sabem, é um espelho, onde se reflete o essencial, limpo da palavrada em moda nestes dias sombrios da nação." E lá vem a dedução dos esquemas, abertos com a própria noção do Direito Internacional Público, sua divisão, sua evolução, as tentativas de sua codificação, o enunciado dos quatro grandes princípios "segundo os quais se mede o mundo do direito das gentes: I) Obrigatoriedade das convenções. II) Liberdade dos Estados. III) Legalidade dos Estados. IV) Solidariedade dos Estados". E cobre a vida internacional inteira, até a sociedade normativa que encerra com uma sentença que, se fosse cumprida, só ela faria um mundo feliz, e restituiria a tranqüilidade ao espírito de alguns bilhões de seres humanos: "garantir o direito, limitar o uso de armas".

Saltou em 1937 para o Direito Internacional Privado, que define e situa; estuda a condição jurídica dos estrangeiros, e formula a noção daquilo que se convencionou chamar de conflito de leis; deduz as teorias que lhe procuram dar desate: teoria dos estatutos com as suas divisões (doutrina italiana, doutrina francesa, doutrina holandesa e flamenga) e as doutrinas contemporâneas (anglo-americana, Mancini, escolas alemãs de Savigny, Brochen e Bar, de Waechter, de Schaefner, de Houss, teoria da urbanidade e utilidade, Vareilles-Sommières), e penetra o direito brasileiro nas suas várias fases com a evocação dos nossos grandes mestres: Teixeira de Freitas, Pimenta Bueno, Clóvis Beviláqua, Rodrigo Otávio, Eduardo Espínola.

A última de suas obras foi o *Desquite* em 1938, com exposição doutrinária, informação jurisprudencial, conselhos práticos e formulários.

Seu trabalho *Da posse e das ações possessórias* é modelar. Eis um instituto difícil de ser subjugado. A própria noção de posse desafia a argúcia dos civilistas. De um lado, os glosadores situando-a no contato físico com a coisa, exigiam o elemento anímico, que ora seria o *animus rem sibi habendi* – intenção de tê-la como dono. De outro lado, a concepção subjetivista de Savigny, representada no "poder de fato sobre a coisa", com a faculdade de dispor dela fisicamente com a intenção de dono. E, disputando com o criador da escola histórica, vem a noção objetivista de Von Jhering, encarando a situação da coisa em função de sua destinação econômica, e procurando na posse tão-somente a visibilidade de domínio, a conduta externa do agente, procedimento para com a coisa possuída análogo ao do dono. Dentro dessa selva *selvaggia*, não obstante ter sido entre nós brilhantemente tratado o assunto por Edmundo Lins, por Astolfo Rezende, por Antônio Joaquim Ribas, a obra de Tito Fulgêncio é verdadeiro fio de Ariadne, que assegura o caminho, exposição singela, acessível, sucinta, sem demasias, como se tratasse de matéria despida de complexidades e controvérsias. Ali está, também, a presença do antigo juiz, experimentado e hábil no desate dos litígios que, numerosos, inflam as prateleiras dos cartórios das comarcas interioranas, disputando os contendores a várzea de litro de planta, ou a meia telha d'água do moinho, ou a famosa barra do córrego, que tanta demanda fomenta.

Tito Fulgêncio escreveu até que a saúde combalida por irresistível enfermidade, em 1944, o prostrou aos oitenta e dois anos.

Jurista puro, não conheceu os êxitos retumbantes das vitórias políticas, nem desfrutou da popularidade e do favor das massas. Foi anônimo nas ruas, foi ausente dos comícios, um quase desconhecido no meio de sua gente, tipo de misantropo mal notado pelo transeunte apressado. Alguns ditos pitorescos são lembrados, e um pouco da recordação de sua presença física vai perdendo consistência, à medida que esmaece, na memória dos que com ele conviveram, as suas imagens fugidias.

Exclusivamente cultor do direito, e vivendo pelo direito e para o direito, é na atividade jurídica que se situa a floração de sua obra.

José do Vale Ferreira[6] homenageou-o em conferência proferida em Solenidade Judiciária de 1947, em Belo Horizonte:

> Tito Fulgêncio fez ciência pura, desinteressada, pesquisou, unificou idéias gerais, mas não foi um solitário da ciência. Antes, realizou a perfeição do apostolado, por que sentiu e reagiu. Como professor e escritor, foi exemplo de energia ativa; como Juiz, aplicou aos usos da vida os conhecimentos adquiridos.
>
> Exerceu grande influência unificadora em nosso meio e continuará o magistério pelos trabalhos que deixou. Seus livros, que impressionam pela precisão de conceitos e propriedade de linguagem, refletem a lucidez de seu entendimento e aí estarão para afirmar a duas maiores qualidades do Mestre: concisão e clareza.

Avulta a imagem do Mestre Tito Fulgêncio, como exemplo, como paradigma, como expoente professor dedicando toda a sua vida a cultivar uma ciência essencial à disciplina dos comportamentos. Numerosa a sua obra, só o lembrá-la muito esforço e muito tempo requer. Espírito de síntese, dotado de um poder extraordinário de condensar grandes conceitos em fórmulas sucintas, ele não gostaria que sobre seus livros e seus trabalhos muito nos alongássemos.

A figura humana do nosso Mestre não faria suspeitar sua longevidade e essa prodigiosa sobrevivência. Com o andar algo trôpego, os olhos quase desaparecidos atrás de lentes grossas e escuras, parecia dominado por um complexo de timidez, esmagado sob a aparência de ter si-

---

6. José do Vale Ferreira, "Perfil de juiz – Desembargador Tito Fulgêncio", *Jurisprudência Mineira*, vol. III, n.os 1-4, 1951, ano II, p. 403.

do sempre um velho. Seus hábitos pessoais eram o contraste vivo de sua projeção cultural. Pouca conversa. Olhar baixo. Fugidio de todo bulício e de toda aglomeração.

Dos que conviveram com ele, todos se referiam a um cidadão acanhado na conversa, arredio nas ruas, mas que se transfigurava na tribuna. Orador grandiloqüente enchia o auditório e prendia a assistência com a pureza da dicção e a nobreza dos gestos, discretos, como que destinados a enfatizar os vocábulos. Foi sempre avesso, por índole, às agitações e vicissitudes da vida política.

José do Vale Ferreira[7] acrescenta:

> E esse homem, que viveu como um simples porque podia sentir o caráter de fragilidade e incerteza da vida, esse homem que sempre demonstrou desapreço pelas formas convencionais, tornou possível uma coisa extraordinária: a correspondência entre a Chácara da Boa Esperança e os correios de Paris, pois a verdade é que, muitas vezes, lá do fundo do Barreiro, fez remessa de seus livros a pedido de professores da Sorbonne.

Sua simplicidade se revelava no seu cotidiano: residiu em Belo Horizonte, enquanto a avenida Paraná era quase suburbana. A cidade cresceu, e ele fugiu para o distrito operário do Barreiro, onde os veteranos do tempo que ainda lá possam existir, meninos de então, dele devem se lembrar – sua bondade, seu coração generoso e seu espírito caritativo. Mais tarde transferiu-se para o bairro da Concórdia, subúrbio modesto, naquele tempo quase nos confins da zona suburbana.

Foi ali que findou sua vida. Assim noticiaram os jornais da época:

---

7. *Idem, ibidem*, p. 403.

Com a morte do desembargador Tito Fulgêncio, perde a sociedade mineira um de seus elementos mais representativos e o País uma figura modelar de jurista e professor. Suas obras servem hoje de fundamento à cultura civilista a todos os advogados e gozam de renome nacional.[8]

A *Revista Forense* noticiou seu falecimento, com destaque:

A nenhum dos legionários do foro, para usar de uma expressão sua, o desaparecimento do sábio varão terá deixado de comover profundamente: nenhum, com efeito, terá deixado de sentir que, com sua morte se perde um grande mestre, antes de tudo. Ele ensinou na cátedra, no tribunal e no livro. Em terra tão minguada de valores, com uma literatura jurídica que só agora toma surto realmente importante, o seu exemplo foi o de uma fecunda inteligência, que espalhou prodigamente preciosos ensinamentos jurídicos.[9]

Esse mesmo periódico jurídico relata detalhe peculiar de seu testamento, ao dispor em última vontade:

Meu cadáver, envolto em minha beca de docente, será entregue à Funerária que o levará à sepultura, sem coroa, sem flores, com a simplicidade e modéstia que sempre foram característicos de minha vida, sobre a qual espero o silêncio, ainda, da imprensa.[10]

Tito Fulgêncio teve limitada lamentavelmente sua ação ao meio restrito da influência nacional, tendo escri-

---

8. "O luto – Desembargador Tito Fulgêncio", *Minas Gerais*, 23/1/1944, p. 8.

9. "Notas sobre a morte de Tito Fulgêncio", *Revista Forense*, janeiro de 1944, p. 263.

10. *Idem, ibidem*, p. 263.

to numa época em que o intercâmbio direto era mais raro, além de ter sofrido as restrições que o desconhecimento de nossa língua fatalmente impõe aos nossos escritos. No entanto, o Mestre vive em sua obra, e sobreviverá com ela, enquanto for lida, apreciada e utilizada, e enquanto subsistir a essência de nossa civilização jurídica.

Quando comemorávamos os cem anos de seu nascimento, um outro centenário era celebrado no mundo do direito. No mesmo ano, no mês de outubro, comemorava-se na França o centenário de nascimento do grande François Geny. Também lá, com a projeção mundial que a sua obra despertou, grandes festividades foram preparadas, para que ficasse bem assinalado o que representava na ciência jurídica do Ocidente a passagem brilhante daquele grande escritor, que também logrou longevidade exemplar, produziu de maneira notável, também associou vida e obra, de molde que não se pudesse compreender uma sem a outra.

De si mesmo, aos 89 anos, quase cego por uma dupla catarata, mas sentido-se ainda capaz de pensar e de compor, o mestre dos *Méthodes d'Interpretation et Sources*, o escritor profundo de *Science et Technique en Droit Privé Positif* disse numa *plaquette* sob o melancólico título *Ultima verba*, que ainda queria preencher os seus lazeres prolongados e forçosos, fazendo um resumo de sua atividade intelectual, pensando ainda em ser útil à civilização jurídica em que formou a sua cultura, na possibilidade "d'ouvrir la voie à de nouveaux progrès dans le dévelopement du droit positif qui a été le but principal des mes efforts intellectuels"[11].

Nunca foi na verdade tão necessário, como agora, lembrar aos homens, nesta sociedade que parece ter perdido

11. François Geny, *Ultima verba*, p. 11.

todo o sentido frenatório, que existe uma ordem jurídica, e que uma ordem jurídica substancialmente há de disciplinar os comportamentos.

Os homens parecem ter perdido a consciência moral, e estão padecendo o maior de todos os males, que é a descrença num ideal, pelo qual vale a pena viver e lutar. Dentro desse clima, desse ambiente, e sob a percussão dessa descrença, nota-se um descaminho no cumprimento dos deveres morais e dos deveres jurídicos.

Cabe, então, aos que cultivam o direito movimentar a opinião pública, assim no terreno puramente especializado, como no campo leigo, provocando a meditação, e a tomada de uma atitude capaz de atrair as vistas de todos para o fenômeno que é grave, e polarizar os bons propósitos daqueles que estão aquecidos pela chama da boa vontade.

Quando Tito Fulgêncio nasceu, e formou as bases de sua cultura, outras eram as condições do mundo. Após as lutas pela liberdade e pela igualdade política, culminante na Revolução Francesa, entrou a tranqüilidade. O século XIX caracterizou-se pelo primado da lei. "Afirmou a soberania da lei para governar os homens[12]." Instituiu o império do direito, não apenas no sentido de domínio deste sobre as vontades, mas especialmente na acepção precisa de que o direito comandava as condutas dos homens em todos os setores de suas atividades, e assegurava-se a submissão das consciências ao imperativo determinante do comando legislativo. Uma estabilidade econômica generalizada exigiu pouco e concedeu muito. A concepção filosófica dominante exalçou o indivíduo como centro das atrações de ordem jurídica, e elevou o individualismo às culminâncias de meta moral. A propriedade, especialmen-

12. Georges Ripert, *Le Déclin du Droit*, p. 1.

te imobiliária, continha o significado poderoso do valor econômico, e assegurá-la, em todos os seus aspectos, era amparar a própria pessoa do homem, na sua projeção bonitária mais acentuada. Ao burguês enriquecido somente bastava instaurar o regime capitalista[13]. A liberdade das convenções, como filha dileta do princípio da autonomia da vontade, teria como corolário imediato assentar a preponderância do contrato, e o aparente respeito aos contratantes, livres e iguais, e, por isso mesmo, sujeitos a uma execução suscetível de levar-se ao extremo de justificar até o seu sacrifício sob a invocação de parêmia consagrada por um prestígio milenar, a dizer que os ajustes têm de ser cumpridos, e devem ser guardados – *pacta sunt servanda.*

Esse foi o direito que venceu a primeira etapa da industrialização do mundo e que penetrou no século XX, quando, então, uma tremenda alteração de conceitos haveria de provocar a subversão dos saberes básicos.

Depois, outras noções apareceram e se corporificaram, exigindo que um novo direito seja criado, da reformulação de uma ordem jurídica que se mostra inadequada à solução dos problemas de um mundo conturbado. Hoje, mais do que nunca, é dever do jurista colaborar na feitura de um *novus orde,* dentro do qual a garantia da liberdade e da igualdade possa efetivamente constituir um padrão real, e não a caricatura ou a deformação de explorações disfarçadas e às vezes muito mal disfarçadas.

Por comodismo, por ausência de percepção da gravidade da hora, por interesse mesmo, os juristas se distribuem hoje em três categorias. A primeira dos que defendem cegamente a ordem jurídica atual como um mundo ilusório, iluminado pela filosofia do Dr. Pangloss, que Voltaire tão bem personalizou no seu *Candide,* e que não en-

13. *Idem, ibidem,* p. 6.

xergam, porque não querem ou porque não podem, a necessidade de uma reformulação essencial à preservação desse padrão de civilização e de cultura, que nós temos o dever de resguardar. A segunda, dos que confessam a falência das instituições, e descrêem da capacidade criadora do homem, cruzando os braços ou escondendo a cabeça, na convicção fatalista de que nada mais resta a fazer, porque a condenação já não admite apelos. A terceira, dos que ainda acreditam que é tempo de defender e de impedir que o cataclisma destruidor aumente as suas proporções, e nos devore a todos.

Para os outros, já não há mais salvação. Para aqueles que, por descrença ou por conveniência, resta apenas tirar o último proveito de uma derradeira segurança, como fizeram aqueles que olharam os clarões sangrentos do horizonte em 1789 e, às palavras de alerta, limitaram-se a responder que era hora de aproveitar, ainda que depois viesse o dilúvio, para eles não perdemos tempo, porque são surdos e cegos a qualquer palavra de advertência, e vivem enclausurados dentro do seu próprio egocentrismo.

Mas ainda restam os que são jovens na idade, ou jovens no espírito, e por isso mesmo têm as suas antenas voltadas para o futuro, e enxergam que é tempo, embora pouco seja este, de acordar, de ver, de corrigir, de emendar, de reformar, de modificar, de refazer, a fim de que, sobre os escombros de conceitos que o tempo desgastou, é preciso e é urgente trabalhar, para que não pereça a nossa cultura e se refaça a ordem jurídica na obediência aos princípios éticos fundamentais, e no respeito à dignidade humana.

Mas não basta que nestas reflexões venhamos recordar-lhe a vida e a obra de Tito Fulgêncio, testemunhar-lhe a nossa admiração, reverenciar-lhe a saudosa memória. É preciso algo mais. É necessário que se extraia da sua vida operosa e de seu culto sagrado pelo direito uma lição, pois que hoje, como em todo tempo, os mortos dirigem os vivos.

Tito Fulgêncio demonstrou (o que talvez nem todos conheçam) o mais elevado espírito público, o maior interesse pelo seu país e pela sorte desta República, chegando mesmo ao sacrifício da sua pessoa e da sua condição no Tribunal de Justiça, como conseqüência de sua tentativa de interferir no apaziguamento da família brasileira naquele ano agitado de 1930.

É preciso que invoquemos o seu exemplo de cidadão que acreditou no império da lei e na imponência da ordem, e que o indiquemos aos homens responsáveis de nosso tempo, para que ponham de lado os caprichos transitórios, para que esqueçam as competições pessoais; para que enxerguem mais alto e mais longe do que o imediatismo da hora, e sintam a gravidade deste momento histórico.

Os dias atuais, mais do que nunca, parecem marcados pela neurose da velocidade, que em pouco desambienta, desenraíza e anonimiza o homem no seu próprio hábitat. Percorremos o jornal às pressas, e anotamos, para o comentário de dois minutos, acontecimentos que em outras épocas ocupariam prolongados saraus, por muitos meses. Lemos displicentemente a notícia da conquista de um céu palpável, de onde a terra é um astro azul; e com o mesmo desinteresse informamo-nos do cataclisma que dizima toda uma região, e soterra numa noite milhares de seres, nossos irmãos. Assistimos, dentro de nossa casa, à exibição panorâmica de todo um universo, estudando, pelo artifício da técnica, as vozes estereofônicas dos continentes condicionadas na sala de estar. Dominamos a harmonia das esferas, subjugamos a força primária da natureza, e submetemos o reflexo caleidoscópico do espaço e do tempo à condensação dirigida do aparelho comandado.

E, numa sorte de vingança não confessada, esquecemos depressa. Cada notícia apaga outra notícia. Superposição de cartazes, em que, sob o colorido da apresentação de hoje, ninguém quer saber Vida absorvente, em que crescem as solicitações, na medida em que as influências individuais se vão reduzindo.

Nós estamos em uma encruzilhada trágica, e é preciso que tenhamos muita força e muita coragem para decidir. Esta hora pode ser a última do ocaso de uma brilhante civilização, ou pode ser a primeira de uma nova alvorada do dia novo que poderá durar ainda alguns milênios. Ela está ainda nas nossas mãos, mas poderá, em um instante, escapar-nos para sempre!

É preciso, então, que tenhamos a bravura de assumir um compromisso, o solene compromisso da boa opção, da decisão certa de preservar a nossa cultura!

Vicente Ráo

*Ovídio Rocha Barros Sandoval**

O professor

Vicente de Paulo Francisco Ráo nasceu em São Paulo em 8 de junho de 1892, sendo filho de Nunciato Ráo e dona Rachel Sicilia Ráo, vindos da velha Itália, para fixar residência no Brasil.

Em dezembro de 1907, com quinze anos, bacharelou-se pelo Ginásio Nossa Senhora do Carmo em Ciências e Letras. Matriculado na Faculdade de Direito de São Paulo, recebeu em 1912, com a idade de vinte anos, após curso brilhante, o grau de bacharel em Ciências Jurídicas e Sociais. No ano anterior, 1911, graduara-se em Filosofia (*magna cum laudae*) pela Faculdade de Filosofia de São Bento, então agregada à Universidade de Louvain, na Bélgica.

Essa formação intelectual, a um tempo jurídica e filosófica, iria sedimentar toda a trajetória de Vicente Ráo como cultor do Direito, vindo ele próprio a dizer, certa feita, como recorda a eminente professora Esther de Figueiredo Ferraz: "o estudo dos princípios gerais sempre ditou minha conduta na prática do Direito e sempre orientei os

---

* Juiz de Direito aposentado do Estado de São Paulo. Advogado, foi também professor assistente na Faculdade de Direito da USP.

ensinamentos que ministrei na velha Faculdade de Direito de São Paulo, como inspirou minha atividade profissional e serviu de fundamento de meus pareceres, bem assim de meus estudos jurídicos e de minha vida pública. Não é que o conhecimento dos princípios se substitua, sem mais, ao conhecimento de todos os ramos do Direito. Mas é a chave que permite penetrar, conscientemente, em todos esses departamentos", afirmação essa que se traduzia na seguinte advertência feita aos jovens juristas: "se um legado posso deixar aos que cursam ou praticam matérias jurídicas, é o conselho de se dedicarem ao cultivo dos princípios, como base segura do seu êxito"[1].

Após alguns anos de prática no escritório dos professores Estevão de Almeida e Francisco Morato, montou sua própria banca de advocacia, transformada, pouco tempo depois, numa das mais procuradas da capital paulista, além de se dedicar ao jornalismo como um dos redatores do *Jornal do Comércio de São Paulo* e diretor do *São Paulo Jornal*, onde tem a "oportunidade de demonstrar suas aptidões combativas, defendendo sempre as causas mais nobres, sendo um dos esteios dos direitos populares"[2].

No ano de 1927, em concurso realizado de 30 de maio a 7 de junho, concorreu à cátedra de Direito Civil da Faculdade de Direito de São Paulo, vaga com a aposentadoria de José Ulpiano Pinto de Souza. Eram três os concorrentes: Jorge Americano, Vicente Ráo e Aureliano Cândido de Oliveira Guimarães. A Comissão Examinadora era composta dos professores Octávio Mendes, Manuel Pacheco Prates, Spencer Vampré e José Augusto César. Obteve o primeiro lugar com distinção, com a média geral 9,75. A Congregação da Escola, então presidida pelo pro-

1. *RT*, vol. 509, p. 291.
2. *Revista da Faculdade de Direito*, vol. 47, p. 15.

fessor Antônio Januário Pinto Ferraz, por seus onze integrantes, lhe ofertou trinta vezes a nota dez, nas três provas a que se submeteu.

Nesse mesmo ano iniciavam seu curso jurídico jovens que, em 1931, o escolheram para paraninfo. Entre eles encontrava-se o futuro e saudoso professor Washington de Barros Monteiro. Recordando aquele concurso memorável, o primeiro a que assistira em sua vida acadêmica na velha e centenária Faculdade do Largo de São Francisco, testemunha que Vicente Ráo "logo conquistou a simpatia e a preferência dos estudantes. Muito moço, pois ainda não havia completado 35 anos de idade, tinha todos os predicados, que sempre fascinam a juventude: dialética primorosa, inteligência invulgar, extraordinária agilidade mental. No debate, era um argumentador sem tréguas: ordenado, rápido, lógico e incisivo. Para mim, confesso, foi um deslumbramento. De todos os concursos que assisti, na Faculdade, esse foi, certamente, o de maior cintilação"[3].

Outro integrante daquela famosa turma, o saudoso desembargador Flávio Torres, dizia que o mestre conquistara a todos e a "preleção inaugural de Vicente Ráo marcou época" e versava sobre a "Nacionalização do Direito – A Questão do Método de Ensino do Direito Civil" e "seu prestígio foi se consolidando, através de suas aulas e de sua posição no cenário político de São Paulo, e no término do terceiro ano, já era apontado como o paraninfo na turma". Desde o concurso, conquistara "a geração acadêmica e, em especial, os calouros de 1927; sua postura como mestre e a limpidez de seus ideais democráticos, levaram-no à distinção que lhe conferimos"[4]. O intérprete da tur-

---

3. Elogio pronunciado em 23/2/1978, na Academia Paulista de Direito, como titular da cadeira 35.

4. *RT*, vol. 508, pp. 473 ss.

ma, na solenidade de colação de grau – professor Carlos Alberto Alves de Carvalho Pinto, posteriormente, governador do Estado de São Paulo e senador da República – falou do mestre: "... Essa individualidade moça que tivemos a felicidade de encontrar nos primeiros passos do curso jurídico – a gratidão imperecível de sua primeira turma, em cujos corações se eleva a admiração profunda que o fulgor de suas aulas e a dedicação de sua amizade souberam infundir em cada um de nós. Talento de escol, jurista eminente, mestre admirável e amigo sincero, essa figura destacada que erigimos como paradigma de nosso pensamento irá nos entregar neste instante, através de suas palavras magistrais, os últimos conselhos com que partiremos para a luta."[5]

Em sua oração de paraninfo, Vicente Ráo se despediu da primeira turma que tivera o privilégio de tê-lo como professor, com as seguintes palavras: "Nesse instante, porém, ao ver partir, mundo afora, armados cavaleiros do direito os meus primeiros discípulos, a primeira turma perante a qual lecionei nesta Faculdade, não sei esconder, confesso, a comoção que me perturba. Não concebo, minha gente, espetáculo mais impressionante, nem outro igual, capaz de revelar, tão ao vivo o quanto já avancei na vida e o vulto das responsabilidades que já carrego."[6]

Daí para a frente, todas as turmas perante as quais lecionou receberam a dádiva de sua inteligência, do seu saber e de sua amizade até junho de 1962, ao se despedir, atingindo a aposentadoria compulsória, ao completar setenta anos de idade. Despedida não só do curso de bacharelado, como também de professor catedrático de Teoria Geral do Estado, no curso de doutorado para o qual fora nomeado no ano de 1934.

---

5. *Idem, ibidem.*
6. *RT*, vol. 508, pp. 473 ss.

Apenas em um período, seus alunos o deixaram de ter como mestre. Atingido por ato ditatorial, expedido com base no malsinado art. 177 da Carta de 1937, foi aposentado, compulsoriamente, em 13/3/1939, juntamente com os professores Antônio Sampaio Dória e Waldemar Martins Ferreira. No entanto, em boa hora, tão despropositado ato foi revisto, sendo reintegrados em seus respectivos cargos de professor, pelo Decreto n.º 3.298, de 22/8/1941.

Vicente Ráo, analisando aquele ato de força, dava o seu testemunho: "Havia lógica no ato da ditadura. Mestre de Direito que escalpelava os regimes ditatoriais no referido curso de extensão universitária e que aos seus discípulos sempre ensinava que o fundamento do Direito é a própria liberdade disciplinadora para o bem individual e para o bem comum e não para o bem dos detentores do poder, minha permanência na cátedra e dos eméritos professores Waldemar Ferreira e Sampaio Dória não podia convir à ditadura."[7]

Para retratar sua trajetória de professor, nas salas de aula e como argüente em concursos de cátedra ou livre-docência, nada melhor do que transcrever magnífica página escrita pela professora Esther de Figueiredo Ferraz, discípula permanente e uma das pessoas mais chegadas e queridas ao seu coração de amigo e mestre:

> Quantas vezes, ao deixar a sala de aula depois de nos deliciarmos com a sua lição de 50 minutos, e de vê-lo – qual exímio trapezista – descer dos princípios gerais às normas de Direito Positivo; ou das normas extrair, num hábil e rápido raciocínio, seus próximos ou remotos princípios informativos e a estes analisar, comparar, classificar,

7. Discurso proferido em 16/6/1962, no Instituto dos Advogados de São Paulo, por ocasião de sua jubilação na Faculdade de Direito de São Paulo.

hierarquizar, até reduzi-los, num último golpe de quase prestidigitação, a uma definitiva unidade lógica e arquitetônica, perfeita na simplicidade de suas linhas e na harmonia de suas proporções, murmurávamos nós, entre entusiasmados e comovidos: que beleza!

Idêntica exclamação se ouvia no salão nobre da Faculdade quando terminavam suas argüições em concurso. Não raro valia-se de estratagema já bem nosso conhecido, apto a fazer com que o próprio candidato reconhecesse as falhas de seu trabalho: dizia que lera o título da tese, com ele se impressionara e, em sonhos, imaginara-se o autor da dissertação. Expunha então como teria tratado a matéria, em que capítulos a haveria desdobrado, a que argumentos teria recorrido para chegar às conclusões apresentadas. Enfim, refazia mentalmente a monografia, dos alicerces à cúpula, à sua maneira, no seu estilo, valendo-se de sua técnica pessoal e inconfundível. Em poucos minutos podíamos contemplar a obra-prima construída diante de nossos olhos e parecia incrível que a versão primitiva – pobre gata-borralheira coberta de andrajos e pés no chão – pudesse se transformar subitamente em tão nobre princesa, vestindo seda e veludos, calçando sapatos de cristal. E mesmo o candidato, a essa altura perdidamente enamorado da Cinderela do sonho e já disposto (inconstante e infiel como todo homem) a repudiar a Borralheira criada pelas suas mãos inexpertas, também não se contivesse e não sussurrasse formando coro com os demais: que beleza!

Porque eram realmente belas essas preleções e argüições; não apenas convincentes, bem fundamentadas, precisas, claras, mas também autênticas obras de arte, tão enquadradas nos mais rigorosos cânones estéticos que nos sugeriam involuntariamente um templo grego, uma sinfonia de Beethoven, uma estátua de Michelangelo, uma tela de Rafael. E essa beleza que não lhe advinha exclusivamente da forma, da maneira superiormente feliz por que fosse apresentado e desdobrado o tema em estudo, mas também e sobretudo da impressão da harmoniosa segurança que nos deixava o trabalho produzido, segurança oriunda de uma visível articulação entre cada uma das proposições ou conclusões oferecidas e os princípios gerais que as suportavam à guisa de colunas ou de pilotis.[8]

O saudoso professor Antônio Chaves, seu sucessor na cadeira de Direito Civil na Faculdade de Direito de São Paulo, observa que Vicente Ráo "fazia de cada aula uma verdadeira jóia quanto à forma, linguagem pura e cristalina, como no fundo, abeberado nos mais sólidos princípios filosóficos e jurídicos. Ninguém, como ele, sabia explorar temas novos e fascinantes, remontar aos princípios gerais, concatenar o elemento histórico com as necessidades do momento, ninguém revelava a mesma graça no comentário sutil, às vezes irônico, na maestria de uma exposição inigualável"[9].

Suas preleções não se repetiam. As anotações, por ele elaboradas, eram destruídas depois de cada aula. Tinha horror à repetição, entendendo que o professor, acomodado às suas fichas e anotações, a todo ano repisadas, emperra o sentido criador e renovado do ensino do Direito[10].

Sua arte estava em ser sempre um mestre da vida. Encantava a todos, não apenas pelo seu saber e inteligência, como pela beleza de sua alma. Dizia que duas pessoas, por mais antagônicas que sejam suas posições, sempre se conseguem entender, mantendo o diálogo, acaso sejam inteligentes. Havia sempre, em sua personalidade multiforme, a simbiose entre o mestre e o amigo.

---

8. *RT*, vol. 509, pp. 294-5.

9. "Oração em homenagem à memória de Vicente Ráo", pronunciada perante a Congregação da Faculdade de Direito da USP, em 6/3/1978.

10. Costumava relatar, com muita graça, que antigo lente de Direito Penal, já na década de vinte do século passado, em plena era do automóvel, dizia, ao dar exemplo sobre roubo impróprio: o infrator, após a prática do delito, tomou o *tílburi* de sua vítima e saiu em desabalada carreira.

Após sua aposentadoria, foi agraciado com o título de professor Emérito da Faculdade de Direito da Universidade de São Paulo.

Recebeu o título de Doutor *honoris causa* pela Faculdade de Direito de Nancy (França), bem como foi membro da Academia Nacional de Direito e da Academia Paulista de Direito; presidente e membro vitalício do Conselho do Instituto dos Advogados de São Paulo e membro titular do Instituto Hispano-Luso-Americano de Direito Internacional.

O jurista

Os rumos de sua vida, na luta diária, foram caminhos a levá-lo a armazenar, a todo momento, o seu arsenal de saber jurídico em benefício do próximo. Sua formação humanística e liberal transformou-o em espadachim na defesa dos direitos fundamentais da pessoa humana. Em sua longa vida de jurista dizia que sempre jurista procurou ser, "mesmo no exercício de altos cargos públicos".

Dedicou-se ao estudo e ao ensino especializado do Direito Civil que considerava "parte fundamental do Direito porque, organizando e disciplinando a vida social, lança as bases sobre as quais se constrói e ergue a inteira vida jurídica da nação"[11].

Enviado à Europa, em missão da Revolução Constitucionalista de 1932, dali foi impedido de retornar, padecendo exílio de cerca de ano e meio e, procurando aproveitar seu padecimento de ausência da Pátria e das pessoas queridas de seu coração, passou a manter contato com o no-

---

11. Discurso proferido em 16/6/1962 no Instituto dos Advogados de São Paulo.

tável jurista Boris Mirkine-Guetzévitch, que então dirigia, na Faculdade de Direito de Paris, o Instituto de Direito Público Comparado[12]. Inicia-se, assim, a sua incursão no estudo sistemático do Direito Público, estudando e investigando "os antecedentes e fundamentos das ditaduras de direita e de esquerda, cuja política internacional já prenunciava os males que haviam de causar à humanidade"[13].

São dessa época os estudos realizados e posteriormente enfeixados no curso de extensão universitária por ele ministrado, em setembro e outubro de 1933, sobre o tema "Novas Formas de Organização Política"[14]. Mirkine-Guetzévitch, conhecedor dos originais, encaminhou à Faculdade de Direito de São Paulo um prefácio por ele escrito, para a publicação que então se pretendia fazer, não sendo possível tal realização, por haver Vicente Ráo, pouco tempo depois, assumido o cargo de ministro da Justiça. O prefácio, então escrito, se acha publicado[15]. O notável publicista polonês deixava expresso que: "M. Ráo étudie le droit constitutionnel non seulement avec l'esprit d'un savant, mais avec l'esprit d'un homme libre qui

---

12. Contava, quanto a esse episódio de sua vida, fato interessante e revelador do espírito francês de amor à liberdade. Estando exilado, dividindo seu apartamento com Paulo Duarte e Júlio de Mesquita Filho, foi até a Sorbonne onde se apresentou à secretária que o recebeu, como professor catedrático da Faculdade de Direito de São Paulo. Foi a única circunstância de sua vida que mencionou. Na mesma noite, estando em sua casa, recebeu a visita de um senhor, elegantemente vestido, e se apresentou: "Sou Henri Capitant, decano da Faculdade de Direito de Paris. O senhor esteve em nossa Escola esta manhã. Declinou a sua condição de professor da Faculdade de Direito de São Paulo, esquecendo-se, porém, de mencionar, ainda, a sua condição de asilado político. As portas da Faculdade estão abertas ao senhor."

13. Discurso de 16/6/1962 no Instituto dos Advogados de São Paulo.

14. O resumo desse curso se encontra publicado no volume 29 da *Revista da Faculdade de Direito* da USP.

15. *Revista da Faculdade de Direito*, vol. 47, pp. 38-41.

croit à la necessité de la liberté politique, à la verité historique de la democratie, à la force incontestable du gouvernement libre pour les peuples libres."[16]

Realçava, finalmente, o espírito livre, o espírito científico colocado ao serviço da técnica da liberdade, como paradigmas do trabalho do professor Vicente Ráo.

Sua formação liberal e humanista levava-o a "demonstrar que o totalitarismo fascista, hitlerista, ou soviético, como todas as tiranias, sejam suas camisas negras, verdes, pardas ou vermelhas, por negarem os direitos humanos, internamente aniquilam e aviltam os indivíduos a bem de um Estado unipartidário todo-poderoso"[17].

Daí por que: "Heresia é falar-se em prosperidade ou fortaleza do Estado à custa do sacrifício do homem, da privação dos direitos naturais e inerentes à sua personalidade, às custas do seu aviltamento. São legítimos os sacrifícios impostos a cada qual a bem da fraternidade nacional e universal, mas ilegítimos hão de ser havidos e contrários às leis da natureza o que lhes são impostos pela força a favor dos grupos detentores do poder, ou de qualquer fanatismo político. A paz social e universal não se constrói sobre o ódio e sim sobre o amor ao próximo, segundo os ensinamentos cristãos. Sei e sei bem que marchamos para uma nova ordem social, mas também sei que, para alcançá-la, não precisamos destruir nossa civilização cristã e democrática, não precisamos aniquilar as liberdades públicas e privadas, bastando equacioná-las na base de uma sã justiça distributiva."[18]

Sempre procurava deixar claro que "o respeito dos direitos do homem cria na ordem interna a verdadeira democracia; a violência na ordem interna, com desconheci-

---

16. *Idem*, p. 40.
17. Discurso de 16/6/1962 no Instituto dos Advogados de São Paulo.
18. *Idem*.

mento desses direitos, conduz à violência na ordem externa. É por isso que todas as ditaduras acabam na guerra. Enquanto não forem derrubadas pelos seus próprios cidadãos ou enquanto não forem derrotadas desgraçadamente num conflito mundial". De outra parte costumava recordar:

> As conquistas humanas custam sangue, suor e lágrimas: há povos cobaias, que sofrem as revoluções sociais donde depois alguns princípios se destacam e vão servir para a humanidade inteira. A luta é intensa; quando viramos uma página da história, para nós é um simples gesto, mas ali se vão gerações e gerações que padeceram, lutaram e venceram. É que nós, habitualmente, julgamos as crises das nações, as crises dos direitos humanos, pelo limite da nossa vida, e a nossa vida é breve, felizmente. Mas pode sacrificar uma geração, duas, três, quatro; não se sacrifica uma coletividade humana por toda a eternidade. A reação vem, e vem através do quê? Da educação, da elevação do nível da vida.

Sua formação jurídica não permaneceu, exclusivamente, no campo do Direito Privado; alçou vôo para dominar, também, toda a área do Direito Público, levando o professor Washington de Barros Monteiro a observar que se Teixeira de Freitas, por exemplo, foi exclusivamente privativista e romanista, Vicente Ráo foi, a um só tempo, privativista e constitucionalista emérito e "tinha, como Lincoln, a simplicidade da afirmação, a pureza do argumento, a objetividade e a sinceridade do verdadeiro jurista"[19].

Como jurista emérito escreveu diversas obras além de estudos e ensaios. Sobre Direito Civil: *Da capacidade de mulher casada* (1922); *Direitos da mulher casada sobre o pro-*

---

19. Elogio citado.

duto do seu trabalho e posse dos direitos pessoais, publicadas em 1927, foram escritas, apresentadas e defendidas quando de seu Concurso de Cátedra; *Direito de família dos soviets* (1932); *O direito e a vida dos direitos* (1952); *Ato jurídico* (1961) e o primeiro volume de *As delegações legislativas no parlamentarismo e no presidencialismo* (1966).

A professora Esther de Figueiredo Ferraz anota que duas das monografias sobre os direitos da mulher casada, assunto extremamente polêmico na época em que foram escritas, representaram sementes a germinar, posteriormente, no florescimento da Lei n.º 4.121, de 27/8/1962, dispondo sobre o Estatuto Jurídico da Mulher Casada[20]. Acresça-se à observação: a promulgação da Lei n.º 4.121 veio a ocorrer, exatamente, no ano de 1962, quando Vicente Ráo alcançou a sua jubilação, como professor. Como jurista moço lançou as sementes e, na idade de deixar o ensino jurídico oficial, teve a ventura de assistir à sua germinação definitiva.

Aliás, foi com base em parecer jurídico seu que a Academia Brasileira de Letras abriu suas portas para as mulheres. Trata-se de parecer de 16 de novembro de 1970, possibilitando a entrada na Academia de Rachel de Queiroz e Dinah Silveira de Queiroz. Naquele parecer, escrito em estilo admirável, Vicente Ráo terminava por dizer que a Academia não descerrava suas portas às escritoras por mero preconceito. Preconceito contrário a seus próprios Estatutos, além de violador do princípio da igualdade dos sexos. Terminava por afirmar: "A bandeira, o '*ex libris*', o carimbo, os convites, os colares da Academia trazem a inscrição '*ad imortalitatem*', e '*imortais*' são chamados os acadêmicos, não, infelizmente, pelo tempo de suas vidas, mas pela perpetuidade, que se presume, de suas obras. De

20. *RT*, vol. 509, p. 293.

monopólios não há quem goste, e fundamento de direito não há que justifique o monopólio da imortalidade pelo sexo masculino na Academia Brasileira de Letras, muito menos quando nosso mundo literário possui uma Rachel de Queiroz, uma Dinah Silveira de Queiroz e tantas e tantas outras cultoras das brasilianas letras belas."

Temas novos e palpitantes sempre exerceram fascínio e sedução em Vicente Ráo.

Sua sedução por temas novos e palpitantes também se fazia presente em sua monografia sobre *A posse dos direitos pessoais*. Inexistindo, na época, o instituto do Mandado de Segurança, somente consagrado em nosso Direito Positivo através da Constituição de 1934, o assunto versado alcançava magnitude indiscutível, além de sugerir a polêmica. Em uma das páginas dessa obra, conclamava, já em 1927, o dever de se abandonar "velharias processuais ainda tão nossas", pois "numa fase de civilização humana em que o direito abandonou sua feição individualística primitiva, para reintegrar o elemento individual na ordem social; numa fase de cristianização do Direito, inconcebíveis e inescusáveis se tornam as doutrinas que, por força de emaranhados processos metafísicos, vêm criar embaraços à manutenção da ordem social, consagrando o absurdo de reconhecer efeitos legais à violência até que, pelo veículo incerto e longo de um processo ordinário, haja convencimento em favor ou contra a vítima. E é lógico, é evidente que aos juristas e juízes, quando tentam tirar das leis existentes a norma reguladora dos novos fatos que ocorrem no agitado e intenso cenário das atividades humanas, cabem, antes de tudo, abandonar essas sutilezas de doutrina, cedendo, antes, à necessidade de estabelecer um laço entre os dispositivos legais e as relações que lhes são sujeitas a estudo ou julgamento"[21].

---

21. *Posse dos direitos pessoais*, São Paulo, 1927, pp. 131-2.

Sábias e atuais palavras, especialmente quando se buscou, mas não se obteve, uma real e verdadeira reforma do Poder Judiciário e conseqüente agilização do processo, continuando a existir *"velharias processuais"* emperrando a marcha da Justiça e criando nos jurisdicionados a falsa idéia de que a culpa não estaria na lei e em seus elaboradores, mas nos juízes que as aplicam.

A obra, porém, que representa a marca indestrutível e eterna do mestre é, sem sombra de dúvidas, *O direito e a vida dos direitos*.

É o livro da sua maturidade. Na oportunidade da sua publicação, no ano de 1952, dizia o seu autor:

> Ao completar 25 anos de cátedra na Faculdade de Direito da Universidade de São Paulo, não hesitei um só instante sobre a diretriz que deveria imprimir a este estudo, que pretendia dedicar e dedico a esta centenária e gloriosa escola. Dois conceitos fundamentais me guiaram na exposição da matéria: o da unidade fundamental e substancial do conceito do Direito e o de sua construção sistemática e científica erguida sobre as bases dos direitos inerentes à personalidade humana.
>
> Dediquei o primeiro volume ao estudo do Direito, de acordo com a sua concepção doutrinária e a sua concepção normativa: dedicarei o segundo volume, se Deus quiser, ao estudo dos direitos, ou melhor, ao estudo da Vida dos Direitos, examinando-lhes todas as suas vicissitudes desde o nascimento até a extinção.
>
> Nesta parte e noutra, não descuidarei da aplicação prática dos princípios, pois considero o direito aplicado como a própria ciência do direito em ação.
>
> E procurei, acima de tudo, reafirmar os princípios gerais, cuja ignorância, quando não induz a erro, leva a criação de rábulas em lugar de juristas.
>
> Nem pensei em afastar, de mim, a obsessão de ser claro, advertido, embora, de que a clareza tem o defeito de fa-

zer parecer superficial. Não inferi desse aviso a conveniência de ser obscuro para parecer mais profundo.

Meu intuito é, apenas, o de ser útil aos meus discípulos e, se possível, a todos quantos estudam e aplicam o Direito.

Se alcançar esse propósito, nele verei a melhor comemoração, a que Deus me permitiu assistir, de um longo exercício no ensino do Direito.

Não se trata de livro específico de Direito Civil, mas de verdadeiro tratado de Teoria Geral do Direito. É o livro escrito, como o diz a professora Esther de Figueiredo Ferraz, somente por "homens chegados ao altiplano da existência intelectual, aquele pico de onde se descortinam horizontes cada vez mais largos, perspectivas cada vez mais sedutoras, àquela fase em que os conceitos atingem uma tal clareza que se fazem transparentes e naturalmente se procuram em busca da unidade, da síntese"[22].

Para o professor Washington de Barros Monteiro é a obra máxima de Vicente Ráo, consagrando-o definitivamente e colocando-o na primeira plana dos juristas e pensadores brasileiros. De igual forma se pronuncia o professor Antônio Chaves, entendendo estar nela revelado o jurista amadurecido e completo, realizando o mestre, nesta obra, "a maravilha arquitetônica de uma síntese, completa e minuciosa, que se desenvolve em arcadas e pátios sucessivos, firmemente alicerçados na melhor doutrina pátria e alienígena, alçando-se à harmonia das colunatas de um templo grego ou de uma catedral bizantina".

Ao *Ato jurídico* deu um tratamento específico, resultando desse seu trabalho, na opinião do professor Antônio Chaves, "a mais opulenta monografia escrita entre nós", em que a sua intuição notável de jurista detectou um dos

---

22. *RT*, vol. 509, p. 293.

elementos fundamentais da atualidade: a doutrina do negócio jurídico.

Em *As delegações legislativas no parlamentarismo e no presidencialismo*, apresenta uma síntese de suas aulas na cadeira de Teoria Geral do Estado, no Curso de Especialização da Faculdade de Direito da Universidade de São Paulo. Partindo da origem e fundamento dos fatores políticos e sociais da legislação delegada, incursiona no exame e estudo dos sistemas parlamentaristas e presidencialistas de governo, lançando as bases estruturais de cada qual. No primeiro volume, publicado em 1966, apresenta os sistemas parlamentaristas da Inglaterra, França, Itália e Alemanha. No segundo volume pretendia expor o presidencialismo norte-americano e o nosso, encerrando-se com a análise crítica das doutrinas que às delegações se referem e um capítulo final de conclusões no exame da admissibilidade ou inadmissibilidade de tais delegações em nossa organização político-institucional, "bem assim as medidas, a serem adotadas, para o aperfeiçoamento dos processos de elaboração das leis pelo Congresso".

Em seus manuscritos foram encontrados alguns capítulos, já escritos, para o segundo volume, então projetado, bem como notas de estudo para o desenvolvimento de outros. Necessidade existe de agrupá-los, de forma sistemática, dentro da metodologia fixada por seu autor, possibilitando futura publicação.

Seus pareceres e ensaios sobre os mais diversos campos do Direito se recolhem às centenas. Além dos já publicados em revistas especializadas, inúmeros outros existem para uma futura publicação e até hoje inéditos, sendo possível agrupá-los como verdadeiros estudos de um mestre admirável e jurista de grandeza ilimitada. Em todos se encontra a marca da sua personalidade: segurança, erudição, saber, inteligência, armadura lógica e clareza na escrita e exposição. Seus pareceres e estudos são a continuidade de seu trabalho de mestre, ensinando e divulgando a verdadeira doutrina e os seus princípios gerais fundamentais.

O político

Espírito tão brilhante, inovador, irrequieto e sempre disposto a amar a vida e o homem, acabaria por ter participação ativa na política interna e externa de nosso país, em diversas épocas de sua história.

Participando, inicialmente, do Partido Democrático, de cujo programa foi o seu redator, sentiu na Revolução de 1930 o nascer de uma nova era e a realização prática de seus sonhos de jovem político. Logo sentiu, porém, o desvirtuamento do ideal animador do Movimento Revolucionário, tomando parte ativa na Revolução Constitucionalista de 1932, sofrendo o exílio na Europa, impedido que foi de retornar à Pátria.

Regressando à sua atividade de professor e advogado, a vida o arrastou para o exercício, a partir de 1934, do cargo de ministro de Estado da Justiça e Negócios Interiores, no qual permaneceu até janeiro de 1937. Coube-lhe, em transe doloroso de nossa história, a tarefa de realizar a constitucionalização do país, da aplicação do Estatuto Político de 1934 – "tarefa árdua, persistente, silenciosa, desconhecida, que, graças a Deus, pude conduzir de maneira a imprimir uma rigorosa uniformidade na transformação e adaptação dos Estados à nova ordem democrática"[23]. Sentiu-se no dever, ainda, em função do seu espírito liberal de coibir os extremismos. Em passagem de um de seus escritos deixou expresso o seguinte testemunho: "Dissolvi a Aliança Libertadora, por suas ligações com a extrema

---

23. Discurso de 16/6/1962 no Instituto dos Advogados de São Paulo.

esquerda, mas também dissolvi a organização paramilitar do Integralismo, órgão que era da extrema direita, repondo o país na ordem democrática, instalando, inclusive, a Justiça Eleitoral." Foi na gestão desse Ministério que criou e presidiu as comissões incumbidas de redigir os anteprojetos dos Códigos de Processo, pois a Constituição, cuja vigência então se iniciava, instaurara a unidade de nosso processo civil e criminal.

Sobre sua exoneração do cargo de ministro da Justiça, em janeiro de 1937, deixou em uma carta dirigida a jornal da cidade de São Paulo, em fevereiro de 1965, esta observação: "É público e notório que abandonei o Ministério da Justiça em janeiro de 1937 exatamente por saber que se preparava o golpe ditatorial e fascista que eclodiu em 10 de novembro do mesmo ano. Recusei, então, a todos os altos postos que o Presidente Getúlio Vargas me ofereceu."

Entre tais oferecimentos se encontravam os cargos de ministro do Supremo Tribunal Federal e de embaixador do Brasil na Itália.

Em 1950, o chanceler Raul Fernandes o enviou à ONU, como delegado brasileiro, e sendo o único jurista da delegação participou, ativamente, na Comissão de Tutela e depois na Comissão Política, debatendo diversos problemas e, principalmente, a tese do *abuso de direito* nas relações internacionais, a propósito da utilização excessiva do *direito de veto no Conselho de Segurança*, colocando em risco a finalidade precípua da Organização que é a da preservação da paz universal. Assunto, aliás, de extrema atualidade, porquanto o *abuso do direito de veto* no Conselho de Segurança da ONU continua a existir[24].

---

24. A posição de Vicente Ráo naquela Assembléia da ONU foi tão marcante, que ali pronunciou célebre discurso sobre a ilegalidade da posição da África do Sul na Namíbia e o embaixador Vasco Leitão da Cunha testemunha que, mais tarde, quando foi mandado à África do Sul, "com

Em virtude de sua atuação na V Assembléia Geral da ONU, foi levado a ocupar o Ministério das Relações Exteriores, no ano de 1953, no qual teve papel importantíssimo na atualização dos seus métodos de trabalho e da atuação de nossa diplomacia. Criou a Comunidade Luso-Brasileira, incrementando a expansão de nossos intercâmbios econômicos e procurando criar condições efetivas de manutenção da paz americana. Chefiou a delegação brasileira à X Conferência Interamericana, realizada em Caracas, sendo autor e redator da Declaração Democrática, então aprovada e na qual se encontra assinalada a repulsa da generalidade dos Estados participantes a toda e qualquer forma de imperialismo que, por agressão interna ou externa, visasse a avassalar qualquer nação americana, tolhendo-lhe o direito de autodeterminação, isto é, o direito de livre determinação, que não equivale à imposição pelo terror e pelas armas, mas à escolha do modo de vida manifestado pelo voto livre e consciente do povo através dos processos democráticos.

Para Vicente Ráo, "a política interior baseada no respeito dos direitos invioláveis do homem, considerado como membro da comunhão universal de todos os povos, conduz à paz e obsta as guerras imperialistas, as guerras de conquista, de avassalamento, de escravidão dos outros povos. E, dessarte, o respeito dos direitos fundamentais do homem, dos corpos sociais e das nações, cria a verdadeira democracia na ordem interna e na ordem internacional"[25].

Discorrendo sobre o valor da Declaração Universal dos Direitos do Homem quanto aos Estados-Membros

---

um americano e um inglês, tínhamos entre nossos documentos o discurso do Ráo" (*Diplomacia em alto-mar*, Rio de Janeiro, Ed. Fundação Getúlio Vargas, 1994, p. 157). Marcante posição contra o colonialismo.

25. *Revista Brasileira de Política Internacional*, 1958, vol. 1, p. 9.

da ONU, entende errônea a concepção defendida, pela mor parte dos autores, de que possuiria "o simples valor de uma enunciação de princípios, despida de eficácia obrigatória". Para Vicente Ráo, pelos arts. 55 e 56 da Carta da ONU, os Estados-Membros assumiram o compromisso, em conjunto ou separadamente, do "respeito universal e efetivo dos direitos do homem e das liberdades fundamentais para todos, sem distinção de raça, sexo ou religião" e o preâmbulo da Declaração demonstra que um dos fundamentos da ONU "é constituído por sua fé, expressamente manifestada, nos direitos fundamentais do homem" e outros preceitos, direta ou indiretamente, dispõem no mesmo sentido. Ademais, a ONU, em seu Ato Institucional, não definiu tais direitos, preferindo fazê-lo em Ato Distinto, como é a Declaração Universal que não pode deixar de ser considerada, juridicamente, como *ato complementar* da Carta da Organização e, "como tal, obrigatoriamente imposto aos Estados que o subscreveram", vindo a concluir: "A Declaração Universal" possui, portanto, uma eficácia vinculatória decorrente do próprio valor jurídico da Carta.[26]"

Por fim, expõe, com a clareza própria dos homens superiores, o ciclo percorrido pelos direitos humanos e quais as transformações que, no decorrer desse ciclo, os mesmos direitos padeceram:

> No tempo e no espaço, os direitos invioláveis dos indivíduos, dos corpos sociais e das coletividades nacionais, palmilharam esta estrada: conquistados, de início, em lutas internas lograram ser reconhecidos e assegurados pelas normas costumeiras ou jurídicas, de caráter político e institucional, limitando, correspondentemente, os poderes do Estado; em seguida, ultrapassaram as fronteiras nacionais para buscar abrigo e proteção em documentos básicos de

---

26. *Idem*, pp. 25-6.

ordem internacional e nos estatutos e na atividade das organizações internacionais; finalmente, prestigiados e reforçados por esta proteção e pelo apoio da consciência universal dos povos livres, voltaram à ordem interna, onde adquiriram maior intensidade e mais sólidas garantias de respeito.

Ao percorrerem esse longo caminho, profundamente se transformaram, pois (a) a pessoa humana, individualmente considerada ou como parte de grupos sociais ou coletividades nacionais ou políticas, bem como estes grupos e estas coletividades, foram admitidos como unidades jurídicas pela ordem internacional, para o fim de lhes serem reconhecidos e protegidos os seus direitos invioláveis; (b) através desse reconhecimento e dessa proteção, o conceito dos direitos humanos adquiriu contornos definitivos, de modo a corresponder, não a alguns mas a todos os elementos que, juntos, formam esta síntese sublime que é a pessoa humana, feita pelo Criador à sua imagem; (c) em conseqüência, os direitos invioláveis dos homens, dos grupos sociais e das nações, passaram a ser classificados, na base dos princípios fundamentais da liberdade e da igualdade, em direitos correspondentes aos elementos físicos ou existenciais das pessoas, aos seus elementos jurídicos ou de aptidão para a vida jurídica, aos seus elementos espirituais, morais, intelectuais, de sociabilidade e interdependência social, políticos e econômicos; (d) e todos esses direitos foram providos de meios políticos ou jurisdicionais de garantia e segurança.

Muito se fez, portanto, e muito há que fazer-se ainda, máxime nesta fase de transição para uma nova era de civilização que se deverá adaptar ao progresso ditado pelas novas criações do engenho humano. Nova era que advirá da utilização pacífica desses engenhos, fundando-se, não no terror, mas na segurança da paz, o que vale dizer no respeito dos direitos invioláveis que da própria natureza humana resultam.[27]

---

27. *Ibidem*, pp. 30-1.

De 1969 a 1973, ano em que completou 81 anos de idade, presidiu a Comissão Jurídica Interamericana da OEA, na categoria de embaixador.

A Comissão Jurídica Interamericana é um órgão técnico-jurídico, gozando seus membros de inteira liberdade de opinião e não estão adstritos a instruções dos Governos que os indicaram, porque, uma vez eleitos, passam a representar a Comunidade das Nações Americanas.

Como seu presidente, desenvolveu intenso trabalho, coordenando os diversos Grupos de Serviço no cumprimento da missão que a Assembléia Geral da OEA delegou à Comissão, quanto aos atos de *terrorismo* no continente americano. Apresentou, ainda, Projeto de Resolução, de sua autoria, relativo à proteção dos direitos humanos, "à condenação de toda e qualquer forma de violência, ao respeito de não intervenção nos assuntos internos de cada nação e a necessidade de se estabelecer um justo equilíbrio nas relações econômicas entre as nações americanas, a fim de não se obstar o seu livre desenvolvimento por meio de tarifas alfandegárias, ou outros impedimentos".

De suma importância, também, os estudos desenvolvidos sobre o Direito do Mar, com a extensão de nossa faixa de proteção até duzentas milhas marítimas.

Deve ser ressaltado, ainda, o seu trabalho, dentro da Comissão, no sentido da condenação do *terrorismo.*

Coube a Vicente Ráo, na Comissão Jurídica Interamericana, apresentar, no ano de 1969, um estudo completo sobre o *terrorismo*. Começou por recordar que, em 1934, o Conselho da Liga das Nações aprovou Resolução no sentido de que "cada Estado tem o dever de não incentivar nem tolerar em seu território qualquer atividade terrorista com objetivo político", devendo, ainda, "fazer tudo o que estiver ao seu alcance para evitar e reprimir atividades desse gênero e, com esse objetivo, deve prestar assistência aos governos que a solicitarem". A seguir, em 1937, o mesmo Conselho aprovou um acordo destinado a prevenir e reprimir os atos de terrorismo, sendo de ressaltar que a expressão *atos de terrorismo*, para o acordo, "significa atos criminais contra um Estado e destinados a criar um estado de terror no espírito de determinadas pessoas, de um grupo de pessoas, ou da população, ou calculados para esse fim".

São princípios reafirmados pela ONU, não somente em sua Carta (arts. 1.º e 2.º e capítulo VII) como, ainda, em múltiplos atos subseqüentes, a exemplo, entre outros, da Resolução n.º 38, de 1950, bem como da Resolução n.º 2.225 da XXI Assembléia Geral, condenatórios de todas as formas de subversão, ou terrorismo, destinadas a mudar pela violência a livre vida política das nações.

No seu entender, seriam princípios a possuir caráter geral, sendo de alto interesse a respeito das atuais guerrilhas e atos de terrorismo, no continente americano. Com forte argumentação, baseado em diversos tratados internacionais e na Carta da Organização dos Estados Americanos (OEA), esclarece existir uma *democracia solidária* no continente americano, com a proteção das instituições democráticas, mediante um sistema de segurança coletiva, com base nos princípios da solidariedade e de cooperação entre as nações das Américas.

Sistema de segurança, evidentemente, contra o terror e a subversão política por meios violentos.

Quanto ao *terrorismo*, cada Estado tem, assim, o *dever*, e não simples faculdade, de não incentivar nem tolerar em seu território qualquer *atividade terrorista* com objetivo político de qualquer espécie. Logo, cumpre ao Estado evitar, reprimir, punir toda atividade terrorista.

Recorda que, no Tratado de Extradição entre o Brasil e a Venezuela ratificado em 1940, existe uma declaração a se constituir em princípio geral de Direito Internacional e do Direito Interamericano: "Não representarão delitos políticos os fatos delituosos que constituem uma manifestação franca de anarquia ou terrorismo que tendam a subverter todas as bases da organização social."

Isso porque, são *crimes comuns* (mortes, assaltos, destruições etc.) de suma gravidade, "que representam uma fase preparatória e como que autônoma de consecução dos fins políticos, pois são os próprios guerrilheiros e os próprios terroristas que negam ostensivamente, os fins políticos atentatórios da soberania, da independência, da livre determinação das nações; e esta qualificação de seus crimes constitui, segundo melhor doutrina, justa causa de exclusão do asilo e justa causa de extradição".

Só é possível falar-se da existência de terroristas sinceros e convencidos de suas idéias políticas e religiosas, levando, até mesmo, a considerá-los *heróis da causa que defendem,* não se pode olvidar que sinceros, convictos, heróis, ou aventureiros, eles matam, assaltam, destroem e obedecem a comandos alienígenas, de sorte a colocarem as nações e seus habitantes por eles agredidos em uma situação de legítima defesa de suas liberdades, da vida humana, de suas instituições, de sua soberania.

Por fim, por mais de uma vez, advertiu que a *ação terrorista,* à semelhança da ação subversiva e da guerrilha, *não reconhece fronteiras*.

Trata-se de trabalho que guarda uma atualidade extraordinária, diante dos atos terroristas sofridos pelos Estados Unidos da América, bem como outras nações do continente americano e as guerrilhas existentes na Colômbia.

Sua atuação política foi intensa e multiforme e em todas as missões que lhe foram confiadas, tanto interna como externamente, deu o testemunho do seu brilho, de sua inteligência e do seu amor pela humanidade.

Em uma das páginas mais bonitas de seu gênio, deixou expressa uma síntese feliz de sua magnífica e maravilhosa vida:

> Não reivindico glórias, que jamais conquistei. Nem méritos excepcionais, que jamais tive. Reivindico, apenas, o reconhecimento de meio século de trabalho incessante e honesto, dedicado ao ensino, à advocacia, à consultoria jurídica, à direção de dois Ministérios, à representação do País em conclaves internacionais, à publicação de obras e artigos jurídicos, a centenas e centenas de estudos. Reivindico esse reconhecimento, para poder, à luz de tão longa experiência, proclamar este meu ato de fé:
>
> – Creio em Deus, na minha Terra e na minha Gente.
>
> – Creio no futuro do Brasil como grande e poderosa potência profundamente humana e cristã.
>
> – Creio no sentimento inato de liberdade de todos os povos e por isso mesmo creio no Direito, no são Direito que, disciplinando a vida nacional e universal, permite, dentro desta disciplina, a livre expansão da personalidade humana.
>
> – Creio na justiça distributiva que, sob os ensinamentos cristãos, há de orientar a construção de uma nova ordem social sem miséria, sem fome, sem sofrimentos, sem desigualdades injustas, capaz de proporcionar a cada qual uma vida digna de ser vivida.

Sobre Vicente Ráo diz a professora Esther de Figueiredo Ferraz: que ele foi "um professor emérito, um educador cujas lições formais ou informais calaram profundamente em milhares de almas em formação, e que lhe sobreviverão à existência terrena porque eternas em seu conteúdo de Verdade, em seus moldes de Beleza, em seu toque de Bondade"[28].

---

28. *RT*, vol. 509, p. 295.

Por fim, até a sua morte em 20 de janeiro de 1978, aos 85 anos de idade, encerrando sua vida em estado de perfeita lucidez mental, foi um amigo admirável.

Com rara felicidade, a professora Esther de Figueiredo Ferraz, explicando o privilégio de haver podido integrar o grupo de amigos mais chegados do mestre, demonstrava tal fato como decorrente da "generosidade de um homem que, não tendo filhos de seu sangue, a muitos adotou afetivamente, abrindo-lhes qual pai amoroso as largas portas do seu imenso coração"[29].

Esse privilégio tive a honra de receber.

No ano de 1963, tendo terminado o meu curso de Direito no ano anterior, passei a ser seu companheiro de escritório e no contato diuturno uma sólida amizade se formou por quase quinze anos. Consegui sentir a beleza de sua alma, a generosidade de seu coração de pai e a capacidade incomensurável de ser amigo.

Abriram-se, também, a mim, as largas portas de seu coração.

Saulo Ramos, seu amigo, pessoa muito chegada ao seu coração, além de companheiro de escritório, descrevendo Vicente Ráo, aos 84 anos de idade, com o seu estro de poeta, terminava com estas palavras repletas de verdade: "... humilde na convivência diária, figura plena de ternura e interesse pelos outros, sempre pronto a ajudar, a amparar, a orientar, humano, alegre, solidário, bom, generoso, sábio e santo: eis Vicente Ráo aos 84 anos de idade"[30].

---

29. *RT*, vol. 509, p. 294

30. *Estudos jurídicos em homenagem a Vicente Ráo*, São Paulo, Resenha Universitária, 1976, p. 3.

IMPRESSÃO E ACABAMENTO:
YANGRAF Fone/Fax:
6198.1788